Phyllis Krystal

Sathya Sai Baba – Ziel aller Reisen

Phyllis Krystal

Sathya Sai Baba

Ziel aller Reisen

Sathya Sai Vereinigung e.V.

Titel des englischen Originals: Sai Baba – The Ultimate Experience
Übersetzung aus dem Englischen von Verena Hubert und Philippa Durst

Umschlaggestaltung: Hartmut Balzer

Die Deutsche Bibliothek verzeichnet diese Publikation in der Deutschen Nationalbibliografie. Detaillierte bibliografische Daten sind im Internet unter http://dnb.ddb.de abrufbar.

ISBN 978-3-932957-64-2

9. Auflage 2023

Sathya Sai Vereinigung e.V., Buchzentrum,
Von-Stauffenberg-Str. 16, D 48565 Steinfurt
Satz: Sathya Sai Vereinigung e.V.
Druck und Bindung: Beltz Grafische Betriebe GmbH
Bad Langensalza

Shrī Sathya Sai Baba
gewidmet

Inhalt

Dank

Von ganzem Herzen danken möchte ich zuallererst Sai Baba für seine physische Anwesenheit in dieser Welt und für die Chance, welche diese all denen bietet, die sich danach sehnen, ihm zu erlauben, den göttlichen Funken zu entzünden, der jedem innewohnt. Meine Verehrung und mein Dank gelten ferner eben diesem göttlichen Funken in den zahllosen Menschen, die mir auf vielfältige Weise und mit so großer Liebe beim Schreiben dieses Buches geholfen haben.

Meinem Gatten Sidney, unserer Tochter Sheila und unserer verstorbenen Tochter Lorna spreche ich meine tiefe Anerkennung für alles aus, was sie mich gelehrt haben. Ganz besonders danke ich Sidney für seine Unterstützung in all den Jahren und während der Entstehung dieses Buches und Sheila für ihre unschätzbare Mitarbeit bei der sorgfältig durchdachten Überarbeitung des Manuskripts.

Vorwort

Warum habe ich die ungeheuerliche Aufgabe auf mich genommen, ein Buch über Sai Baba zu schreiben? Es ist in der Tat eine Herausforderung, die ich aus eigener Initiative nicht einmal im Traum anzunehmen gewagt hätte. Wie könnte ein gewöhnlicher Mensch je einer so vielschichtigen Persönlichkeit, die den Ruf genießt, ein *Avatar* zu sein, gerecht werden! Ich fühlte mich dazu ganz bestimmt nicht befähigt.

Fünfundzwanzig Jahre – oder länger – hatte ich mich mit der inneren Suche nach dem Sinn des Lebens beschäftigt. Dazu hatte ich eine Meditationstechnik benutzt, die man mit Reverie oder Wachträumen vergleichen könnte. Das Ergebnis jener Suche ist eine Methode, die sich aus einer Reihe von Visualisierungsübungen und Symbolen zusammensetzt. Sie kann in gemeinsamen Beratungsgesprächen und Sitzungen wie auch von jedem Einzelnen in der Privatsphäre seiner eigenen vier Wände praktiziert werden.

Viele Menschen, denen ich auf diese Weise helfen konnte, haben mich gedrängt, ein Buch über diese Methode zu schreiben. Aber ich war viel zu beschäftigt mit ihrer praktischen Anwendung, als dass ich neben meiner Rolle als Ehefrau und Mutter noch Zeit für eine solche Aufgabe gefunden hätte. Auch hatte ich nie den geringsten Wunsch gehabt, mich schriftstellerisch zu betätigen. Meine Arbeit machte mir

Freude, und ich sehnte mich nach keiner anderen. Der Druck der Menschen, die von dieser Arbeit profitiert hatten, wurde jedoch immer stärker, so dass ich mich schließlich bereiterklärte, sie einem größeren Publikum in Buchform zugänglich zu machen. Zumindest wollte ich es versuchen.

Als ich Sai Baba das fertige Manuskript überreichte und um seinen Segen dafür bat, fragte ich auch um die Erlaubnis, am Ende ein Kapitel über ihn anzufügen. Aber zu meiner Überraschung forderte er mich auf, über ihn ein eigenes Buch zu schreiben.

Es haben weit erfahrenere Schriftsteller Bücher über Sai Baba, seine Lehren, Wunder und Heilungen verfasst. Deshalb habe ich mich entschieden, meinen eigenen Bericht so weit wie möglich auf meine persönlichen Erfahrungen und Eindrücke zu beschränken. Ich habe versucht aufzuzeigen, wie Baba mich kaum merklich, Schritt für Schritt, auf den Pfad geleitete, den er als den Richtigen für mich bestimmt hat. So wurde er mein höchster Zen-Meister. Es gibt viele verschiedene Wege, aus denen ein Meister den für die individuellen Erfordernisse des Schülers geeigneten auswählt. Obwohl es Tausende sind, die sich um Baba drängen, um seinen Segen zu empfangen, ist er nicht nur imstande, exakt zu bestimmen, wer reif dazu ist, den Weg zur Einswerdung mit Gott in seinem Inneren zu gehen, sondern auch, welcher Weg für den Einzelnen am besten geeignet ist, dieses Ziel zu erreichen. Für die Mehrheit der Menschen in diesem gegenwärtigen Yuga – oder Zeitalter – empfiehlt er den Pfad des *Bhakti* – oder der Hingabe – als den gefahrlosesten und sichersten. Auch wenn äußerlich viele Menschen den gleichen Weg zu gehen scheinen, so sind die einzelnen Schritte auf diesem Pfad, wie auch die unterschiedlichen Prüfungen, die den Fortschritt und den Grad der Erkenntnis jedes einzelnen *Devotees* – oder Gott-Hingegebenen – kennzeichnen, doch sehr verschieden.

Baba sagt von sich, dass er ein *Avatar* sei, der sich in dieser Zeit der großen Spannungen inkarniert habe, um der Menschheit zu helfen, die uralte Weisheit wiederzufinden, mit der die Katastrophe verhindert werden könne. Andere *Avatare* wie *Rama* und *Krishna* nahmen ebenfalls in extremen Krisenzeiten vergangener Epochen menschliche Form an – immer, um den Menschen zu helfen und sie zu leiten. Babas hauptsächliche und selbstgesetzte Aufgabe besteht zunächst darin, die Menschen seines Geburtslandes Indien zu lehren und wieder mit dem uralten Erbe vedischen Wissens vertraut zu machen, das zugunsten der materialistischen Weltanschauung westlicher Kulturen und Sitten vernachlässigt worden ist. Seine Liebe und Aufmerksamkeit breiten sich gütig über Menschen in aller Welt aus, die ihren Weg zu ihm gefunden haben.

In diesem Mikrokosmos meines Berichts über meine persönlichen Erfahrungen mit Baba habe ich seine vielen verschiedenen Rollen als weiser Lehrer und innerer *Guru*, als liebevolle Vater-Mutter-Einheit, als Freund und Tröster, Heiler und Psychologe dargestellt. Darüber hinaus habe ich versucht, seine umfassenderen makrokosmischen Aspekte als Diplomat und Verwalter, Ratgeber und Erzieher und vor allem als großer Leiter der Welt aufzuzeigen.

Es gibt viele, die besser dazu qualifiziert sind, seine komplexe Persönlichkeit und sein voll ausgefülltes, aktives Leben zu beschreiben, weil sie über längere Zeiträume hinweg täglich in seiner unmittelbaren Gegenwart gelebt haben. Diese Nähe hat es ihnen ermöglicht, Baba in unzähligen verschiedenen Begebenheiten und unter Tausenden von Menschen zu beobachten. Viele haben ihn gekannt, als er noch ein Kind war, und haben seine Entwicklung über die Jahre hinweg bis heute miterlebt.

Ich habe ihn immer nur kurz, in jährlichem Zeitabstand besucht. Wenn ich auf diese kurzen Besuche zurückblicke, sehe ich, wie sich allmählich ein Muster abzeichnet, das die Lehrmethode offenlegt, die er in meinem Fall benutzt. Das gleiche Muster findet sich in dem großen Plan, dessen er sich bedient, um seine Mission in dieser turbulenten Zeit der Weltgeschichte für die Entwicklung der Menschheit einzuleiten. Da die Welt von Einzelwesen bevölkert ist, sind beide, die allgemeine wie die individuelle Methode, nötig, damit der vollständige Plan sichtbar werden und zum Tragen kommen kann.

Die Aussagen dieses Berichts müssen notwendigerweise von meinen ganz persönlichen Erfahrungen handeln, da sie die Grundlage all dessen bilden, was ich heute über ihn weiß. Ich möchte betonen, dass es zuvorderst und von Anfang an meine feste Absicht war, nur über Baba und seine Lehren zu berichten und auf mich nur hinzuweisen, weil seine Auswirkung auf mein Leben klar wie in einem Spiegel abzulesen sind. Das kann für jeden gelten, der seine Hilfe sucht.

Ich kann nur hoffen, dass viele, die dieses Buch lesen, zu Baba und zu dem, was er zu sagen hat, hingezogen werden, sich seinen Anhängern anschließen und ihnen helfen, seine Mission in dieser unruhigen Welt mitzutragen. Es ist dazu nicht nötig, sich in seiner physischen Gegenwart in Indien aufzuhalten. In diesem Zusammenhang ist eine seiner jüngsten Aussagen: „Inner view, not interview" (Wortspiel: „Innere Sicht, nicht Interview" oder „Selbstgespräch statt Zwiegespräch") zu deuten. Mit anderen Worten: Jeder, der dazu bereit ist, den Versuch zu machen, kann im eigenen Inneren direkt Verbindung mit dem göttlichen Funken aufnehmen, der in allen Menschen und in allen Ding zu finden ist. Ich hoffe, ich kann im Folgenden zeigen, wie das möglich ist.

Erstes Kapitel

„Wer ist Sai Baba? Er ist Liebe, Liebe, Liebe.“ Ich höre immer noch, wie Baba mit leisem Vibrieren in der Stimme diesen kleinen Refrain singt, während er den Interview-Raum betritt. Er singt ihn noch einmal, ganz sanft, während er mit leichtem Schritt – es ist fast ein Tanzen – auf die *Devotees* zukommt, die sich hier zum Interview versammelt haben. Er beantwortet so auf seine unnachahmliche Weise die Frage, die uns mehr als alles andere beschäftigt. Diese einfache Feststellung „Baba ist Liebe“ ist die Wahrheit. Ihn selbst kann man keineswegs als „einfach“ bezeichnen.

Im April 1972 hörte ich zum ersten Mal von Baba, wenige Tage, bevor mein Mann Sidney und ich auf eine Reise nach Nordindien gingen – mein zweiter Besuch in diesem Land. Ein paar Tage vor unserer Abreise besuchten wir einen Buchladen, um Reiselektüre für den bevorstehenden langen Flug zu kaufen. Als ich nach einem bestimmten Band griff, der hoch oben in einem Regal stand, fiel ein anderes Buch herunter, ganz nah an meinem Kopf vorbei. Ich hob es auf und war sofort stark beeindruckt von dem Bild eines ganz ungewöhnlich aussehenden Mannes auf dem Umschlag. Das Buch trug den Titel „Baba“ und war von Arnold Schulman. Ich weiß noch, wie überrascht ich war, dass es offenbar einen Heiligen gab, den ich noch nie gesehen oder von dem ich nicht wenigstens gehört haben sollte. Ich fragte mich, wie er mir entgangen sein konnte, da ich alles gelesen hatte, was ich über östliche Lehrer und ihre Methoden hatte finden können. Zudem sah dieser hier so bemerkenswert aus, dass ich mir sicher war, dass ich ihn, einmal gesehen, nicht so leicht wieder vergessen hätte. Sein Gesicht war nicht das eines typischen Inders – soviel sah ich, obwohl ich seine Gesichtszüge nicht richtig wahrnahm. Meine ganze Aufmerksamkeit konzentrierte sich auf seine Augen, die bis auf den Grund meiner Seele zu dringen schienen.

Meine Arbeit hat mich gelehrt, nach so etwas wie „Zeichen“ Ausschau zu halten, die mir helfen und mich in meinem Alltag leiten. Daher nahm ich den eigenartigen Zwischenfall als ein Zeichen, dieses Buch näher anzusehen, das mir zwar nicht in den Schoß, aber doch beinahe auf den Kopf gefallen war. Als ich darin blätterte, in der Hoffnung, eine Botschaft für mich herauszulesen, hielt ich immer wieder inne, um die verschiedenen Bilder in dem Buch genau zu betrachten. Sie zeigten Baba in verschiedenen Haltungen und Situationen, immer in dieselbe einfache, lange und gerade herabfallende orangefarbene oder rötliche Robe gekleidet. Das dunkle Haar um sein Gesicht sah aus wie ein Heiligenschein, und seine so außergewöhnlich blickenden Augen schienen alles zu beherrschen. Während ich die Bilder einzeln studierte, begann ich mich stark zu ihm hingezogen zu fühlen. Ich wollte mehr über ihn erfahren. So legte ich das Buch zu der anderen Lektüre, die ich bereits für die Reise zur Seite gelegt hatte. Seine Anziehungskraft war so stark, dass ich es zu lesen begann, kaum dass ich zuhause angekommen war. Einmal damit angefangen, war es mir unmöglich, es wieder wegzulegen, und als wir abfuhren, hatte ich es bereits zu Ende gelesen. Ich war fasziniert von dem Konzept dieses

Sai Baba, aber mehr noch von der seltsamen Art und Weise, mit der er aus dem Buch heraus zu mir zu sprechen schien. Sehr bald stellte ich fest, dass ich den äußerst starken Wunsch entwickelte, ihn persönlich zu erleben, und zwar so schnell wie möglich! Ich nahm mir den Zeitplan und die Reiseroute vor, die wir ausgearbeitet hatten, und fand zu meinem Schrecken heraus, dass es sehr kompliziert sein würde, während unseres Aufenthalts in Nordindien einen Besuch bei ihm einzuschieben. Wir würden sowohl von seinem Haus in Whitefield an der Peripherie von Bangalore als auch von seinem *Ashram* in Puttaparthi – beide in Südindien – weit entfernt sein. Unsere Route stand seit geraumer Zeit fest, und alle Flüge und Hotelreservierungen waren bestätigt. Wir würden in wenigen Tagen abreisen und für Änderungen keine Zeit mehr haben. Wie sehr ich es auch drehte und wendete, ich konnte nicht einmal die Zeit für eine Stippvisite bei ihm unterbringen, was mich sehr traurig machte.

Später erfuhr ich, dass Baba oft sagt, es könne ihn keiner besuchen, sofern er, Baba, es nicht wünsche, da der richtige Zeitpunkt im Leben eines Menschen sehr wichtig sei. Jahre später, als einige Freunde, die mit uns zu Baba reisen wollten, in der letzten Minute aus verschiedenen Gründen daran gehindert wurden, konnten wir beobachten, wie sehr dieser Satz zutrifft. Sie wurden einer nach dem anderen gezwungen, ihre Pläne aufgrund unerwarteter Ereignisse, die eine Abreise unmöglich machten, zu annullieren. Eine junge Frau zum Beispiel hatte ihren Flug von Paris aus gebucht. Sie fuhr an drei Tagen hintereinander zum Flughafen und musste jedes Mal feststellen, dass ihr Flugzeug aus verschiedenen Gründen nicht starten konnte. Zuletzt begriff sie und annullierte den Flug. Später, im Rückblick, war allen Betroffenen sehr klar, dass die Abwesenheit von Zuhause zu jenem Zeitpunkt für keinen von ihnen angemessen gewesen wäre.

Von solchen Zusammenhängen war mir zur Zeit meiner ersten

Begegnung mit Baba durch das Buch nichts bewusst, und es bekümmerte mich zunehmend, dass ich nun nach Indien reisen und ihn doch nicht zu Gesicht bekommen sollte. Mit diesem Stachel im Herzen fuhr ich los.

Unser erster Aufenthalt war in Rangoon in Burma, wo wir elf Jahre zuvor zum ersten Mal im Januar 1961 gewesen waren, bevor das Militär die Macht übernahm. Damals hatte ich mich in das Land und seine Menschen verliebt. Wir hatten Empfehlungsschreiben für verschiedene Familien in Rangoon und einige wunderbare Freunde gewonnen, mit denen wir in Briefkontakt geblieben waren.

Unter dem neuen Regime war das Land einige Jahre für Besucher geschlossen worden. Sobald wir erfuhren, dass man sieben Tage, Ankunft und Abreise mitgerechnet, bleiben durfte, nahmen wir die Gelegenheit wahr und fuhren wieder hin. Wir brannten darauf, unsere Freunde wiederzusehen und mit eigenen Augen die Veränderungen zu erleben, die in den Zeitungen nur angedeutet und in Briefen unserer Freunde nur vage erwähnt wurden. Auch wollten wir das Meditationszentrum wieder aufsuchen, in dem wir damals eine Art buddhistische Meditation oder Gedanken-Training, das Satipatthana genannt wird, studiert hatten. Diese Methode war von Buddha eingeführt und von buddhistischen Priestern – oder Mahasi Sayadaw – wieder nach Burma zurückgebracht worden. Wir hatten damals das Privileg, einen kurzen Meditationskurs unter der direkten Aufsicht des amtierenden Sayadaw mitzumachen, eine Erfahrung, die sich als so lohnend herausstellte, dass wir auf die Erlaubnis hofften, sie nun zu wiederholen, wenn auch nur für wenige Tage.

Dieser zweite Aufenthalt unterschied sich völlig von unserem ersten. Kaum waren wir in Rangoon angekommen, mussten wir – zutiefst betroffen – mit eigenen Augen sehen, wie sehr dieses liebliche Land heruntergekommen war. Besonders die Veränderung an den

Menschen, die uns als die angenehmsten, hilfsbereitesten, gastfreundlichsten und glücklichsten der Welt in Erinnerung waren, fiel uns auf. Als wir uns jetzt in den Straßen umsahen, begegneten uns Schwermut und Hoffnungslosigkeit. Wir hatten unsere Freunde im Voraus von unserer Ankunft verständigt und nahmen mit „unseren" Familien Verbindung auf, kaum dass wir uns im Hotel einquartiert hatten. Sie waren überglücklich uns wiederzusehen, da wir eine frische Brise von der Welt draußen mitbrachten, von der sie so lange Jahre abgeschnitten gewesen waren. Wir waren uns aber auch ihrer kaum verhehlten Furcht, mit Ausländern gesehen zu werden, bewusst, denn wir hatten erfahren, dass sie jetzt unter ständiger Beobachtung der Militärpolizei lebten. Zuvor die erfolgreichen Bürger eines blühenden Landes, die ihre Zeit zwischen Meditationszentrum und Arbeit verbrachten, waren sie nun buchstäblich Gefangene in ihrem eigenen Land, die sich fürchteten, mit irgendjemandem zu sprechen – aus Angst, bei der geringsten Überschreitung der straffen Verordnungen angezeigt zu werden. An unserem letzten Tag vergaßen sie aber alle Vorsicht und trafen uns zu einem Abendessen. Wir verbrachten einen fröhlichen Abend, der uns an all die Abende erinnerte, die wir früher mit ihnen erlebt hatten. Am nächsten Morgen, als wir abreisen mussten, bestanden sie alle darauf, uns zum Flughafen zu begleiten. Unser letzter flüchtiger Blick nach ihnen, die zu einem dichten Knäuel gedrängt dort standen und winkten und mit Tränen in den Augen lächelten, erzeugte in uns Schuldgefühle. Wir verließen Menschen, die in ein Leben ohne Hoffnung auf Befreiung eingesperrt waren, und reisten selbst uneingeschränkt, wohin wir wollten. Wir durften unbesorgt zurückkehren in ein Land, in dem wir ein ausgefülltes Leben mit verhältnismäßig wenig Einschränkungen führen konnten. Als unser Flugzeug abhob und sie nur noch kleine Punkte auf dem Boden waren, fragten wir uns, ob und wann wir sie wiedersehen würden.

In dieser gedrückten Stimmung flogen wir für einen kurzen Übernachtungsaufenthalt nach Kalkutta, bevor es nach Darjeeling weiterging. Als ich aus dem Flugzeug sah, um einen letzten Blick auf das Land zu werfen, das mir einmal so viel Freude vermittelt hatte, fiel mir mit einem Mal mein Kummer wieder ein, der mich vor der Abreise so bedrückt hatte, weil ich Baba auf dieser Reise nicht sehen würde. Ich verglich dieses Land mit dem, was tagtäglich das Leben der Burmesen belastet, die in absehbarer Zukunft kaum Hoffnung auf Erleichterung haben, und schämte mich gründlich für meine Haltung. Viel später erfuhr ich dann, dass solche Einsichten typisch sind für viele Menschen, die gerade zum ersten Mal von Sai Baba gehört haben. Auf eine eigenartige Weise, die jenseits aller Erklärung liegt, erreicht er jene Menschen, die zumindest den Versuch einer Kontaktaufnahme mit ihm machen, wo immer in der Welt sie sich gerade befinden mögen.

Wie als Beweis dafür geschah während der einen Nacht im Hotel in Kalkutta etwas Seltsames. Vor dem Abendessen machten wir noch einen Bummel durch die Hotelhalle und die Geschäfte, um unsere vom Flug steifen Beine zu bewegen. Ein Antiquitätenladen war noch geöffnet, und so sahen wir uns darin um. Ich war verblüfft, denn dort auf dem Ladentisch stand ein großes Bild von Sai Baba. Es schoss mir der Gedanke durch den Kopf, dass ich Baba nicht erkannt hätte, wenn ich nicht zuvor das Buch über ihn gelesen hätte. Der Besitzer des Geschäftes bemerkte mein Interesse und fragte, ob ich etwas über Baba wisse. Meine Gegenfrage war, ob er ein Anhänger von Baba sei. Er antwortete, dass nicht nur er, sondern auch mehrere Mitglieder seiner Familie *Devotees* seien. Er wollte wissen, auf welche Weise ich von Baba erfahren hatte. Ich erzählte ihm von Arnold Schulmans Buch, und er schlug seinerseits vor, ich solle ein anderes lesen, und zwar „Sai Baba – Der indische PSI-Meister“ von Howard Murphet, einem Australier. Es sei das Buch, das ihn zu Baba geführt habe. Er gab uns die Adresse eines Buchladens unweit vom Hotel in der Hoffnung, dass er noch geöffnet war und wir dort ein englisches Exemplar finden würden.

Bevor wir uns verabschiedeten, fragte ich, ob er auch antiken Mogul-Schmuck verkaufe. Er verneinte, fügte aber hinzu, sein Bruder habe in seinem Geschäft in Neu Delhi eine ausgezeichnete Sammlung. Als er hörte, dass wir ohnehin nach Delhi wollten, gab er uns die Visitenkarte seines Bruders. Wir betrachteten sie genauer und stellten überrascht fest, dass dieser Bruder jemand war, den wir 1967 in Indien kennengelernt hatten und den wir gerne wiedersehen wollten! Wir waren brieflich mit ihm in Kontakt geblieben und hatten uns hin und wieder in den Vereinigten Staaten mit ihm getroffen. Wir waren außerdem sprachlos darüber, dass er und seine Familie ebenfalls Baba-*Devotees* sein sollten! Wir konnten es deshalb kaum glauben, weil er sich immer sehr skeptisch allem Glauben an spirituellen „Dingen" gezeigt und eher den Eindruck eines Agnostikers vermittelt hatte, der die Religion seiner Frau überließ. Ich weiß noch genau, dass ich dachte: „Wenn Baba auf diesen Mann Eindruck gemacht hat, muss er außerordentlich mächtig und überzeugend sein."

Wir dankten dem Antiquitätenhändler für seine Hilfe und eilten zu dem Buchladen. Je mehr wir mit Baba in Berührung kamen, desto mehr entwickelten sich die Dinge auf so seltsame Weise, dass wir das, was wir brauchten, zum richtigen Zeitpunkt auch immer fanden. Dieses Beispiel war geradezu perfekt: Nicht nur, dass der Laden noch geöffnet war, sondern wir fanden auch einen liebenswürdigen Verkäufer, der uns ein Exemplar des Buches hinter einigen anderen Büchern vom Regal holte. Es war sehr verstaubt, aber glücklicherweise intakt. Ich konnte mich nun darauf freuen, mehr über Baba zu lesen, wenn ich ihn schon nicht sehen durfte.

Von da an begann ich zu beobachten, dass, wo immer wir uns befanden, Bilder von Baba an unvermuteten Plätzen auftauchten, als ob er uns auf unserem Weg grüßen wollte. Es kam mir in den Sinn, dass er uns im Geiste durch seine Bilder und das neue Buch begleitete. Jahrelang hatte ich nach einer Methode gesucht, die mir zu einem Fortschritt auf meinem spirituellen Weg verhelfen würde. Die Suche hatte mich an viele Plätze geführt und mit zahlreichen Lehren und Methoden konfrontiert. In allen hatte ich etwas Interessantes gefunden, aber niemals so viel, dass sie mich völlig gefangennahmen oder davon überzeugten, dass ich den für mich richtigen Weg gefunden hatte. So suchte ich weiter, wann immer sich die Gelegenheit dazu bot.

Vor unserer Abreise hatten wir uns außer Burma und dem Meditationszentrum auch vorgenommen, Gopi Krishna in Srinagar, Kashmir, zu besuchen. Nach der Lektüre seines interessanten Buches *„Kundalinī“* hatte ich mit ihm korrespondiert. In dem Buch gibt er seine persönlichen Erfahrungen wieder, unter anderem, wie sich die *Kundalinī* nach jahrelangen Meditationsübungen plötzlich und unerwartet in ihm zu regen begann. Lebendig und in Einzelheiten schildert er die außergewöhnliche Bedeutung, die dieses Ereignis auf all seine Lebensbereiche gehabt hat. Als er die *Kundalinī* irgendwann in ihrem Wesen begriffen hatte, lernte er sie schließlich so zu steuern, dass sie ihn in einen Zustand ungewöhnlicher geistiger Klarheit führte. Er legt in seiner aus der Erfahrung geborenen Theorie dar, dass die *Kundalinī* in einem Zustand erweiterten Bewusstseins gipfelt, und ist überzeugt, dass viele spirituelle Schüler dieses Stadium genauso erreichen könnten, wenn sie die nötigen Anweisungen zur Kontrolle dieses Vorgangs in die Hand bekämen. Der Tumult, den das Erwachen der *Kundalinī* bei ihm ausgelöst hatte, sollte sich dadurch vermeiden lassen. Gopi Krishna war auch fest davon überzeugt, dass die Entdeckungen, die er auf seinem Weg gemacht hatte, für die Wissenschaft wie für die Religion von Interesse seien. Er malte sich aus, wie Wissenschaft und Religion in einem gemeinsamen Versuch eine Methode entwickeln, die der Menschheit hilft, die negativen Kräfte in der Welt zu neutralisieren. Er hatte die Aufmerksamkeit einiger prominenter Wissenschaftler erregt und hoffte auf ihre Hilfe für ein Forschungsprojekt. Er stellte sich vor, unter Verwendung der verfügbaren Texte aus alter Zeit einen gefahrlosen Kurs für männliche und weibliche Versuchskandidaten zu entwickeln. Die Kandidaten sollten von Fachleuten ausgewählt und beurteilt werden.

Als wir in Srinagar ankamen, riefen wir ihn an, worauf er uns zu sich nach Hause einlud und uns von seinen Plänen und Hoffnungen erzählte. Es klang alles sehr interessant, aber ich konnte mich des starken Gefühls nicht erwehren, dass dies wieder eine der Methoden war, die vielleicht anderen etwas zu bieten hatten, aber nicht mir. So beließen wir es beim Dank für den gemeinsamen Tee und setzten unsere Reise fort.

Unser nächster Aufenthalt war in Neu Delhi. Wir riefen unseren Freund, den Antiquitätenhändler, an und erzählten ihm von unserer unerwarteten Begegnung mit seinem Bruder in Kalkutta. Er war freudig überrascht und schlug vor, dass wir uns so bald wie möglich sehen sollten. Als wir uns trafen und wir die Grüße seines Bruders, mit dem wir über Sai Baba gesprochen hatten, überbrachten, erzählte er seinerseits, wie er und seine Familie zu Baba gelangt und *Devotees* geworden waren. Er beschenkte uns mit Geschichten über Baba und seine Wunderkräfte, seine Liebe und seine einfachen, aber tiefgründigen Lehren. Das regte meinen Wunsch nach persönlichem Kontakt mit ihm nur noch mehr an. Wieder einmal bedauerte ich es schmerzlich, dass er diesmal nicht zustande kommen würde. Unser Freund fühlte sehr mit uns und gab mir ein Foto, das er während Babas kurzem Besuch bei seinen vielen *Devotees* in Neu Delhi von ihm gemacht hatte. Ich war überglücklich, nun mein erstes Foto von Baba zu besitzen, das so viel persönlicher war als die Drucke in den Büchern.

Während des gemeinsamen Mittagessens erwähnte ich, dass ich mir vermutlich mit einer Speise, die ich am Abend zuvor auf einem Hausboot gegessen hatte, den Magen verdorben hatte. Unser Freund gab mir daraufhin ein winziges Briefchen mit Babas aufgedrucktem Bild und erklärte, dass es *Vibhuti* – oder heilige Asche – enthalte, die als Medizin benutzt werden könne. Er sagte, ich solle meinen Finger in das zart duftende graue Pulver tauchen und etwas davon auf die Mitte der Stirn und die Zunge geben. Er fügte hinzu, dass ich es als Heilmittel verwenden könne, so oft sich die Notwendigkeit dazu ergäbe. Das war meine erste Bekanntschaft mit Babas *Vibhuti*. Ich nahm sie dankbar und wandte sie ohne zu zögern an, wie er gesagt hatte. Erst später fiel mir auf, wie ungewöhnlich mein Verhalten war, da ich im Allgemeinen im Umgang mit neuen Mitteln, die eine Allergie hervorrufen könnten, sehr vorsichtig bin.

Als nächstes schlug er vor, dass wir nach unserer Rückkehr Kontakt mit einem Amerikaner aufnehmen sollten, den er während seines Aufenthalts in Babas *Ashram* kennengelernt hatte und der uns über seine Erfahrungen berichten könnte. Er gab uns den Namen und die Adresse des Betreffenden in San Francisco. Als wir uns verabschiedeten, gebrauchte er einen merkwürdigen Ausdruck: *„Sai Ram"*, den wir noch oft zu hören bekommen würden, da Sai-*Devotees* ihn sowohl als Willkommens- wie auch als Abschiedsgruß benutzen. Er wird oft von einer Handbewegung begleitet, die „Namaste" genannt wird. Dabei werden die Hände wie zum Gebet aneinandergelegt und vor das Gesicht gehalten. Namaste übermittelt den Gruß von dem innewohnenden Gott in einem Menschen zum inneren Gott im anderen. Inder schütteln sich selten die Hände, es sei denn, sie sind im Westen erzogen worden oder viel gereist und haben westliche Sitten angenommen.

Zweites Kapitel

Bald nach unserer Rückkehr nach Los Angeles flogen wir nach Oakland, um unsere ältere Tochter Sheila zu besuchen. Bei der Gelegenheit wollten wir auch den Mann aufsuchen, dessen Namen und Adresse wir in Neu Delhi bekommen hatten. Offensichtlich war er öfters umgezogen. Als wir ihn schließlich doch ausfindig gemacht hatten, mussten wir enttäuscht feststellen, dass er kein Anhänger Sai Babas mehr war. Er hatte sich einer Gruppe angeschlossen, die einem anderen Meister folgte. Als er aber hörte, dass wir in Los Angeles leben, sagte er uns, dass es in Südkalifornien mehrere aktive Sai-Baba-Zentren gebe. Er gab uns die Adresse und Telefonnummer des Zentrums in Hollywood, das unserem damaligen Wohnsitz am nächsten lag.

Wieder zuhause, rief ich das Zentrum an und sprach mit Janet Bock. Sie und ihr Ehemann Richard waren die Leiter des Zentrums. Sehr freundlich teilte sie uns den Wochenplan des Zentrums mit und fragte, ob wir nicht gern zu einem der offenen Treffen kommen wollten. Diese fänden jeden Freitagabend für all jene statt, die wie wir daran interessiert seien, mehr über Baba zu erfahren. Wir entschlossen uns für den nächstfolgenden Freitag.

Als wir hinkamen, stellte sich heraus, dass das Treffen im Erdgeschoss eines großen, weitläufigen Hauses stattfand. Schon am Eingang konnten wir drinnen Singen hören und den Duft von Räucherstäbchen riechen. Die Tür wurde auf unser Klopfen schnell geöffnet, und wir fanden uns inmitten einer Gruppe von Menschen, die im Lotos- oder Schneidersitz auf dem Boden saßen und in einer fremden Sprache sangen, die wir für indisch hielten. Wir setzten uns eilig hin, aber sofort bat man uns zu rücken. Man erklärte mir im Flüsterton, dass bei solchen Treffen Männer und Frauen üblicherweise getrennt säßen, wobei ein schmaler Mittelgang zwischen den beiden Gruppen frei bleibe. In meiner Unwissenheit hatte ich mich auf die Männerseite neben meinen Mann gesetzt – ein Fehler, den ich in Zukunft nicht wiederholen würde.

Später erklärte man mir, dass es bei religiösen Treffen in Indien so Sitte sei und dass Baba diese Tradition respektiere. Sie rührt daher, dass jede unnötige Ablenkung es den meisten Menschen erschwert, sich auf ihre spirituelle Übung zu konzentrieren, besonders während der Meditation. Die unmittelbare Nähe einer Person des anderen Geschlechts kann eine solch starke Ablenkung bedeuten, besonders wenn die Menschen so enggedrängt sitzen, dass sich ihre Körper berühren. Der nahe Sitzkontakt kann eine subtile, stimulierende Schwingung erzeugen, die den unablässig arbeitenden Denkapparat daran hindert, zur Ruhe zu kommen, das heißt die Gedanken von der Außenwelt abzuziehen und sich nach innen zu konzentrieren. Das sahen wir ein, obwohl wir es zunächst sonderbar fanden, da wir es von den westlichen Tempeln und Kirchen her gewohnt waren, dass Familien gewöhnlich im selben Kirchenstuhl nebeneinander sitzen. Aber sehr bald gewöhnten wir uns daran.

Dieses erste Treffen war gleichzeitig unsere Einführung ins *Bhajan*-Singen. *Bhajans* sind Lieder zum Lobe des Herrn, ähnlich

Kirchenliedern. Da wir weder Worte noch Melodien kannten, konnten wir nicht mitsingen. So nahm ich die Gelegenheit wahr, mich im Raum umzusehen.

An den Wänden hing eine ganze Anzahl von Baba-Bildern. Uns gegenüber befand sich der Altar. Darauf standen Vasen mit Blumen, brennende Kerzen, glimmende Räucherstäbchen und noch mehr Bilder von Sai Baba. Ich spürte eine Art stechende Beklemmung, weil mich all das an die Altäre erinnerte, die ich von meiner Kindheit in England her kannte: Altäre mit Bildern von Jesus Christus, von der Gottesmutter und dem Kreuz. Ich hatte geglaubt, ich hätte das alles hinter mir gelassen, als ich in die USA gezogen war. Ließ ich mich nun, nachdem ich mich damals von der traditionellen Religion gelöst hatte, weil sie mir keine Antworten mehr zu geben vermochte, in eine neue verwickeln? Es war mir klar, dass diese Antwort offen bleiben musste, bis ich mehr über Baba und seine Lehren wusste. Mit diesem Gedanken schob ich meine Zweifel beiseite.

Die *Bhajans* unterschieden sich jedoch sehr von den Kirchenliedern, die ich als Kind gesungen hatte, und so schenkte ich ihnen meine volle Aufmerksamkeit. Einige Männer und Frauen begleiteten das Singen mit indischen Trommeln, kleinen Glocken, Handzimbeln und einem Harmonium. Das Zusammenspiel dieser einfachen Instrumente ergab einen interessanten und gefälligen Klang, der sich sehr von der düsteren Orgelmusik meiner Jugend unterschied. Abwechselnd sangen ein Mann und eine Frau die *Bhajans* vor. Es wurde jeweils eine Zeile vorgesungen, die dann alle, die den Text kannten, wie in einem Chor wiederholten. Die einzelnen Strophen wurden mehrfach mit gesteigertem Tempo wiederholt, bis zum Abschluss noch einmal die letzte Zeile besonders langsam gesungen wurde. Die ganze Darbietung war sehr bewegend.

Ich beobachtete, dass sich unter den Anwesenden Menschen

ganz verschiedener Prägung und aus unterschiedlichen Milieus befanden. Alle Altersstufen waren vertreten, von den Babies, die neben ihren Müttern auf dem Boden schliefen, bis zu den älteren Menschen, die hinten auf Stühlen saßen, die man fürsorglich für jene bereitgestellt hatte, die nicht mit gekreuzten Beinen sitzen konnten. Zwei Dinge schienen allen gemeinsam zu sein: der große Enthusiasmus beim Singen und eine deutlich wahrnehmbare Liebe für Baba, die ihnen aus den Augen leuchtete.

Ich muss zugeben, dass ich mich allmählich unbehaglich zu fühlen begann bei dem Gedanken – wenn auch in bescheidenem Maße – an einer Versammlung teilzunehmen, bei der Babas Person so offensichtlich als Gott verehrt wurde. Bei der inneren Suche, mit der ich mich viele Jahre hindurch beschäftigt hatte, war ich ständig vor der Anbetung eines menschlichen Wesens, so hoch entwickelt es sein mochte, gewarnt worden. Und nun saß ich hier unter Leuten, die in ihren Gesängen Sai Baba anbeteten, der unbestreitbar einen menschlichen Körper besaß, wenn auch einen recht außergewöhnlichen. Trotz meiner Zweifel fühlte ich mich unwiderstehlich zu ihm hingezogen, besonders zu dem Bild in der Mitte des Altars, das sein strahlend lächelndes, vom Halo seines schwarzen Haares umrahmtes Gesicht zeigte. Während ich es so betrachtete, merkte ich, dass ich mir wider jede Vernunft gewiss war, dass er mich anlächelte. Ich fühlte auch, dass er auf eine seltsame Weise all meine Gedanken, Zweifel und überhaupt alles von mir kannte und verstand und nachsichtig darüber lächeln konnte, als ob er sagen wollte: „Ja, es ist natürlich und richtig, dass du mich jetzt in Frage stellst und zweifelst, aber bald wirst du verstehen."

Mein stilles Träumen wurde abrupt unterbrochen, als das Singen aufhörte und ein Mann, den ich dann als Dick Bock kennenlernte, ankündigte, dass nun eine kurze Meditation folge. Auf diesem Boden kannte ich mich besser aus, da mein Mann und ich in den vielen Jahren der Suche nach dem tieferen Sinn des Lebens verschiedene Meditationsformen praktiziert hatten. Nach etwa zehn Minuten, die mir wie zehn Sekunden vorkamen, wurde die Meditation mit einem weiteren Gesang beendet, an dem sich diesmal alle gemeinsam beteiligten. Währenddessen bemerkte ich eine Bewegung in den Reihen und stellte fest, dass ein kleines Gefäß mit jener duftenden Asche, der *Vibhuti*, die ich in Neu Delhi bekommen hatte, herumgereicht wurde. Als die Reihe an mich kam, bedeutete die Frau neben mir, etwas davon auf die Stirnmitte und auf die Zunge zu geben. Ich stippte meine Fingerspitze in das weiche graue Pulver, und dabei fiel mir ein, wie ich zum ersten Mal *Vibhuti* genommen hatte. Plötzlich wurde mir bewusst, dass ich mich von dem verdorbenen Magen viel schneller erholt hatte, als es normalerweise zu erwarten gewesen war. Sollte tatsächlich diese *Vibhuti* für meine rasche Genesung verantwortlich gewesen sein? Bei diesem Gedanken lief mir ein leiser Schauer über den Rücken. Spielte mir da meine Einbildung einen Streich, oder half die *Vibhuti* wirklich? Ich reichte das kleine Gefäß weiter und beobachtete, wie es schließlich zum Altar zurückwanderte und dort neben ein gleichartiges Gefäß gestellt wurde, das von der Männerseite zurückgereicht wurde.

Die Versammlung endete mit der Vorführung eines Films, den Dick Bock in Indien gedreht hatte. Er zeigte Baba, wie er sich zwischen Menschenmengen bewegte, einmal vor seinem Haus in Bangalore und einmal in seinem *Ashram* von Puttaparthi, dem Dorf, in dem er geboren wurde. Ich war fasziniert von dem Anblick, wie er gemessen, langsam vor den Reihen der sehnsüchtig wartenden Besucher auf und ab ging. Hin und wieder lächelte er oder blieb stehen, um zu einer Person in der Menge zu sprechen. Oft hob er seine Hand zu einer segnenden Geste, während alle mit flehentlichem Blick an ihm hingen – jeder in der Hoffnung, einen flüchtigen Blick oder ein Wort von ihm auf sich zu lenken. Ich wurde einer geradezu elektrischen Energie gewahr, die von ihm durch den Film hindurch ausging. Ich musste an eine ähnliche Empfindung denken, die ich während des Lesens der beiden Bücher über ihn gehabt hatte: Ich hatte das Gefühl gehabt, als sei er aus den gedruckten Buchseiten heraus auf mich zugekommen. Je länger ich seine schmale, orangegekleidete Gestalt ansah, die sich voller Grazie mal hier, mal dort unter den Mengen bewegte, desto mehr wuchs mein altes Verlangen, zu ihm zu fliegen. Tief innen wusste ich, dass mein Hunger nicht gestillt sein würde, bevor ich ihn nicht persönlich erlebte.

Als der Film zu Ende war, geriet alles in Bewegung. Die Bocks hatten uns schon beim Eintreten gesehen und kamen, um uns Neulinge zu begrüßen. Das war nicht nur der Beginn einer Freundschaft, sondern auch ein Schritt näher zu Baba.

Von nun an besuchten wir die Veranstaltungen öfters und begannen, uns mit anderen *Devotees* zu treffen. Einige waren schon bei Baba gewesen, während andere, wie wir, daran interessiert waren, von jenen mehr über ihn zu erfahren. Viele von ihnen hatten Erfahrungen mitzuteilen, denen wir andächtig zuhörten.

Von da an füllte mich alles, was ich über dieses bemerkenswerte Wesen gesehen und gehört hatte, voll und ganz aus. Wir bombardierten die Bocks und andere *Devotees* ständig mit Fragen und erfuhren so mehr über die vielen Facetten und die individuelle Art, mit der Baba auf die Menschen, die mit ihm in Berührung kommen, einwirkt – gleich, ob sie sich gerade in Indien befinden oder zuhause. Daraus ging hervor, dass seinem Einfluss weder durch Zeit noch durch Entfernung Grenzen gesetzt sind. Je mehr wir hörten, desto unfassbarer erschien er uns.

Aus heutiger Sicht bin ich sehr dankbar, dass mein überwältigender

Wunsch, zu Baba hinzustürmen, damals in Nordindien nicht in Erfüllung gegangen war. Auf diese Weise wurden wir jetzt viel besser auf seine physische Gegenwart vorbereitet: Wir hatten Veranstaltungen besucht, an Gesprächen mit *Devotees* teilgenommen, mehrere Filme gesehen, die sein tägliches Leben schilderten, Tonbändern gelauscht, die aufgenommen worden waren, als Baba *Bhajans* sang oder Reden hielt, und ins Englische übersetzte Bücher über seine Lehren gelesen.

Ein Vorteil dieser stufenweisen Vorbereitung war, dass wir die Bedeutung vieler neuer Worte und Ausdrücke sowie ihre richtige Aussprache lernten, bevor wir nach Indien kamen. Wenn ich hörte, wie die Eingeweihten diese Worte benutzten, bezweifelte ich anfangs immer, dass ich jemals imstande sein würde, sie mit solcher Leichtigkeit auszusprechen und im richtigen Zusammenhang zu gebrauchen. So fremd, wie sie einst für mich waren, dürften sie auch für andere sein. Deshalb ein paar Worte zur Erläuterung:

Der Begriff *Devotee*, obschon kein indisches Wort, soll zuerst erklärt werden. Ich habe es hier bereits gebraucht, um die Menschen, die schon Anhänger Babas sind, von Neulingen wie uns abzugrenzen, die von ihm gehört haben, aber mehr über ihn zu wissen wünschen, bevor sie sich eine Meinung bilden, eine Entscheidung treffen oder sonst ein Zugeständnis machen. Das Wort *Devotee* ist die Bezeichnung für jemanden, der sich voll und ganz einer Person oder einer Sache hingegeben und sein Leben der auserwählten Person, Sache oder dem Ideal gänzlich überantwortet hat.

Ein wahrer Baba-*Devotee* zu sein bedeutet, so tief interessiert und engagiert zu sein, dass Baba und seine Lehren den allerersten Platz im Leben des Betreffenden einnehmen. Offensichtlich gibt es viele verschiedene Grade der Hingabe und deshalb auch verschiedene Typen von *Devotees*, je nachdem, wie tief seine Botschaft ins Bewusstsein vordringt.

Die Skala reicht von dem, der sich auf eher oberflächliche Weise zu ihm hingezogen fühlt, bis zu den sehr wenigen, die ihm selbst ihr Leben überantwortet haben und seine Führung suchen. „Die Letzteren“, sagt Baba, „sind so wenige, dass man sie an den Fingern einer meiner Hände abzählen kann.“

Er selbst spricht von drei Arten von *Devotees*. Zunächst sind da jene, die hören, was er lehrt, es aber nicht in die Praxis umsetzen und in deren Leben sich folglich nichts ändert.

Dann gibt es jene, die hören, was er ihnen rät, seine Worte aber so wörtlich auffassen, dass sie jeden von ihm aufgetragenen Weg einschlagen würden, ohne zu überlegen, wie sie die Hindernisse, die dabei ihren Fortschritt blockieren könnten, bewältigen sollen. Solche Menschen versuchen, ihren Weg zu erzwingen oder das Hindernis beiseite zu schieben, anstatt ihren gesunden Menschenverstand zu gebrauchen und es zu umgehen oder in sonst einer Weise durch vernünftige Anwendung seiner Lehren zu bewältigen.

Zur dritten Gruppe gehören jene, die in jeder plötzlich eintretenden Situation richtig handeln, indem sie seine Lehren jeweils so anwenden, dass sie dem besonderen Fall gerecht werden. Diese Gruppe von Menschen versucht, Babas Leben zu leben, anstatt es beim Hören bewenden zu lassen oder nur über sie nachzudenken. Baba drängt darauf, dass alle, die sich ihm zuwenden wollen, sich dieser dritten Gruppe anschließen.

Viele Menschen machen den großen Fehler, dass sie zu schnell zuviel erwarten. Man kann sich nicht urplötzlich als *Devotee* von Baba, einem anderen *Guru* oder Glaubensbekenntnis bezeichnen und im selben Augenblick schon auf wunderbare Weise völlig ehrlich, weise, selbstlos, zuverlässig, liebevoll und vollkommen sein. Das notwendige Wachstum, das zur echten Umwandlung führt, muss langsam, Schritt für Schritt vor sich gehen, wenn es von Dauer sein soll. Deshalb ist es äußerst ungerecht, augenblicklich Perfektion von anderen wie von sich selbst zu erwarten. Wer diese Warnung beherzigt, kann sich als künftiger *Devotee* einiges an Enttäuschung und bitteren Pillen ersparen. Ich kenne viele Beispiele von Enttäuschung und Ressentiments bei Menschen, die selbsternannten Baba-*Devotees* ihr Vertrauen geschenkt hatten, was sich im Nachhinein als Fehler herausstellte. Es sieht eher so aus, als ob wir nach wie vor unsere angeborene Intelligenz und unsere Wahrnehmungskräfte einsetzen und selbst beurteilen müssen, ob ein Mensch vertrauenswürdig ist, und nicht einfach voraussetzen können, dass er von dem Augenblick der Begegnung mit Baba an blütenweiß und reingewaschen ist.

Ein anderes Wort, das wir während dieser Wochen der ersten Bekanntschaft mit Baba oft zu hören bekamen, war *Avatar*. Man erklärte uns, ein *Avatar* sei eine Inkarnation Gottes, der in Zeiten großer Bedrängnis in einer physischen Form auf die Erde kommt, um das Gute in den Menschen wieder zu aktivieren. Diese Auffassung wird in der *Bhagavadgita*, was in Sanskrit „Gesang des Herrn“ bedeutet, erläutert. Es handelt sich um einen Abschnitt des Mahabharatha, eines der großen klassischen Epen der Hindu-Literatur. Die *„Gita“*, wie sie kurz genannt wird, ist ein Dialog in lyrischer Form zwischen *Krishna*, dem *Avatar* jener Zeit, und *Arjuna*, einem Krieger, der von *Krishna* Belehrung empfängt. An einer bestimmten Stelle sagt *Krishna*: „Wenn das Gute abnimmt und das Böse zunimmt, schaffe ich mir einen Körper. Ich komme in jeder Epoche wieder, um das Gute zu retten, das Böse zu zerstören und die Rechtschaffenheit wiederherzustellen.“

Baba drückt es so aus: „Zum Schutz der Tugend, zur Vernichtung des Übels und zur Wiederherstellung der Rechtschaffenheit auf fester Grundlage inkarniere ich mich von Epoche zu Epoche.“

Darshan ist ein weiteres unter *Devotees* viel gebrauchtes Wort. Oft hörten wir jemanden sagen, er habe *Darshan* von Baba gehabt, oder er sei beim *Darshan* in Indien gewesen. Man sagte uns, dass es vom Sanskritwort *„Darshana"* abstamme, was soviel wie „Anblick eines Heiligen" bedeutet und heute allgemein für jene „Erhebung" oder jenen „Segen" gebraucht wird, den eine Person in der Anwesenheit einer großen Persönlichkeit zu empfangen verspürt. Diese hinduistische Auffassung ist für die meisten Menschen aus dem Westen etwas schwierig zu verstehen, da wir in unserem Kulturkreis nichts Gleichwertiges haben. Am ehesten könnte man es mit dem Segen vergleichen, den der Papst von seinem Balkon aus der Menge auf dem Petersplatz spendet. Die meisten Inder würden alles Erdenkliche tun, nur um einen flüchtigen Blick ihres erwählten Lehrers, eines *Yogi* oder sonst einer charismatischen Persönlichkeit zu erhaschen. Dafür gehen sie oft weite Strecken zu Fuß. In der Hoffnung auf Babas *Darshan* versammeln sich riesige Menschenmengen, wo immer man sein Erscheinen erwartet. Sie kommen oft viele Stunden vor seinem vermuteten Eintreffen. Von diesem Phänomen konnten wir uns zunächst beim Ansehen der Filme im Sai-Baba-Zentrum und später persönlich überzeugen, als wir in Indien den Magnetismus seiner Gegenwart unmittelbar selber erfahren durften.

Das Wort *Vibhuti* war uns zuerst fremd. Wörtlich bedeutet es „Wunder" oder „Staunen". In Form von Asche symbolisiert *Vibhuti* das Endprodukt, zu dem alle materiellen Dinge durch Verbrennung, was gleichzeitig einen Reinigungsprozess darstellt, reduziert werden. Es ist auch die mahnende Erinnerung daran, dass alle Dinge, nach deren Besitz wir streben, letztlich zu Asche oder Staub werden und keine dauerhaften Freuden oder Nutzen bieten können und deshalb ohne bleibenden Wert sind. Da Asche die Endsubstanz ist, kann sie für alles und jedes stehen. In diesem Zusammenhang wird sie zum Heilen, Beschützen und Weihen benutzt und kann symbolisch jede Bedeutung annehmen, die gerade erforderlich ist.

Ich habe bereits das *Bhajan*-Singen während der Treffen erwähnt. Es handelt sich um Lieder oder Lobgesänge, welche die besonderen Aspekte Gottes preisen. Man ist der Überzeugung, dass der Sänger durch die Wiederholung eines oder mehrerer der vielen Namen Gottes, die zusammen mit den Qualitäten, die diesem oder jenem besonderen Aspekt anhaften, vorgetragen werden, in diese spezifische Quelle der Energie wahrhaftig eintaucht und daraus Gnade empfängt.

Das Wort *Ashram* bedarf ebenfalls einer Erklärung, da es im Westen kein entsprechendes Gegenstück dazu gibt. Am nächsten kommt ihm noch der Begriff „Einsiedelei" oder „Kloster". Wörtlich bezeichnet es einen Ort, an dem ein Mensch keinem *„Shrama"* das heißt „Kampf" oder „Konflikt" und keiner Mühsal ausgesetzt ist, einen Zufluchtsort also, an dem Friede gefunden werden kann. Der indische *Ashram* umfasst gewöhnlich den gesamten Wohnbezirk, der einen *Guru* oder Lehrer umgibt, in dem sich Menschen auch längere Zeit aufhalten können, um seine Lehren zu hören. Der *Ashram* findet sich meist an einem abgelegenen Platz, fern von der Hetze und dem Überlebenskampf der großen Städte, so dass die Besucher bei der Meditation und anderen spirituellen Übungen möglichst wenig Ablenkung erfahren. Die meisten *Ashrams* sind sehr einfach gehalten. Sie bieten den Pilgern ein Mindestmaß an Unterkunft und Verpflegung. Der Nachdruck liegt auf der Hinwendung zum inneren Leben und nicht zum äußeren, wie das draußen in der Welt der Fall ist.

Ein *Guru* ist ein Lehrer. Wird dieser Begriff auf einen spirituellen Lehrer angewendet, so bezeichnet er einen Menschen, der Schüler aus der Dunkelheit ins Licht führt und ihnen als Wegweiser zur geistigen Befreiung dient, indem er den Pfad aufzeigt, der zur Zerstörung der Unwissenheit, Illusion oder Täuschung führt.

Sai Baba ist ein *Avatar* und ein *Guru*, der in einem *Ashram* lebt, wo seine *Devotees* seinen *Darshan* erhalten. Er materialisiert *Vibhuti*, um Körper, Geist und Psyche der Menschen zu heilen. In seinem Tempel werden *Bhajans* gesungen, die er gelegentlich selbst anführt.

Neben der Aneignung dieser Begriffe war es auch erforderlich, dass wir uns mit Bräuchen, Anordnungen und Richtlinien vertraut machten, die das für einen *Ashram* angemessene Verhalten und die Art der Kleidung betrafen.

Ende 1972 begannen wir, uns ernsthaft darüber Gedanken zu machen, wann wohl die beste Zeit für einen ersten Besuch bei Baba war. Wir entschlossen uns für Januar, da unser Hochzeitstag in diesen Monat fällt und wir diesen Tag regelmäßig auf Reisen verbringen.

Auf allen Reisen mit meinem Mann habe ich es mir zur Aufgabe gemacht, wenigstens einen Ort oder eine hervorragende Persönlichkeit aufzusuchen, damit die Reise zu einer sinnvollen Erfahrung wird und nicht bloß touristisches Vergnügen. Aber die bevorstehende Fahrt zu Baba würde die erste sein, die wir je zum alleinigen Zweck der Begegnung mit einer solchen Persönlichkeit geplant hatten. Dafür galt es, andere Vorbereitungen zu treffen als bisher.

Sobald es sich im Zentrum herumgesprochen hatte, dass wir nach Indien wollten, bekamen wir eine Menge guter Ratschläge von denen, die schon dort gewesen waren. Janet Bock gab uns eine Broschüre mit hilfreichen Hinweisen und Instruktionen, die sie selbst zusammengestellt hatte.

Man warnte uns, es sei unmöglich, im Voraus mit Bestimmtheit zu sagen, wo sich Baba gerade aufhalte. Wir würden also bis nach unserer Ankunft in Bangalore warten müssen, um herauszufinden, ob er gerade in seinem Haus in Whitefield bei Bangalore war oder in seinem *Ashram* in Puttaparthi im Staat Andhra Pradesh, was eine Entfernung von vier Autostunden von Bangalore bedeutete.

Man informierte uns auch über die besonderen Verhaltensnormen und die für Babas *Ashram* vorgeschriebene Kleidung. Viele indische

Sitten unterscheiden sich stark von den westlichen. Es war daher unerlässlich, dass wir sie vor unserer Ankunft kennenlernten, um sicherzugehen, dass wir die Inder und uns selbst nicht durch Fehler – wenn auch unbeabsichtigte – in Verlegenheit brächten. Da wir lauter Stätten der Anbetung besuchen würden, erwartete man von uns, dass wir uns wie in christlichen Kirchen oder heiligen Schreinen benehmen würden. Wir fanden, dass die Richtlinien auf gesundem Menschenverstand und guten Manieren beruhten und nur sehr wenige davon eine Anpassung an die dortigen Bräuche verlangten. An die für Männer und Frauen getrennte Sitzordnung hatten wir uns schon bei unseren Zusammenkünften gewöhnt. Da ich weder rauche noch Alkohol trinke, Drogen nehme oder Fleisch esse, stellten diese Einschränkungen kein Problem für mich dar. Die Art der Kleidung war allerdings sehr verschieden von unserem gewohnten Stil! Die Inderinnen tragen Saris wie eh und jeh, und die meisten Westlerinnen ziehen es vor, es ihnen gleichzutun. Wenn das Tragen eines Saris aus irgendeinem Grund Komplikationen ergibt, hat man immer noch die Möglichkeit, ein langes, loses Gewand – einen Mu-Mu oder Kaftan – zu tragen und darüber einen Schal oder eine Stola, die Brust und Arme bedecken muss, um die weiblichen Formen zu verdecken. Wie bei den getrennten Sitzplätzen ist auch hier der Grund, dass man jede unnötige Ablenkung vermeiden will. Ich beschloss, vor der Abreise Stoff für einen Sari zu kaufen und mit dem Kauf weiterer Saris zu warten, bis ich in Indien war, wo die Auswahl um vieles größer ist. Man sagte mir, dass ich die dazu passenden, knapp sitzenden Oberteile – *Cholis* genannt – innerhalb eines Tages in einer der Schneidereien, von denen es in Indien so viele gibt, angefertigt bekäme. Konfektionskleidung für Frauen ist, mit Ausnahme der Röcke, die unter den Saris getragen werden, selten. Die meisten Sari-Geschäfte arbeiten mit einem Schneider zusammen, der vor dem Laden sitzt und fast ausschließlich *Cholis* anfertigt und die Sari-Enden einsäumt. Auf Wunsch versieht er auch die untere Kante des Saris mit einer Blende, damit das Kleidungsstück besser fällt, was besonders bei dünnem Material zu empfehlen ist.

Konfektionskleidung für Männer ist leichter erhältlich, aber die Schneider nähen auch Hemden und einfache, pyjamaartige Hosen, auch dies in sehr kurzer Zeit. Die Maßanfertigung sitzt meist besser. Die Männer um Baba tragen gewöhnlich Weiß als Symbol der Reinheit. Baba sagt: „Wenn du den Körper rein hältst, können die Gedanken diesem Beispiel leichter folgen." Und weiter: „Wenn Ihr in meinen *Ashram* kommt, müsst Ihr Euch an die für Besucher vorgeschriebenen Verhaltensregeln halten."

Es ist ratsam, sich vor Reisebeginn zuhause beim örtlichen Gesundheitsamt die empfohlenen Impfungen geben zu lassen. Das Amt verfügt über die aktuelle Liste der Gebiete, die weltweit das Aufflackern von ernsteren Krankheiten, wie zum Beispiel Cholera, erfasst. In Indien ist Hepatitis weit verbreitet, so dass es vernünftig ist, sich etwa einen Tag vor der Abreise mit Gammaglobulin impfen zu lassen, denn dieser Impfstoff ist nur wenige Wochen wirksam.

Da wir diesmal ausschließlich zu Baba reisen wollten, würde unser Gepäck sehr leicht und einfach sein. Später erfuhren wir auch, dass einer von Babas Lieblingsaussprüchen besagt: „Travel lightly – arrive quickly." – „Reise mit leichtem Gepäck – komm schnell an."

Drittes Kapitel

Wir hatten vor, Indien via Bombay zu betreten, und zwar hauptsächlich deshalb, weil diese Stadt für uns von früher her sehr bedeutsam war. In Bombay hatten wir *Shrī* Nyaya Sharma kennengelernt, einen *Guru*, der uns in eine Meditationstechnik eingeführt und eine besondere Heilmethode gelehrt hatte. Ich stand bis zu seinem Tod in engem Briefkontakt mit ihm. Kurz bevor er starb, hatte er noch geschrieben und mich gebeten, mich um einen jungen Studenten aus Bombay zu kümmern, der zu jener Zeit das Massachusetts Institute of Technology in Boston besuchte und später an die Universität von Kalifornien in Santa Cruz wechselte, um seine Studien fortzusetzen. Wir wollten seine Eltern besuchen, die in Bombay lebten und ihnen Nachricht von ihrem Sohn überbringen. Auch hätten wir gern mehr über Sharmas Tod erfahren, der ein großer Schock für uns gewesen war.

Wie um unsere Entscheidung zu besiegeln, erwähnten Dick und Janet Bock eines Tages, als wir über die Reise sprachen, beiläufig, dass sie auf ihrer letzten Reise zu Baba eine Lesung aus dem Buch von Bhrigu bekommen hätten – eben in Bombay, wo sich eine Kopie dieses Buches im Besitz eines Pandits, eines Schriftgelehrten, befindet.

Kurz vor einer früheren Indienreise hatten wir von einem Freund von diesem bemerkenswerten Buch erfahren. Er hatte uns erzählt, dass es in der Obhut von Gelehrten verschiedene Kopien des Originaltextes gebe und dass diese Gelehrten imstande seien, das Buch aus der Originalsprache zu übersetzen. Damals hatten wir zwei der Orte, in denen sich Kopien befanden, in unsere Reiseroute einbezogen, nämlich Kathmandu in Nepal und Poona. Aber anscheinend war es nicht der richtige Zeitpunkt für uns gewesen, das Buch zu konsultieren. In Kathmandu hatte man uns gesagt, dass sich die Schwester des Königs, in deren Haus es aufbewahrt würde, auf einer längeren Reise befände und den Schlüssel mitgenommen habe. In Poona hatte man uns mit der Neuigkeit begrüßt, dass der Pandit, der die Verantwortung für das Buch habe, an Polio erkrankt und nicht in der Lage sei, uns zu empfangen.

Wir hatten erfahren, dass dieses ungewöhnliche Buch in der *Bhagavadgita* erwähnt wird und ursprünglich von einem Weisen namens Bhrigu auf Palmblätter geschrieben worden war. Es ist überliefert, dass Bhrigu den Inhalt in tiefer Meditation empfangen hatte. Er befasste sich mit dem Leben bestimmter Menschen, die irgendwann in der Zukunft kommen würden, um dieses Buch zu befragen.

Als ich zuerst davon hörte, war ich fasziniert, zweifelte aber gleichzeitig daran. Ich wollte mit eigenen Augen sehen und eigenen Ohren hören, was für eine Botschaft es für mich enthielt. Nur dann würde ich glauben können, dass ein Mann, der vor Tausenden von Jahren gelebt hatte, irgendwie in die Zukunft sehen konnte und imstande war, heute existierende Menschen zu beschreiben. Das chinesische „Buch der Wandlungen" oder I Ging ist das einzige Buch, das mir einigermaßen vergleichbar erscheint, obwohl seine Informationen allgemeiner gehalten sind und es keine spezifischen Namen und Daten über gegenwärtig lebende Menschen enthält.

Da es uns damals nicht geglückt war, eine Lesung aus dem Buch zu erhalten, freuten wir uns nun umso mehr darüber, dass es ganz so aussah, als bekämen wir in Bombay eine neue Chance. Damals hatten wir von der Existenz einer Kopie in Bombay nichts gewusst – wie eigenartig, dass niemand etwas davon erwähnt hatte. Das machte es nur noch deutlicher, dass damals nicht der richtige Zeitpunkt für eine Befragung gewesen war. Hoffentlich klappte es jetzt.

Privatbriefe an Baba werden üblicherweise jemandem, der gerade zu ihm fährt, mitgegeben, da man auf diese Weise sicher ist, dass sie direkt in seine Hände gelangen und nicht dem Wohlwollen der indischen Postbehörde ausgeliefert sind. Vom Zentrum in Hollywood bekamen wir einen solchen Packen Briefe für Baba mit. Ich bin meist nervös beim Gedanken an eine bevorstehende Reise. Wenn ich dann im Flugzeug sitze und die Maschine endlich abgehoben hat, bin ich erst sicher, dass es auch wirklich ernst damit wird, weil tausend Dinge eine Reise verzögern können. Dieses Mal fiel es mir besonders schwer, gelassen zu bleiben und noch schwerer, mir klarzumachen, dass wir demnächst in Babas Gegenwart sein und unseren ersten *Darshan* erhalten würden!

Da wir nicht zum ersten Mal in Indien landeten, erlebten wir den typischen Eindruck, den diese von der unseren so verschiedene Kultur das erste Mal auf uns gemacht hatte und der uns noch lebhaft in Erinnerung war, nicht so intensiv. Schon bei der Ankunft werden alle Sinne buchstäblich bombardiert von der Szenerie, den Gerüchen und Geräuschen dieses riesigen Landes und seinem Gewimmel von Menschen und Tieren. Indien hat so etwas wie einen ausgeprägten Eigengeruch, der den Besucher gleich bei seiner Ankunft regelrecht überfällt. Aber eigentlich ist es eher eine alles dominierende Dunstglocke, die sich aus vielen Düften zusammensetzt, als ein besonderer Geruch. Da ist der Gestank von ungewaschenen Körpern und Urin, das beißende Aroma verschiedener Gewürze, das Parfüm der Frauen und ein allgegenwärtiger Essensgeruch. Über all dem hängt der strenge, ätzende Geruch, den die unzähligen offenen Feuerstellen verbreiten, auf denen gekocht wird. Da es wenig Holz in Indien gibt, wird üblicherweise Kuhdung als Brennmaterial verwendet. Zahllose Kühe streifen unbeaufsichtigt in den Straßen umher. Frauen und Kinder sammeln den Mist hinter ihnen auf und formen ihn mit den Händen zu kleinen Fladen, die an der heißen Sonne getrocknet werden, bis sie so hart sind, dass sie als Briketts verwendet werden können. Diese Briketts brennen längere Zeit mit schwacher, gleichmäßiger Hitze. Der stickige Rauch, der von diesem Feuer ausgeht, hängt besonders am Abend schwer in der Luft, wenn die Familien bei ihrem einfachen Abendessen zusammensitzen.

Bombay ist eine Küstenstadt, und rund ums Jahr schafft die Kombination von Hitze und Feuchtigkeit ein Klima ähnlich dem vielbeschriebenen Smog, der Los Angeles einhüllt, wenn eine Inversion herrscht. Aber trotz alledem ist Bombay eine sehr interessante Stadt, die wir mögen.

Gleich nach unserer Ankunft erkundigten wir uns, wo das Buch von Bhrigu zu finden sei. Wir bekamen den Namen und die Adresse des Pandits, in dessen Obhut sich die gesuchte Kopie befand. Da er nur Hindi sprach, hatten uns die Bocks vorsorglich die Adresse ihrer ehemaligen Dolmetscherin mitgegeben. Diese riefen wir an und baten sie, für uns eine Verabredung mit dem Pandit zu treffen und uns zu ihm zu begleiten.

Es klappte. Als wir – zu dritt – das Haus des Pandits erreichten, führte uns dieser zuerst in seinen winzigen an das Haus angrenzenden Garten und begann, mit einem astrologischen Messgerät unsere Schatten zu messen. Damit erhielt er offenbar die Information, die er brauchte, um in dem Buch die Seiten zu finden, auf denen wir möglicherweise erwähnt waren. Dann gingen wir ins Haus, wo wir fasziniert Hunderte von Reihen eng gestapelter Palmblätter bestaunten, alle bedeckt mit einer uralten Schrift und seltsamen Zeichen. Der Gelehrte begann, die Reihen zu durchsuchen und zog schließlich drei bestimmte Blätter hervor. Dann stellte er uns Fragen, um sicherzugehen, dass wir es wirklich waren, die auf einem dieser drei Blätter genannt waren. Diese Fragen bezogen sich auf besondere Ereignisse in unserem Leben, wie zum Beispiel das Jahr unserer Eheschließung, die Zahl und das Geschlecht unserer Kinder und andere Daten über einschneidende Geschehnisse wie Unfälle oder schwere Krankheiten. Mit einer Art Streichverfahren wählte er zwei der Blätter aus, die sich beide auf ein Ehepaar bezogen, das gemeinsam zum gegenwärtigen Zeitpunkt kommen würde, um das Buch zu konsultieren. Auch die übrigen Daten entsprachen denen, die wir ihm gegeben hatten. Dann begann er, aus dem Buch vorzulesen, das sich auf meinen Mann bezog.

Es war unmöglich, dass er Vorkenntnisse von uns hatte, und doch erzählte er uns viele Dinge, die zutrafen, einschließlich des Alters meines Mannes, als wir 1967 nach Bombay gekommen waren, und dass wir damals einem Meditationsmeister begegnet wären, mit dem wir gearbeitet hätten. Er berichtete außerdem, dass wir nun auf dem Weg seien, einen noch größeren Meister zu besuchen, von dessen Fotos manchmal Asche herabriesele. Weder mein Mann noch ich sagten ein Wort, das verraten hätte, ob er richtig gelesen hatte. Nach weiteren persönlichen Details über meinen Mann nahm er dann das Blatt auf, das sich auf mich beziehen sollte. Er wiederholte den Teil über die Begegnung mit dem ersten Meditationsmeister und sagte, dass wir nun nach einem noch Größeren suchten. Dann fügte er hinzu, dass dieser mir einen Ring, Bilder von sich, Heilige Asche, Medizin, seine Liebe und seinen Segen geben würde. An diesem Punkt, muss ich gestehen, verlor ich das Interesse, da das, was er sagte, allzu unwahrscheinlich klang. Im Augenblick wussten wir nicht einmal, wo sich Baba befand, und schon gar nicht, ob wir Geschenke von ihm bekommen würden. Außerdem erhoffte ich mir gar keine Geschenke – falls wir überhaupt das Glück haben sollten, Baba anzutreffen –, sondern seine Hilfe auf meinem inneren Weg ins Licht, zur Einswerdung mit Gott.

Ich dachte an unsere erste Begegnung mit *Shrī* Nyaya Sharma, unserem ehemaligen *Guru*, der allem Anschein nach auch Objekte als Geschenke für bestimmte Menschen materialisieren konnte. Im Rückblick geniere ich mich, dass ich damals so darauf bestanden hatte, ihm klarzumachen, dass ich viel lieber spirituelle Lehren und Meditationspraktiken erhalten hätte als PSI und materielle Geschenke. Er hatte freundlich gelächelt und den Kopf in der typischen indischen Art von einer Seite zur anderen bewegt, die Billigung und Verstehen bedeutet.

Danach hatte er sich darauf beschränkt, uns in täglichen Sitzungen eine Meditationsmethode beizubringen, die uns beiden zusagte.

Der Pandit, der von diesen negativen Gedanken in meinem Kopf nichts wissen konnte, fuhr mit dem Lesen fort, und ich schrieb fast mechanisch nieder, was er sagte. Er schloss mit wortreichen Vorhersagen für uns beide, nach denen wir uns schleunigst empfahlen.

Auf der Rückfahrt zum Hotel unterhielten wir uns über dieses Erlebnis. Ich sagte, dass ich mich aufrichtig schämte, einen Wahrsager besucht zu haben, besonders, da ich so etwas bisher immer gemieden hatte und lieber zusah, wie sich mein Lebensweg Tag für Tag weiter entfaltete. Im Hotelzimmer stopfte ich dann die Notizen, die ich während der Lesung gemacht hatte, voller Widerwillen über mein kindisches Verhalten in ein Kofferfach und hoffte, sie damit zu vergessen. Ich weiß nicht, was mich veranlasst hatte, sie nicht gleich zu vernichten.

Während der wenigen Tage, die uns noch in Bombay blieben, besuchten wir die Eltern von Sharmas jungem Schützling und erfuhren von ihnen die wahre Ursache von Sharmas Tod. Dank Sharmas Hilfe hatte sich einer seiner Schüler aus den Klauen eines Schwarzmagiers befreien können. Aus Rache wandte dieser Mann nun seine negative Macht gegen den Meister und bewirkte, dass dieser einen tödlichen Herzinfarkt erlitt. Meine erste Frage war: „Warum konnte Sharma sich nicht selbst schützen?“ Sie antworteten, dass er es versucht hätte, da er wusste, dass die Zeit nahte, da er – nach seinem Horoskop – anfällig für Angriffe von außen sein würde und sterben könnte. Sie wagten die Vermutung, dass der Schwarzmagier ebenfalls von dieser Zeit gewusst und dieses Wissen dazu benutzt haben mochte, um aus der Entfernung Sharmas Herz zu treffen, das laut Diagramm sein schwächstes Organ war.

Diese Details halfen mir, die mögliche Todesursache eher zu verstehen. Ich war anfangs erschüttert und traurig gewesen, als ich hörte, dass er gestorben war. Ich war zutiefst betroffen, als ich beim erneuten Lesen seiner Briefe entdeckte, dass sie Andeutungen über sein bevorstehendes Ableben enthielten. Die Vermutung, dass es möglicherweise durch schwarze Magie herbeigeführt worden sein könnte, überzeugte mich jetzt, da wir gerade das Buch von Bhrigu konsultiert hatten, erst recht davon, dass ich nichts mit Magie, egal in welcher Form, zu tun haben wollte – einschließlich aller Berichte, die ich über Babas Materialisierungskünste gehört oder gelesen hatte. In dieser Stimmung bereitete ich mich auf den nächsten Schritt, Bangalore und Baba, vor.

Viertes Kapitel

Wir lernten Bangalore als eine der saubersten und attraktivsten indischen Städte kennen, die wir je besucht hatten. Sie machte ihrem Ruf als „Gartenstadt Indiens“ alle Ehre mit ihren Dutzenden von Parks und den vielen blühenden Bäumen und Büschen, die die Straßen säumen. Wir erfuhren später, dass sie eine verhältnismäßig junge Stadt ist und manche Stadtteile nach Plan entstanden sind, so dass sich diese Stadt nicht wahllos in alle Richtungen hatte ausbreiten können wie so viele andere Städte. Bangalore besitzt auch den Vorteil, die meiste Zeit des Jahres über ein angenehmes Klima zu haben, was bis zu einem gewissen Grad auf ihre relative Höhenlage zurückzuführen ist. Alles in allem schien uns diese Stadt einen passenden Hintergrund für Baba und seine Aufgabe in der Welt abzugeben.

Vom Hotel aus riefen wir Dr. Bhagavantam an, einen angesehenen Physiker, der Baba-*Devotee* ist und damals sein nahezu ständiger Dolmetscher war. Bhagavantam sagte uns, dass Baba zur Zeit in Whitefield sei. Er riet uns, ein Taxi zu nehmen und nach Whitefield zu fahren, damit wir rechtzeitig zum *Darshan*, kurz nach 4 Uhr, dort sein könnten. Er erklärte uns, dass Baba gewöhnlich jeden Morgen gegen 9 Uhr aus seinem Haus komme und ebenso jeden Nachmittag, um den im Vorhof auf sein Erscheinen wartenden Menschen *Darshan* zu geben. Wir bedankten uns und rechneten blitzschnell aus, dass wir gerade genug Zeit hatten, das Nötigste auszupacken, uns frisch zu machen, passende Kleider anzuziehen und dann loszufahren. Ich war überglücklich, schon so bald in Babas Gegenwart sein zu dürfen! Ich breitete den Stoff aus, den ich als Sari-Ersatz von zu Hause mitgebracht hatte – voller Dankbarkeit, dass ich mich so weise vorbereitet hatte. Einen *Choli* besaß ich bisher noch nicht, deshalb beschloss ich, eine gewöhnliche Bluse anzuziehen. Vor der Abreise aus den USA hatte man mir gezeigt, wie ich den Stoff um meine Taille drapieren und ein Stück davon vorn in Falten zu legen hatte, alle fein säuberlich zu einer Seite hin. Die gefaltete Stoffbahn fällt dann so von der Taille herab, dass man beim Gehen Spielraum zum Ausschreiten bekommt. Neu an der Sache war, dass ich es diesmal alleine versuchen musste, und das erwies sich als ein nahezu hoffnungsloses Unterfangen, besonders, weil ich so in Eile war. Schließlich schaffte ich es doch, ihn einigermaßen kunstgerecht zu wickeln. Bei dem Gedanken, dass ich den „Sari" im entscheidenden Augenblick verlieren könnte, wurde mir angst und bang. Ich fühlte mich unsicher und im Stich gelassen von diesem Kleidungsstück, das um meine Taille nur durch die Schnur des Unterrocks zusammengehalten wurde. Später erlernte ich eine andere Methode, den Sari festzustecken, nämlich mit Hilfe von großen Sicherheitsnadeln. Ab dem Zeitpunkt und dank Übung verlor ich meine Ängste und traute mich eher, mit Saris umzugehen.

Endlich stiegen wir, neu eingekleidet – mein Mann in weißem Baumwollhemd und -hosen – in ein Taxi nach jenem Whitefield, von dem schon so viel die Rede gewesen war. Die Fahrt war wunderschön und atemberaubend zugleich, da unser Fahrer auf der holperigen Straße ständig von einer Seite zur anderen auswich, um Fußgänger, spielende Kinder, Kühe und Hunde nicht zu überfahren, die da sorglos auf der Straßenmitte dahinschländerten, ungeachtet der entgegenkommenden Autos und des unablässigen Hupens. Dieses Hupen war eines der ohrenbetäubendsten Geräusche, die wir in Indien noch kennenlernen mussten.

Als wir am Haupttor zu Sai Babas Wohnsitz ankamen, waren wir wunderbarerweise noch heil, nur ein bisschen durchgeschüttelt von der haarsträubenden Fahrt. Wir stiegen aus und traten durch das Tor, wo wir uns mit einem Mal Hunderten von Menschen gegenübersahen, die in ordentlichen Reihen auf dem Boden saßen und auf Babas *Darshan* warteten. Männer und Frauen saßen getrennt zu beiden Seiten des von Bäumen gesäumten Zufahrtsweges, der zu einem schweren Eisentor führte. Durch die Gitterstäbe des Tores konnte man undeutlich auf ein großes, ausladendes Gebäude sehen. Wir waren gerade im Begriff, uns je einen Sitzplatz zu suchen, als wir abrupt von einem Mann und einer Frau gestoppt wurden, die auf uns zugeeilt kamen und uns baten, die Schuhe auszuziehen. Darauf waren wir schon vorher hingewiesen worden, aber in der Eile und der Aufregung hatten wir es prompt vergessen. Etwas verlegen wegen unseres „Fehltritts" stellten wir unsere Sandalen an den für Schuhe reservierten Platz rechts und links vom Eingangstor und gingen zu unseren Sitzreihen.

Jahre um Jahre hatte ich mir immer wieder sagen lassen, dass es der Meister ist, der seinen Schüler wählt, und nicht umgekehrt, und so hatte ich mir vor der Abreise fest vorgenommen, nichts zu unternehmen, was die Aufmerksamkeit Babas erregen könnte. Ich beschloss, mich im Hintergrund zu halten und im Stillen um ein Zeichen zu bitten, das mir sagen würde, ob er mein nächster Lehrer sein würde. Barfuß wie ich war, verletzte ich mich an den kantigen kleinen Steinen auf der rauen Erde und wäre beinahe hingefallen. Ich suchte mir sorgsam einen Platz im Schatten eines der wunderschönen alten

Bäume, die damals noch den Zufahrtsweg säumten. Ich wollte vermeiden, in den vorderen Reihen zu sitzen, wo mein helles Haar und mein blasses Gesicht unter den dunklen, schwarzhaarigen Inderinnen aufgefallen wäre. Damals war ich eine der ganz wenigen Frauen aus dem Westen. Ich ließ mich vorsichtig nieder, immer bedacht, nicht auf meinen Sari zu treten und ihn womöglich zu verlieren. Ich atmete erleichtert auf, als ich diese erste Hürde genommen hatte, fragte mich aber im selben Atemzug, wie ich es wohl fertigbringen würde, nachher wieder aufzustehen.

Alles wartete geduldig, regungslos und schweigend, und nun begann ich mich zu fragen, wie lange ich das aushalten würde, ohne nervös zu werden. Der kahle Boden fühlte sich um so härter an, je länger ich saß, und meine Knochen drohten sich durchs Fleisch zu bohren, da ich an der betreffenden Stelle nicht sehr gut gepolstert bin. Um mich von meinem schmerzenden Körper abzulenken, sah ich mir die Umgebung an. Droben in den Bäumen schwangen sich Affen von einem Ast zum anderen. Sie gaben drollige kurze Laute von sich, die sich wie Schwatzen anhörten. Sie waren damit beschäftigt, Blätter und Rindenstückchen auf die Köpfe der Leute zu werfen, zum großen Vergnügen einiger Kinder.

Als ich die Frauen beobachtete, die so geduldig vor mir saßen, bemerkte ich, dass einige meditierten; andere lasen Bücher über Baba, während wieder andere schrieben oder das *OM*-Zeichen unzählige Male in kleine Hefte eintrugen. Die große Mehrheit saß einfach da, den Blick starr auf das Haus gerichtet, aus dem Baba kommen musste. Es schien, als wollten sie um nichts in der Welt auch nur eine einzige Sekunde seines Anblicks verpassen. Ich sah auch Menschen in Rollstühlen und auf Tragbahren und viele offenbar kranke Kinder in den Armen ihrer Mütter, die sie in der letzten Hoffnung hierher gebracht hatten, dass Baba sie heilen würde. Ich musste an einen Besuch in der

Grotte von Lourdes denken und fühlte wieder das gleiche überwältigende Mitleid beim Anblick dieser verzweifelt um Heilung für sich oder ihre Lieben betenden Menschen. Die ganze Szenerie stimmte mich nachdenklich. Während ich mich unter all den Wartenden umsah, fragte ich mich, welcher Schmerz, Kummer, Verlust oder welche tiefe Sehnsucht wohl der Anlass gewesen sein mochte, der sie zu Baba gebracht hatte.

Diese stillen Gedanken veranlassten mich, auch meine eigenen Gründe des Hierseins neu zu überdenken. Als ich das erste Mal über Baba gelesen hatte, waren es nicht seine Wunder, die er angeblich vollbringen konnte, nicht die Heilungen, die er bewirkte, und auch nicht die Materialisationen von Ringen, Anhängern und Medaillons, die mich zu ihm hingezogen hatten. Der Magnet, mit dem er mich herangeholt hatte, war die gleiche Hoffnung, die er in allen Menschen weckt, die willens sind, seine Lehren zu befolgen, damit sie Befreiung von allen Bindungen an die materielle Welt und letztendlich Erleuchtung erlangen. Mein ganzes Leben als Erwachsene hatte ich damit zugebracht, eine Methode zu finden, mit der ich diese Befreiung erreichen kann. Jetzt, während ich in der Menge auf Baba wartete, stieg die Frage auf, ob er wohl der Lehrer sei, der mich zu diesem Ziel führen könnte.

Nach einer Weile, die uns wie Stunden vorkam, aber wahrscheinlich nicht ganz eine Stunde dauerte, senkte sich mit einem Mal eine fast hörbare Stille über die Menge, die inzwischen weiter angewachsen war. Ich reckte meinen Hals und konnte gerade rechtzeitig ein flüchtiges Aufblitzen von Orange erhaschen, als Baba sich dem schönen Eisentor näherte, das seinem Haus ein gewisses Maß an Privatsphäre verleiht. Dann trat er voll in Erscheinung – mein allererster Anblick von ihm in Person! Ich hatte so viele verschiedene, schnell aufeinanderfolgende Reaktionen, dass ich sie nicht alle auf einmal erfassen konnte. Aber eines war mir sofort bewusst: Seine Ausstrahlung war stärker und lebendiger als die irgendeines Menschen, der mir jemals begegnet war. Überrascht stellte ich fest, dass er noch kleiner war, als ich es von seinen Fotos und Filmen her erwartet hatte. Jetzt, da ich ihn aus der Entfernung beobachtete – seinen massigen Nacken, die Schultern und den Kopf mit dem schwarzen gebauschten Haar, das wie mit statischer Elektrizität geladen nach allen Seiten abstand und sein Gesicht wie ein dunkler Heiligenschein umrahmte – vermittelte er den Eindruck, als sei er ein hochgewachsener Mann. Dabei war sein Körper zierlich und überaus graziös. Sein einfaches, orangefarbenes Kleid, das in langen Bahnen bis zu den Füßen reichte, war schmucklos – mit Ausnahme von zwei winzigen goldenen Knöpfen am kragenlosen, runden Halsausschnitt.

Er schritt durch das Tor und ging über den Fahrweg, der mit einem wahren Blütenteppich aus vielfarbigen, zu einem komplizierten Muster gefügten Blütenblättern ausgelegt war. Baba schien mehr darüber zu gleiten als zu gehen, sachte, indem er sich mal der einen Seite, mal der anderen Seite des Weges näherte, wo hier die Männer, dort die Frauen dichtgedrängt saßen. Manchmal blieb er stehen, um mit jemandem zu sprechen, jemanden zu segnen oder ein *OM* auf ein Schiefertäfelchen zu malen, das ein Kind ihm eifrig entgegenstreckte. Dazwischen machte er immer wieder manche der liebevollen kleinen Handbewegungen, die wir von den Filmen her kannten. Hier geschah nun alles direkt vor unseren Augen und in einer Atmosphäre, die von der inbrünstigen Erwartung der Menge wie mit Elektrizität geladen war. Was mich wohl am meisten beeindruckte, war die Art und Weise, wie seine Augen über die Menschen hin und her glitten, als ob er sie aufmerksam beobachtete und in ihre Bedürfnisse und augenblickliche Lage hineinlauschte. Hin und wieder bedeutete er dem einen oder anderen mit einem Wink seiner Hand, aufzustehen und zum Haus zu gehen und dort auf das Privatinterview mit ihm zu warten. Es war ein einmaliges Erlebnis, die reine Freude auf den Gesichtern der so Auserwählten zu sehen.

Ich sah fasziniert zu, war aber immer noch entschlossen, mich nicht zu bemühen, seine Aufmerksamkeit auf mich zu lenken. Stattdessen betete ich im Stillen um das Zeichen, das mir verraten würde, ob er ab jetzt der Meister war, dem ich folgen sollte. Inzwischen setzte er seinen *Darshan* fort, sich anmutig mal der einen, mal der anderen Seite zuwendend. Ich hielt den Atem an, als er sich nicht weit von dem Platz entfernt, an dem ich saß, der Frauenseite zuwandte. Aber er sah nicht ein einziges Mal in meine Richtung. Er kam an mir vorbei und ging noch ein Stück weiter. Ich dachte: „So, das ist nun die Antwort. Er ist nicht mein *Guru*." Schweren Herzens gestand ich mir ein, dass ich weitersuchen müsste. Kaum hatte ich diese Entscheidung angenommen, als Baba sich umdrehte, bis sein Gesicht direkt mir zugewandt war, und sagte: „So bist du also gekommen." Bei diesem Satz überzog das strahlendste Lächeln, das ich je gesehen hatte, sein Gesicht. Es war wie die Sonne, die plötzlich hinter einer Wolke hervorbricht und alles in Licht taucht, was ihre Strahlen berührten. Ich war davon so geblendet, dass ich in diesem Augenblick alle Empfindung für Zeit und Raum verlor und mein Gehirn leer war wie ein unbeschriebenes Blatt. Alles Denken war wie weggeblasen. Ich weiß nicht, wie lange er so vor mir gestanden haben mag, bevor er sich wieder wegdrehte und seinen Weg an den Reihen vorbei fortsetzte. Die Zeit schien stillzustehen.

Nun wusste ich wirklich Bescheid! Da er auf meine stille Bitte hin den Kontakt hergestellt hatte, musste es stimmen: Er war ab jetzt mein *Guru*. Ich ließ die volle Bedeutung dieser Erkenntnis tief in mich einwirken und fühlte mit großer Erleichterung, dass meine lange, engagierte Suche hier zu Ende war. Ich wusste damals noch nicht, dass damit auch eine äußerst schmerzhafte Phase der Seelenerforschung für mich begann.

Als Baba seine Runde beendet hatte und ins Haus zurückgekehrt war, begann sich die Menge zu zerstreuen. Wir fuhren zum Hotel zurück. Diesmal nahm ich die wilde Fahrt, das andauernde Hupen, die ruckartigen Stöße und die Art, wie der Fahrer den Wagen immer wieder herumriss, kaum wahr. So glühte ich noch innen und außen von Babas strahlendem Lächeln, das mich im tiefsten Kern meines Wesens berührt hatte.

Nach diesem ersten bedeutungsschweren Kontakt fuhren wir täglich zweimal zwischen dem Hotel und Whitefield hin und her. Ich suchte mir meinen Platz im Schatten eines Baumes und fand mich bald in die tägliche Routine ein. Es dauerte nicht lange, und ich fühlte mich unter den Hunderten von Indern ganz zuhause. Ich bemerkte an mir eine sehr subtile Veränderung. Es war, als ob ihre langsamen und entspannten Bewegungen, die in solchem Kontrast zu unserer gehetzten und von der Zeit diktierten westlichen Lebensweise standen, sich wie durch eine Art Osmose auf mich übertrugen. Vor unserer Ankunft hatte ich mich oft gefragt, wie ich das stundenlange Sitzen und Warten ertragen könnte, das, wie ich wusste, einen großen Teil des Tagesablaufs in Whitefield und im *Ashram* ausmacht. Aber nun war ich angenehm überrascht, wie schnell und leicht ich mich in den neuen Rhythmus einfand. Anstatt mein gewohntes, dichtes Arbeitspensum zu vermissen, begann ich den ungewohnten Luxus, einfach nur dazusitzen und mich der langsameren Gangart hinzugeben, tatsächlich zu genießen. Das hätte ich früher nie für möglich gehalten. Es war mir immer schwer gefallen, mich in Geduld zu üben; nun hatte ich eine ausgezeichnete Gelegenheit dazu.

Ich wurde nicht müde zu beobachten, wie jeden Tag Menschen

aus allen Teilen Indiens und aus vielen anderen Ländern der Welt in Babas *Ashram*-Gelände hereinströmten.

Auch das Jungen-College, das sich hinter dem Zufahrtsweg und gegenüber dem *Darshan*-Platz der Frauen befindet, lenkte meine Aufmerksamkeit auf sich. Vom ersten Tag an waren mir die sauber in weiß gekleideten Jungen aufgefallen, die lautlos mit ihren Büchern unterm Arm zwischen den Gebäuden umhereilten. Ich fragte einige der Inderinnen, und sie sagten mir, dass dieses Internat zusammen mit dem Mädchen-Pensionat in Anantapur in Andhra Pradesh eines der ersten einer Reihe von Schulen sei, die Baba in allen Staaten Indiens zu errichten wünsche. Ich erfuhr, dass er die Lehre von den ethischen Prinzipien, wie sie in den Veden und anderen alten Schriften niedergelegt sind, wiedereinführen und -beleben will. Damit soll der gegenwärtige Trend im indischen Erziehungssystem, das die von Wettkampf und Materialismus bestimmten Methoden der gegenwärtigen Erziehung im Westen imitiert, wieder umgekehrt werden. Babas Ziel ist eine Revolution des gesamten Erziehungssystems mit der Betonung auf der Förderung der menschlichen Werte und der Unterweisung in Ethik und Spiritualität zusätzlich zum regulären akademischen Lehrplan. Baba weiß, dass die Studenten, die aus einer solchen Schule kommen, in absehbarer Zeit verantwortliche Positionen in den Regierungsabteilungen für Erziehung, Gesetzgebung, Gesundheit und Handel einnehmen werden. Sie werden wie Hefe sein, die den geistigen Überbau und das allgemeine Bewusstseinsniveau des Landes anheben wird. Als ich die Jungen während jener ersten Tage in Whitefield auf dem Campus beobachtete, war ich sehr von ihrem untadeligen Aussehen, dezenten Benehmen und besonders von ihren leuchtenden Augen und fröhlichen Gesichtern beeindruckt. Aus meiner anfangs doch recht begrenzten Sicht schienen sie Babas System alle Ehre zu machen – eine Vermutung, die ich bis heute gerechtfertigt finde.

Das Mädchenpensionat besuchten wir erst einige Jahre später, als wir die Gelegenheit hatten, die beiden Schulen zu vergleichen und mehr über Babas Erziehungspläne für Frauen zu erfahren. Auch mit Babas weitverzweigtem Lehrprogramm für Schulkinder aller Altersklassen wurden wir erst zu einem späteren Zeitpunkt vertraut gemacht.

Während diesem ersten Besuch sahen wir nur einen winzigen Ausschnitt von seinem weitreichenden Einfluss auf Indiens Erziehungssystem. Bei jedem weiteren Besuch lernten wir mehr dazu.

Fünftes Kapitel

Wenige Tage nach unserer Ankunft rief uns Baba zu unserem ersten Interview. Er blieb während des *Darshans* vor meinem Mann stehen und sagte zu ihm, er solle sich am nächsten Morgen um 9 Uhr ins Haus begeben. Von da, wo ich saß, konnte ich sehen, wie Baba stehen blieb und mit ihm sprach. Ich war natürlich sehr neugierig zu erfahren, was sich ereignet hatte! Nachdem der *Darshan* beendet war und die Menge sich zu lichten begann, beeilte ich mich, Sidney ausfindig zu machen, erpicht darauf, zu hören, was er zu berichten hatte. Als er mir von dem für den kommenden Morgen vorgesehenen Interview berichtete, war ich überglücklich.

Wir wussten bereits, dass, wenn Baba einen Mann oder dessen Ehefrau zum Interview ruft, der andere Partner automatisch miteingeladen ist, es sei denn, Baba gibt ausdrücklich eine andere Anweisung. Ich war aufgeregt wie ein Kind, dessen größter, unwahrscheinlichster Wunschtraum in Erfüllung geht.

Bei der Aussicht, direkt mit Baba zu sprechen, jagten sich Gedanken und Fragen in meinem Kopf. Ich wusste, ich durfte eine so kostbare Gelegenheit nicht vergeuden. Aber was sagt man, wenn man Baba Auge in Auge vor sich hat? Einige Leute hatten mir erzählt, dass ihr Verstand während des Interviews wie weggeblasen gewesen sei. Diese Erfahrung teilte ich nun seit dem ersten Mal, als Baba mich begrüßt hatte, mit ihnen. Ich konnte nur hoffen, dass sich das in dem bevorstehenden Interview nicht wiederholen würde, denn ich hätte höchst ungern auch nur auf die geringste Kleinigkeit des Geschehens verzichtet, oder nur eines von Babas Worten versäumt. Ich beschloss einfach abzuwarten, bis wir gerufen würden, zu beobachten, was sich ereignen würde, und dann zu entscheiden, was ich sagen oder tun wollte. Mit anderen Worten, ich schien instinktiv zu wissen, dass wir besser auf Babas Wink warten sollten, anstatt etwas vorzubereiten.

Am Tag nach unserer Ankunft hatte ich einige Saris gekauft, darunter auch ein paar preiswerte bügelfreie. So fühlte ich mich, als wir zum Interview gerufen wurden, sicher, korrekt indisch angezogen. An das Tragen von Saris hatte ich mich inzwischen gewöhnt. Am nächsten Morgen standen wir früh auf, badeten, zogen uns sorgfältig an und gingen kurz vor 9 Uhr zu Babas Haus. Als wir bei den eisernen Toren ankamen, durch die wir Baba jeden Morgen zum *Darshan* hatten kommen sehen, öffnete man uns und ließ uns ein – Baba musste Bescheid gegeben haben, dass wir erwartet wurden, sonst wären sie uns verschlossen geblieben. Nachdem wir die wenigen Schritte bis zur Eingangstür getan hatten, wurden wir in einen langen, fast kahlen, veranda-änlichen Raum geführt, der sich an der Vorderseite des Hauses befand. Meinem Mann wurde bedeutet, sich den Indern anzuschließen, die links von der Wand im Lotussitz am Boden saßen. Sie warteten offensichtlich auch auf Babas Erscheinen. Mir gab man ein Zeichen, mich rechts von der Tür zu den Frauen zu setzen, die wie die Männer in einer Reihe am Boden saßen.

Ich stellte fest, dass meine „Gefährtinnen“ an diesem ersten Tag alle Inderinnen waren. Sie lächelten und nickten, sprachen aber nicht, und so beschäftigte ich mich, indem ich mich im Raum umsah. Unmittelbar gegenüber der Eingangstür befand sich ein gewölbter Gang, der zur Rückseite des Hauses führte. Von dort konnte man den Zugang zu mehreren Räumen sehen und Frauen, die ihren Haushaltstätigkeiten nachgingen. Uns gegenüber an der Wand hingen viele Baba-Bilder, von denen jedes einen anderen Aspekt seiner ständig sich wandelnden Persönlichkeit darstellte. Etwas rechts vom Bogengang stand ein großer, solide gebauter Stuhl mit dazu passendem Fußschemel, beide mit rotem Plüsch bezogen. Ein gefaltetes weißes Taschentuch hing über der einen Armlehne. Auf beiden Armlehnen und in der Mitte des Schemels lagen kleine, sehr hübsche Blumengebinde. Der Stuhl war ohne Zweifel für Baba bestimmt.

Einfache, grobgewebte Teppiche mit leuchtendfarbigen Mustern bedeckten den Boden. Eine Uhr über dem Bogengang tickte hörbar die Minuten, während wir auf Babas Erscheinen warteten.

Plötzlich war da wieder diese bekannte Stille, die von Erregung überlagert ist. Alle Köpfe drehten sich eilig nach rechts. Baba erschien im Eingang, durch den man eine Treppe sah, die zu irgendwelchen Räumen nach oben führte. Später lernte ich diese Räume als seine Privatgemächer kennen.

Baba rauschte geradezu in den Raum hinein. Als er an mir und den anderen Frauen vorbeikam, lächelte er und fragte: „Wie geht es dir?" Dann wandte er sich schnell der Männerseite zu, bevor ich mich auf eine Antwort besinnen konnte. Später erfuhr ich, dass so etwas öfters vorkommt. Baba kommt immer völlig überraschend, wie sehr man sich auch bemüht, jederzeit vorbereitet zu sein. Es scheint zu seiner Lehrmethode zu gehören. Es erinnerte mich an die Art und Weise, wie ein Zen-Meister dem Schüler absichtlich einen Schock versetzt, um ihn dabei zu ertappen, dass er gerade nicht auf der Hut war. Auf diese Weise schafft er einen „Abstand zwischen zwei

Gedanken“, mit dessen Hilfe die Barriere durchbrochen werden kann, die das ständig arbeitende Bewusstsein des Schülers errichtet hat, und versucht so, die „innere Person“ zu erreichen. Ich habe gesehen, wie Baba jemandem einen Apfel oder sonst einen Gegenstand zuwarf, um dasselbe zu erreichen. Einmal warf er mir behutsam ein Päckchen Betelnüsse zu, als ob er sagen wollte: „Wach aus deinem Traum auf und sieh die Wirklichkeit.“

Er begrüßte die Männer auf der anderen Seite auf *Telugu*, seiner Muttersprache, und brachte sie zum Lachen, so dass ihre Starrheit verflog. Sie hatten sich alle erhoben und standen in ehrerbietender Haltung mit gefalteten Händen vor ihm. Darauf verließ Baba den Raum, kam und ging wieder, um sich der vielen Dinge anzunehmen, die seine Aufmerksamkeit erforderten. Das wiederholte sich mehrere Male. Hin und wieder hielt er inne, um mit den Neuankömmlingen zu sprechen, die nach und nach hereingekommen waren, sie zu begrüßen und ihnen aufmerksam zuzuhören, wenn sie etwas mitzuteilen oder ihn zu fragen hatten. Unter diesen Männern befanden sich Staatsoberhäupter, Politiker, Schuldirektoren, große Firmenchefs und sonstige Prominenz, die alle Babas Rat für die Probleme suchten, die sich bei ihrer Arbeit und in ihrem Leben ergaben. Zwischendurch setzte sich Baba auf seinen roten Stuhl und sortierte die Post, die täglich stapelweise ankommt. Einige der Briefe berührte er leicht mit seiner Hand, als ob er den Schreiber segnen wollte, andere öffnete er und nahm flüchtig ihren Inhalt zur Kenntnis. Wieder andere ließ er vorerst unbeachtet, um sich, wie ich vermutete, später damit zu befassen. Ich war ganz von Dankbarkeit erfüllt für diese Gelegenheit, ihn bei seinem täglichen Arbeitspensum beobachten zu dürfen. Sprachlos bestaunte ich seine schier unerschöpfliche Energie und unerschütterliche Gelassenheit. Offenbar war jede Minute seines Tagesablaufs randvoll ausgefüllt mit Arbeit;

ich fragte mich, ob er überhaupt jemals der Ruhe bedurfte.

Bald hatte ich mich dem Rhythmus, aufzustehen, wenn Baba hereinkam, und mich zu setzen, sobald er den Raum verlassen hatte, angepasst. Ich richtete mich ganz nach den anderen Frauen, die mit der täglichen Routine besser vertraut waren. Manchmal, wenn er mehrmals hintereinander hereinplatzte und wir nicht schnell genug aufgestanden waren, lachte er und deutete mit der Hand in Richtung Boden, dass wir sitzen bleiben sollten.

Nach einer Weile verlor ich jedes Zeitgefühl. Plötzlich kam ein Student in den Raum gestürmt, griff blitzschnell nach dem auf der Armlehne des Stuhls liegenden Taschentuch und verschwand damit wieder ebenso eilig. Eine Frau beugte sich zu mir herüber und erklärte, dass Baba wohl gerade im Begriff sei, das Haus zu verlassen, um der Menge draußen *Darshan* zu geben. Das Taschentuch würde benötigt, damit er nach dem Materialisieren von *Vibhuti* für die Menschen, die es brauchten, die Asche-Spuren von seinen Händen wischen könne. Ich stellte mir bildlich die Szene vor. Ich dachte an die Filme, die ich im Zentrum von Los Angeles gesehen hatte; sie hatten gezeigt, wie einer seiner vertrauten *Devotees* mit einem Taschentuch in der Hand hinter ihm hergeht, bereit, es ihm bei Bedarf zu reichen.

Wir machten es uns also bequem und warteten auf Babas Rückkehr. Als er wiederkam, sah er sich im Zimmer um und rief Bhagavantam zu sich, als er ihn erspäht hatte. Meinem Mann winkte er, mitzukommen. Ich überlegte, ob das wohl das Zeichen war und er uns nun das versprochene Interview geben würde. Ohne in meine Richtung zu sehen, ging Baba nun auf den Eingang zu den inneren Räumen zu. Ich fragte mich, ob ich ihnen folgen sollte, was vermutlich Babas Absicht war, denn er bedeutete mir mit einem schalkhaften Lächeln, ebenfalls zu kommen.

Baba führte uns in einen kleinen, spärlich möblierten Raum links vom Eingang und hieß uns, niederzusitzen. Wie gewöhnlich wollten wir uns getrennt hinsetzen, aber er streckte seine Hand aus, zog uns beide nahe zu sich und sagte mit nachsichtigem Lächeln: „Hier könnt ihr mit mir zusammensitzen“. Die Wärme seines Tonfalls und sein breites willkommen heißendes Lächeln bewirkten, dass wir uns sofort wohlfühlten. Er setzte sich auf einen großen, roten Stuhl, ähnlich dem im Vorzimmer, und wir saßen mit Bhagavantam, der als Dolmetscher fungierte, zu seinen Füßen. Unser erstes Interview begann.

Wir erfuhren im Nachhinein, dass Babas erste Frage grundsätzlich lautet: „Was möchtest Du?“ Wenn er ein Ehepaar empfängt, spricht er meist zuerst den Gatten an. Ich habe ihn später oft sagen hören, dass er den Leuten das gebe, was sie sich wünschten, in der Hoffnung, dass sie am Ende das wollten, was zu geben er in die Welt gekommen sei: Befreiung aus der Sklaverei der *Maya*, der Illusion der Welt der Wünsche oder der Unwirklichkeit.

Als Baba seine Frage an meinen Mann richtete, antwortete er sofort, dass er hoffe, Baba würde meine schweren Kopfschmerzen heilen können, die mich seit meiner Kindheit plagten. Baba sah mich einen Augenblick lang durchdringend an und sagte mitfühlend mit einem Kopfnicken: „Ja, ja.“ Er begann, meine körperlichen Gebrechen in allen Einzelheiten zu diagnostizieren, und Bhagavantam übersetzte alles aus dem *Telugu* ins Englische. Baba sprach sehr schnell und gebrauchte komplizierte medizinische Begriffe, die keiner von uns verstand und die ich nicht einmal hätte buchstabieren können, wenn ich versucht hätte, die Worte aufzuschreiben. Ich hatte den Eindruck, Baba führte mit Bhagavantam Konversation, als wären wir gar nicht vorhanden. Am Ende wandte er sich mir zu und sagte auf Englisch: „Du hast fünf Kopfschmerzen, nicht einen.“ Diese Neuigkeit überraschte mich wirklich. Ich musste meine Verwirrung wohl ziemlich offen gezeigt haben, denn Baba beugte sich schnell zu mir vor und sagte leise: „Sorg dich nicht. Ich werde dir helfen.“ Mit diesem Versprechen und einem Lächeln angesichts meiner merklichen Erleichterung streckte er seinen rechten Arm aus und zog mit einem scharfen Blick auf meinen Mann, der ein typischer, skeptischer Rechtsanwalt war, demonstrativ den Ärmel seines Kleides bis über die Ellbogen hinauf. Dann beschrieb er zwischen uns mit der zum Boden gekehrten Handfläche mehrere kleine Kreise in der Luft. Mit einer Geste bedeutete er Bhagavantam, ihm einen – gebrauchten – Briefumschlag zu reichen, drückte dann seine Finger schnell zusammen und ließ aus ihnen etwas *Vibhuti* in den Umschlag rieseln. Er hatte sie vor unseren Augen soeben aus dem Nichts hervorgeholt. Und schon hatte er mir den Umschlag in die Hand gegeben, bevor ich überhaupt Zeit für eine Reaktion auf diese erste Materialisation in unserer Gegenwart hatte. Baba sagte mir dann, wie ich die *Vibhuti* gebrauchen solle. Dr. Bhagavantam übersetzte, ich solle eine Prise davon mit Wasser, Milch oder einer anderen Flüssigkeit zu einer Paste mischen und sie morgens nach dem Aufwachen auf meinen Nasenrücken streichen. Dabei solle ich mich auf die Stirnmitte konzentrieren und dieselbe Stelle auf Babas Stirn visualisieren. Dann hob Baba die rechte Hand, die seit der Materialisation leicht auf seinem Knie gelegen hatte, und brachte ein kleines rundes Gebilde aus einem leichten, mattsilbernen Metall zum Vorschein, welches das Relief seines Kopfes auf der Oberfläche trug. Ich holte tief Luft, überwältigt von dieser neuerlichen Materialisation, so kurz nach der vorherigen. Er lächelte und freute sich über mein erneutes Staunen.

Milde sagte er: „Das wird dir helfen, dich zu konzentrieren.“ Er deutete auf die Mitte seiner Stirn auf dem Reliefbildchen und wies Bhagavantam an, mir mitzuteilen, dass ich die *Vibhuti* auf die angegebene Weise während der nächsten fünf Tage, die er in Madras verbringen würde, hier benutzen solle. Er fügte hinzu, dass er mich nach seiner Rückkehr wieder sehen wolle, um mir weitere Anweisungen zu geben.

Ich werde niemals wissen, wie ich an dieser Stelle die Geistesgegenwart aufbrachte, ihm zu sagen, dass ich, wenn er mich gefragt hätte, was ich mir als liebstes Geschenk von ihm wünschte, nicht um Heilung von meinen Kopfschmerzen gebeten hätte, dass ich aber natürlich glücklich sei, wenn sie mir genommen würden. Er lachte und fragte, was ich mir denn wünsche. Ich sagte, mein heißester Wunsch sei, dass er mir helfen möge, Erleuchtung und letztlich Vereinigung mit Gott zu erlangen. Er lächelte, nickte und sagte, wiederum auf Englisch: „Ja, ich weiß. Aber zuerst muss der Körper gestärkt werden. Danach werde ich dich lehren.“ Mit diesem Versprechen stand er auf, was das Ende des Interviews bedeutete, und hielt seine Hände zum Segen über unsere Häupter. Als wir den Interviewraum verließen, um an unsere Plätze auf der Veranda zurückzukehren, war ich wie betäubt von allem, was geschehen war. Fest in meiner Hand verwahrte ich das *Vibhuti*-Päckchen und das Medaillon mit Babas Bild. Ich hatte wieder Hoffnung, von meinen Kopfschmerzen befreit zu werden, und war fest entschlossen, die *Vibhuti* bis zu seiner Rückkehr regelmäßig zu benutzen und seine Anweisungen genau zu befolgen. Baba hatte versprochen, uns wieder zu empfangen. Ich konnte es kaum glauben. Ich war randvoll angefüllt von allem, was sich ereignet hatte. Mein Verstand bemühte sich, es zu verdauen und mit einem gewissen Abstand zu betrachten. Ich fand, es war gut, dass wir ihn erst in ein paar Tagen wiedersehen sollten, denn ich bezweifelte, dass ich zu jenem Zeitpunkt noch mehr hätte bewältigen können.

Sechstes Kapitel

Wir beschlossen, Babas Abwesenheit für den Besuch einiger *Ashrams* im Süden Indiens zu nutzen, von denen wir gehört hatten. Ich bin sehr froh, dass es so kam, denn es gab uns die Möglichkeit, uns über die Lehren anderer *Gurus* vor Ort ein Urteil zu bilden und ihre Methoden mit denen Babas zu vergleichen.

Zunächst fuhren wir zum Aurobindo-*Ashram* nach Pondicherry. Damals führte „die Mutter" die Aufsicht im *Ashram*. Sie war inzwischen sehr alt und schwach und gab bis zu ihrem Tod, ungefähr ein Jahr später, nur noch sehr selten Interviews. Trotzdem konnte man ihre machtvolle Präsenz schwer über dem *Ashram* lasten fühlen. Aus dem Fenster ihres Zimmers im oberen Stock konnte sie auf Aurobindos Grabstätte – oder Samādhi – hinabschauen. Diese befand sich in einem Beet mit zahllosen verschiedenen Blumen. Ihren Lieblingsblumen hatte „die Mutter" ausgefallene neue Namen gegeben. Sie war in Frankreich zur Welt gekommen und hatte von dort nicht nur eine Vorliebe für Parfüms, sondern auch die Kenntnisse zu ihrer Herstellung mit nach Indien gebracht. Sie hatte eine kleine Fabrik gegründet und einigen der ständig hier lebenden Schülern die

Herstellung der Parfüms beigebracht, die sie als zusätzliche Einnahmequelle für die *Ashram*-Gemeinschaft verkaufen durften.

Es gab noch weitere kleine, erfolgreich arbeitende Betriebe, in denen *Devotees* beschäftigt waren. Darunter die Druckerei, in der Aurobindos Bücher gedruckt werden, einen Buchladen, wo sie verkauft werden, ein Labor zur Herstellung ayurvedischer Arzneimittel, eine Klinik, wo diese Arzneien Anwendung finden, verschiedene Restaurants mit Selbstbedienung, Bäckereien, Hotels und viele andere Unternehmen. Diese waren über die gesamte Stadt verstreut, oft weit entfernt vom Haupt-*Ashram*. Einige der ansässigen Inder und Westler nahmen uns auf eine Besichtigungstour zu diesen Betrieben mit und erzählten uns mehr von den hier praktizierten Lehren, Sitten und Verhaltensregeln. Man sagte uns, dass von jedem Bewohner bei Eintritt in den *Ashram* erwartet würde, dass er eine gewisse Geldsumme spende, die für die allgemeinen Unterhaltskosten der Gemeinschaft verwendet würde und aus der auch die persönlichen Bedürfnisse des Spenders gedeckt würden. Man machte uns mit verschiedenen Ehepaaren bekannt, die die gleichen Schlafräume teilten, jedoch gelobt hatten, das im *Ashram* erforderliche Zölibat zu befolgen.

In Auroville dagegen, einer in der Nähe gelegenen Modellstadt, an deren Bau sich damals ein Team von internationalen Mitarbeitern beteiligte, blieb das Zölibat der persönlichen Entscheidung überlassen. Als man uns in dieser wachsenden Gemeinde herumführte, begegneten uns viele glücklich aussehende Kinder, die bereits die wunderschönen modernen Schulen besuchten, die man hier für sie gebaut hatte.

Unser Gesamteindruck vom *Ashram* war der einer blühenden Gemeinde, deren Mitglieder sich dem spirituellen Leben geweiht hatten und trotzdem als Selbstversorger im öffentlichen Leben aktiv mithalfen und -arbeiteten. Ihre Lebensweise schien sich in der Mitte der Extreme eines Lebens-in-der-Welt und des Sich-Zurückziehens-aus-der-Welt zu befinden. Tatsächlich war es nicht allzu überraschend, dass dieser *Ashram*, mit einer praktisch veranlagten Französin als Oberhaupt, sich in mancher Hinsicht von anderen Gemeinden dieser Art unterscheiden musste.

Auf unserem Weg zurück nach Bangalore fuhren wir auch nach Tiruvannamalai, wo Ramana Maharshi seinen *Ashram* gegründet hatte. Dieser *Ashram* schmiegt sich an den Fuß des heiligen Berges Arunachala, der laut Überlieferung eines der Energiezentren der Erde darstellt. Er war sehr einfach gehalten, fiel aber durch eine starke, machtvolle Atmosphäre auf, die ihn durchdringt und die wir sofort fühlten, als wir das Gelände betraten. Wir fragten uns, ob sie auf die Nähe des heiligen Berges und sein natürliches Energiepotenzial zurückzuführen war. Es ist für Besucher üblich, den Berg, möglichst barfuß, zu umwandern. Da wir es glücklicherweise so eingerichtet hatten, dass wir am Ort übernachten konnten, hatten wir Zeit für diese Wanderung.

Als wir ungefähr die Hälfte des Weges hinter uns hatten, kamen wir zu einem anderen kleinen *Ashram*, dem ein *Yogi* und sein Mitarbeiter, der auch Heiler war, vorstanden. Beide sprühten voller Leben und waren spirituell weit fortgeschritten. Dennoch spürten wir nicht die gleiche eigenartige Kraft, die im Ramana-*Ashram* so stark zu fühlen war. Dabei waren wir hier genauso weit vom heiligen Berg entfernt. Nach einem kurzen, aber angenehmen Aufenthalt bei den beiden *Yogis* und der rituellen Umwanderung des Berges kehrten wir zu unserem Ausgangspunkt zurück. Im Ramana-*Ashram* kam einer von Ramanas ersten Schülern auf uns zu und unterhielt sich mit uns. Er erzählte von dem Versprechen des Meisters, auch nach dem Tod über den *Ashram* und seine Anhänger zu wachen, und fügte hinzu, es sei für die Insaßen deutlich erkennbar, dass der Meister sein Versprechen halte und im Geiste sehr stark anwesend sei. Er nahm uns zum Meditationsraum mit, in dem Maharshi seine Schüler zu unterrichten pflegte. Auf einer Couch in diesem Raum lehnte ein beinahe überlebensgroßes Bild von ihm. Man sagte uns, dass er auf dieser Couch immer geruht habe. Als ich das Bild betrachtete, hatte ich den starken, etwas irritierenden Eindruck, dass seine Augen mir überallhin folgten, ganz gleich, wo ich mich im Raum gerade befand. Es war, als sei er tatsächlich noch körperlich anwesend. Danach, als ich im *Ashram* umherging, hatte ich ständig das eigenartige Gefühl, dass ich ihm gleich um die Ecke begegnen müsse, so stark war seine unsichtbare Gegenwart.

Man führte uns auch auf den Berg, auf dem sich auf halber Höhe eine winzige Höhle befindet, in der Ramana Maharshi viele Jahre in tiefer, ununterbrochener Meditation zugebracht hatte, bevor er zu lehren begann. Die meisten Heiligen folgen dieser Praxis in den frühen Jahren ihres Lebens zur Vorbereitung auf ihre spätere Mission. Unser Begleiter riet uns, hier, in dem Frieden und der Stille, die diesen Platz wie ein feiner, beruhigender Nebel einhüllen, eine Weile zu sitzen und zu meditieren. Obwohl ich seit Jahren regelmäßig meditiere, bin ich selten so weich und so leicht in den meditativen Zustand geglitten und so lange in solcher Tiefe geblieben. Es war eine gewaltige Erfahrung, die ich nicht leicht vergessen werde.

Wir erfuhren, dass die Witwe von Arthur Osborne, des Autors verschiedener Bücher über Heilige und spirituelle Themen, nicht weit entfernt vom *Ashram* lebte. Wir hörten auch, dass es ihr Freude mache, mit Westlern zu sprechen, und so beschlossen wir, sie zu besuchen. Sie stellte sich als sehr charmante und aufmerksame Gastgeberin heraus, die uns zum Tee einlud. Obwohl ich Engländerin bin, trinke ich nicht gerne schwarzen Tee. Ich war daher erleichtert, als ich sah, dass sie den Tee mit süßen Basilikumblättern aufbrühte. Basilikum wuchs in ihrem Garten im Überfluss. Sie sagte, dass er sehr beruhigend für die Nerven sei, und wir fanden ihn köstlich. Wir wurden auch ihren Lieblingstierchen, zwei Mungos, vorgestellt, die im Garten ausgelassen herumtobten. Unsere Gastgeberin versicherte uns aber, dass sie sich in gefährliche Angreifer verwandeln würden, sobald sie eine Schlange sichteten.

Als sie hörte, dass wir kürzlich Sai Baba besucht hatten, fragte sie, ob wir das Buch ihres verstorbenen Gatten über das Leben von Shirdi Sai Baba gelesen hätten. Es war uns zwar bekannt, dass Shirdi Sai Baba eine frühere Inkarnation von Sathya Sai Baba war, aber wir wussten kaum etwas über sein Leben. So kauften wir bei ihr ein Exemplar des Buches. Wir dankten für die warme Gastfreundschaft und kehrten zum *Ashram* zurück, wo wir uns zum gemeinsamen Abendessen mit den anderen in die große Halle begaben. Alle saßen auf dem Boden, mit Palmblättern als Teller vor sich. Junge Männer gingen mit großen Eimern voll dampfender Speisen herum, die sie auf die Blätter schöpften. Zuerst kam eine Portion weißer Reis, neben den eine dünne Gemüsebrühe gegossen wurde. Alle aßen mit den Fingern, wobei sie nach indischer Sitte nur die rechte Hand gebrauchten. Wir sahen zu und versuchten, es ihnen nachzumachen: Sie formten den Reis zu einem Bällchen, stippten ihn in die Flüssigkeit und warfen ihn mit einer flinken Bewegung in den Mund. Uns dagegen gelang nur eine armselige Version dieses Kniffs. Die Mahlzeit war einfach, aber sehr sättigend.

Wir erfuhren, dass man in den meisten *Ashrams* drei Tage und drei Nächte kostenlos bleiben und an den einfachen Mahlzeiten teilnehmen kann. Nach diesen drei Tagen wird ein geringes Entgelt erwartet. Viele Wanderpilger leben davon, dass sie von einem *Ashram* zum anderen gehen, drei Tage bleiben und dann weiterziehen. Wir übernachteten auf dem Boden einer offenen Hütte auf dünnen Matratzen. Die Hütte war nach der drückenden Hitze am Tag angenehm kühl. Am nächsten Morgen aßen wir zum Frühstück Dosa, das südindische Gegenstück zu unserem Pfannkuchen, und setzten unsere Rückfahrt nach Bangalore fort.

Ich hatte Babas Instruktionen redlich befolgt, *Vibhuti* aufgetragen und fünf Tage lang täglich sein Bild zur Meditation benutzt. Nun war ich begierig zu hören, was er mir als nächstes auftragen würde. In Bangalore erfuhren wir, dass Baba den dringenden Bitten seiner Madras-*Devotees* nachgegeben und seinen dortigen Aufenthalt um einige Tage verlängert habe.

So entschieden wir uns für eine weitere Stippvisite, und zwar nach Mangalore zu dem von Papa Ram Das gegründeten *Ānanda-Ashram*. Seit Ram Das' Tod steht der *Ashram* unter der Leitung von Mutter Krishna Bai, seiner spirituellen Gefährtin. Ich hatte mir immer gewünscht, einer spirituell hochentwickelten Frau zu begegnen, denn ich war seit jeher überzeugt, dass Frauen ebenso gut wie Männer, vielleicht sogar noch besser, in der Lage sind, spirituelle Ziele zu verwirklichen. Ich war daher froh über die Chance, einer solchen Frau zu begegnen.

Soweit es die Annehmlichkeiten des Lebens betraf, erwies sich auch der *Ānanda-Ashram* als recht einfach. Aber er strahlte einen Frieden und eine Heiterkeit aus, wie ich sie zunächst in allen *Ashrams* erwartet hatte, bevor ich entdeckte, wie unterschiedlich sie sind.

Mutter Krishna Bai war klein und schon älter und zerbrechlich. Sie hatte einen unablässigen rauen Husten, weshalb sie häufig in einen Napf spucken musste. Wir erfuhren später, dass sie an fortgeschrittener Tuberkulose litt. Sie hatte eine größere Anzahl *Devotees* um sich, meist ältere Frauen, aber auch einige junge Leute, die sich rührend um ihr Wohl bemühten. Sie gestattete uns eine Unterredung, bei der sie sehr wenig sprach, aber oft lächelte und häufig mit dem Kopf nickte. Ich hatte das deutliche Gefühl, dass sich die Energie in diesem *Ashram* im direkten Verhältnis zu ihrer schwindenden Gesundheit verringerte, dass aber dieser ruhige Ort ihren Anhängern einen friedlichen Hafen bot, in dem sie für den Rest ihres Lebens bleiben konnten. Es war alles fast zu friedvoll, um noch gesund zu sein.

Einige Besucher erwähnten Shakti Devi, eine andere spirituell hochstehende Frau, deren *Ashram* auf der anderen Seite von Mangalore liegt. Man sagte ihr nach, dass sie sehr viel Energie ausstrahle und völlig anders sei als Mutter Krishna Bai. Wir beschlossen, sie auf der Rückreise nach Bangalore zu besuchen. Im *Ānanda-Ashram* übernachteten wir in einem kahlen Raum, der dem im Ramana-*Ashram* recht ähnlich war. Inzwischen waren wir an das Schlafen auf dem Fußboden schon etwas gewöhnt und ebenso an das Essen von Palmblättern auf dem Boden. Trotzdem verspürten wir hin und wieder stichartige Schmerzen im Kreuz von der vornüber gebeugten Haltung beim Essen. Wir standen am Morgen früh auf, aßen Dosas zum Frühstück und verließen, nicht ohne den Segen der Mutter für unsere Reise erhalten zu haben, diesen friedvollen Ort in Richtung Mangalore, das nicht weit entfernt liegt.

Dort erkundigten wir uns nach dem *Ashram* von Shakti Devi und erfuhren, dass es unser Glück war, an einem Sonntag angekommen zu sein, da dies der besondere Tag war, an dem die Mutter alle jungverheirateten Paare segnete, die sehnsüchtig auf ihren *Darshan* warteten.

Als wir das schöne neue Gebäude erreichten, in dem sie und einige ihrer *Devotees* wohnen, führte man uns in eine große Halle, die bereits voll von Menschen war. Alles rückte aber sofort zusammen, um uns Platz zu machen, wohlwollend lächelnd und nickend, in Anerkennung, dass wir gekommen waren, um ihre geliebte Mutter zu sehen und zu hören.

Wenig später kam die Mutter von hinten durch den Vorhang auf das Podium. Auf der Mitte der Bühne stand ein Stuhl, auf dem sie für jedermann gut zu sehen war. Welcher Kontrast zwischen der kleinen kranken Frau, die wir gerade verlassen hatten, und dieser Frau vor uns, die lächelnd die enthusiastische Begrüßung ihrer Anhänger entgegennahm. Sie war hochgewachsen, machte flinke Bewegungen und strahlte viel Energie aus. Sie besaß eine tiefe, tönende Stimme und leuchtende Augen, die jeden mit einem großen Blick zu erfassen schienen, als sie ihrer versammelten Schar ansichtig wurde. Sie begann in ihrer Muttersprache zu sprechen, wechselte aber nach ein paar Minuten in radebrechendes Englisch über. Sie sagte, beinahe bedauernd: „Mama hat nur sehr wenig Englisch und hofft, ihr könnt verstehen." Diese Worte wurden direkt an ein weiteres Ehepaar aus dem Westen und an uns gerichtet, die wir die einzigen Nicht-Inder im Raum waren. Eine ältere Frau vor mir lehnte sich zurück und flüsterte mir zu, dass die Mutter die Schule nur bis zur dritten Klasse besucht habe. Diese vertrauliche Aussage machte sie mit dem gleichen Stolz und der gleichen Liebe, mit der eine Mutter die Heldentaten ihres Kindes erzählt.

Plötzlich lehnte sich die Mutter in ihrem Stuhl zurück, nahm einen tiefen Atemzug und rollte ihre Augen auf und ab, so dass nur noch das Weiße zu sehen war. Dann zog sie sich in einen Zustand tiefster Meditation zurück. Das war offenbar das Signal für alle Anwesenden, ebenfalls zu meditieren. Wiederum fand ich es erstaunlich leicht, schnell einen tiefen Zustand der Versenkung zu erreichen. Ich schloss daraus, dass die Mutter sich nun in eine sehr hohe Bewusstseinsebene versetzte, was auch den Bewusstseinszustand der Anwesenden anhob.

Nach ungefähr einer Stunde begann sie, sich aus dieser höheren Ebene selbst wachzurütteln, um sich in einen wieder anderen Zustand zu begeben. Sie schien jetzt ungewöhnlich wach und lebhaft.

Zu unserer Verblüffung begann sie, sehr schnell und in flüssigem Englisch zu sprechen, offenbar inspiriert und unter Einfluss einer Macht jenseits ihres eigenen bewussten Selbst.

Sie sprach über die Heiligkeit der Ehe und die heilige, gegenseitige Verantwortung, die beide Elternteile in Bezug auf eine sinnvolle Erziehung ihrer Kinder haben. Sie sprach kraftvoll und energisch und schien, nach der Art und Weise zu urteilen, wie die Zuhörer ihre Botschaft gierig in sich aufnahmen, einen starken Eindruck bei ihnen zu hinterlassen. Als sie ihre Rede beendet hatte, begannen viele junge Paare, einige mit Kindern auf dem Arm oder an der Seite, die Stufen zum Podium hinaufzusteigen, um den Segen der Mutter für die kommende Woche zu empfangen. Sie legte eine Hand auf ihren Kopf und sprach einige Worte zu ihnen, die sie oft zum Lachen brachten. Jedes Paar kehrte schnell zu seinem Platz zurück, damit andere gesegnet werden konnten. Als alle, die es wünschten, ihren Segen erhalten hatten, wandte sie sich uns zu und gab uns lächelnd ein Zeichen, zu ihr heraufzukommen. Wir stiegen also zur Bühne hinauf. Als sie ihre Hand auf unsere Köpfe legte, fühlte ich, wie etwas wie elektrischer Strom von ihren Händen ausging und mein Rückgrat hinunterfloss. Gleichzeitig nahm ich wahr, dass Liebe aus ihren Augen strahlte, als sie uns anlächelte.

Nach diesen recht unterschiedlichen Erfahrungen in den beiden *Ashrams* fuhren wir zurück nach Bangalore, begierig, Baba wiederzusehen, und in der Hoffnung, dass er uns, wie versprochen, ein weiteres Interview gewähren würde. Auf der Fahrt unterhielten wir uns über die *Ashrams*, die wir während der vergangenen Woche besucht hatten. Es war uns beiden aufgefallen, dass allen *Ashram*-Bewohnern eine Eigenart gemeinsam war, nämlich eine geradezu wildentschlossene Loyalität gegenüber ihrem *Guru*. Das ging manchmal so weit, dass sie alle anderen *Gurus* herabsetzten, nur um ihren eigenen zu erhöhen. Ich konnte ihre Hingabe gut verstehen und respektieren, aber dieses Bedürfnis, andere *Gurus* zu kritisieren, störte mich sehr und machte mich traurig, besonders, wenn Sai Baba unter Beschuss genommen wurde. Ich beschloss, Baba zu fragen, wie man mit solcher Kritik umzugehen hat, falls ich Gelegenheit dazu bekommen sollte. Während dieses ersten Besuchs bei Baba bekam ich keine Antwort, aber in einer Rede hörte ich später einmal, wie Baba sagte, es gebe viele Menschen, die ihn liebten, aber auch ebenso viele, die ihn schmähten. Als man ihn fragte, wie er dieser Situation begegne, antwortete er: „Ich segne beide Gruppen."

Als wir in Bangalore eintrafen, erfuhren wir, dass Baba soeben von Madras zurückgekommen war und vom nächsten Morgen an wieder täglich *Darshan* geben würde.

Siebtes Kapitel

Wir nahmen unsere Routine wieder auf: Jeden Morgen und jeden Nachmittag fuhren wir zum *Darshan* und nahmen unsere Plätze unter den vielen *Devotees* ein, die sehnsüchtig auf den Segen seines Anblicks warteten.

Bevor ich zu Baba kam, hatte ich in meiner Unwissenheit angenommen, dass er von einer Atmosphäre des Friedens und der Ruhe umgeben sei, und dass jeder Mensch in seiner Nähe Liebe und Mitgefühl ausstrahlen müsse. Was für ein Irrtum! Es versetzte mir einen gehörigen Schock, als ich merkte, dass eher das Gegenteil der Fall war. Manchmal sah es so aus, als herrschte das Chaos anstatt Frieden und Liebe. Jedermann schien krampfhaft darauf aus zu sein, einen Blick von Baba zu erhaschen und seine Aufmerksamkeit auf sich zu ziehen, um mit flehentlichem Blick um ein Interview oder was immer er sich wünschte, zu bitten. Ich beobachtete, wie sich die Menschen um die besten Sitze stritten, je nachdem, wo sie vermuteten, dass Baba an diesem Tag entlangkommen würde. Dafür zögerten sie nicht, sich vorzudrängen, ihre Ellbogen zu benutzen, einander herumzustoßen – alles andere als liebevolles oder gar selbstloses

Verhalten. Die freiwilligen Helfer – Männer und Frauen, denen die Aufgabe zufällt, sich um die Besucher zu kümmern, ihnen Auskunft zu erteilen und für Ordnung zu sorgen – waren, von wenigen Ausnahmen abgesehen, genauso lieblos. Manchmal schienen sie sich förmlich Mühe zu geben, unangenehm, barsch und autoritär zu wirken. Zuerst war ich entsetzt und fragte mich, ob Babas Liebe überhaupt jemals einen dieser sogenannten *Devotees* berührt hatte. Dann kamen mir kleine Begebenheiten zu Ohren, die darauf hinzuweisen schienen, dass es Baba selbst ist, der absichtlich alle möglichen negativen Emotionen in den Menschen schürt. Gleichzeitig lehrt er, dass diese Emotionen im Gegensatz zu dem spirituellen Leben stehen, das er darlegt, und deshalb ausgerottet werden müssen. Ich war, milde ausgedrückt, verwirrt von all dem, was ich sah, und fragte mich, ob ich nicht zu sensibel reagierte und ob die Schlüsse, die ich zog, richtig waren. Wenn ja, woran lag das? Allmählich, Steinchen für Steinchen, entstand – durch Beobachten und Sprechen mit anderen, und indem ich Baba bei seinem Tun betrachtete – ein Bild.

Durch meine Meditations- und Beratungsarbeit habe ich gelernt, dass sich die meisten Menschen ihrer negativen Einstellungen, Gefühle und Handlungen nicht bewusst sind. Erst wenn sie beginnen, sich selbst klar zu sehen und die Verantwortung für ihr Leben selbst zu übernehmen, sind sie imstande, an sich die nötigen Veränderungen einzuleiten. Kann es sein, dass Baba alle in den Menschen verborgenen negativen Kräfte aufstöbert und sie nach oben holt, damit sie für alle erkennbar zu Tage treten? Es schien mir durchaus möglich.

Nach dieser ersten Einsicht fiel mir allmählich auf, wie Menschen im *Ashram* häufig unmittelbar neben Personen zu sitzen kamen, die am besten geeignet waren, die ganze Schar negativer Empfindungen wie Neid, Eifersucht, Zorn und anderes in ihnen anzustacheln. Manchmal, wenn die Betreffenden aufeinander eingingen, entstand ein gegenseitiger Lernprozess. Aber häufig genug ergaben sich hässliche Situationen, unter denen beide Teile zu leiden hatten. Ich hörte Äußerungen wie: „Ich weiß nicht, was in mich gefahren ist, aber Frau Soundso hat mich so gereizt, dass ich die Nerven verloren habe! Das passiert mir sonst nie, weil ich mich immer bemühe, nie die Kontrolle zu verlieren", oder: „Ich habe mich nie für eifersüchtig gehalten; aber heute hat es mich gepackt, als Baba YX angelächelt hat und mich, direkt neben ihr, total ignoriert hat!"

Je mehr ich das Schauspiel um mich herum beobachtete, desto mehr bekam ich – direkt oder indirekt, über Dritte oder durch bestimmte Situationen – Einblick in die Rolle, die Baba im Leben der Menschen spielt. Ich beschloss, mir meine eigene Negativität mit all ihren verborgenen Aspekten so klar wie möglich vor Augen zu halten. Auch meine eigenen negativen Seiten würden zweifellos jetzt, da ich in der unmittelbaren Nähe von Baba und seiner ungewöhnlichen Energie lebte, zum Vorschein kommen. Ich erfuhr bald, dass dieser Prozess wenig angenehm und zu Zeiten wirklich schmerzhaft ist.

Baba wirkt wie ein riesiger Scheinwerfer, der uns alle erfasst und unser Innen und Außen in allen Einzelheiten ausleuchtet, damit es alle sehen können. Eines Tages, als ich mich mit einer neuen Einsicht über mich selbst abmühte, wurde mir plötzlich mit einem Schlag bewusst, dass es nirgendwo einen Platz gab, an den ich, selbst wenn ich es wollte, fliehen und wo ich mich verstecken konnte. Ich mochte mich noch so krümmen und winden – in meinem Herzen wusste ich, dass ich notwendigerweise meine Fehler und Schwächen vorgehalten bekommen musste, bevor ich sie loslassen und durch positivere Einstellungen ersetzen konnte. Ich versuchte, meine Reaktionen auf Menschen und Situationen zu beobachten und die negativen, sobald ich ihrer gewahr wurde, loszulassen anstatt schockiert zu sein oder in Kritik über andere Leute zu verfallen. Während ich mich in diesen

Lernprozess einarbeitete, begriff ich, dass ich hier eine goldene Gelegenheit hatte, zu lernen. Denn hier konnte ich diese äußerst schwierige Aufgabe in Babas unmittelbarer Gegenwart und damit leichter und schneller als zuhause bewältigen, wo ich es allein hätte versuchen müssen. Von dem Augenblick an konzentrierte ich mich auf die neue Aufgabe voll und ganz und vermied es, mich von all dem, was um mich herum geschah, ablenken zu lassen.

Ein paar Tage später rief Baba uns wieder zum Interview. Diesmal kam er beim *Darshan* zu mir und sagte, dass ich mich am kommenden Morgen um 9 Uhr im Haus einfinden und „the band" mitbringen solle. Sofort schossen die Fragen durch meinen Kopf: Woher sollte ich in der Eile eine Musikkapelle (band = englisch für Musikkapelle) bekommen? Woher nehmen? Was für eine Kapelle wollte er überhaupt? Er hatte mir die Einladung zum Interview so leichthin zugeworfen, als er an meinem Sitzplatz vorbeikam, und war schnell weitergegangen. Plötzlich drehte er sich um und fügte, meine Verwirrung offensichtlich genießend, mit breitem Lächeln hinzu: „Husband natürlich" (husband = englisch für Ehemann), worauf ich in das allgemeine Gelächter der Inderinnen miteinstimmte. Sie hatten Baba offenbar schon öfter diesen Streich spielen gesehen und amüsierten sich köstlich darüber, dass diese kleine Szene soeben wieder einmal aufgeführt worden war.

Am nächsten Morgen kamen wir, wie damals, kurz vor 9 Uhr zu Babas Haus. Der Morgen verging, und es wurde Mittag und Zeit für ihn, nach oben ins Esszimmer zu gehen, wo ihm einige Studenten, denen an diesem Tag das Privileg zugefallen war, das Mittagessen reichen durften. Als er gerade im Begriff war wegzugehen und die anderen Wartenden sich ebenfalls zum Gehen erhoben, fragten wir uns, was wir nun tun sollten. Als ob er unsere Gedanken gelesen hätte, hielt Baba inne und rief meinem Mann zu, wir sollten am Nachmittag wiederkommen. Dann ging er eilig die Treppe zu seinen Räumen hinauf. Wir erkundigten uns bei Indern, um welche Uhrzeit wir wiederkommen sollten, und erfuhren, dass Baba gewöhnlich gegen 4 Uhr wieder herunterkommt.

Wir fuhren zum Mittagessen ins Hotel zurück. Anschließend machten wir einen kleinen Spaziergang, weil wir von dem stundenlangen Sitzen auf dem harten Boden ganz steif waren. Kurz vor 4 Uhr waren wir wieder im Haus und setzten uns, um auf Baba zu warten. Beschwingt kam er herein und schenkte mir, während er auf die Männerseite zuging, ein aufmunterndes Lächeln. Dann sagte er: *„Accha."* Wieder ein Wort, das ich nicht kannte. Hinterher fragte ich die Inderin neben mir, was es bedeutete. Anscheinend hat dieses Wort mehrere Bedeutungen: Es kann Übereinstimmung, Genehmigung oder Zustimmung meinen und hat Ähnlichkeit mit unserem „okay" oder „gut". Baba ging wie gewöhnlich seiner Arbeit nach. Wir machten es uns etwas bequemer und hielten uns im Übrigen an den bekannten Rhythmus: zu sitzen, wenn er draußen war, und aufzustehen, sobald er hereinkam.

Nach einer Weile erschien er in der Tür, die ins Hausinnere führt, und winkte erst meinem Mann, dann mir, ihm in den Interviewraum zu folgen. Wieder bedeutete er uns, wie damals, dicht beieinander zu seinen Füßen Platz zu nehmen. Er saß auf seinem Stuhl, und Kasturi war als Dolmetscher dabei. Baba ging sofort dazu über, meinen Mann, der ein eingefleischter Bücherwurm war, zu necken. Er tat so, als nähme er ein Buch vom Boden auf, blätterte darin mit unheimlicher Geschwindigkeit, schloss es und legte es neben sich auf den Boden, hob schnell ein neues auf und überflog es, während er in den Seiten blätterte. Während sich diese Pantomime wiederholte, sagte er: „So viel Buchwissen, aber nicht genug Hingabe. Hingabe ist sehr wichtig."

Aber seine eifrigen Gesten richteten die Botschaft so reizend aus, dass mein Mann weder gekränkt noch verletzt sein konnte ob der Kritik, die darin steckte. Wir lachten beide herzlich über Babas perfekte Darbietung.

Danach befasste er sich mit mir, sprach aber zu meinem Mann gerichtet: „Deine Frau hat Hingabe.“ Nach dieser Bemerkung überraschte er uns wieder mit der bekannten Handbewegung: Er beschrieb kleine Kreise in der Luft und griff blitzschnell nach einem glänzenden Gegenstand, damit er nicht zu Boden fiel. Er streckte seine Hand zu mir herüber, und ich sah in seiner Handfläche einen silberfarbenen Ring mit einem blass leuchtenden Stein. Er steckte ihn an verschiedene Finger meiner Hände und entschied sich zuletzt für meinen linken Zeigefinger. Zufrieden, dass er dort passte, ließ er ihn stecken. Und da blieb er auch seither. Nur zum Reinigen der Zwischenräume hinter dem Stein nehme ich ihn ab.

Baba gab mir Anweisung, mit dem Stein die Stirnmitte zu reiben, wenn ich dort Kopfschmerzen verspürte. Das sollte die Ursache des Kopfschmerzes heilen. In der Sekunde flogen meine Gedanken in eine Zeit vor mehr als zwanzig Jahren zurück, in der ich mich mit der Rückerinnerung an meine früheren Leben beschäftigt hatte. In einer dieser Rückerinnerungs-Sitzungen hatte ich mich mit einem tibetischen Mönch identifiziert. Während sich dieses Bild entfaltete, begriff ich, dass sich dieser Mönch als Teil seiner spirituellen Übungen für eine bestimmte Zeit in eine Höhle hatte einschließen lassen. Der Sinn dieser selbstgewählten Isolationshaft war gewesen, alle äußere Ablenkung auf ein Minimum herabzusetzen und sich nur auf die Visualisierung der Symbole all seiner Wünsche zu konzentrieren, damit er die Bindung an sie aufgeben konnte. Seine Arbeit wurde von seinem Ausbilder überwacht, einem hohen Lama, der in einem nahen Kloster lebte und telepathisch mit ihm in Verbindung stand.

Allmählich lernte der Schüler auf diese Weise, auf einer inneren Bildfläche hinter der Stirn die mentalen Bilder zu verfolgen. Als die telepathische Verbindung mit seinem Lehrer, vielleicht aus Unachtsamkeit, eines Tages abbrach, war er nicht mehr imstande, den Bilderfluss unter Kontrolle zu behalten. Als dieser ihn zu überrollen drohte, schlug er – wohl im verzweifelten Versuch, diesen Prozess zu beenden – den Kopf so heftig gegen die Wand der Höhle, dass die Verletzungen schließlich zum Tod führten.

Als ich im Geiste die Verbindung zwischen jenem Erlebnis und dem, was Baba mir mit dem Ring aufgetragen hatte, sah, musste ich laut rufen: „O Baba." Baba lächelte sanft und sagte: „Ja, ja, ich weiß alles darüber. Ich werde dir helfen." Noch immer wie betäubt, fragte ich mich im Stillen: „Wie konnte er das wissen?" Baba lächelte und nickte mit dem Kopf, als ob er den Gedanken gehört hätte. Er wusste offenbar davon. Ich habe seither noch mehr solcher Beispiele seiner Fähigkeiten erlebt. Jedes neue Erleben seines Wissens über intime Einzelheiten meines jetzigen Lebens wie auch früherer Inkarnationen erfüllt mich immer wieder mit Ehrfurcht.

Der Ring ist aus einer besonderen Legierung, *Pancaloha* genannt, die in Indien zur Herstellung sakraler Objekte benutzt wird. Sie sieht aus wie Silber, läuft aber im Gegensatz zu Silber nicht an. Der Stein ist ein Mondstein und, wie ich später herausfand, sehr sorgsam und sinnvoll ausgewählt. Als ich eines Tages in einem Buch über die Symbolik der Edelsteine blätterte, stieß ich auch auf die Bedeutung des Mondsteins. Fasziniert las ich da, dass er ein uraltes Symbol für das dritte Auge ist, den inneren Bildschirm, den der tibetische Mönch krampfhaft zu zerstören versucht hatte, damit die Bilderflut, die ihn zum Wahnsinn zu treiben drohte, ein Ende hätte. War dieser Mondstein in meinem Ring dazu bestimmt, jene alte Verletzung zu heilen? Ich hoffte es mit Inbrunst. Baba hatte meinem Mann gesagt, ich hätte

Hingabe. Hoffentlich habe ich aus jener Erfahrung gelernt, dass die Hingabe Gott gehören muss und nicht einem Menschen, auch nicht einem Lehrer, denn nur Gott ist ganz und gar zuverlässig und immer erreichbar, wann immer wir um seine Liebe bitten.

Noch ein Ereignis fiel mir später dazu ein. Als ich noch eine junge Studentin in einem College in England war, wo ich geboren bin, bekam ich einmal einen Ring geschenkt, der dem von Baba sehr ähnlich sah. Er war aus Silber und trug einen glänzenden „Stein", der ebenfalls aus Silber war. Jahre später identifizierte ich die Person, die mir den Ring gegeben hatte, als den hohen Lama, unter dessen telepathischer Obhut ich während meiner Einkerkerung in der Höhle gearbeitet hatte. Wollte mir Baba durch das Geschenk dieses neuen Ringes zeigen, dass meine Rückerinnerung an jenes vergangene Leben den Tatsachen entsprach?

Baba beendete das Interview, indem er sagte, wir sollten bis zu unserer Abreise jeden Tag ins Haus kommen. Zum Abschluss würde er uns ein Abschiedsinterview geben. Ich stand noch wie unter Schock nach allem, was geschehen war, und fühlte die volle Wirkung dieser Worte erst später.

Achtes Kapitel

In den zwei darauffolgenden Wochen änderte sich unser Tagesablauf. Anstatt draußen in den *Darshan*-Reihen zu sitzen, gingen wir direkt zu Babas Haus und saßen bei denen, die Baba entweder zum Interview oder zur Besprechung der *Ashram*-Tagesordnung gerufen hatte. An manchen Tagen sahen wir genau genommen weniger von ihm, als wenn wir draußen gesessen hätten, wo er oft bis zu einer halben Stunde zwischen den Reihen *Darshan* gab. An Donnerstagen und Sonntagen, den *Bhajan*-Tagen, verweilte er dort bis zu einer Stunde.

Dennoch war ich dankbar für die Gelegenheit, meine Eindrücke und Reaktionen in Ruhe Revue passieren zu lassen und – was noch wichtiger war – beobachten zu können, was Babas „Scheinwerfer" dabei in mir zutage brachte. Ich dankte ihm innerlich für die Chance, mich so ohne größere äußere Ablenkung konzentrieren zu können.

Und doch stand mir immer wieder eine Überraschung bevor, wenn ich das Haus betrat. Je dichter wir uns Babas Gegenwart und gewaltiger Energiesphäre näherten, desto schneller nahm die Spannung zu. Es war, als ob ich in einer Art Schnellkochtopf steckte.

Wenn Baba nicht mit seinem Körper im Raum anwesend war,

unterhielten wir uns leise, um die lange Wartezeit auf dem Fußboden etwas zu erleichtern. Bald bemerkte ich, dass auch hier im Haus jeden Tag ein – zwar kleineres, aber umso dramatischeres – Schauspiel stattfand. Gegenstand waren sowohl die Beziehungen der *Devotees* untereinander als auch zu Baba. Man beherrschte sich mehr, aber das machte Gefühlsausbrüche letztlich nur umso heftiger. Wo waren der Friede, die Stille, die Liebe und das Mitgefühl, die wir hier erwartet und im *Ānanda-Ashram* tatsächlich gefunden hatten? Wie um meine Frage zu beantworten, kam mir der Gedanke, dass es nutzlos ist, eine Masse siedender Emotionen mit Zuckerguss zuzudecken. Auf die Dauer gesehen war es sicherlich heilsamer, dass wir uns mit unseren Fehlern und Schwächen gegenseitig konfrontiert sahen, solange wir Babas Gegenwart nutzen durften. So konnten wir ihn ständig um Hilfe bitten und seine Energie in uns aufnehmen, die uns helfen konnte, die nötige Kraft und Weisheit zu entwickeln, die wir brauchen, um über unsere Fehler hinauszuwachsen. Solche Einsichten stellten sich spontan bei mir ein, konnten aber wenig dazu beitragen, das Unbehagen und die gedrückte Stimmung zu mildern, die das Röntgenbild meiner selbst erzeugte, mit dem ich mich täglich auseinander setzen musste. Das alles war Babas unmittelbarer Gegenwart zu verdanken.

Viele Zweifel überfielen mich während dieses stundenlangen Sitzens im Haus. Ich habe bereits erwähnt, dass ich viele Jahre, bevor ich von Baba hörte, eine innere Führung zu verspüren begann. Die dringlichste dieser inneren Weisungen war, die Abhängigkeiten von oder Bindungen an Menschen, Dinge, Orte, kurz von allem, was für uns Sicherheit symbolisiert, zu lösen. Denn all das hält uns davon ab, die Sicherheit allein im innewohnenden Gott oder Höheren Selbst zu suchen. Jahrelang benutzte ich diese Erkenntnis zu einer Art Therapie, um Menschen zu helfen, unabhängig zu werden. Viele haben mir bestätigt, dass sie sich frei zu fühlen lernten, nachdem sie ihre Abhängigkeit von temporären, veränderlichen Sicherheitssymbolen aufgegeben hatten. Aufgrund ihrer zeitlichen Bedingtheit und Begrenztheit müssen diese „Sicherheiten“ zwangsläufig Enttäuschungen hervorrufen.

Ich bekam daher keinen gelinden Schock, als ich feststellte, dass ich mir hier in Windeseile eine Bindung an Baba, einen indischen *Guru*, aufbaute! Obwohl er sich selbst als göttlicher *Avatar* bezeichnete, besaß er doch einen sehr realen und vitalen menschlichen Körper. Ich erinnerte mich an all die Warnungen, die ich durch die Jahre hindurch ständig erhalten hatte, und es begann ein massiver Kampf in mir: zwischen dem Vertrauen auf die wertvollen Lehren, die ich in der Rückerinnerung erhalten hatte, und der unverkennbaren, wachsenden und starken Bindung, die ich zu Baba entwickelte. War mir die Warnung aus meinem tibetischen Leben nicht genug?

Was dem ganzen die Krone aufsetzte, war, dass ich deutlich spürte, dass Baba meinen inneren Aufruhr verfolgte. Es war mir auch klar, dass er dieses spezielle Problem nicht für mich lösen konnte. Es lag in der Natur der Sache, dass ich diesmal meine Lösung selbst finden musste, denn er war ja der Anlass. Als ich so auf dem harten Fußboden saß und mich in meiner Bedrängnis innerlich wand und krümmte, begann ich um Befreiung aus meiner Rastlosigkeit zu beten. Es half mir kein bisschen, dass ich es ja gewesen war, die Baba um ein Zeichen gebeten hatte, ob er mein *Guru* sein wolle.

Während er im Haus auf und ab ging, beschäftigt mit den tausend Dingen, die seine Zeit und Aufmerksamkeit erforderten, blieb er immer wieder stehen, um mit dem einen oder anderen zu sprechen. Ab und zu setzte er sich zu den Männern, unter denen sich Leiter von Sai-Baba-Zentren, einflussreiche Politiker, Lehrer und Studenten seines hiesigen Colleges befanden. Diese Gespräche und Ansprachen waren meist auf *Telugu*, aber für allgemeinere Themen, in die jedermann einbezogen werden konnte, sprach Baba entweder Englisch oder er ließ einen Dolmetscher übersetzen.

Baba hat gesagt, dass er selten ein besonderes Thema für seine Ansprachen wählt. Er zieht es vor, einfach auf die unausgesprochenen Fragen und Bedürfnisse der Zuhörer einzugehen. Damals wusste ich noch nichts von dieser Methode, dem Zuschneiden seiner Reden auf das Publikum. Es überraschte mich daher sehr, wenn er in einer dieser Reden eine Botschaft oder eine Antwort auf eine Frage, die mich gerade bedrängte, einflocht und dann zu mir herübersah, als ob er sagen wollte: „Hilft dir das, zu verstehen?"

Besonders ein Sachverhalt, den Baba immer wieder betonte, verfehlte seine Wirkung auf mich nicht und führte dazu, dass ich mich allmählich aus meiner misslichen Lage befreien konnte. Er erklärte unmissverständlich, dass wir nicht der Körper seien und uns daher nicht mit diesem gleichsetzen sollten. Er betonte fortwährend, dass unser wahres Selbst lediglich in den Körper hineingeboren werde. Körper seien wie Häuser oder Hüllen, die es uns ermöglichten, in der materiellen Welt zu existieren. Er fügte hinzu, dass wir – je nach unserer karmischen Verflechtung – jedes Mal, wenn wir die Erdenstufe beträten, zu einem anderen Körper hingezogen würden, und dass jeder dieser Körper vergänglich sei, wogegen unser wahres Selbst unsterblich sei. Er erwähnte einen weiteren sehr interessanten Punkt. Er sagte, dass unsere Wünsche die Ursache all unserer Probleme seien. Sie entsprängen nicht unserem wahren Selbst, sondern seien mit unseren körperlichen und persönlichen Bedürfnissen gekoppelt. Er versprach Freiheit von der Tyrannei der Wünsche, sofern wir nur den Versuch unternähmen, diese Wahrheit zu begreifen und zu akzeptieren. Dann würden wir in der Lage sein, über unsere Wünsche hinauszugehen, was eine notwendige Vorbereitungsstufe für die Erlangung der Erleuchtung sei.

Eines Tages setzte sich Baba zu den Männern auf den Boden. Das war im Allgemeinen der Auftakt zu einer ungezwungenen Unterhaltung, Ansprache oder Fragestunde. An jenem Tag begann er auf Englisch: „Einige von euch sagen von mir, ich erklärte, dass ich Gott sei. Sie unterlassen es allerdings, den Satz vollständig wiederzugeben. Ich sage nämlich auch, dass jeder von euch ebenfalls Gott ist. Der Unterschied zwischen euch und mir ist, dass ich weiß, dass ich Gott bin, während ihr noch nicht wisst, dass ihr Gott seid." Um einen bestimmten Punkt zu erläutern, erzählt Baba oft eine kleine Geschichte – meist auf *Telugu* – und lässt dann übersetzen. Diesmal begann er mit dem Vergleich von Menschen, die wie elektrische Glühbirnen verschiedener Leistung seien. Auf sich selbst zeigend sagte er, dass man ihn mit einer 1.000-Watt-Birne vergleichen könne, während wir, je nach unserer individuellen geistigen Entwicklung 20-, 40-, 60- oder 100-Watt-Birnen seien. Er betonte, dass es wichtig sei, immer daran zu denken, dass der elektrische Strom, der alle Birnen aufleuchten lasse, immer der gleiche sei, ungeachtet der individuellen Leistung. Mit anderen Worten: Das Licht im Inneren eines jeden ist Gott, aber wir geben dieses Licht mit unterschiedlicher Intensität wieder. Baba erweiterte das Thema, indem er nachdrücklich betonte, dass wir uns davor hüten sollten, seine physische Form oder irgendeine andere Form als die einzig wahre Form des Göttlichen zu verehren. Vielmehr sollten wir Gott als das Selbst in jedem Einzelnen anerkennen, ganz gleich, wie verborgen, wie tief vergraben es auch in dem Betreffenden sein möge. Dann sagte er – wieder auf Englisch – mit seinem entwaffnenden Lächeln: „Das ist die Botschaft, die zu bringen ich in die Welt gekommen bin."

Ich kannte dieses Konzept aus den Büchern, die ich über ihn gelesen hatte, und von den Lehren, die ich durch die Technik der Reverie – einer Art von Wachträumen – erhalten hatte. Ich war der festen Überzeugung gewesen, dass ich es verstanden hatte. Aber irgendetwas in der Art, wie Baba darüber sprach, rückte es plötzlich so sehr in den Mittelpunkt meines Bewusstseins, dass ich es als hundertprozentig richtig und wahr empfand. Es bekam in diesem Augenblick einen völlig neuen Sinn für mich. Es war mir, als glitten die Teilchen eines riesigen Puzzlespiels lautlos und ohne Mühe eines nach dem anderen an seinen Platz, mehr und mehr vom Gesamtbild enthüllend. Die Folge davon war, dass ich begann, klarer zu sehen, was Baba für mich symbolisierte. Er war die äußere, sichtbare Manifestation oder Verkörperung meines eigenen Gott-Selbst, des Atmans. Er war daher die greifbare Erinnerung an diese unvergängliche innere Wirklichkeit, die dem Körper mit all seinen Bedürfnissen und Schwächen und seinem letztendlichen Zerfall zu Asche entgegengesetzt ist.

Der Mönch in jenem tibetischen Leben hatte diese Wahrheit nicht gekannt und in seiner Unwissenheit sein Vertrauen in einen menschlichen Lehrer gesetzt, der ihn im Stich ließ – oder lassen musste –, als er ihn am meisten gebraucht hätte. Weil er von keiner höheren Autorität wusste, die er um Hilfe hätte anflehen können, wurde er von genau den Wünschen überrollt, die er mit solcher Vehemenz auszurotten versucht hatte, aber aus eigener Willenskraft allein nicht kontrollieren konnte.

Eine Welle der Erleichterung durchströmte mich und schwemmte alle Zweifel weg, die ich noch hatte. Noch tiefer in meinem Bewusstsein fand ich die Erkenntnis, dass Baba in der Tat die menschliche Manifestation des Göttlichen in uns ist. Als solche würde er uns niemals im Stich lassen oder enttäuschen, wie es irdische Lehrer naturgemäß zu tun geneigt sind.

Nach dieser Lösung des Rätsels, das mich so gequält hatte, fühlte ich mich entspannt und sah Baba nun mit neuen Augen. Während das geschah, wandte er den Kopf und sah mich durchdringend an. Ein wissendes Lächeln erhellte sein Gesicht, und er nickte, als ob er sagen wollte: „Nun fängst du an zu verstehen." Kurz darauf verließ er den Raum, um sich wieder seinen täglichen Aufgaben zu widmen. Das gab uns die Möglichkeit, über alles, was wir wieder gelernt hatten, nachzusinnen.

Von da an fiel es mir leichter, an der täglichen Routine teilzunehmen. Durch die Energie, die Baba auf uns übertrug und die so vital und unablässig von ihm ausströmte, war ich offener für das, was er uns mit seinen Gesprächen oder auf der subtileren Ebene vermittelte. Ich konnte es jetzt auch besser annehmen.

Wenn ich an diesen ersten Besuch bei Baba zurückdenke, so bezweifle ich, dass mir damals völlig bewusst war, wie sehr wir gesegnet waren, dass wir uns jeden Tag in seiner physischen Gegenwart aufhalten und so viel von seiner Liebe und seinem Segen in uns aufnehmen durften, wie wir fassen konnten. In den letzten Jahren gehört seine Zeit zunehmend seiner Mission, vor allem in Indien. Das bringt es mit sich, dass er weniger Zeit für persönliche Begegnungen und Einzelinterviews zur Verfügung hat.

Dank Babas Hilfe von meinen Zweifeln befreit, begann ich, seine Rolle in meinem Leben zu verstehen und zu akzeptieren und fand es beglückend, ihn einfach nur anschauen zu dürfen. Es war wunderbar, seinen ständig wechselnden Gesichtsausdruck zu beobachten, der die ganze Skala von extremer Strenge bis zu schmelzender Süße umfasste. Ich habe gesehen, wie er sich hoch aufrichtete und viel größer erschien, als er sich normalerweise zeigte, und dabei absolut göttlich aussah. Er nennt das seinen *Shiva*-Aspekt. Dann wieder war er wie ein kleiner lachender, neckischer Spitzbub, der uns mit seinen Scherzen die Zeit vertrieb. So musste der junge *Krishna* gewesen sein! Ich bewunderte die unermüdliche, mühelose Art und Weise, wie er alle Tätigkeiten und Situationen handhabte. Was mich am meisten erstaunte, war, dass er offenbar wirklich alles und jedes von jedem Einzelnen wusste. Man hatte den Eindruck, dass er ununterbrochen auf die Wellenlänge der gesamten Welt und gleichzeitig auf die jedes einzelnen Menschen darin eingestellt war.

Ich bemerkte auch, dass er der Person, zu der er gerade sprach, seine ungeteilte Aufmerksamkeit schenkte, so dass der Betreffende fühlen konnte, wie in diesem Augenblick er allein auf der Welt für Gott existierte. Dann zerrann der Zauber, und Baba ging weiter, um sich genau so intensiv mit jemand anderem zu befassen.

Manchmal schien er, den Kopf leicht zur Seite geneigt, auf unhörbare Stimmen zu horchen, oder man sah ihn mit der Hand oder dem Zeigefinger Zeichen in die Luft malen. Es war dann, als ob er in Kontakt mit unsichtbaren Wesen stand.

Von Zeit zu Zeit kamen neue Westler an. Jack und Victoria Hislop, seit ein paar Jahren Baba-*Devotees*, und ein weiteres amerikanisches Ehepaar betraten eines Tages das Haus. Sowie Baba den Raum betrat, begann Jack ihn ganz außer Atem anzusprechen: „Wir möchten dir danken, dass du uns gestern Abend das Leben gerettet hast!" Baba lächelte und sagte: „Ja, das war knapp. Ihr hattet alle einen solchen Schock, dass keiner von euch nach Swami rief. Aber Swami hat euch trotzdem gerettet." Baba weist oft auf sich als „Swami" hin. Dann wandte er sich den anderen Anwesenden, meist Indern, zu und erzählte sehr lebendig und in allen Einzelheiten auf *Telugu*, wie sich der Unfall beinahe ereignet hatte.

Wir erfuhren den Hergang der Dinge später von den beiden Ehepaaren. Es war so, dass am besagten Abend ein Frontalzusammenstoß zwischen einem schnell entgegenkommenden Auto und dem der Amerikaner unvermeidbar schien. Während sie sich im Wagen festhielten und den Zusammenprall erwarteten, sahen sie, dass das entgegenkommende Auto plötzlich wie durch ein Wunder hinter ihnen war! Im Nachhinein kamen sie zu dem Schluss, dass so etwas unmöglich war, da niemals genügend Platz für zwei Autos nebeneinander gewesen sein konnte – in dem Augenblick war noch ein großer Bus zwischen ihnen gewesen. Beschämt nahmen sie zur Kenntnis, dass Baba recht hatte: Sie hatten alle so unter Schock gestanden, dass sie nichts anderes tun konnten, als auf den unvermeidbar scheinenden Zusammenprall zu warten.

Eigenartigerweise hatten Babas Worte eine unverhältnismäßig starke Wirkung auf mich. Es war, als wären sie soeben in mein Gehirn eingebrannt worden. Ich legte ein stilles Gelübde ab, dass ich unbedingt versuchen musste ihn anzurufen, wenn ich je seine Hilfe dringend brauchen sollte. Ein knappes Jahr später fielen mir diese Szene und Babas Worte wieder ein, als kurz nach unserem zweiten Besuch bei Baba unser Flugzeug auf dem Flug von Bombay nach London entführt wurde.

Warum diese heftige Reaktion auf Babas Worte? Konnte es sein, dass er mich daran erinnern wollte, ihn um Hilfe zu rufen, und mir die Gewissheit schenken wollte, dass er mich, anders als der tibetische Lehrer, nicht im Stich lassen würde? Ich weiß nur, dass ich so tief beeindruckt war, dass ich mich bei verschiedenen Anlässen sofort daran erinnern konnte, ihn um Hilfe zu rufen. Jedes Mal bekam ich diese Hilfe sofort.

Während Baba in Madras war und wir die *Ashrams* besucht hatten, litt ich unter schweren Kopfschmerzen und Brechreiz, was ich auf die Hitze und Feuchtigkeit zurückgeführt hatte. Aber nach einigen Tagen in Bangalore, wo das Wetter gnädiger ist, bekam ich einen weiteren heftigen Anfall. Trotz der Kopfschmerzen waren wir an jenem Morgen wie immer zu Babas Haus gekommen. Ich hatte gehofft, er würde mir etwas geben, das die zermürbenden Schmerzen im Kopf linderte. Kaum hatte er mich erspäht, materialisierte er einige große weiße

Pillen und sagte, ich solle sie einnehmen. Anschließend rief er Nanda, eine der Frauen, die im Haus wohnten, und gab ihr den Auftrag, mich in eines der Zimmer zu begleiten, damit ich mich hinlegen konnte, und bei mir zu bleiben. Die Kopfschmerzen wurden immer schlimmer, so dass ich nicht einmal wahrnahm, dass Baba von Zeit zu Zeit hereinkam und mit seiner Hand meine Stirn rieb. Das erfuhr ich erst, als es mir wieder besser ging. Ich war offenbar so krank, dass Nanda sich Sorgen machte. Sie erzählte mir später, dass Baba sie mit den Worten beruhigt habe: „Sorg dich nicht. Sie wird nicht sterben. Sie hat ein langes Leben." Babas Anordnung befolgend blieb ich den ganzen Tag in ihrer Obhut und fuhr nicht zum Mittagessen ins Hotel zurück. Erst gegen Abend, als es für alle Zeit wurde, das Haus zu verlassen, kehrten wir ins Hotel zurück. Als Baba mich am nächsten Tag wieder bei den Frauen sitzen sah, sagte er: „Du kämpfst also immer noch mit mir!" Ich platzte entsetzt heraus: „Oh nein, Baba, ich kämpfe nicht mit dir!", worauf er antwortete: „Nein, nicht du, die Krankheit. Du warst gestern nicht einmal da."

Inzwischen hatte ich die Ursache für meine Kopfschmerzen herausgefunden. Ich bin seit jeher außerordentlich allergisch gegen Monosodium-Glutamat, jenen Geschmacksverstärker, der in chinesischen Restaurants ausgiebig verwendet wird. In Mangalore und auch in Bangalore, in der Nacht vor dem letzten Anfall, hatten wir chinesisch gegessen. Zweifellos war das die Ursache meiner Kopfschmerzen.

Tags darauf warf mir Baba ein kleines Päckchen Betelnüsse zu, als er auf dem Weg zu den Männern an mir vorbeikam. Dabei sagte er: „Verdauungsstörung, nicht Indra Devi." Ich zerbrach mir noch Jahre danach den Kopf über diese Bemerkung, bis mir klar wurde, dass „Verdauungsstörung" Widerstand gegen Nahrungsaufnahme bedeutet. Mein Körper hatte sich zwar gegen das Monosodium-Glutamat gewehrt, aber jetzt weiß ich, dass es noch tiefer sitzende Widerstandsebenen gibt, die Baba meinte.

Ich war das Kind einer außerordentlich dominierenden Mutter, die so sehr darauf bedacht war, mich nicht zu verwöhnen, dass sie mir jeden Wunsch abschlug, den ich äußerte. Mein einziger Ausweg wäre gewesen, ihr Widerstand entgegenzusetzen, wenn ich meine Identität wahren wollte. Ich zog es aber vor, mich in mich selbst zurückzuziehen, anstatt das Risiko der Selbstbehauptung einzugehen. Ich benahm mich absichtlich so unauffällig wie möglich, um die Aufmerksamkeit ihrer Adleraugen nicht unnötig heraufzubeschwören.

Die Folge davon war, dass ich Auftritte in der Öffentlichkeit immer gemieden habe und mich vor Reden fürchtete. Ich hatte Angst, meine Zunge könnte ausrutschen und etwas sagen, das ihren Zorn auf mein Haupt gezogen hätte.

Indra Devi, eine in USA bekannte Baba-*Devotee*, kannte keine Hemmungen beim Reden oder allgemein beim Auftreten in der Öffentlichkeit. Sie war extrovertiert, enthusiastisch und hat durch ihre Ansprachen dazu beigetragen, Baba Tausenden von Menschen näherzubringen. Als mir schließlich der tiefere Sinn von Babas Bemerkung klar wurde, musste ich einmal mehr über seinen Einblick staunen und begriff, warum er mich wieder und wieder dazu drängt, aus mir herauszugehen, vorzutreten und zu sprechen, das Gesehen-Werden zu akzeptieren und zwischen Widerstand und Selbstbehauptung mein Gleichgewicht zu finden.

Kurz vor unserer feststehenden Abreise fragte uns Baba, wann wir flögen. Als wir ihm sagten, an welchem Tag wir den Morgenflug nach Bombay nehmen wollten, antwortete er, wir sollten unsere Sachen packen, die Koffer in ein Taxi laden und zu einem Abschiedsinterview ins Haus zu kommen. Wir erfuhren später, dass dies eins seiner Lieblingsspielchen ist, das die Inder „*Līlā*“ nennen. Es hat viele *Devotees* Stunden der Angst gekostet, bis sie ihre Lektion gelernt hatten, nämlich Geduld und Vertrauen, dass er ihnen genügend Zeit lassen würde, ihren Flug rechtzeitig zu erreichen. Für uns war es die erste Bekanntschaft mit diesem Test, und wir waren völlig unvorbereitet auf den darauffolgenden Stress. Am Tag der Abreise folgten wir seiner Weisung und fuhren mit dem beladenen Taxi zum Haus.

Ich hatte das zusätzliche Problem, als Frau nicht zu wissen, was ich anziehen sollte. Wie konnte ich zum Interview einen dünnen Sari tragen und dennoch für den Flug und die Zwischenlandungen im kalten Klima warm genug angezogen sein? Am Ende entschloss ich mich, einen Sari über meiner westlichen Kleidung zu tragen und ihn später im Taxi oder im Flugzeug auszuziehen. Das stellte sich als eine dumme Entscheidung heraus, da es in dieser Jahreszeit schon recht heiß zu werden begann.

Baba begrüßte uns beide, als er hereinkam und lächelte. Erneut fragte er, wann unser Flugzeug starte. Mein Mann sagte es ihm, und er antwortete: „Das ist ein spätes Flugzeug. Ich sehe euch noch." Mit dieser mysteriösen Bemerkung verließ er den Raum. In den folgenden zwei Stunden erwarteten wir jedes Mal, wenn er wieder erschien, dass er uns zu dem versprochenen Interview rufen würde. Er würdigte uns stattdessen nicht einmal eines flüchtigen Blickes. Nun konnten wir uns nach Herzenslust ärgern und abwechselnd gereizt, ängstlich oder verdrießlich werden, während die Minuten verrannen und wir mehr und mehr fürchteten, unseren Flug zu versäumen. Um mein Unbehagen noch zu vergrößern, wurde mir immer heißer von den Kleidern unter meinem Sari. Als wir uns schließlich mit der Wahrscheinlichkeit, den Flug zu verpassen, abgefunden hatten, kam Baba mit dem unschuldigsten Gesicht der Welt hereingeschneit und winkte uns, als ob er nichts von der Spannung wüsste, die sich inzwischen in uns angestaut hatte. Aber es war klar, dass er nicht nur wusste, wie ängstlich uns zumute war, sondern dass er diesen Geduldds- und Vertrauenstest vorsätzlich arrangiert hatte. Ich fürchte, wir haben auf diesen ersten Test nicht sehr gut reagiert. Als wir ihm in den Interviewraum folgten, schenkte er uns ein besänftigendes Lächeln, um uns etwas von dem Stress zu nehmen.

An jenem Tag hatte mein Mann ein besonders schönes Foto von Baba geschenkt bekommen. Sohan Lal, ein langjähriger Baba-*Devotee* aus Neu Delhi, hatte es aufgenommen. Sidney war die letzten Tage mit ihm zusammengewesen. Als Baba das Bild sah, nahm er es ihm aus der Hand und schrieb darauf: „Mit Liebe und Segnung“, und signierte es „Sathya Sai Baba“. Dann ging er zum Interview über.

Unter anderem fragten wir ihn, wann wir wiederkommen sollten. Bevor er antwortete, deutete er wie ein Schullehrer mit dem Zeigefinger auf mich und stellte klar: „Als erstes musst du begreifen, dass du nicht hierher zurückkommen musst, um diesen kleinen Körper“ – dabei wies er auf sich selbst – „zu sehen.“ Nach einer Weile fügte er hinzu: „Finde mich in deinem Herzen.“ Dann beobachtete er die Wirkung seiner Worte. Ich wusste, dass er sich auf meinen Kampf bezog, den ich schließlich mit seiner insgeheimen Hilfe erfolgreich beendet hatte. Sollte er mit seinen Worten soeben die Bestätigung gegeben haben, dass ich die richtige Lösung meines Problems, mit einem Meister in menschlicher Gestalt auskommen zu müssen, gefunden hatte? Dass er das Symbol des Gottes ist, den jeder von uns in sich trägt? Als er sah, dass ich seinen Hinweis verstanden hatte, fügte er mit einem strahlenden Lächeln hinzu: „Aber du wirst wiederkommen, um erneuert zu werden!“, und erklärte uns, dass seine physische Gegenwart es den *Devotees* ermögliche, mit seiner Energie aufgeladen zu werden. Erst Jahre später erkannte ich, dass er mich mit der Warnung, mich nicht von seiner physischen Form fesseln zu lassen, auf eine besondere Lektion vorbereitet hatte, die er mir noch verabreichen würde.

Wir gingen mit seinem Segen, seinen Worten, die in uns nachklangen, und mit einem großen Umschlag voller *Vibhuti*-Päckchen eilends zum Taxi und hofften, dass wir den Flughafen doch noch rechtzeitig erreichten.

Als ich mich aus dem Sari wickelte und die westlichen Kleider zum Vorschein kamen, merkte ich, wie symbolisch diese einfache Handlung für die Veränderung war, die bereits mit den vielen Vorbereitungen für die Rückkehr in den Westen und die materielle Welt der Flugzeuge und Reisepläne begonnen hatte.

Selbstverständlich kamen wir am Flughafen gerade noch rechtzeitig zum Annahmeschalter, als der Flug aufgerufen wurde!

Unser kurzer, aber ereignisreicher Aufenthalt bei Baba war zu Ende. Ich wusste, dass ich nicht mehr dieselbe Person war, die soeben erst hier angekommen war, um Baba ein erstes Mal persönlich zu erleben. Zu stark war ich von ihm und von Indien beeinflusst, als dass ich unverändert hätte bleiben können. Vor allem aber: Ich hatte mich in seinem unmittelbaren Einflussbereich aufhalten dürfen. Und ich war mir sicher, dass sich die Auswirkungen davon in demselben Maße bemerkbar machen würden, wie ich seine Aufforderung befolgen konnte, mit seinem Ebenbild in meinem Herzen in Verbindung zu bleiben.

Wir hatten unseren Bombay-Freunden versprochen, auf unserem Rückweg einige Tage mit ihnen zu verbringen. Als sie hörten, dass wir außer bei Baba auch in anderen *Ashrams* gewesen waren, schlugen sie vor, dass wir auch Ānanda Mayee Ma besuchen sollten, die sich zufällig bei einigen ihrer *Devotees* in der Stadt aufhielt.

Ich freute mich, noch eine andere spirituell hochstehende Frau kennenzulernen. Unsere Gastgeberin brachte uns zu dem Haus, in dem Ānanda Mayee Ma wohnte. Als wir durch das Tor traten, kamen uns einige sehr freundliche Inder entgegen. Sie teilten uns mit, dass die Mutter Besucher empfange, und dass wir, wenn wir ihren Segen wollten, uns zu den Menschen begeben sollten, die in einer Schlange warteten. Sie reichte bis vors Haus. Langsam rückten wir in der Schlange bis zur ersten Reihe vor. Mein erster Anblick von Ānanda Mayee Ma durch die offene Tür versetzte mir einen kleinen Schock. Sie schien alt und hager, ihr Haar war ungekämmt und ihr dünner, skelettartiger Körper war in einen mehr grauen als weißen Baumwollsari gehüllt. Als ich aber näherkam, und sie aufsah, um uns zu begrüßen, erhellte ein zahnloses, aber strahlendes Lächeln ihr ganzes Gesicht. Ich bekam eine vage Idee davon, wie ausnehmend schön sie in jüngeren Jahren gewesen sein musste. Sie schien mich mit ihrem Blick zu umfangen, und ich spürte, dass sie durch mich hindurchschauen konnte bis zum Kern meines Wesens, aber ohne zu urteilen, genauso wie Baba es vor kurzem getan hatte. Sie nickte lediglich mit dem Kopf zum Gruß, schenkte mir die Blume, die sie in der Hand hielt, und lächelte noch einmal, als ich bereits weitergegangen war, um Platz für den Nächsten zu machen, der ihren Segen erbat.

Nun hatte ich drei hochspirituelle Frauen Indiens kennengelernt. Jede von ihnen war verschieden von den anderen. Ich hatte die Kraft gespürt, die von jeder Einzelnen ausging, aber keine hatte mich auf die gleiche Weise angezogen wie Baba. Bei dieser Einsicht „setzte" sich etwas tief in mir, und ich wusste, dass meine Suche nun wirklich beendet war. Ich hatte den Einen gefunden, der mir das geben konnte, was ich brauchte.

Am nächsten Tag reisten wir ab. Beim Kofferpacken entdeckte ich das Bündel Notizen aus dem Buch von Bhrigu wieder. Als ich sie in den Papierkorb werfen wollte, hielt mich irgendetwas davon ab, und ich beschloss, sie vorher doch noch einmal zu lesen. In dem angeblich auf mich bezogenen Teil stand, dass ich auf dem Weg zu einem Meister sei, auf dessen Bildern sich manchmal Asche bilde. Als ich weiterlas, staunte ich über die Liste der Dinge, die dieser

Meister mir angeblich schenken würde – es waren tatsächlich lauter Dinge, die Baba mir kürzlich gegeben hatte: einen Ring, *Vibhuti*, Medizin, sein Bild, seine Liebe und seinen Segen. Den Ring hatte er materialisiert, um die Ursache der einen Art Kopfschmerzen zu heilen, die *Vibhuti* für den anderen Typus und sein Bild auf dem Medaillon, um mir beim Konzentrieren auf den Stirnmittelpunkt zu helfen. „Liebe und Segen" hatte er auf das Bild von Sohan Lal geschrieben.

Dieser neue Beweis dafür, dass es Dinge zwischen Himmel und Erde gibt, die das menschliche Begriffsvermögen übersteigen, beeindruckte mich sehr.

Ich hatte die Botschaft aus dem Buch von Bhrigu verachtet. Nun fühlte ich mich entschieden gedemütigt, denn Baba hatte inzwischen zumindest einen Teil davon bestätigt. Aber trotz allem fragte ich mich, wie ein Mann, der vor Tausenden von Jahren gelebt hatte, imstande sein konnte, in die Zukunft zu sehen und vorherzusagen, dass zwei Menschen aus dem Westen auf ihrem Weg zu Sai Baba in Bombay Halt machen würden, um das Buch zu befragen – und noch merkwürdiger: Wie konnte er nur genau gewusst haben, was Baba dem einen von ihnen schenken würde? So viele Fragen, die ich mir nicht beantworten konnte ...

Neuntes Kapitel

Nachdem wir uns von den Strapazen der Reise und des Zeitunterschiedes erholt hatten, versuchte ich, die vielen unterschiedlichen Reaktionen und Eindrücke meines ersten Baba-Erlebens zu ordnen. Ich war ganz sicher, dass sich sein Einfluss einschneidend auf all meine Lebensbereiche auswirken würde, denn es ist unmöglich, sich in der Gegenwart einer so machtvollen Persönlichkeit aufzuhalten, ohne – sei es positiv oder negativ – im Innersten davon angerührt zu werden. Meine persönlichen Erfahrungen waren ohne Zweifel sehr positiv. Damit diese Erfahrungen aber in meinem täglichen Leben zum Tragen kommen konnten und nicht bloß schöne Erinnerung blieben, musste ich von meiner Seite aus, das war mir klar, mit großem Bemühen und Hingabe meinen Teil dazu beisteuern. Babas letzte Worte vor dem Abschied klangen unablässig in mir nach: „Finde mich in deinem Herzen!“ Es gab keinen Zweifel, dass ich mich nun bemühen musste, genau dies zu tun, damit ich nicht in die Fallgrube stürzte, nämlich mich von seiner physischen Form in Indien fesseln zu lassen, anstatt mich mit seinem Ebenbild in mir zu verbünden.

Ich wusste von meiner Arbeit mit Reverien oder meditativen

Visualisierungsübungen, dass wir alle von früher Kindheit an programmiert werden, Bindungen an Menschen und Dinge zu entwickeln, und dass diese Bindungen durchbrochen werden müssen, damit wir frei genug werden, uns mit dem Gott in uns vollständig zu verbinden. Zu meiner Bestürzung musste ich bald entdecken, dass das keineswegs einfach war.

Allmählich nahmen wir unsere alltäglichen Aktivitäten wieder auf. Wir beteiligten uns an den wöchentlichen Treffen des Sai-Baba-Zentrums – jetzt mit sehr viel mehr Verständnis. Viele *Devotees* baten uns, über unsere Erfahrungen zu berichten, aber ich zögerte. Ich fühlte, dass ich einige Zeit brauchte, um meine Erfahrungen zu verarbeiten und in angemessener Weise darüber sprechen zu können.

Außerdem war ich in meiner langjährigen Praxis wiederholt davor gewarnt worden, vorzeitig über tiefe und bedeutsame Erlebnisse zu sprechen. Der Grund für diese Vorsicht liegt darin, dass die in einem solchen Erlebnis enthaltene Energie zurückgehalten und geschützt werden muss, damit sie vollkommen aufgenommen, verinnerlicht und zu einem wirksamen Bestandteil des eigenen Lebens werden kann. Neben der Gefahr der Energieverschwendung besteht außerdem die Möglichkeit, dass das Gegenüber negativ reagiert, das heißt mit Zweifeln, Neid, Eifersucht oder ähnlichen Gefühlen. Solche Reaktionen können den Erzähler selbst zu Zweifel und sogar zur Verleugnung veranlassen. Negative Gefühle haben die Eigenschaft, das junge Wachstum zu hemmen, wenn nicht gar schrumpfen zu lassen. Dieses benötigt – wie eine junge, empfindliche Pflanze – Nahrung und Schutz, bis sie stark genug ist, den Elementen zu trotzen. Die Gefahren verringern sich, wenn man dem Erlebnis genügend Zeit gelassen hat, sich zu setzen und in die Persönlichkeit integriert zu werden.

Es ist für manche Leute sehr schwierig, der Versuchung zu widerstehen, vorzeitig über ihre Erfahrungen zu sprechen. Sie können der

Überredungskunst der Menschen erliegen, die hoffen, auf diese Weise einen Hauch von Babas Gegenwart zu erhaschen. Vielleicht möchten sie auch von sich aus ihrer Freude, dass sie Baba gesehen haben, Ausdruck geben; vielleicht wollen sie auch ihre Zuhörer damit beeindrucken, dass Baba zu ihnen gesprochen, ihnen ein Interview gewährt oder auf andere Weise das Gefühl vermittelt hat, dass sie ihm etwas bedeuten. Wenn sie all diesen Ködern widerstehen und die Selbstbeherrschung aufbringen können, zu warten, bis sie ihr Erlebnis „verdaut" haben, wird ihr Bericht viel besser zur Wirkung kommen und auch hilfreich sein. Die Aussage wird damit eher verstärkt, während ein vorherrschendes Mitteilungsbedürfnis sie abschwächt.

Viele *Devotees* beklagen häufig, dass sie das ursprüngliche Gefühl der Erfülltheit, mit dem sie von Baba zurückkommen, allmählich verlieren. Schuld daran ist zum Teil der Kulturschock, der bei einer schnellen Rückkehr in den Westen mit aller Wucht über sie hereinbricht. Wenn sie jedoch imstande sind, sich vor dem vorzeitigen Mitteilen und Erörtern ihrer Erfahrungen zurückzuhalten, kann dieser Verlust erheblich eingedämmt werden. Die Warnung gilt ebenso gegenüber *Devotees* wie gegenüber Freunden und Verwandten. Was Letztere betrifft, so ist es meines Erachtens noch viel wichtiger, den richtigen Augenblick abzuwarten und nur dann über Baba zu sprechen, wenn echtes ehrliches Interesse gezeigt wird, oder wenn ich mich innerlich stark dazu veranlasst fühle.

Viele unserer Freunde waren, als sie hörten, dass wir in Indien gewesen waren, um einen Heiligen zu besuchen, neugierig beziehungsweise skeptisch. Manche zeigten sich durch und durch feindselig und kamen zu dem Schluss, dass wir verrückt geworden oder, noch schlimmer, auf dem besten Weg zur Hölle waren.

Nach unserer ersten Reise war ich noch zu neu unter Babas Fittichen und zu wenig vertraut mit seinen Lehren, als dass ich allen

Fragen und Zweifeln, die laut wurden, hätte standhalten können. Ich zog es vor, lieber zu wenig als zu viel zu sagen. Ich habe Baba später wiederholt sagen hören, dass er niemanden braucht, der für ihn die Werbetrommel rührt. Er selbst stellt den Kontakt zu einem Menschen her, sobald dieser reif ist zu empfangen, was er ihm zu geben hat. Das bedeutet natürlich nicht, dass seine Anhänger verheimlichen sollen, dass sie seinen Lehren folgen. Es besteht ein sehr feiner Unterschied zwischen dem Vermeiden, in einem ungünstigen Augenblick zu sprechen oder sich auf eine Diskussion einzulassen, und der Weigerung zu sprechen, wenn jemand ernsthaft an Mitteilungen über Baba interessiert ist. Jeder muss aus seinen Fehlern und Prüfungen lernen und den Mittelweg für sich finden.

Das schwierigste Problem stellten die Menschen dar, mit denen ich zusammengearbeitet hatte. Einige von ihnen waren entsetzt darüber, dass ich offenbar alles, was wir seit eh und je als typische Folgeerscheinungen von Bindungen an einen irdischen Lehrer abgelehnt hatten, zu missachten schienen. Damals, in meiner noch so frischen Beziehung zu Baba, konnte ich wenig auf diese Einwände antworten. Es gab anscheinend kaum etwas, das ich ihnen entgegenhalten konnte, um sie zu überzeugen, dass ich gar nicht gegen unsere Prinzipien vorging. Ich versuchte zu erklären, dass Baba nicht in die Kategorie der anderen Lehrer gehörte, und dass er für mich das göttliche Selbst im Inneren eines jeden von uns darstellt. Ich musste warten und weitere Einsichten gewinnen, bevor ich mich mit meiner Überzeugung sicherer fühlen konnte.

Eine andere heftige Streitfrage drehte sich um Babas Fähigkeit, aus der Luft durch bloßen Willensakt Gegenstände zu materialisieren. Wohlmeinende Freunde erinnerten mich andauernd daran, dass die alten Schriften viele Warnungen vor dem Gebrauch der *Siddhis* – das sind unerklärliche Fähigkeiten – enthalten. Es ist bekannt, dass diese

Siddhis auf einer bestimmten Stufe der spirituellen Entwicklung auftreten können. Wenn der Schüler aber bei ihrem Gebrauch dem Gefühl der Genugtuung oder dem Stolz verfällt, kann das sein Ego vollends auf den Plan rufen. Seine spirituelle Weiterentwicklung kann sich verzögern, wenn er zu lange auf dieser Ebene verweilt. Immer wieder versuchte ich – vergeblich – zu erklären, dass Baba als *Avatar* nicht mit gewöhnlichen Meistern verglichen werden kann und dass diese Richtlinien nicht für ihn geltend gemacht werden konnten. Meine persönliche Erfahrung hat mir gezeigt, dass es für Babas Materialisationen immer einen triftigen Grund gibt. Der Ring, zum Beispiel, den er für mich materialisiert hatte, war zur Heilung einer besonderen Form von Kopfschmerz bestimmt gewesen. Und das kleine Medaillon, das er für mich „gezaubert" hatte, diente mir bei der Visualisierung der Stelle des dritten Auges.

Einige Jahre später las ich einen Bericht über ein Interview zwischen Baba und dem Herausgeber einer indischen Zeitschrift, der ihn gebeten hatte, die Gründe für seine Materialisationen zu nennen. Baba sagte: „Was ich gemacht habe, ist weder Magie, noch sind es *Siddhis*. Für mich ist es eine Art Visitenkarte, um die Menschen von meiner Liebe zu überzeugen und als Gegengabe ihre Ergebenheit zu bekommen. Da Liebe aber keine Form hat, benutze ich die Materialisationen als Beweise meiner Liebe. Sie sind lediglich ein Symbol."

Der Interviewer erwiderte: „Ich verstehe noch immer nicht, warum Sie Ringe, Armreifen, Armbanduhren und dergleichen Tand materialisieren." Baba antwortete darauf: „Die meisten Leute wünschen sich einen Talisman als Symbol meines Schutzes, und so gebe ich ihn ihnen. Wenn sie in Schwierigkeiten sind, fühlen sie den festen Halt des Rings, des Armreifs oder der Uhr; sie erinnern sich an mich und rufen mich zur Hilfe, damit ich sie retten kann. Zum anderen: Wenn ich ihnen etwas gebe, was sie nicht tragen können, legen sie es höchstwahrscheinlich beiseite und vergessen es. Die Hauptsache ist, dass dieser Tand oder Talisman, wie Sie es auch bezeichnen mögen, den Menschen ein Gefühl der Sicherheit und des Schutzes gibt, den sie in der Not und in Krisenzeiten brauchen, und dass er ein Symbol für das Bindeglied ist, das die Entfernung zwischen ihnen und mir überbrückt. Wenn meine Anhänger mich brauchen, funken diese Gegenstände die Botschaft wie bei der drahtlosen Telegrafie, und ich komme augenblicklich zu Hilfe."

Der Ring, den Baba für mich materialisiert hatte, erwies sich als ein wirkliches Bindeglied zwischen ihm und mir, als ein Jahr später unser Flugzeug entführt wurde und ich Baba verzweifelt um Hilfe rief.

Wenn auch viele meiner Bekannten nicht an Baba glauben mochten, so war doch die Wirkung, die er auf mein Leben und besonders auf meine Therapiegespräche hatte, für jedermann ersichtlich und unleugbar positiv. Ich hatte Baba gegenüber nichts von meiner Arbeit erwähnt, und auch er hatte sich nicht dazu geäußert. Dennoch war ich sicher, dass er, der eine so offensichtliche Kenntnis vieler Facetten meines Lebens gezeigt hatte, alles darüber wusste.

Eines der wichtigsten Symbole meiner Arbeit ist ein Dreieck. Es wird benutzt, um einen Berater und Patienten mit ihrem Höheren Selbst oder dem Gott in ihnen zu verbinden. Um diese Verbindung zu erreichen, stellen sich beide Personen vor, wie sie sich gegenübersitzen, jeweils an einem Punkt A und B, die durch eine Lichtlinie am Boden miteinander verbunden sind. Diese Linie bildet die Basis des Dreiecks. Dann stellen sich beide eine Lichtlinie vor, die entlang ihrer Wirbelsäule und durch den Scheitel ihres Kopfes hinaufstrahlt, immer weiter, bis beide Linien an einem imaginären Punkt C, der Spitze des Dreiecks, zusammentreffen. Dieser Scheitelpunkt C steht für den Gott im Inneren, *Atman* oder auch das Christus-Selbst oder Buddha-Selbst genannt. Es kristallisierte sich für uns bald der Name „Hohes C" für

Hohes Bewusstsein (englisch: Consciousness) heraus. Ich entdeckte, dass die meisten Menschen, selbst sogenannte Atheisten und Agnostiker, an einen weisen Aspekt ihrer selbst glauben, und dass dieser sich periodisch und besonders in Krisenzeiten bemerkbar macht. Aus diesem Grund war es ihnen durchaus möglich, das Konzept eines Hohen C anzunehmen. Manchmal ersetzten wir es durch eine Figur wie Christus, Buddha, einen Engel, einen Weisen oder ein abstraktes Symbol, zum Beispiel ein strahlendes Licht oder einen Stern. Dabei ist es wichtig, dass Berater und Patient beide das Hohe C bitten, die Sitzung zu leiten, damit keiner von beiden selbst entscheiden kann, was geschehen soll.

Jetzt, da Baba für mich das Höchste Bewusstsein verkörperte, stellte ich mir jedes Mal ihn an der Spitze des Dreiecks vor und bat ihn, die Sitzung durch mich zu leiten. Ich fand bald heraus, dass es keine Rolle spielte, ob die Leute, mit denen ich arbeitete, Baba kannten oder nicht. Sie konnten nach wie vor ihr eigenes Symbol oder Heiligenbild anstelle des Hohen C benutzen. Wenn es sich bei dem Ratsuchenden um einen Sai-*Devotee* handelte, war für uns beide Baba die Spitze unseres gedachten Dreiecks.

Da Baba sehr deutlich zum Ausdruck gebracht hat, dass er niemanden braucht, der für ihn wirbt oder gar missioniert, habe ich nie den Versuch unternommen, den Patienten, die zur Therapie zu mir kommen, meine persönlichen Überzeugungen aufzudrängen. Aber es hängen Fotos von Baba in verschiedenen Räumen unseres Hauses. Wenn jemand sich erkundigt, was sie darstellen, fühle ich mich berechtigt, auf die Frage zu antworten. Ich dränge Baba jedoch keinem auf, bloß weil ich an ihn glaube. Ich habe mit Menschen verschiedener Glaubensrichtungen zu tun gehabt. Einige von ihnen wollten mehr über diesen Baba wissen, andere zogen es vor, bei ihrem angestammten Glauben zu bleiben.

Nach ein paar Monaten bemerkte ich, dass meine Arbeit eine neue Tiefe gewann. Wenn ich den „inneren“ Baba um einen Hinweis bat, wie ich Ratsuchenden helfen konnte, kamen mir sehr rasch Gedanken und Fragen zugeflogen, die mich wirkungsvoller führten als alles, was ich von früher her kannte. Es war, als ob die Baba-Form, die so viel spezifischer und „fassbarer“ war als das Hohe C, auch spezifischere, konkretere Antworten lieferte als dieses. Baba in Indien stellte unser „Kraftwerk“ dar, und ihn rief ich auch von Zeit zu Zeit um Hilfe an. Um direkten Kontakt mit ihm aufzunehmen, machte ich es mir zur Gewohnheit, den Mondstein-Ring an meinem Finger zu reiben. Eine andere unschätzbare Hilfe waren die Bücher über Babas Lehren, die wir aus Indien mitgebracht hatten. Weitere fanden wir im Zentrum. Sie halfen mir sehr zum besseren Verständnis seiner Mission in der Welt.

Außerdem versuchte ich, mich der in Indien begonnenen strengen Selbstprüfung weiter zu unterziehen. Gerade sie beeinflusste mein Leben und meine Arbeit merklich, ähnlich der Hefe in einem Teigklumpen. Auf diese Weise verging das Jahr schnell. Als der Januar nahte, fragten wir uns, ob es wohl zu früh für eine Rückkehr zu Baba war, um „erneuert zu werden“. Je länger wir darüber nachdachten, desto stärker wurde unser Wunsch, wieder bei ihm zu sein. So steckten wir bald wieder mitten in Reiseplänen.

Zehntes Kapitel

Alles verlief glatt auf dem Flug nach Indien. Als wir in Bangalore ankamen, hörten wir, dass Baba in Whitefield war. Kaum im Hotel angekommen, schlüpften wir in unsere *Ashram*-Kleider – diesmal mit sehr viel weniger Aufregung meinerseits, obwohl es immerhin ein Jahr her war, seit ich zum letzten Mal einen Sari getragen hatte.

Unser Taxi brachte uns zum Haupteingangstor. Wir passierten es eilig, stellten die Schuhe ab und setzten uns nach bewährtem Muster. Ich zog es wie letztes Mal vor, hinter den Frauenreihen im Schatten eines Baumes zu sitzen, als vorn, wo ich aufgefallen wäre. Wir hatten uns kaum gesetzt, als die vertraute Gestalt auch schon erschien. Wieder war da diese fühlbare Stille über der Menge, und die Leute reckten ihren Hals, um Baba besser sehen zu können. Viele falteten die Hände, als er sich näherte.

Als er durch das Tor trat und voll zu sehen war, fühlte ich mich neu belebt. Tief aus meinem Inneren stieg eine Welle der Freude auf und breitete sich aus, bis ich von dem warmen Glücksgefühl, wieder in seiner Gegenwart zu sein, ganz eingehüllt war. Es war wie ein Heimkommen zu den wahren Eltern, die in diesem kleinen Körper in einer Person vereint anwesend waren. Bei diesem Gedanken kam mir das Interview in den Sinn, bei dem Baba mich davor gewarnt hatte, zurückzukommen, um „diesen kleinen Körper“ zu sehen und ihn lieber in meinem Herzen zu finden. Und nun war ich hier und bebte beim ersten Anblick dieser Gestalt, die langsam näherkam. Dann fiel mir ein, dass er auch gesagt hatte, ich würde zurückkommen, um „aufzutanken“. Das war es also, was ich spürte. Von seinem ersten Anblick an war ich wie neu aufgeladen. Das war also mit *Darshan* gemeint! Die theoretische Bedeutung kannte ich schon. Aber nun erfuhr ich *Darshan* bis in die Fingerspitzen und auf vielen verschiedenen Ebenen des Bewusstseins. Seine Energie war so stark, dass der bloße Anblick seiner Person eine Reaktion in dem Augenblick in Gang setzte, in dem ich es am allerwenigsten vermutet hätte. Vielleicht war das, was ich erkennen musste, dass ich gerade dann offen war, sie zu empfangen, wenn ich es am wenigsten erwartete, und dass zu anderen Zeiten, wenn sich der Verstand mit seinen Fragen, Erwartungen und Wünschen lautstark zu Wort meldete, der Weg für Babas Energie und ihre Wirkung in mir blockiert waren. An diesem Punkt fiel mir einer seiner Lieblingssprüche ein: „Ich gebe dir, was du dir wünschst, in der Hoffnung, dass du eines Tages das wollen wirst, was zu geben ich gekommen bin.“

All diese Einsichten kamen so schnell hintereinander, dass ich, als ich aufsah, ganz überrascht feststellte, dass Baba, während ich mit diesen Gedanken beschäftigt gewesen war, nur wenige Schritte über die Pforte hinaus getan hatte. Er wanderte im Zick-Zack zwischen den Reihen der Männer und der Frauen hin und her, wie ich es vom Vorjahr her kannte. Neben dem Glücksgefühl der Wiedersehensfreude spürte ich, wie die Grazie, mit der er sich bewegte und sein segensreiches Lächeln mich faszinierten wie damals.

Plötzlich merkte ich, dass er mich gesehen hatte. Er kam auf den

Platz zu, auf dem ich saß. Als unsere Augen einander begegneten, schenkte er mir ein breites Willkommenslächeln. Dann strich er zu meiner Verblüffung mit der Hand über seine Stirn und fragte, was meine Kopfschmerzen machten. Meine Verwunderung muss wohl deutlich sichtbar gewesen sein. Ich amüsierte ihn offenbar, denn er lächelte entzückt, als ob es ihn freute, dass er mich überrumpelt hatte. Ich brachte ein Murmeln zustande, dass ich immer noch Kopfschmerzen hätte, aber nicht mehr so heftig und auch nicht mehr so häufig wie früher. Er nickte und versprach, mir zu helfen. Dann ging er weiter die Reihen entlang. Ich war sprachlos. Nicht nur, dass er sich nach einem ganzen Jahr noch an mich erinnerte – er musste inzwischen Hunderttausende von Menschen gesehen haben. Er hatte auch im Gedächtnis behalten, dass ich an Kopfschmerzen litt, und war besorgt genug, sich danach zu erkundigen.

Solche Vorfälle überzeugen jene, die sie erlebt haben, davon, dass er außergewöhnliche Kräfte und eine übermenschliche Fähigkeit besitzt, sich auf jeden Menschen individuell einzustellen. Er weiß genau, an welchem Punkt seiner inneren Entwicklung ein jeder steht, wie es ihm gesundheitlich geht und was er sonst für Probleme hat. Warum es ihm gefiel, mich diese Erfahrung zu jener Zeit machen zu lassen, wusste ich damals nicht. Erst nach mehreren Reisen zu Baba gewann ich – jedes Mal ein bisschen mehr – ein wenig Einsicht in Babas Arbeitsweise. Die möglicherweise wichtigste Botschaft, die sich daraus ergab, war, dass es im Leben jedes Einzelnen einen natürlichen Rhythmus und Zeiten gibt, in denen er für gewisse Lektionen empfänglicher ist. Baba kann diese Zeiten ausfindig machen und nutzen. Wir können uns anstrengen, wie sehr wir auch wollen – es nutzt nichts, wenn es nicht an der Zeit für uns ist. Die Lektion heißt „Geduld“. Wie oft würde er mich noch daran erinnern müssen?

Während der nächsten Tage trafen wir einige Leute, die wir im Vorjahr kennengelernt hatten. Ich fühlte mich jetzt weniger fremd in der Menge, wenn ich neben jemandem saß, den ich kannte. Ich achtete auch sehr darauf, welche Menschen mir jeden Tag begegneten, denn jedes scheinbar zufällige Zusammentreffen stellte sich immer als bedeutungsvoll heraus. Es war, als würden wir dazu benutzt, einander etwas beizubringen, indem wir uns gegenseitig den Spiegel vorhielten, der unsere Wesensmerkmale reflektierte. Und diese mussten sorgfältig erforscht und behandelt werden.

Ich machte es mir auch zur Gewohnheit, jeden Tag ein Baba-Buch mitzunehmen und darin zu lesen, während ich auf den *Darshan* wartete. Eines davon war Howard Murphets „Sai Baba – Der indische PSI-Meister“, das ich nochmals zu lesen vorhatte. Ich versenkte mich tief in dieses Buch und fand, dass es mir nun, da ich Baba kannte, sehr viel mehr sagte, und dass ich mich mit dem, was über ihn darin gesagt wurde, identifizieren konnte. Manchmal unterbrach ich die Lektüre, um über eine besondere Stelle nachzudenken und vielleicht eine neue, tiefere Einsicht zu gewinnen. Wenn ich mich in meine Innenwelt zurückzog und über einen bestimmten Zusammenhang nachdachte, war ich nun imstande, ihn mit meinen eigenen Baba-Erfahrungen und seinen Lehren zu vergleichen.

Eines Tages stieß ich wieder auf den Bericht eines norwegischen *Devotees*, der unbeabsichtigt unter den Einfluss eines Schwarzmagiers geraten war und von Baba daraus befreit wurde. Während ich über die Wirkung der Kräfte von Gut und Böse und den Gebrauch von Magie zur Erlangung von Macht über andere Menschen nachdachte, nahm ich eine Spannung um mich wahr, die stark genug war, meine Konzentration zu verscheuchen. Als ich vom Buch hochsah, um die Ursache herauszufinden, stellte ich mit Entsetzen fest, dass Baba direkt vor mir stand und mich mit einem eigenartigen Gesichtsausdruck beobachtete. Es ärgerte mich, dass ich so in das Buch versunken gewesen war, dass mir sein Näherkommen völlig entgangen war. Als er meine Reaktion sah, lächelte er nachsichtig, um es mir nicht zu schwer zu machen, und fragte neckend, ob ich es vorzöge, über ihn zu lesen, anstatt ihn in Person vor mir stehen zu sehen. Dann ging er weiter, begleitet vom Gelächter derer, die seine Bemerkung gehört hatten.

Nach dem *Darshan*, als Baba wieder ins Haus zurückgekehrt war, erzählten mein Mann und einige Bekannte, dass sie alles Erdenkliche versucht hätten, um meine Aufmerksamkeit zu erregen und mir zu signalisieren, dass Baba bereits zum *Darshan* herausgekommen war. Ich sei aber so sehr in das Buch vertieft gewesen, dass ich ihre Bemühungen nicht bemerkt hätte. Ich war sehr zerknirscht, als ich erkannte, dass bei diesem Vorfall eine Gewohnheit aus meiner Kindheit ans Licht gekommen war: Ich hatte die Aufmerksamkeit von der gegenwärtigen Situation und dem Ort, an dem ich mich befand, abgelenkt und mich in eine innere Welt zurückgezogen, die mir allein gehörte. Oft war das eben mit der Hilfe von Büchern geschehen. Ich hatte die Flucht aus der Wirklichkeit oft unbewusst als Mittel benutzt, um mich vor dem totalen Beherrschtwerden durch meine Mutter zu schützen. Obwohl sie mittlerweile über einhundertundvier Jahre alt ist, versucht sie immer noch, mir und meiner Familie mittels Briefen zu diktieren, was wir zu tun haben. Bücher waren nicht nur meine Zuflucht, sondern auch meine Gefährten gewesen. Baba zeigte mir jetzt, dass ich willens sein sollte, ganz in der äußeren Welt da zu sein, bewusst meinen Platz darin einzunehmen und im Inneren wie im Äußeren aktiv zu leben, da beides, Innenleben und Außenwelt, zusammen ein Ganzes bilden. Der Vorfall beim *Darshan* beeindruckte mich so sehr, dass ich gelobte, die soeben bekommene Einsicht sofort in die Tat umzusetzen. Ich musste aber feststellen, dass es gar nicht so einfach ist, mit einer alten Gewohnheit zu brechen. Ich musste erfahren, dass man dabei nur dann Erfolg haben kann, wenn man mit Geduld, Beharrlichkeit und Babas Hilfe einen Schritt nach dem anderen macht.

Ein paar Tage später wurden wir für neun Uhr morgens zum Interview gerufen. Mit dem stundenlangen Sitzen, immer in Alarmbereitschaft für Babas plötzliches Eintreten, das für alle das Signal zum Aufstehen bedeutet, waren wir inzwischen vertraut. Es war uns auch bekannt, dass die Einladung, uns zu einer bestimmten Zeit in seinem Haus einzufinden, nicht unbedingt bedeutete, dass er uns auch empfangen würde.

Als ich in dem Raum saß, der mir vom letzten Jahr noch gut in Erinnerung war, dachte ich darüber nach, warum Baba die Menschen oft mit voller Absicht warten lässt. *Devotees* mit längerer Erfahrung hatten mir erzählt, dass dies eins seiner beliebtesten *Līlās* sei. Mir fielen unser Abschiedsinterview und das Taxi ein, das vollgepackt vor den *Ashram*-Toren wartete. Es schien mir, als hätte er sich damals besondere Mühe gegeben, uns bis zur allerletzten Minute warten zu lassen, bevor er uns das Zeichen zum Interview gab. Ich bat Baba, mir zu zeigen, was ich aus diesem „Spiel" lernen sollte.

Ich war immer schon sehr ungeduldig. Ich hasse es, Zeit zu verschwenden, und werde sehr nervös, wenn ich in Zeitdruck gerate. Es dämmert mir nun, dass die Ursache für sein Spiel wohl darin lag, dass ich immer selbst den Zeitpunkt für eine Entscheidung treffen will, anstatt das Tempo von meiner inneren Uhr angeben zu lassen. Falls es sich wirklich so verhielt, so war es offenbar mein Wollen oder das Ego, das es mir unmöglich machte, eine gelockerte, entspannte Haltung gegenüber der Zeit einzunehmen. Ich fragte mich, wie ich nun, da ich Babas Einfluss auf mein Leben klar erkannt hatte, dieses alte Verhaltensmuster ändern konnte. Wenn Baba das äußere Symbol meines „Hohen Selbst" oder des inneren Gottes in mir war, war er es dann, der meine Aufmerksamkeit auf einen Bereich lenkte, der noch vom Ego kontrolliert wurde? Falls ja, konnte ich – mit seiner Hilfe – imstande sein, meinen egoistischen Willen loszulassen und darauf vertrauen, dass er mir beibringen würde, nach seiner Zeitrechnung zu leben, statt nach meiner? Je länger ich mich mit dem Problem beschäftigte, desto sicherer wusste ich, dass ich Baba nicht nur voll vertrauen konnte, sondern dass er noch mehr Bereiche aufdecken würde, in denen mein kleines Ich immer noch versuchte, die Kontrolle zu behalten oder einer dritten Person zu erlauben, sich mit ihrem Willen über mein wahres inneres Wesen hinwegzusetzen.

Dieses Thema tauchte in Babas Gegenwart, aber auch zu Hause wieder und wieder auf. Wann immer ich dann das Problem klar erkannte, meinen Eigensinn losließ und mich der inneren Führung überließ, sah ich mich im nächsten Augenblick bereits auf einem anderen Gebiet meines Lebens einem weiteren, ähnlichen Problem gegenüber. Ich kann daraus ersehen, dass Baba auf diese Weise langsam, aber stetig daran arbeitete, die Oberherrschaft meines Ego zu brechen, bis ich allmählich freier würde und lernte, dem inneren Baba mein Leben leichter zu überantworten. Es war und ist ein andauernder, langsamer und schmerzhafter Prozess, der unaufhaltsam weitergeht. Die Wirkung, die Baba und seine Art zu lehren auf mich ausübte, war, dass mir bewusst wurde, wo es in meinem Leben Bereiche und Situationen gibt, in denen ich den Grundsatz „Dein Wille, nicht meiner, geschehe“ voranstellen muss.

Ich entdeckte bald, dass das bisschen Einblick in seine Lehrmethode noch lange nicht bedeutete, dass ich die Erkenntnis daraus gleich richtig anwenden konnte und geduldig und gelassen zu warten, bis er uns zum Interview rief. Jedes Mal, wenn Baba den Raum betrat, war ich auf dem Quivive, bereit aufzuspringen und ihm zu folgen. Dann sandte er manchmal ein wissendes Lächeln in meine Richtung, das mir sagte, dass er sich meiner Bemühungen um Geduld und

Gelassenheit bewusst war. Ein anderes Mal schien er unsere Anwesenheit völlig vergessen zu haben, ganz zu schweigen von dem Anlass, aus dem er uns hereingebeten hatte. Dieses Katz-und-Maus-Spiel währte bis zum Abend. Mittags, als er im Begriff war, in die oberen Räume zu gehen, drehte er sich plötzlich um, als ob ihm jetzt gerade einfiel, dass wir auch noch da waren, und sagte zu meinem Mann, wir sollten am Nachmittag wiederkommen. Wir fuhren also nach Bangalore zum Mittagessen im Hotel und kamen gegen vier Uhr wieder zu Baba.

Der Nachmittag verlief nach bekanntem Schema. Gegen Abend rief er die College-Studenten zum *Bhajan*-Singen herein und bedeutete uns dazubleiben. Ich war selig. Es machte mir viel Freude, die Jungen singen zu hören und besonders Baba, der einige *Bhajans* selbst anführte. Schließlich verlor ich mich, während ich seiner melodischen Stimme lauschte und ihm beim Spiel seiner Zimbeln oder wenn er mit der Hand den Takt schlug zusah, in einen ekstatischen Zustand, so dass ich vom Beobachten meiner ruhelosen Verstandestätigkeit eine Weile abgelenkt war. Plötzlich stand er nach dem Ende eines *Bhajans* abrupt auf. Das bedeutete die Beendigung dieses Abends. Was tun? Ohne Einladung konnten wir am nächsten Morgen nicht einfach wiederkommen. Hatte er vergessen, dass er uns aufgefordert hatte zu kommen? Ununterbrochen jagten sich die Fragen in meinem Kopf. Einmal mehr musste ich mich damit abfinden, dass meine Fragen nicht unbedingt eine Antwort bekamen und dass wir heimfahren mussten, ohne zu wissen, wie es weitergehen sollte. Als hätte er unsere Gedanken gelesen, drehte sich Baba, als er den Raum verließ, noch einmal um und forderte uns auf, am anderen Morgen wiederzukommen. Wir atmeten auf. Nun wussten wir wenigstens, was als nächstes zu tun war.

Jeden Tag saßen wir im Haus, und schließlich gelang es mir, entspannt und friedvoll seine täglichen Anordnungen abzuwarten, ohne ständig wissen zu wollen, was wir unternehmen sollten. Es war aber nur der Anfang der Kapitulation. Immer noch wurde mein Gehirn von Fragen überflutet, nur verlangte ich nicht mehr nach einer unmittelbar folgenden Antwort.

Eines Tages fragte Baba, wo ich den Sari, den ich trug, gekauft hätte. Es war ein heißer Tag, und ich hatte einen billigen, bügelfreien Sari an. Baba machte mich darauf aufmerksam, dass es fast der gleiche Sari sei, den die junge Tochter eines anderen amerikanischen Ehepaares trug. Diese Bemerkung machte mich stutzig, aber ich hatte damals noch zu wenig Erfahrung in der Auslegung seiner Worte, als dass ich die tiefere Bedeutung sofort begriffen hätte. Erst kurz vor der Abreise bekam ich im Gespräch mit einer Amerikanerin, die immer sehr gepflegt wirkte, mehr Einblick in die Hintergründe. Sie erzählte, dass sie bei ihrem ersten Besuch bei Baba angenommen habe, sie müsse sich so unauffällig wie möglich anziehen – so wie es sich in ihrer Vorstellung für einen *Sādhu* gehörte. Daher benutzte sie keine Kosmetika und trug nur billige Saris. Es fiel ihr auf, dass Baba sie einige Male prüfend ansah. Eines Tages dann sagte er lächelnd und laut genug, dass alle im Umkreis es hören konnten, Frau X sei in Amerika immer sehr attraktiv angezogen und sorgsam frisiert, aber wenn sie zu Baba komme, gebe sie sich keine Mühe, hübsch auszusehen. Sie sagte, sie habe sofort begriffen, worauf er anspielte, und dass sein Hinweis sie sehr verlegen gemacht habe. Immerhin hatte sie in dem unangebrachten Eifer, wie ein *Sādhu* auszusehen, den Eindruck erweckt, dass sie Baba geringschätzte. Für diesen Wink mit dem Zaunpfahl war ich sehr, sehr dankbar, obwohl es nun zu spät war, ihn in die Tat umzusetzen. Ich hatte verstanden, dass Baba mir auf zartfühlende Weise zu verstehen gegeben hatte, dass ich wie ein Teenager angezogen war, anstatt so wie es für die Ehefrau eines erfolgreichen Anwalts und eine Frau meines Alters angemessen ist.

Da wir nun gerade in Indien waren und vermutlich von Zeit zu Zeit auch hierher zurückkommen würden, beschloss ich, ein paar farbige Seidensaris zu erstehen, die meinem Alter und Status eher entsprachen. Ich machte mir eine himmlische Zeit, traf meine Auswahl unter Hunderten von hübschen Seidenstoffen und ließ mir dazu passende *Cholis* nähen. Baba nahm den Wechsel sofort zur Kenntnis, begutachtete ihn mit einem Lächeln und einer kleinen Bemerkung.

Dann, eines Morgens, stand er im Toreingang und winkte uns, ihm in den Interviewraum zu folgen. Er machte es uns zu seinen Füßen bequem und fragte mich unverzüglich, wie es mir gehe und ob ich irgendwelche Kopfschmerzen hätte. Ich antwortete, dass ich noch von Zeit zu Zeit darunter zu leiden hätte, dass die Anfälle aber weniger heftig und seltener kämen. Er nickte, lächelte und sagte, er würde sie kurieren. Dabei bewegte er seine flache Hand kreisförmig durch die Luft und ließ aus ihr etwas weiße Asche in meine Hand fallen. Er sagte, ich solle sie essen, was ich sofort tat. Diese Asche war anders als die *Vibhuti* in den kleinen Briefchen: weißer, geschmack- und geruchlos und nicht so fein, eher körnig.

Baba erklärte, dass eine der Ursachen für meine Kopfschmerzen Arzneien seien, die ich eingenommen hätte, und dass diese den vorzeitigen Eintritt in die Wechseljahre beschleunigt hätten. Bestürzt rief ich aus: „O Baba, ich nehme niemals Arzneimittel, weil ich gegen die meisten allergisch bin!“ Aber Baba bestand darauf, dass er recht habe und wechselte abrupt das Thema, indem er meinem Mann eine Frage stellte. Das gab mir Gelegenheit, meine Gedanken zu ordnen. Ich wusste, ich war immer sehr vorsichtig im Umgang mit Medizin gewesen und hatte kaum jemals ein Aspirin gegen die Kopfschmerzen genommen. Als das Interview beendet war, sah Baba mich eigenartig an, als ob er sagen wollte: „Was ist nun damit?“

Seine Bemerkung, die mich zunächst in Unruhe versetzt hatte, beschäftigte mich tagelang. Bis zu jenem Vorfall im Interview war ich mir ziemlich sicher gewesen, dass ich wirklich alles über mein jetziges wie auch die früheren Leben wusste. Und doch bestand Baba jetzt auf einem Sachverhalt, von dem ich genau zu wissen glaubte, dass er anders war. Zu den ständigen Fragen kamen nun auch noch Zweifel hinzu, von denen ich mich so lange quälen ließ, bis ich es gründlich satt hatte und aufhörte, nach Antworten zu suchen. Ich bat Baba, er möge mir helfen, die Bedeutung dieses Rätsels zu erkennen, und ob er echte medizinische Arzneimittel gemeint hatte oder ob er sie symbolisch oder psychologisch verstanden wissen wollte.

Am nächsten Morgen beim Aufwachen durchfuhr mich blitzartig die Erinnerung an eine zehn Jahre zurückliegende Reise nach Südamerika. Auf Anraten von Dr. Andrija Puharich hatten wir José Arrigo, einen berühmten brasilianischen Heiler und Psychologen aufgesucht. Unser Freund Andrija war überzeugt davon, dass Arrigo meine Kopfschmerzen erfolgreich kurieren könne. Er kannte Arrigo persönlich und hatte ihn viele Operationen durchführen sehen, eine davon – nur mit einem kleinen Taschenmesser ausgeführt – hatte er am eigenen Leib erfahren. Zusammen mit einem Team von Ärzten hatte er Hunderte von dankbaren Patienten, die Arrigo von allen möglichen Krankheiten geheilt hatte, untersucht und befragt. Er war so sicher, dass auch mir geholfen werden konnte, dass er uns anbot, einen Termin mit einem brasilianischen Freund zu vereinbaren, der uns zu dem kleinen Dorf, in dem Arrigo lebte und arbeitete, begleiten und mit ihm bekanntmachen sollte. Da wir ohnehin eine Reise nach Südamerika geplant hatten, fand ich, dass ich mir wohl nichts vergeben würde, wenn ich meiner langen Liste seltsamer Abenteuer auf der Suche nach Linderung meiner Kopfschmerzen noch ein weiteres hinzufügte. In Brasilien angekommen, flogen wir zu der Stadt, in der unser Führer lebte, und mieteten mit seiner Hilfe ein Taxi, das uns zu Arrigo brachte.

Die Fahrt wurde zu einem Abenteuer für sich, da unser Begleiter nur Portugiesisch beherrschte, wenig Spanisch und fast kein Englisch. Keiner von uns konnte Portugiesisch; mein Mann sprach lediglich etwas Spanisch. Mit dieser unzureichenden Verständigung versuchten wir, unserem Gefährten den Anlass für unseren Besuch bei Arrigo zu erklären. Zum Glück besaßen wir alle genügend Humor, um über unsere seltsame Situation zu lachen, und wir bedienten uns der Zeichensprache, um den Mangel an Worten auszugleichen.

Als wir in Arrigos winzigem Dorf ankamen und sein Haus fanden, erfuhren wir, dass er derzeit im Nachbarort im Gefängnis saß. Wir hatten den Eindruck, dass dies nicht das erste Mal war. Der Grund für seine Inhaftierung schien eine Operation zu sein, die er ohne medizinisches Examen und ohne die Erlaubnis zu praktizieren, vorgenommen hatte.

Da wir so weit gereist waren, um Arrigo zu sehen, waren wir über den geänderten Lauf der Dinge ziemlich enttäuscht. Unser Begleiter bestand darauf, erst einmal zu sehen, ob sich nicht doch ein Treffen herbeiführen ließ. Wir gingen auf seinen Vorschlag ein und fuhren ins Nachbardorf, in dem Arrigo hinter Gittern saß. Während unser Begleiter ins Gefängnisgebäude hineinging, warteten wir im Auto. Nach etwa einer Stunde erschien er wieder und gestikulierte vergnügt, dass er die Erlaubnis für uns bekommen habe, Arrigo am Nachmittag während der Familien-Besuchszeit zu sehen. Er erwähnte noch, dass wir uns als Familienmitglieder von Arrigo ausgeben müssten. Das amüsierte uns sehr, da wir ja nicht ein einziges Wort Portugiesisch mit ihm sprechen konnten. Einige Stunden später wurden wir in einen kahlen Raum geführt, in dem sich zwei Schlafstellen und grobe Holztische befanden, die auch von den Gefängniswärtern benutzt wurden. Auf einer der Kojen lag Arrigo. Er war lediglich mit zerknitterten Pyjamahosen bekleidet und lächelte zur Begrüßung.

In den folgenden zwei Stunden saßen mein Mann und ich schweigend nebeneinander, während Arrigo und unser Begleiter eine angeregte Diskussion auf Portugiesisch führten. Schließlich stand Arrigo auf, sah mich prüfend an und zog sich ins hintere Zimmer zurück, aus dem wir alsbald das Klappern einer Schreibmaschine hörten. Nach ein paar Minuten kam Arrigo mit zwei kleinen Papierstreifen wieder, auf denen die Namen von neun Medikamenten und deren Gebrauchsanweisung aufgeschrieben waren. Er hatte diese Rezepte anscheinend von seinem spirituellen Meister, einem verstorbenen deutschen Arzt namens Fritz „durchgegeben" bekommen, der selbst oft Arzneien verschrieben hatte, wenn eine Operation nicht angezeigt oder – wie in diesem Fall – nicht möglich war. Als wir wieder auf dem Rückweg waren, bemühte sich unser Begleiter zu erklären, dass einige der Arzneien oral eingenommen und andere injiziert werden müssten. Er überraschte uns mit der Versicherung, dass wir sie in den meisten Apotheken rezeptfrei bekämen.

Als wir dann endlich in Rio de Janeiro waren, beeilten wir uns, die Arzneien aus verschiedenen Apotheken zu besorgen, und fanden auch tatsächlich alle, die auf dem Zettelchen standen. Wieder in New York, wo wir glücklich durch den Zoll kamen, fuhren wir direkt zu unserem Freund Andrija. Der veranlasste zunächst eine Übersetzung der Beipackzettel der Medikamente samt Einnahme Vorschriften ins Englische, um sicherzugehen, dass sie mir nicht schaden konnten. Er selbst gab mir die erste Injektion und zeigte meinem Mann, wie er die weiteren verabreichen sollte. Ich setzte die Serie der Injektionen wie angegeben fort, fühlte mich aber immer schlechter. Trotzdem hielt ich durch. Nach einigen Wochen rebellierte ich und machte dem Experiment ein Ende. Ich fühlte mich entschieden schlechter anstatt besser und zog es vor, die Kopfschmerzen zu behalten, als die Reaktionen auf diese Arzneimittel weiterhin auf mich zu nehmen. Andrija glaubte, dass ich nicht geheilt wurde, weil ich die Arzneien nicht konsequent zu Ende genommen hatte. Als die schlimmsten Folgeerscheinungen vorbei waren, begann ich mich zu fragen, ob er nicht doch recht hatte.

Während die Erinnerung an die gesamte unangenehme Episode so plötzlich in mir erwachte, begriff ich, dass es diese Arzneimittel gewesen sein mussten, auf die sich Baba bezogen hatte. Wie hatte ich diese Geschichte nur vergessen können? Ich musste sie verdrängt haben. Als ich an jene Zeit zurückdachte, fiel mir plötzlich ein, dass meine Periode damals ganz abrupt und ohne Vorwarnungen, die auf die Wechseljahre hingewiesen hätten, aufgehört hatte. Ich hatte bis zu Babas Andeutung ihren Beginn niemals mit den von Arrigo verschriebenen Arzneien in Zusammenhang gebracht.

Eine Welle der Erleichterung durchfloss mich, als ich einmal mehr feststellte, dass Baba wirklich alles über mich wusste, selbst Dinge, die ich entweder vergessen oder nicht verstanden hatte. In diesem Fall konnte er kaum meine Gedanken gelesen haben, wie einige Leute gern glauben.

Es fiel mir schwer, bis zum nächsten Morgen zu warten, bis ich wieder in sein Haus gehen durfte. Ich hoffte auf eine Gelegenheit, ihm zu sagen, dass ich mich nun an die Einnahme der besagten Arzneimittel erinnern konnte. Als er den Raum betrat, schaute er mich sogleich mit einem fragenden Lächeln an, als ob er sagen wollte: „Hast du mir heute etwas mitzuteilen?“ Ich platzte heraus: „O Baba, ich erinnere mich, die Arzneien genommen zu haben, die du neulich erwähntest!“ Er lächelte nachsichtig und sagte: „Ja, ich weiß. Ich werde dir etwas geben, das dir hilft.“ Er ging zur Männerseite und ließ mich stumm vor Ehrfurcht über seine Fähigkeit, so unfassbar viel über einen Menschen zu wissen, zurück.

Auf der Suche nach Heilung von meinen Kopfschmerzen war ich

buchstäblich durch die ganze Welt gereist. Ich hatte viele herkömmliche und auch manche ungewöhnlichen Quellen konsultiert – alles ohne Erfolg. Nun war ich bei Baba, der alles über mein Problem wusste, die verschiedenen Ursachen diagnostizierte und mir Heilung versprochen hatte. Was konnte ich mehr wünschen? Ich war überzeugt, dass auch in dieser Hinsicht meine Suche zu Ende war. Ich wusste damals nur noch nicht, wie lange es dauern würde, bis ich von den Kopfschmerzen ganz befreit sein würde.

Elftes Kapitel

Im *Ashram*, wie in ganz Indien, werden – übers Jahr verteilt – viele verschiedene Feste gefeiert. Eines davon ist *Mahāshivarātri*, das jeweils in die Zeit zwischen Ende Februar und Anfang März fällt, je nachdem, wann Neumond ist, denn danach orientiert sich der Kalender der Hindus. Das Fest ist *Shiva* geweiht, jenem Aspekt der göttlichen Dreieinigkeit, dem die Rolle des Zerstörers zufällt. Die anderen beiden Aspekte sind *Brahma*, der Schöpfer, und *Vishnu*, der Erhalter und Beschützer. Das Fest wird in kleinerem Rahmen jeden Monat zur Zeit des Neumondes abgehalten, dann allerdings als einfaches *„Shivarātri"*.

Bei unserem ersten Besuch bei Baba waren wir knapp vor Beginn dieses Festes wieder abgereist. In diesem Jahr dagegen waren wir später angekommen, und das Fest fiel auch auf ein früheres Datum, so dass wir dabeisein konnten. Gewöhnlich wird es in Babas *Ashram* gefeiert, weil es viele Tausende von Menschen anzieht und der *Ashram* genügend Platz und ausreichend Unterkunft für die aus allen Himmelsrichtungen heranströmenden Mengen bietet.

Als die Zeit für das Fest nahte, begannen Gerüchte unter den in

Whitefield versammelten *Devotees* zu kursieren, an welchem Tag und zu welcher Stunde Baba zur Fahrt nach Puttaparthi starten würde. Jeder wollte den Termin genau wissen, damit keine Zeit mit den notwendigen Vorbereitungen – wie Taxi mieten, Lebensmittel einkaufen und Bettzeug und ähnliches für den Aufenthalt dort besorgen – verlorenging. Eine sehr begehrte Gunst ist Babas Erlaubnis, sich in die Prozession der Wagen, die ihm nach Puttaparthi folgen, einreihen zu dürfen.

Wir waren neugierig auf Puttaparthi, da wir den Ort noch nicht kannten. Baba fragte uns eines Tages, für wie lange wir unseren Aufenthalt diesmal geplant hätten. Auf unsere Auskunft hin sagte er lächelnd, in diesem Fall könnten wir zum Fest mitkommen und in einem der damals neugebauten Dreizimmer-Appartements für Besucher wohnen. Ein paar Tage später nahm er uns beiseite und gab uns die Erlaubnis, unser Taxi am Tag des Aufbruchs vor dem Haupttor warten zu lassen, damit wir ihm sofort folgen könnten. Er bat uns, niemandem gegenüber zu erwähnen, um welchen Tag es sich handelte. Diese Bitte machte uns stutzig, bis wir den Grund für diese Vorsichtsmaßnahme erfuhren. Baba wollte vermeiden, dass sich eine allzu lange Auto-Karawane auf der engen Straße bewegte. Eine solche Prozession hätte nicht nur den gesamten restlichen Fahrzeug-Verkehr gestört, sondern auch die Dörfler, ihre Kinder und Tiere, die auf der Straße herumlaufen und das Nähern der Autos meist nicht beachten, in Schwierigkeiten gebracht. Auch auf langes und lautes Hupen reagieren sie nur sehr langsam.

Nach Babas Mitteilung beschafften wir uns eilig die notwendige Ausrüstung und Vorräte für Puttaparthi. Wir waren von anderen Westlern, die schon dort gewesen waren, darauf aufmerksam gemacht worden, dass das dortige, sehr scharf gewürzte Essen zu einem Problem für mich werden könnte. Im Hotel in Bangalore hatte ich „normales“

Essen bestellen können, was in Puttaparthi nicht möglich sein würde. Mein Mann dagegen hatte sich gleich zu Anfang auf die gewürzteren Speisen eingestellt, die er sehr gern isst. Im *Ashram* wird erst seit jüngster Zeit auch weniger scharf gewürztes Essen für westliche Besucher gekocht. Für die Inder ist es schwer verständlich, dass wir den Eigengeschmack der Nahrungsmittel mögen, der für sie gar kein Geschmack ist. Unter anderem erstanden wir einen kleinen Petroleumkocher – ein Kauf, der, wie sich später herausstellte, noch einige interessante Erfahrungen für uns bringen würde.

An dem vereinbarten Morgen warteten wir also mit vollbeladenem Taxi vor dem Haupttor auf das Erscheinen von Babas Wagen, der die Prozession anführen würde. Überrascht stellten wir fest, dass noch viele andere Autos warteten. Es dämmerte uns allmählich, dass Neuigkeiten um Baba herum trotz aller Vorsichtsmaßnahmen auf eigenartige Weise nicht verborgen bleiben. Sowie sein Wagen durch das Tor gefahren kam, setzte ein wilder Ansturm der Taxifahrer ein, die sich mit ihren Autos alle gleichzeitig in die Reihe hinter ihm hineinzubugsieren versuchten. Als endlich alle abgefahren waren, begann eine ebenso wilde Raserei, um einander zu überholen und möglichst dicht hinter Babas Wagen herfahren zu können. Manche Passagiere drängten ganz aufgeregt, schneller zu fahren, damit sie einen Blick auf Baba werfen konnten, der sich von Zeit zu Zeit aus dem Autofenster lehnte, um den herbeieilenden Menschen zu winken. Alle rannten sie heran, denn die Nachricht seines Kommens verbreitete sich in Windeseile, und keiner wollte die seltene Gelegenheit verpassen, seinen *Darshan* zu bekommen. Baba, der das Verlangen ihres Herzens kannte, wies den Fahrer an, langsamer zu fahren, damit er allen seinen Segen geben konnte.

So kamen wir aus der Stadt in die Landschaft der Umgebung, durch viele kleine Dörfer, in denen sich überall Menschen versammelt hatten, um Babas *Darshan* zu erhalten. Auf übersichtlichen Streckenteilen zwischen den Dörfern hielt er hin und wieder an, um uns allen die Möglichkeit zu geben, uns die Beine zu vertreten und etwas frisches Obst zu essen, das er von den College-Buben, die mit uns fuhren, verteilen ließ.

Auf solchen Fahrten ist Baba immer in Ferienstimmung, und diese erste Fahrt, die wir mit ihm machen durften, war keine Ausnahme. Ab und zu stieg er aus dem Auto, ging nach hinten, schaute in die anderen Wagen hinein, schenkte ein Lächeln, wechselte ein paar Worte oder neckte die Insaßen wegen des vielen Gepäcks, das sie mit sich führten. Einer seiner Lieblingsaussprüche – „Reise mit leichtem Gepäck und komm schnell an" – bezieht sich auf unsere Tendenz, uns an materielle Besitztümer zu hängen, die wir dann schwer durchs Leben schleppen müssen, und das Symbol dafür ist das Gepäck im Auto.

Babas jungenhafte, vergnügte Seite kommt bei Gelegenheiten wie dieser sehr stark zum Vorschein. Sie ist eine Quelle reiner Freude für seine *Devotees*, als ob ein entzückendes Kind seine Verwandten und Freunde mit seiner Lebensfreude bezauberte.

In heiterer Stimmung kamen wir schließlich im Dorf Puttaparthi an, in dem Baba geboren wurde und sich sein *Ashram* allmählich entwickelte. Der Name des *Ashrams*, Prasanthi Nilayam, bedeutet „Wohnstätte des höchsten Friedens". Uns allen war sehr heiß nach der langen Fahrt, aber wir waren nicht müde, obwohl die Straßen äußerst schlecht gewesen waren und die Federung, wie bei den meisten indischen Wagen, stark zu wünschen übrig ließ. Babas Sonntagsstimmung hielt alle Müdigkeit wie ein Lebenselixier in Schach.

Wir folgten seinem Wagen durch das Haupttor, und sofort nahmen wir den starken Kontrast zu den staubigen, unsauberen Dörfern draußen wahr. Vor uns erstreckte sich eine ausgedehnte, offene

Bodenfläche mit einer Gruppe von zweistöckigen großen Zementgebäuden. An einem dieser Gebäude hielten wir, um den Schlüssel zu der für uns reservierten Unterkunft abzuholen. Man hatte uns gesagt, dass Baba sich – als perfekter Gastgeber – im *Ashram* persönlich um solche Einzelheiten für seine Gäste kümmerte. Wir nannten dem verantwortlichen Mann im Unterkunftsbüro unseren Namen, worauf er in der Liste der erwarteten Gäste nachsah und uns einen Schlüssel aushändigte. Er zeigte uns das Gebäude, in dem sich unsere Zimmer befanden, und sagte, wir sollten ins zweite Stockwerk gehen und dass die Nummern auf den Türen angeschrieben seien.

Als wir das Appartement betraten, das für die nächsten Wochen unser Zuhause sein sollte, traf uns kein geringer Schock. Vor uns lag ein völlig kahler Raum, ungefähr vier bis fünf Meter groß, Boden und Wände aus Zement. Zu beiden Seiten der hinteren Wand befanden sich Eingänge zu zwei weiteren, winzigen und ebenso kahlen Räumen, von denen einer als Küche und einer als Badezimmer diente. Sie enthielten jeweils einen Kaltwasserhahn an der Wand und einen Abfluss im Zementboden. Das einzige Unterscheidungsmerkmal zwischen den beiden Räumen war das Loch im Boden, welches das sogenannte Badezimmer aufwies. Zu beiden Seiten des Loches befanden sich erhöhte Platten für die Füße des Benutzers dieser primitiven Toilette.

Als erstes galt es, unsere vorübergehende Bleibe zu säubern und auszufegen, bevor wir einziehen konnten. Offensichtlich war sie seit dem Auszug der letzten Bewohner länger verschlossen gewesen. Staub, Unrat und einige Spinnen hatten sich angesammelt. Als ob unsere Bedürfnisse gehört worden wären, stand plötzlich eine junge Inderin in der Tür und bot uns mit Gesten und ein paar Worten Englisch an, für uns sauberzumachen. Sie nannte auch eine Summe als Entgelt – ein Hungerlohn im Vergleich zu dem, was wir im Westen für Hausputz zu bezahlen gewohnt waren. Sie hatte lediglich einen sehr einfachen

Besen, der aus kleinen, von einer ausgefransten Schnur zusammengehaltenen Zweigen bestand, und einen schmutzigen Lumpen, den sie von einem der Wasserhähne abgenommen hatte – wohl ein Relikt vom letzten Bewohner. Glücklicherweise hatten wir Seife eingekauft. Mit diesen einfachen Hilfsmitteln brachte sie den gröbsten Schmutz zum Verschwinden, so dass wir unser Gepäck hereinbringen und uns einrichten konnten.

Die Küchengeräte, Kocher und Vorräte stellten wir in eine Ecke der Küche und Handtücher und Seife auf den Boden im Badezimmer. Wir hatten zwei Luftmatratzen mitgebracht, die wir im größeren Zimmer auf den Boden legten und mit Leintüchern bedeckten. Mühevoll hängten wir Moskitonetze über die Betten, indem wir ihre Enden mit vier Schnüren an Nägeln über der Türfüllung und den Fensterrahmen gegenüber befestigten. Diese Prozedur wurde nun zu unserer täglichen Aufgabe. Am Morgen mussten wir die Netze abnehmen, damit wir uns in dem Raum freier bewegen konnten, und am Abend hängten wir sie wieder auf. Am nächsten Morgen kauften wir im Dorf eine längere Schnur und verschiedene Metallhaken. Wir spannten die Schnur quer durch den Raum, so dass wir eine Wäscheleine bekamen, an der wir meine Saris, Unterröcke, *Cholis* und die weißen Hemden und Hosen meines Mannes aufhängen konnten. Alles andere blieb in den Koffern, die wir an die Wand lehnten und bei Bedarf als Tische verwendeten. Tagsüber lehnten wir die Matratzen an die Wand und benutzten sie als Couch.

Wir gewöhnten uns schnell an die neue Lebensweise, obwohl sie sich vom Tagesablauf zu Hause kaum stärker hätte unterscheiden können. Bequemlichkeiten, die für uns im Westen als selbstverständlich gelten, sind in Indien, falls überhaupt erhältlich, ein Luxus. Der Alltag im *Ashram* unterschied sich auch sehr von dem in Whitefield, da hier fast alle Gäste im *Ashram* selbst oder nahebei im Dorf lebten.

Auch das Kochen sollte also ab jetzt zu meinen täglichen Pflichten gehören. Ich stellte den Petroleumkocher in der Küche auf und machte mich daran, etwas von dem mitgebrachten Gemüse zuzubereiten. Aber kaum hatte ich damit begonnen, wurde mir schlecht und ich bekam Kopfschmerzen. Ich stand auf, ging an die frische Luft und fühlte mich sofort besser. Als ich wieder zum Kochen in die „Küche" zurückkehrte, traten die Symptome wieder auf. Schließlich dämmerte mir, dass ich wohl auf die Petroleumausdünstungen allergisch reagieren musste, wie ich auch seit jeher Farben, Lacken, Putzmitteln und anderen Chemikalien gegenüber sehr empfindlich bin. Was tun? Die scharfe *Ashram*-Kost konnte ich auch nicht vertragen. Ich wusste nicht, wie ich dieses Problem lösen sollte.

Während ich überlegte, kam eine Südafrikanerin, die wir in Whitefield kennengelernt hatten, an unserem Appartement vorbei. Als sie mich auf dem Gang so krank dastehen sah, fragte sie, was mit mir los sei. Als sie von meinem Dilemma erfuhr, bot sie sofort eine Lösung an. Sie habe aus Bangalore ein junges Mädchen vom Land mitgebracht, der sie Kochen und Putzen beigebracht habe. Dieses Mädchen könne, so schlug sie vor, für uns alle kochen; wir sollten nur jeden Tag unsere Lebensmittel zu ihrem Zimmer bringen. Sie bestand so fest darauf, dass wir letztlich zustimmten und von da an mit ihr und einer jungen Engländerin, die sie ebenfalls eingeladen hatte, unsere Mahlzeiten einnahmen. Das Problem war nicht nur gelöst; es machte uns auch Freude, die beiden Frauen näher kennenzulernen. Im Verlauf unserer Gespräche stellte sich heraus, dass beide ein Problem gemeinsam hatten, nämlich lähmende Ängste.

Bis dahin hatte ich absichtlich vermieden, meine Arbeit zu erwähnen. Ich fand es recht geschmacklos, darüber zu sprechen, wo wir doch alle hierhergekommen waren, um Hilfe, Heilung und Belehrung von Baba zu bekommen. Ich musste erst noch lernen, dass er uns alle benutzt, damit wir lernen, einander zu helfen. Das Zusammentreffen mit den beiden Frauen war dazu geeignet, meine Meinung zu ändern. Jeden Tag sprachen sie beim Essen ein bisschen mehr über ihre Ängste und beschrieben detailliert, wie diese negativen Emotionen jeden einzelnen Lebensbereich infiziert hatten und sie selbst in Babas Gegenwart noch quälten. Beide klagten, dass sie keinen Weg gefunden hätten, der sie aus dieser nervenaufreibenden Situation herausführte. Am Ende war es mir nicht länger möglich, zu schweigen. Ich kannte verschiedene Methoden, von denen ich wusste, dass sie ihnen helfen würden. Mit einem Mal fand ich mich mitten in der Beschreibung der Beratungstätigkeit, die ich zuhause ausübte und in tiefer Meditation empfangen hatte. Es war, als stürzten die Worte nur so aus meinem Mund. Ich war davon ebenso überrascht wie meine Zuhörerinnen. Sie waren fasziniert von dem, was sie erfuhren, und lechzten förmlich danach, mit mir zu arbeiten, da sie nun wussten, dass es Methoden gibt, mit deren Hilfe sie die Wurzel ihrer Angstgefühle aufdecken konnten.

Nun war ich vollends im Zwiespalt: Wir alle waren Gäste in Babas *Ashram*. Wir alle waren hier versammelt, um seine Hilfe und seinen Segen zu erhalten. Welches Recht hatte ich, meine Hilfe anzubieten, noch dazu, wo ich noch keine Gelegenheit gehabt hatte, Baba zu fragen, ob er mit meinen Methoden einverstanden war. Ich erklärte den Frauen also, dass ich mich um Babas Erlaubnis bemühen wolle, indem ich ihn um einen Hinweis bitten würde, was ich tun solle.

Augenblicklich überfielen mich Zweifel. War es nicht ganz und gar Babas Entscheidung, ihnen zu helfen? War es nicht Anmaßung von meiner Seite, die Verantwortung einer Therapie zu übernehmen? Nur über eines war ich mir im Klaren: Ich wollte nichts tun, was nicht in Babas Sinn sein konnte. Ich beschloss zu versuchen, ihn beim nächsten *Darshan* zu fragen. Es sah aber ganz so aus, als ob er mich nun absichtlich links liegen ließ. Er schien sich sogar Mühe zu geben, einen besonders großen Bogen um mich zu machen. Ich erinnerte mich, dass andere ähnliche Erfahrungen machten, wenn sie versuchten, Baba etwas zu fragen, worauf er in diesem Augenblick nicht bereit war zu antworten.

Inzwischen sehnten sich die zwei Frauen immer mehr danach, von ihren Ängsten loszukommen, die, wie sie sagten, ständig heftiger wurden. Schließlich, nach tagelangem vergeblichem Bemühen, Babas Aufmerksamkeit zu erregen, setzte ich mich eines Morgens früh in unserem Zimmer, das Babas Privaträumen im Tempel direkt gegenüberlag, hin und versuchte, geistig Kontakt mit ihm aufzunehmen und ihn um ein Zeichen zu bitten, das mir sagen sollte, was zu tun war.

Nach ein paar Minuten der Stille sank ich in einen aufnahmefähigen Zustand. Vor meinem geistigen Auge leuchtete ein lebendiges Bild auf. Ich schien darin ein Zuschauer zu sein, der vom sicheren Ufer aus auf ein äußerst stürmisches Meer hinausschaute. Riesige Wellen türmten sich auf und brachen sich am Ufer, in der Nähe der Stelle, wo ich mich befand. Ich sah ein zerbrechliches Floß, an das sich die beiden Frauen verzweifelt klammerten und wie wahnsinnig um Hilfe schrieen. Ich hörte Babas Stimme in meinem Kopf, die mich fragte: „Wenn es wirklich so wäre, würdest du zögern, ihnen eine Rettungsleine zuzuwerfen und ihnen zu helfen, das Ufer zu erreichen?“ Ich wusste, dass ich in so einem Fall keinerlei Hemmungen haben würde. „Warum zögerst du dann, ihnen zu helfen, die Furcht zu zerstreuen?“, fragte seine Stimme in mir.

Das war die Antwort, klar und einfach, empfangen auf meine vertraute Art der Reverie. Dankbar für den Hinweis, den ich bekommen hatte, sagte ich den Frauen, dass ich mit ihnen arbeiten wolle. Darüber hinaus bat ich Baba im Geiste, mir ein Zeichen zu geben, falls ich aus irgendeinem Grund etwas tat, was er nicht billigen konnte. Von da an schloss ich je eine Sitzung abwechselnd mit einer der beiden Frauen in mein Tagesprogramm mit ein, soweit zwischen *Darshan* und den Mahlzeiten genügend Zeit dafür übrig blieb.

Es hatte den Anschein, als würde es Baba weiterhin sorgfältig vermeiden, auch nur einen flüchtigen Blick in meine Richtung zu werfen. Das ließ wieder neue Zweifel in mir hochsteigen, ob ich mit meinen Bemühungen auch wirklich seine Zustimmung fand. Ich wusste mit Sicherheit, dass er über unsere Sitzungen „informiert" war, denn seiner Aufmerksamkeit entging nichts; das hatte ich bereits unzählige Male bestätigt gefunden. Trotzdem war ich mir nicht hundertprozentig sicher, ob er mit meinem Tun einverstanden war oder nicht. Trotz des klaren Hinweises durch meine Vision hielt dieser Zweifel hartnäckig an. Hatte ich mir die Szene mit dem Sturm und dem Floß nur eingebildet? Vielleicht war mir mein Ego in die Quere gekommen? Die Zweifel jagten einander ohne Pause in meinem Kopf.

Heute weiß ich, dass Baba mich damals zwingen wollte, die Verantwortung zu übernehmen und meine Anweisungen direkt bei meiner inneren Gotteskraft zu suchen, anstatt mich, wie bisher, auf seine persönliche Auskunft zu verlassen. Wie sehr hatte ich diese Belehrung nach meinem tibetischen Erlebnis notwendig! Aber damals, während meines zweiten Besuchs bei Baba, war mir mehr an der Einhaltung der *Ashram*-Vorschriften gelegen, die Baba, wie ich wusste, von seinen Gästen beachtet haben will.

Im Verlauf der Sitzungen mit den beiden Frauen bemerkte ich, dass die Arbeit viel flüssiger voranging, als das bei Neulingen normalerweise der Fall ist. Ich nahm an, dass dies Babas außerordentlicher Energie zuzuschreiben war, die wir ja in so unmittelbarer Nähe hatten. Wir waren täglich vollauf beschäftigt, und die Zeit verging uns schnell.

Als *Shivarātri* nahte, strömten immer mehr Menschen in den *Ashram*. Manchmal kam ein ganzes Dorf auf einmal angereist, aus Hunderten von Meilen Entfernung. Viele kampierten einfach auf dem Erdboden oder auf den Gehwegen vor den Gebäuden, da die verfügbaren Unterkünfte bald überbelegt waren. Das gesamte *Ashram*-Gelände war im Handumdrehen dicht mit Menschen besiedelt, und man musste sich sehr vorsehen, um beim Gehen nicht auf ein schlafendes Kind zu treten oder über Vorräte oder Bettzeug zu stolpern. Viele Jahre lang hatte Baba anlässlich des *Shivarātri*-Festes ein ovales Objekt, *Lingam* genannt, aus seinem Körper hervorgebracht. Es stellt symbolisch die wirkliche Form der allerhöchsten Wahrheit dar, die alles durchdringt, allwissend und allmächtig ist. Aus dieser Form entsteht, wie aus einem Ei, alles, und alles kehrt in dieses wieder zurück.

In den vergangenen drei Jahren hatte das ungewöhnliche Ereignis nicht mehr in der Öffentlichkeit stattgefunden, obwohl es hieß, dass Baba in seinen Privaträumen oder vor einer kleinen Gruppe von *Devotees*, die er persönlich dazu einlud, noch immer einen *Lingam* an diesem Tag hervorbrachte.

In einem der Filme hatten wir eine Szene gesehen, in der Baba den *Lingam* produziert, und wir hätten dieses seltene Phänomen allzu gern selbst miterlebt. Es war aber sehr unwahrscheinlich, dass wir an diesem Ereignis teilhaben würden, da Baba offenbar beschlossen hatte, es nicht mehr vor Menschenmassen geschehen zu lassen.

Tatsächlich ist der größte Gewinn, den man durch die Teilnahme an diesem Fest haben kann, die Gelegenheit, die Denktätigkeit drastisch einzuschränken und dadurch offener für den Gott im Inneren zu werden. Baba sagt: „*Mahāshivarātri* ist der Zerstörung der Irrtümer des Denkens geweiht und folglich der Vernichtung des Denkens selbst, da man sich Gott *Shiva* weiht.“ Baba erklärt auch, dass der Mond das vom Gefühl beeinflusste Denken (englisch: mind) symbolisiert. Er hat ebenso wie dieses sechzehn Phasen. An *Shivarātri* sind fünfzehn verschwunden, und nur eine dünne Sichel ist noch sichtbar. Beim darauffolgenden Neumond ist auch dieser feine Streifen nicht mehr zu sehen. So muss auch das Denken, unser unsteter Geist, jeden Tag aufs Neue bezwungen werden. Am fünfzehnten Tag sind fünfzehn seiner Phasen verschwunden, und nur ein minimaler Teil davon ist übrig. Dieser wird durch die abschließende Bemühung des *Bhajan*-Singens, das sich durch die ganze Nacht hinzieht, auch noch beseitigt. Wenn das Denken zur Ruhe kommt, sind keine irreführenden Wünsche und Bindungen mehr vorhanden. Darauf kann Erleuchtung folgen. Was für eine Chance, die Fesseln der Geistestätigkeit zu sprengen!

Baba pflegte am Morgen des *Shivarātri*-Tages ein Ritual durchzuführen, das *Vibhuti-Abhisheka* zu Ehren von Shirdi Sai Baba, der – wie Baba selbst sagt – seine vorhergehende Inkarnation war. An diesem Tag wurde eine Silberstatue von Shirdi Sai Baba auf die Bühne gestellt, und Baba materialisierte zunächst Edelsteine und Reiskörner, die er in ein heiliges Feuer warf, das in der Nähe brannte. Danach wurde ihm ein Gefäß mit Wasser gereicht, das er erst segnete und dann zum Waschen der Statue benutzte. Darauf nahm er einen großen Wedel, tauchte ihn ins Wasser und sprengte es über die Köpfe der Menge, die auf dem Boden des Auditoriums Platz genommen hatte. Damit auch jeder ein paar Tropfen davon abbekommen konnte, ging Baba den Gang zwischen den Sitzreihen auf und ab und segnete alle Anwesenden, indem er das Wasser über sie sprengte. Anschließend ging ein Mann zur Statue von Shirdi Sai hinüber und hielt eine leere Urne mit der Öffnung nach unten darüber. Baba kam hinzu, rollte den rechten Ärmel seines Gewandes hoch und steckte seine Hand in die umgedrehte Urne. Dann schlug er mit der Hand darin hin und her, als ob er Butter machte. Augenblicklich ergossen sich aus der Urne Schauer von *Vibhuti* über die Statue, bis diese völlig davon bedeckt war. Dann zog Baba seine Hand wieder heraus, und der *Vibhuti*-Strom verebbte ebenso plötzlich, wie er begonnen hatte. Er rollte nun den linken Ärmel hoch, steckte die linke Hand in die Urne und machte dieselbe Handbewegung wie vorher. Wieder begann die Asche zu fließen, diesmal mit solcher Kraft, dass der Mann, der die heftig bebende Urne hoch erhoben hielt, sie kaum noch festhalten konnte. Der *Vibhuti*-Schauer hielt an, bis sich ein riesiger Haufen Asche über der Statue und rings um sie herum gebildet hatte. Als Baba seine Hand wieder aus der Urne zog, hörte der Fluss auf. Baba verließ sodann die Bühne und ließ eine vom gerade erlebten Schauspiel verzauberte Menge zurück. Soweit die Berichte. Und ich war nun hier und überglücklich über die Chance, dieses vielleicht einzigartige Ritual mit eigenen Augen sehen zu dürfen!

Der Tag war voller Betriebsamkeit, da immer mehr Menschen ankamen. Am Abend war das Chaos perfekt. Die freiwilligen Helfer versuchten, einen Anschein von Ordnung aufrechtzuerhalten. Einige Leute versuchten, ihren Eintritt ins Auditorium zu erzwingen. Sie hofften, einen Platz auf dem Boden zu ergattern, von dem aus sie Baba bei den rituellen Handlungen und vor allem während seiner Rede sehen konnten. Liebenswürdigerweise hatte Baba angeordnet, dass die wenigen Westler, die von so weit her und unter so großem Kostenaufwand angereist waren, in den ersten paar Reihen sitzen durften. Wie glücklich wir uns fühlten, und wie sehr wir Baba für seine Aufmerksamkeit dankten! Wir kamen zeitig und setzten uns schweigend, mein Mann drüben auf der Männerseite und ich auf der Frauenseite der großen Halle, und warteten auf sein Erscheinen. Das Auditorium war bis zum Rand vollgepackt mit Menschen. Dann, als Baba von der Rückseite der Bühne durch den Vorhang hereinkam, breitete sich wieder die wohlbekannte, fast hörbare Stille über uns aus. Baba nahm in dem großen roten Samtstuhl Platz, den er auch sonst immer benutzte. Einige Gelehrte der Veden führten eine feierliche Zeremonie durch. Dann kam Babas Rede. Er unterbrach seine Ansprache, die er auf *Telugu* hielt, von Zeit zu Zeit, damit Dr. Bhagavantam mit der Übersetzung ins Englische mithalten konnte.

Als die Rede zu Ende war, begann Baba gleich anschließend, die erste Zeile eines wohlbekannten *Bhajans* vorzusingen, und die Menge fiel in die Wiederholung ein. Wie ein Donnern durchbrauste der mächtige Chor die Halle bis in den letzten Winkel. Jeder Einzelne konnte die Energie spüren, die dabei ausgelöst wurde. Sie schien uns alle auf eine Ebene jenseits allen Alltagsbewusstseins emporzuheben.

Als der Klang einen Höhepunkt erreicht hatte, begann Baba zu husten und griff nach dem Taschentuch, das auf der Armlehne seines Stuhls bereitlag. Alles hielt den Atem an, als er es an seinen Mund hielt und hineinzuwürgen begann; sein ganzer Körper wurde geschüttelt von dieser Anstrengung. Die Halle schien wie unter Strom zu stehen, als blitzartig in allen Herzen gleichzeitig die stumme Frage aufstieg: „Ist es möglich, dass Baba, nach dreijähriger Unterbrechung doch wieder für alle sichtbar einen *Lingam* aus sich hervorbringt?"

Wie auf ein unsichtbares Zeichen hin erhöhte sich das Tempo beim Singen, und aus jeder Stimme brach die Überraschung und die Erregung, bei einem so bedeutungsvollen Ereignis dabeisein zu dürfen, wie ein Sturzschwall hervor. Jeder schien Baba bei der Anstrengung helfen zu wollen, das heilige Symbol, das sich in seinem Körper gebildet hatte, freizusetzen. Das Tempo steigerte sich weiter, und eine ungeheure Energie sammelte sich im Raum.

Während ich ihn so gespannt beobachtete, fand ich mich mehr und mehr in seine Bemühung, den *Lingam* ans Licht zu bringen, hineingezogen. Für den Bruchteil einer Sekunde war ich beinahe ganz eins mit ihm. Ich erlebte noch einmal die Geburt meiner beiden Töchter, fühlte wieder die gewaltige Anspannung sich aufbauen, als ich ihn immer wieder würgen sah, um das Gottessymbol hervorzubringen. Schließlich hustete er ein letztes Mal und fing mit der Hand und dem Taschentuch schnell einen großen, opalfarben schimmernden, eiförmigen *Lingam* auf. Er schien viel zu groß, als dass er durch seinen Hals hätte kommen können. Baba hielt ihn sogleich zwischen Daumen und Zeigefinger fest und so hoch, dass alle ihn sehen konnten. Dann begann er, den Gang zwischen den Reihen auf und ab zu gehen, damit jeder den Anblick dieser wunderbaren Schöpfung haben konnte. Nun konnten wir den *Lingam* aus engster Nähe betrachten, und ich sah in seiner Tiefe ein Licht, das sich zu bewegen und zu verändern schien, während Baba ihn durch die Halle trug. Wir waren ganz außer uns, diese außerordentliche Materialisation mit eigenen Augen gesehen zu haben. Bei allen Anwesenden war der herzergreifende Eindruck spürbar, den sie hinterlassen hatte. Als Baba auf die Bühne zurückgekehrt und durch den Vorhang verschwunden war, standen wir alle auf und gingen in Reih und Glied, noch ganz benommen, aus der Halle. Nun hatten wir uns für das *Bhajan*-Singen vorzubereiten, das die ganze Nacht dauern sollte.

Am nächsten Morgen hielt Baba eine weitere Ansprache, in der er verkündete, dass der am Abend materialisierte *Lingam* eine besondere Eigenschaft habe. Er habe die Macht, all diejenigen, die das Glück gehabt hätten, bei seiner Geburt anwesend zu sein, von der Bindung an das Rad von Geburt und Tod zu befreien. Eilig fügte er die Warnung hinzu, dass wir alle, um diese Befreiung zu verdienen, unser Leben von nun an in Übereinstimmung mit der an jenem Tag empfangenen Gnade führen müssten.

Wir waren alle tief bewegt von seinen Worten; das äußerte sich bei jedem sichtbar anders. Manche waren stolzgebläht bei dem Gedanken an ihr unerhörtes Glück; andere fühlten die Bürde der Verantwortung, die er ihnen damit auferlegt hatte, und wieder andere waren überwältigt vor Dankbarkeit. Ich glaube nicht, dass es auch nur einen Einzigen unter den Tausenden von Menschen gab, den Babas ungewöhnliche Botschaft nicht angerührt hätte.

Am nächsten Morgen versammelten sich alle wieder zum *Darshan* draußen und warteten auf Babas Erscheinen. Als er aus dem Tempel kam, folgten ihm einige College-Jungen mit Körben, die bis obenhin mit *Vibhuti*-Päckchen gefüllt waren. Nach dem *Darshan* erfuhren wir, dass sie die *Abhisheka*-Asche enthielten. Während Baba langsam an den Reihen entlangschritt, teilte er an jeden Einzelnen etwas von dieser ganz besonderen Asche als Abschiedsgeschenk aus, denn das Fest war nun zu Ende.

Ich war in den vergangenen Tagen so beschäftigt gewesen mit dem, was um mich herum geschah, dass ich keine Zeit gefunden hatte, über Babas Einstellung gegenüber meiner Beratungstätigkeit für die beiden Frauen nachzudenken. Einen direkten Kontakt, der mir seine Reaktion irgendwie vermittelt hätte, hatte es nicht gegeben. Aber jetzt, da er mit so viel Geduld und Liebe zwischen den Reihen der sehnsüchtig Wartenden auf und ab ging, wurde mir mit einem Mal klar, dass er auch an meinem Sitzplatz bald vorbeikommen musste. Bei diesem Gedanken meldeten sich wieder die alten Zweifel. Ich war hin- und hergerissen zwischen dem heißen Verlangen, die besonders gesegnete *Vibhuti* aus seiner Hand zu empfangen, und der bangen Frage, wie er mich nun, ein erstes Mal nach Beginn meiner Arbeit, ansehen würde.

Endlich stand er vor mir. Als ich zu ihm aufsah, breitete sich ein wunderbares Lächeln über seinem Gesicht aus. Er gab mir ein paar *Vibhuti*-Päckchen, legte seine rechte Hand fest auf meinen Kopf, lehnte sich über mich und wisperte, so dass nur ich es hören konnte:

„Good lady." – „Gute Frau." Dann strahlte er mich noch einmal an und ging weiter die Reihen hinunter. Keiner konnte gehört oder gar verstanden haben, was er gesagt hatte. Eine Welle ungeheurer Erleichterung durchströmte mich, als ich begriff, dass er mich gezwungen hatte, selbst herauszufinden, was ich zu tun hatte, und dass er nun, da ich den ersten Schritt freiwillig getan hatte, meine Entscheidung gutheißen konnte. Dieser Art war und blieb seine Lehrmethode für mich.

Baba sagt einem selten, was man tun soll. Er zieht es vor, es jedem Einzelnen zu überlassen, wie er den für ihn besten Weg selbst finden und auch gehen lernt. Erst wenn man seine Entscheidung getroffen hat, äußert er seine Meinung oder gibt ein Zeichen, es sei denn, das Resultat dieser Entscheidung ist so eindeutig, dass kein Wink von ihm erforderlich ist. Ich war ihm für seine Zustimmung in diesem Fall sehr dankbar – nicht nur im Hinblick auf die Arbeit, die ich hier im *Ashram* aufgenommen hatte. Ich wertete sie stellvertretend für meine gesamte Beratungstätigkeit, die ich als *Seva* – oder Dienst für Gott – tue. Welche Last hatte er nach all diesen Tagen der Unsicherheit von mir genommen!

Später im Verlauf des Tages kündigte Baba das Ende des Festes an und gab allgemein die Erlaubnis zur Abreise. Wir fuhren nach Bangalore zurück und nach ein paar Tagen, an denen wir Mitbringsel für Familie und Freunde kauften, flogen wir nach Bombay, wo wir vor der Heimreise noch Freunde besuchen wollten.

Zwölftes Kapitel

Wir hatten unsere Plätze für einen BOAC-Flug reserviert, der am Samstag, den 2. März in Richtung London starten sollte, wo ich meine Mutter besuchen wollte. Als wir Bombay erreichten, hörten wir von *Devotees*, dass Baba am Freitagabend für ein paar Tage in die Stadt käme. Ich dachte sogleich, wie wunderbar es wäre, wenn wir noch einmal *Darshan* haben könnten, bevor wir Indien verließen. Ich schlug meinem Mann vor, den Flug umzubuchen und einen Tag später abzureisen. Auf diese Weise hätten wir gerade genug Zeit, zum Dharmakshetra zu fahren, wo Baba sich aufhalten würde. Zu meiner großen Freude gelang der Plan. Ich dankte Baba im Stillen, dass er uns diese Möglichkeit gegeben hatte – eine Gewohnheit, die ich seit kurzem angenommen hatte.

Am Samstag nahmen wir ein Taxi zum Dharmakshetra. Dieses Haus liegt an der Peripherie der Stadt und ist eines der schönsten und ungewöhnlichsten Gebäude, die Baba geweiht sind. Als wir ankamen, sahen wir überrascht, dass sich bereits eine riesige Menge versammelt hatte. Die Menschen füllten inzwischen das ganze an das Hauptgebäude angrenzende *Darshan*-Gelände. Einige saßen außerhalb der

Umfriedungsmauern, eben da, wo sie gerade noch einen Platz gefunden hatten. Wir befürchteten schon, dass wir drinnen im Hauptareal keinen Sitzplatz mehr bekommen würden, aber sehr bald kamen Freiwillige auf uns zu, die uns in das riesige, langgestreckte Areal geleiteten. Man rückte näher zusammen, so dass wir uns noch dazwischenquetschen konnten.

Es war unser erster Besuch im Dharmakshetra, einem Ort, der uns oft beschrieben worden war und von dem wir in verschiedenen Filmen Ausschnitte gesehen hatten. Nun sah ich es erstmals mit eigenen Augen. Es ist schwer zu beschreiben, und keine Schilderung wird dieser Örtlichkeit gerecht. Es ist ein großes, weißes, rundes Gebäude aus Zement, das ebenerdig von einem ummauerten Gang umgeben ist. Aus seiner Mitte erhebt sich ein lotosförmiger Bau mit Fenstern rundum. In jedem „Lotosblatt" befindet sich ein Fenster. Vor dem gesamten Komplex steht ein sehr hoher, moderner *Stūpa*. Die Form ist annähernd einem halboffenen Lotos am Ende eines langen „Blütenstiels" nachempfunden. Der Gesamteindruck ist äußerst ungewohnt. Eine Inderin, die neben mir saß, lehnte sich zu mir herüber und zeigte mir, wo sich in dem von hier aus sichtbaren Gebäude Babas Appartement befindet. Wer immer diese Frau war – ich wünschte, ich könnte ihr dafür danken, dass sie es mir ermöglichte, mich tags darauf im Flugzeug auf diese Stelle zu konzentrieren.

Wieder kündigte eine plötzlich einsetzende Stille Babas Nähern an. Diejenigen, die ihn oben auf dem Hügel aus dem Haus kommen sahen, gaben die Nachricht weiter, dass er auf dem Weg sei. Bald darauf erspähten wir ihn in der sehnsüchtig wartenden Menge. Manche hatten seit Stunden auf diesen Augenblick gewartet. Einmal kam er auch an mir vorbei und schenkte mir ein warmes Lächeln des Wiedererkennens. Was für ein vollkommener Abschluss unseres Aufenthalts. Eine Inderin vor mir lehnte sich zurück und wisperte:

„Sie sind gesegnet!" Mein Herz stimmte ihr zu. Ihre Worte beseitigten jeden Zweifel, dass dieses Lächeln auch wirklich mir gegolten hatte. Ich erwähne diesen unbedeutenden Vorfall nur deshalb, weil ich am darauffolgenden Tag verzweifelt Kontakt zu ihm aufzunehmen versuchte und mich fragte, ob er meinen Hilferuf wohl hörte. Als Baba seinen Rundgang beendet hatte und ins Haus zurückgekehrt war, fuhren wir wieder zum Hotel zurück – in uns das lebendige Bild seiner kleinen orangegekleideten Gestalt, die sich deutlich vom weißen Gebäude abhob.

Tags darauf gingen wir an Bord des Flugzeugs nach London. Es landete zunächst in Bahrein und Beirut, wo Passagiere einbeziehungsweise ausstiegen und wir die Möglichkeit wahrnahmen, uns die Beine zu vertreten. Als wir in Beirut wieder einstiegen, erwähnte ich meinem Mann gegenüber, dass ich die Sicherheitskontrolle, durch die wir gerade gegangen waren, als Farce empfände. Die Inspektorin hatte nur oberflächlich in meiner Handtasche herumgefingert und meine Bordkarte gestempelt. Ich sagte auch noch, dass, wenn ausgerechnet Beirut, wo es kürzlich so einschneidende Probleme gegeben hätte, ein solches Beispiel an Vorsichtsmaßnahmen biete, es sehr leicht sein müsse, ein Flugzeug zu entführen. Es waren prophetische Worte!

Kurz nachdem die Stewardessen das Essen serviert und die Tabletts abgeräumt hatten, sahen wir, wie sich eine Gruppe von Passagieren aus der ersten Klasse in die Touristenklasse begab, in der wir saßen. Wir fanden das eigenartig und unterhielten uns über die möglichen Gründe. Mein Mann meinte, dass wir vielleicht Kurs auf schlechtes Wetter nähmen und als Vorsichtsmaßnahme das Gewicht nach hinten verlagert werden müsse. In diesem Augenblick erschien der Kapitän mit ernstem Blick auf der Bildfläche. Als er an uns vorbeikam, fragten wir ihn, was los sei. Er antwortete in grimmigem Ton, dass wir das bald erfahren würden. Sowie alle Erste-Klasse-Passagiere sich gesetzt hatten, ertönte eine harte Stimme über den Lautsprecher und kündigte in gebrochenem Englisch an, dass wir entführt seien.

Diese bündige Durchsage löste hörbares Entsetzen bei den Passagieren aus. Dem folgte eisiges Schweigen, als sich jeder für sich der furchterregenden Konsequenzen bewusst wurde.

In mir flammte die Erinnerung an unseren ersten Besuch bei Baba, 1973, auf, bei dem er die beiden amerikanischen Ehepaare zurechtgewiesen hatte, weil sie vergessen hatten, ihn um Hilfe anzurufen, als sie in ihrem Taxi kurz vor dem Zusammenprall mit einem Lastwagen standen. Auch mein stilles Gelübde fiel mir ein: ihn immer um Hilfe anzurufen, wenn ich jemals in Not geraten sollte. Ich begann lautlos „Baba, Baba, Baba" zu rufen, mit aller Intensität und Dringlichkeit, zu der ich fähig war.

Kurz nach der trockenen Ankündigung der Entführung kamen zwei verbissen aussehende Araber aus dem Cockpit, mit Maschinengewehren und Pistolen bewaffnet. Sie schienen bereit, auf jeden zu schießen, der versuchen würde, Widerstand zu leisten. Ich weiß noch, wie ich dachte, dass sie in einem Film in der Rolle der Schurken kaum glaubhaft gewirkt hätten. Sie sahen eher grotesk, wie Karikaturen aus. Einen arabisch sprechenden Passagier, der auf ihre Frage zögernd die Hand erhob, zwangen sie zum Dolmetschen. Man befahl ihm, alle Pässe einzusammeln und diese auf dem Sitz vor dem Entführer auf einen Haufen zu legen. Einer der beiden begann, sie durchzusehen und nach Nationalitäten zu sortieren. Die meisten Passagiere waren Inder, Araber oder Engländer, dazu kam eine Handvoll Amerikaner. Wir hegten beide den deprimierenden Gedanken, dass diejenigen, die mit amerikanischem Pass reisten, wegen der damals gespannten Beziehungen zwischen den Vereinigten Staaten und der P.L.O. vermutlich als Geiseln benutzt würden. Ich hatte auch meine privaten Sorgen. Mein Mann ist Jude, und in meiner Angst konnte ich mich nicht mehr daran erinnern, ob dieser Tatbestand in seinem Pass aufgeführt war. Wenn ja, so war die Gefahr für ihn möglicherweise noch größer.

Der nächste Schritt der Entführer war, alle Flugtaschen einsammeln zu lassen. Einige davon wurden anschließend ausgeleert, mit Dynamit gefüllt und an einzelnen strategischen Punkten im ganzen Flugzeug verteilt, so zum Beispiel vor den Toiletten und in bestimmten Abständen zwischen den Sitzreihen. Als nächstes kam die Ankündigung, dass es keinem erlaubt sei, zur Toilette zu gehen, außer in Begleitung einer Stewardess, und auch nur einer auf einmal. Natürlich hatte es jeder sofort nötig, diesen Ort aufzusuchen. Es ist eine bekannte Tatsache, dass Spannung und Furcht Nieren und Blasen beeinflussen, ganz besonders hier, unter den Adleraugen der Entführer, die ihre Gewehre auf die Dynamittaschen und den Eingang der Toilette gerichtet hielten – bereit, darauf zu schießen, sobald jemand Schwierigkeiten machte.

Inzwischen war die Angst allgemein so gestiegen, dass sie sich wie eine greifbare Präsenz anfühlte. Ein starker, beißender Geruch begleitete sie. Ich hatte gehört, dass Tiere die Angst in Menschen riechen können. Nun, da so viele Menschen von der Angst gepackt waren, roch ich es auch. Eigentlich hätte ich auch voller Furcht und aufgeregt sein müssen bei dem Gedanken, dass unsere beiden Töchter plötzlich und unerwartet alleingelassen sein würden. Völlig verwundert stellte ich aber fest, dass ich nicht die geringste Angst verspürte und zudem überzeugt war, dass wir alle heil davonkommen würden. Ich wurde nicht klug aus mir und suchte tief in meinem Inneren nach dieser Angst, die ich hätte haben müssen. Ich wollte mir ja nichts vormachen. Wunderbarerweise fand ich auch da keine Spur von Furcht. Bei dieser Entdeckung kam mir der Gedanke, dass Baba meinen Hilferuf gehört und alle Furcht, die ich vielleicht gehabt hatte, beseitigt haben musste. Getröstet öffnete ich verstohlen meine Handtasche und nahm ein Bild von Baba und etwas von der *Abhisheka*-Asche heraus, die ich an *Shivarātri* bekommen hatte. Ich legte alles zusammen mit dem Ring, den Baba mir im vergangenen Jahr materialisiert hatte, auf meinen Schoß und hoffte, dass die Entführer nichts bemerkten. Auf diese Dinge, die mir helfen sollten, eine telepathische Verbindung mit Baba herzustellen, konzentrierte ich mich fest. Ich empfand es als großes Glück, dass ich vor ein paar Stunden gesehen hatte, wo Babas Appartement im Dharmakshetra liegt. Das machte es mir möglich, ihn mir dort vorzustellen, wo er sich jetzt, in diesem Augenblick aufhielt, da ich es so dringend nötig hatte, Kontakt mit ihm aufzunehmen.

Keiner wagte, auch nur ein Geräusch zu machen. Eine unnatürliche Stille lastete schwer auf allen. Später erfuhren wir, dass auch kleine Kinder an Bord waren, sogar ein zwei Wochen altes Baby. Aber keines wimmerte; vermutlich übertrug sich die Angst der Eltern auf sie.

Nach einer Weile begann einer der Entführer, das Flugzeug mit Drähten auszulegen. Das sollte vermutlich der Auftakt zur Explosion werden. Wichtigtuerisch verdrahtete er alle Notausstiege, während ihm eine brennende Zigarette aus dem Mundwinkel hing. In der einen Hand hielt er sein Gewehr, so dass er gezwungen war, die Drähte, die er mit der anderen Hand manipulierte, mit den Zähnen festzuhalten. Als er fertig war und zufrieden sein Werk betrachten konnte, befahl er der Stewardess, alle Flaschen mit Alkohol und Parfüm aus dem zollfreien Angebot zu bringen. Er zerschlug die Flaschen und schüttete den Inhalt in den Gängen aus, mit dem offenkundigen Zweck, damit die Flammen zu nähren, wenn das Flugzeug erst einmal in Brand gesteckt scin würde.

Während all dieser Vorgänge konzentrierte ich mich ständig auf Baba, und zu diesem Zeitpunkt war mir, als hörte ich seine Stimme in meinem Kopf, die mir sagte, ich solle den Entführern Liebe schicken. Diese Aufforderung schockierte mich beträchtlich, besonders, weil ich in ihre Gesichter und Augen voller fanatischem, exaltiertem Hass sah. Meine erste Reaktion war: „O Baba, wie soll ich das machen?“, fügte aber gleich hinzu: „Bitte, sende du ihnen Liebe durch mich, denn nur du kannst den Gott in ihnen sehen, der, wie du versicherst, in jedem von uns ist.“ Danach lehnte ich mich in meinen Sitz zurück und ließ Babas Liebe durch mich hindurch zu den beiden hasserfüllten Männern fließen. Die Wirkung entging mir nicht. Der eine, der die Alkohol- und Parfümflaschen ausleerte, wurde so nervös, dass er sein Handgelenk an den Scherben schnitt. Er musste seine Tätigkeit unterbrechen, um den Schnitt mit einem behelfsmäßigen Verband zu versorgen. Er zog ein Taschentuch aus der Tasche, wollte aber sein Gewehr dabei nicht aus der Hand legen, und so benutzte er wieder die Zähne, um den Verband zu verknoten. Beide Männer wurden zunehmend nervöser. Ihr herausforderndes Auftreten, das sie so widerwärtig zur Schau gestellt hatten, als sie das Flugzeug eben übernommen hatten, verschwand.

Wir wussten, dass wir inzwischen mehrere Stunden gegen Westen geflogen waren, konnten aber nur Vermutungen darüber anstellen, dass ihr erster Plan gewesen war, in Athen zu landen, wo sie die Freilassung einiger palästinensischer Gefährten, die dort inhaftiert waren, gegen Geiseln aus dem Flugzeug erzwingen wollten. Da sie keine Landeerlaubnis bekamen, nahmen sie daraufhin Kurs auf Amsterdam auf, wo ihr Gesuch ebenfalls abgelehnt wurde. Daraufhin beschlossen sie, über die Nordsee zu fliegen und das Flugzeug dort zu sprengen. Der Kopilot, der es unter ihrer Aufsicht steuerte, informierte sie jedoch, dass nicht mehr genügend Treibstoff in den Tanks sei, um so weit zu fliegen. Wieder sandten die Entführer einen dringenden Appell nach Amsterdam, meldeten den niedrigen Treibstoffstand und bekamen daraufhin die Erlaubnis, an einem abgelegenen Platz des Flughafengeländes niederzugehen.

Da wir zu dieser Zeit nichts von alledem wussten, überraschte uns die Ankündigung des Entführers, dass wir zu einer Landung ansetzten und dass wir „unsere Füße in die Hände nehmen, über die Köpfe halten und uns in den Gang begeben“ sollten. Es dauerte ein bis zwei Minuten, bis wir begriffen, dass sie nicht unsere Füße, sondern unsere Schuhe meinten. Dann sagten sie, dass wir zum Verlassen des Flugzeugs genau zwei Minuten Zeit hätten, bevor sie es in Brand stecken würden. Sie öffneten eine Tür, durch die eine Plastik-Rutsche heruntergelassen wurde, damit die Passagiere die vielen Meter bis zum Zementboden hinuntergleiten konnten.

In dem Augenblick, da die Rettung in Sicht war, versuchte jeder, so schnell wie möglich zur Tür zu kommen, wobei die Menschen einander anstießen und in dem verzweifelten Bemühen vordrängten, aus der Maschine zu kommen, bevor sie Feuer fing. Hinter mir versuchte sich ein hysterisch gewordener Mann an mir vorbeizudrängen und stieß mich in seiner Panik seitlich in die Rutsche hinein, so dass ich meine Landung nicht mehr kontrollieren konnte und mit dem Steißbein auf dem harten Asphalt aufschlug. Der Aufprall war so schwer, dass ich nicht aufstehen konnte und von den Passagieren, die nach mir heruntergeschleust wurden, zur Seite gedrückt wurde. Mein Mann kam bald nach, und er und ein weiterer Passagier schafften mich aus dem Weg und außer Sichtweite des Flugzeugs, das bereits zu brennen anfing.

Vom Flughafen her kamen eilig Busse angefahren, die uns auflesen sollten. Wegen meiner Verletzung bildeten wir den Schluss der Gruppe. Schließlich schafften wir es, in den letzten Bus einzusteigen. Plötzlich aber, zu unserem Entsetzen, wendete der Fahrer, der noch zwei Gestalten etwas entfernt vom Flugzeug stehen sah, um sie mitzunehmen. Die zwei waren unsere Entführer! Wir konnten kein Holländisch, um dem Fahrer das verständlich zu machen. Mein Mann hämmerte gegen die Glasscheibe, die uns von ihm trennte, und brüllte: „Hyjackers!“, ein Wort, das der Fahrer sofort verstand. Prompt wendete er den Bus wieder und fuhr, so schnell er konnte, zum Flughafengebäude. Das letzte, was wir von den Entführern sahen, war, wie sie in einiger Entfernung vom Flugzeug schlaff dastanden. Ihre Energie schien erschöpft; sie boten ein wahres Bild der Niederlage, die schwelende Maschine hinter sich.

Wir hatten nichts aus dem Flugzeug mitnehmen können. Handtaschen, Mäntel, Jacken, Handgepäck und sogar die Schuhe einiger Passagiere waren an Bord geblieben. Das heiße, stickige Bombay lag nur wenige Stunden hinter uns, und nun befanden wir uns in Europa, und es war ein kalter Märzabend. Es hatte geregnet, und zu dem Zeitpunkt, da wir das Flughafengebäude erreichten, waren viele ganz durchgefroren. Es war spät am Abend, und das letzte Flugzeug, das für diesen Tag erwartet wurde, längst gelandet, weshalb der Flughafen fast leer war. Die Nachricht, dass wir eingetroffen waren, verbreitete sich allerdings sehr schnell, und der Platz erwachte zum Leben. Aus allen Richtungen kamen Menschen herbeigeströmt und beredeten die Katastrophe, die sich beinahe zugetragen hätte. Alle überschütteten uns gleichzeitig mit ihren Fragen. Wir bekamen dicke Socken und Decken und kochendheißen Kaffee, um uns von innen und außen zu wärmen. Zeitungsreporter eilten herbei. Jeder Einzelne von uns wurde gebeten, seine Version des schrecklichen Ereignisses zu erzählen.

Mein Rücken schmerzte sehr, und ich fragte mich, wann wir wohl in London sein könnten, wo ich, wie es der „Zufall“ wollte, bereits einen Termin bei einem Arzt hatte, der auf die sogenannte Alexander-Methode spezialisiert ist. Es handelt sich dabei um eine

Methode, bei der der ganze Körper regeneriert wird. Ich hatte diesen Arzt schon im Vorjahr aufgesucht und hatte nun vor, die Zeit in London für ein paar weitere Behandlungen zu nutzen. Jetzt konnte ich sie mit Sicherheit gebrauchen! Während mir das durch den Kopf ging, hörte ich auf Englisch eine Lautsprecher-Durchsage, dass in Kürze ein planmäßiger Flug nach London starte und alle Passagiere sich zur Pforte begeben sollten. Mein Mann bat sofort einen der Männer, die den Auftrag hatten, sich um uns zu kümmern, nachzufragen, ob noch zwei Plätze in dieser Maschine frei seien. Er sagte ihm, dass ich mich am Rücken verletzt hätte und lieber einen uns bekannten Arzt in London aufsuchen wolle, als einen fremden Arzt in Amsterdam. Der Mann sprach daraufhin mit einem Beamten der Fluglinie, der zustimmte und unseren Flug arrangieren wollte. Nach ein paar Minuten kam er angerannt, um uns mitzuteilen, dass tatsächlich zwei Plätze frei seien. Wir sollten ihm so schnell wir könnten folgen, da die Maschine in Kürze starte. Gestützt von ihm und meinem Mann bewegte ich mich vorwärts, so schnell es eben ging. Wir erreichten die Pforte gerade noch rechtzeitig. In fliegender Eile wurde unser Problem dem auf uns wartenden Beamten erklärt. Ebenso eilig wurden wir in das Flugzeug verfrachtet. Es hob pünktlich ab.

Wir hatten kein Gepäck, keine Handtaschen und keine Pässe oder sonstigen Ausweise. Wir erhielten eine handschriftliche Landeerlaubnis für London, wo wir provisorische Pässe beantragen mussten, um nach Hause fliegen zu können.

Voller Dankbarkeit sanken wir in unsere Sitze. Als wir abgehoben hatten, warfen wir einen Blick hinunter auf den Flughafen, wo das immer noch schwelende Flugzeug stand, das wir vor kurzem verlassen hatten. Ich schickte Baba meinen Dank aus tiefster Seele, und wieder spürte ich den Frieden, der mich eingehüllt hatte, als ich seine Hilfe erkannt hatte.

Ein Säureschaum wurde soeben aus winzig erscheinenden Feuerwehrautos über das brennende Flugzeug unter uns gesprüht. Als wir ein paar Tage später in London zum Flughafen fuhren, um unser inzwischen nachgesandtes Gepäck abzuholen, fanden wir beim Öffnen der Koffer alles ruiniert, entweder verbrannt oder vollgetränkt mit Säure und grässlich verfärbt. Wir mussten alles samt den Koffern wegwerfen.

In London gab man uns vorläufige Pässe, und ich konnte meinen Arzttermin einhalten. Dank der Behandlung konnte ich schon nach ein paar Tagen nach Los Angeles fliegen. Aber es dauerte noch lange, bis ich frei von Rückenschmerzen war.

Einige Wochen nach unserer Rückkehr in die Vereinigten Staaten lasen wir in unserer Lokalzeitung, dass ein Lebensmittelhändler in Beirut 400 Dollar als Bestechung angeboten bekommen hätte, damit er in Lebensmittelbehältern Gewehre, Munition und Dynamit in das Flugzeug schmuggelte. Er hatte alles unter den für die Entführer reservierten Sitzen versteckt.

Während der folgenden Monate konnten wir das weitere Schicksal der Entführer in den Zeitungen verfolgen. Als man sie zunächst in Amsterdam in Haft nahm, entstand die Frage, wo und durch wen sie verhört werden sollten. Schließlich wurden sie in Amsterdam unter Anklage gestellt und eingesperrt. Ein paar Monate später erfuhren wir, dass ein weiteres Flugzeug entführt und die Freilassung dieser beiden Gefangenen im Austausch gegen Geiseln gefordert worden war.

Ich fühlte eine enorme Erleichterung und überwältigende Dankbarkeit gegenüber Baba dafür, dass er damals auf meinen verzweifelten Hilferuf geantwortet hatte. Ich bezweifle keinen Augenblick, dass er es gewesen war, der uns gerettet hatte. Erst ein Jahr später konnten wir ihm aber für seine Hilfe persönlich danken.

Baba hat oft gesagt, dass er niemals in das *Karma* eines Menschen eingreifen, dass er es aber im Bereich des Möglichen mildern und helfen werde, es durchzustehen. Er sagt, dass wir alle über einen freien Willen verfügten, gegen den nicht einmal er intervenieren würde. Es ist unserer persönlichen Entscheidung überlassen, ob wir uns bewusst seiner Obhut und Hilfe anvertrauen wollen. Die tiefe Einsicht, die ich aus der Entführungsgeschichte gewonnen hatte, ist, dass Baba von uns erwartet, dass wir willens sind, unseren Teil beizutragen. Wir müssen ihm gestatten, dass er uns in bestimmten Situationen so einsetzt, wie er es für richtig hält. Ich war mir gewiss, dass allein die Kraft seiner Liebe stark genug sein konnte, die beiden Entführer von ihrem ursprünglichen Plan abzubringen, das Flugzeug mitsamt den Passagieren zu sprengen. Erst acht Jahre später bestätigte uns Baba, dass es tatsächlich so gewesen war. Wir vergessen so leicht, dass wir unseren Teil dazu beisteuern müssen, um etwas durchzuführen, indem wir auf unseren Eigenwillen verzichten und akzeptieren, dass sein Wille unser Leben dirigiert – uns, die Welt, in der wir leben, und die Menschen, mit denen wir zu tun haben.

Im Oktober des gleichen Jahres ereignete sich ein interessantes Nachspiel zur Entführung. Dr. Gokak, einer der engsten Vertrauten Babas und damals Vizekanzler der Universität in Prasanthi Nilayam, hielt sich anlässlich seines kurzen USA-Besuches auch in Kalifornien auf. Er war bei verschiedenen *Devotees* zu Gast gewesen und wohnte nun für einige Tage bei uns. Er war ein liebenswerter Gast, und wir genossen seine Gesellschaft außerordentlich. Er teilte mit meinem Mann das Interesse für englische Literatur, und wir erfuhren, dass er in Oxford studiert hatte. Dr. Gokak ist auch Dichter, und er machte uns ein charmantes Geschenk, indem er ein Gedicht über die Aussicht verfasste, die man aus seinem Zimmer unserer Wohnung im 12. Stock auf die Berge und den fernen Ozean hat.

Ein oder zwei Tage vor seinem Umzug zu einer anderen Gastfamilie erhielten wir ein Telegramm von einem Reisebüro in London, mit dem wir hinsichtlich einer möglichen Rotchina-Reise in Verbindung standen. Darin teilte man uns mit, dass wir von den zuständigen Behörden in Peking eine Einreiseerlaubnis erhalten hätten und dass wider Erwarten in der am nächsten Donnerstag beginnenden Rundreise noch Plätze frei seien. Wir müssten aber bereits am Montag in London sein, um Zeit genug zu haben, uns bei der chinesischen Botschaft Visa ausstellen zu lassen. Damals wurden in den Vereinigten Staaten keine Besuchserlaubnisse erteilt, weil die Regierung Rotchina noch nicht anerkannt hatte. Das Reisebüro bat uns dringend um baldigen Rückruf für den Fall, dass wir uns der Gruppe anschließen wollten, da es die Plätze nicht lange offen halten konnte.

Unsere erste Reaktion war Enttäuschung. Es schien unmöglich, dass wir in so knapper Vorbereitungszeit und mit einem Gast im Haus diese Chance wahrnehmen konnten. Da waren auch die verschiedenen Treffen, bei denen Dr. Gokak sprach und zu denen wir selbstverständlich gingen, und außerdem bereiteten wir ihm zu Ehren gerade ein Abschiedsessen vor, das dann auf den Abend vor unserer möglichen Abreise fallen würde.

Als Dr. Gokak von der Reise hörte, bestand er förmlich darauf, dass wir ein so einmaliges Angebot nutzen sollten, da es keine Garantie dafür gebe, dass die USA Rotchina überhaupt jemals anerkennen und somit Amerikanern die Einreise ermöglicht würde. Er schlug vor, seinen Umzug vorzuverlegen, falls sein Besuch uns hindern sollte, diese Reise anzutreten. Am Ende erlagen wir seiner Überredungskunst, riefen das Reisebüro an, reservierten zwei Plätze und baten um Mitteilung an die chinesische Botschaft, dass wir Visaanträge stellten.

Die letzten Tage verliefen äußerst hektisch, aber alles ging glatt. Wir schafften es, an den Treffen mit Dr. Gokak teilzunehmen und nebenbei unsere Reise vorzubereiten und zu packen. Mehrere *Devotees* halfen mit, das Abendessen für Dr. Gokak zu einem Erfolg zu machen.

Als er am Sonntagmorgen von seinem neuen Gastgeber abgeholt wurde, waren auch wir startbereit.

Man stelle sich unsere Reaktion vor, als wir bei unserer Ankunft in London erfuhren, dass wir mit einer BOAC-Maschine nach Hongkong fliegen würden, die planmäßig in Beirut und Bahrein zwischenlandete! Es waren dieselbe Fluggesellschaft und dieselben Städte, in denen unser unter so ungünstigen Sternen gestarteter Flug gestoppt worden war. Wir waren bestürzt, sahen aber auch ein, dass wir nichts mehr ändern konnten. So bat ich Baba still, er möge uns beschützen. In London verlief alles reibungslos. Wir bekamen unsere Visa rechtzeitig, so dass wir uns der Gruppe, wie geplant, anschließen konnten.

Als wir in Beirut landeten, kam eine Durchsage, dass alle Transit-Passagiere aus Sicherheitsgründen während des Aufenthalts an Bord bleiben müssten. Dieses Ausgehverbot verursachte viel Murren unter den Fluggästen, denn die meisten hatten sich auf die Chance gefreut, sich ein wenig die Beine zu vertreten. Mein Mann, der in der Nähe des Bordausgangs stand, bemerkte, dass er für seinen Teil sehr froh sei, an Bord zu bleiben, da wir vor kurzem nach einem Stopp in eben dieser Stadt entführt worden wären. Er fügte hinzu, dass er beruhigt darüber sei, dass die Sicherheitsvorkehrungen nun anscheinend verschärft worden seien. Bei diesen Worten drehte sich eine der indischen Stewardessen neben ihm um und fragte, ob er das Flugzeug meine, das im März in Amsterdam gelandet sei. Mein Mann bestätigte das, worauf sie ausrief: „Ich war eine der Stewardessen auf jenem Flug!“ Erstaunt über dieses Zusammentreffen machten wir ein paar trockene Bemerkungen darüber, dass wir offenbar alle bereit waren, ein weiteres Abenteuer zu riskieren. Die Stewardess meinte, es sei sehr unwahrscheinlich, dass ein solches Erlebnis mehr als einmal im Leben eines Menschen vorkomme. Es sei nicht damit zu rechnen, dass sich so etwas auf diesem Flug wieder ereignen würde – schon gar nicht mit uns Dreien an Bord. Alle, die das hörten, hofften lautstark, dass sie recht behalten möge.

Bald nach unserer Rückkehr aus China begannen wir mit dem Planen unserer nächsten Reise zu Baba. Wir wollten ihn im Januar wieder besuchen, was sich inzwischen zu einer alljährlichen Routine entwickelte. Ich war begierig, ihn wiederzusehen, und hoffte auf eine Gelegenheit, ihm dafür zu danken, dass er uns sicher durch die Feuerprobe hindurchgelotst hatte. Wir wussten nicht, ob er inzwischen irgendeine Andeutung gemacht hatte, dass er über unseren folgenschweren Flug Bescheid wusste. Ich besaß nur meine eigene, feste Überzeugung, dass er nicht nur auf meinen Hilferuf geantwortet, sondern auch alle Furcht, die ich vielleicht gehabt hatte, beseitigt und das verhindert hatte, was leicht zu einer großen Katastrophe für alle Passagiere hätte ausarten können. Ich wusste, dass nur er dieses Gefühl in mir bestätigen konnte, und das auch nur, wenn er es wollte. Ich wusste aber auch, dass es keinerlei Gewähr gab, dass er den Vorfall auch nur erwähnen würde, wenn wir ihn wiedersahen. Die Erfahrung hatte gezeigt, dass niemand jemals vorhersagen kann, was Baba zu einem bestimmten Zeitpunkt oder in welchem Zusammenhang auch immer tun wird.

Aber nicht nur, weil ich ihm danken wollte, hoffte ich auf ein paar Worte mit ihm. Die Neuigkeiten über unsere Abenteuer hatten starke Auswirkungen auf einige *Devotees* gehabt, die wir kannten. Meist hatten sie mit einem Schock reagiert, dass Baba dies zugelassen hatte, ohne uns zu warnen, wie er es sonst manchmal tut, wenn er sieht, was die Zukunft seinem *Devotee* bringt. Sein warmes Lächeln aber, das er mir in Bombay geschenkt hatte, gab mir die Gewissheit, dass er uns gewarnt hätte, wenn er es für nötig gehalten hätte. Aus nur ihm allein bekannten Gründen hatte er es vorgezogen, es nicht zu tun. Möglicherweise, weil er voraussah, dass wir diese wichtige Erfahrung brauchten.

Ich bemerkte, dass der Glaube einiger Leute ziemlich angeknackst war, was ich gut verstehen konnte. Meine eigene Schlussfolgerung war, dass wir es uns nicht leisten können, in der Illusion zu leben, dass wir, sobald wir uns Baba weihen, automatisch ein herrliches Leben führen und auf ewig glücklich und frei von Sorgen sind. Ich kann nur für mich und aus meiner Erfahrung sprechen und betonen, dass dies für mich ganz und gar nicht zutrifft, wie dieses eine Beispiel zeigt. Seine Lehrmethode für mich ist die Erfahrung.

Dreizehntes Kapitel

Mitte Januar 1975 reisten wir wieder nach Indien. In Bangalore sagte man uns, Baba sei in Whitefield, und so wechselten wir schnell die Kleider und fuhren hinaus zu unserem ersten *Darshan*. Als Baba kam und uns in den *Darshan*-Reihen erblickte, sagte er zu meinem Mann, wir sollten am folgenden Morgen früh zu seinem Haus kommen.

Wieder in dem Haus zu sitzen, fühlte sich an wie heimzukommen. Als Baba aus seinen oberen Räumen herunterkam, teilte er uns mit, dass er zu Dr. Bhagavantam zum Mittagessen fahre, und er lud uns ein, mitzukommen. Als wir bei Bhagavantams ankamen, saßen schon einige Männer da, die auf Babas Erscheinen warteten. Ich war die einzige Frau bei dieser Einladung und fragte mich, wo ich mich wohl hinsetzen sollte. Sofort wandte sich Baba mir zu und zeigte auf meinen Platz, indem er mit der Hand einen weiten Bogen beschrieb und mit einem Augenzwinkern sagte: „Das ist die Frauenseite."

Nach einer kurzen Ansprache winkte er uns und ging uns voran zu einem kleinen Zimmer. Kaum, dass wir zu seinen Füßen saßen, begann ich, ihm meinen Dank dafür auszusprechen, dass er uns in dem entführten Flugzeug gerettet hatte. Ich konnte nicht mehr als zwei Worte herausbringen, als Baba mich schon unterbrach und sagte: „Ja, ja, ich weiß. Ich hörte deine Stimme ‚Baba, Baba, Baba' rufen." Dabei ahmte er meine Stimme mit meinem englischen Akzent und Tonfall nach, der, wie man mir sagt, viel ausgeprägter ist, wenn ich aufgeregt bin. Ich falle dann, wie es scheint, in meine ursprüngliche englische Tonart zurück. Dann begann er das Interview mit den üblichen Bemerkungen, Fragen und Geschichten, erwähnte aber die Entführung mit keinem Wort. Er hatte bereits alles Wesentliche gesagt, indem er die Tatsache betonte, dass ich mich daran erinnert hatte, ihn zu rufen. Das war offenbar alles, was wir bis zum Abschiedsinterview zu wissen brauchten.

Als Baba das Interview beendet hatte, gesellten wir uns zu den übrigen Gästen. In der Gruppe befanden sich zwei Westler, die wir noch nicht kennengelernt hatten. Baba beantwortete ihre Fragen mit großer Aufmerksamkeit und sehr detailliert. Später erfuhren wir, dass die beiden Parapsychologen waren, und zwar Dr. Karlis Osis, Direktor der amerikanischen Gesellschaft für Psychische Forschung in New York, und Dr. Erlendur Haraldsson von der Psychologischen Fakultät der Universität Reykjavik. Sie hatten schon früher zwei Exkursionsreisen nach Indien gemacht, um PSI-Phänomene zu studieren, und 1973 auch Baba aufgesucht. Nun wollten sie die Beobachtung seiner Fähigkeiten fortführen und hofften, dass er sich dazu überreden lassen würde, ihnen die Erlaubnis für einige überwachte Experimente mit ihm zu erteilen.

Als das Mittagessen angekündigt wurde, geleitete uns Baba in einen anderen Raum. Wieder zögerte ich, unsicher, wo ich mich hinsetzen sollte. Baba drehte sich um, bedeutete mir mit der Hand, nach vorn zu kommen, und sagte mit ermutigendem Lächeln: „Beeil dich, bleib nicht hinten." Sowie ich durch die Tür gegangen war, kam er mir eilends nach, um mir meinen Sitzplatz zu zeigen. Dann setzte er sich auf einen etwas erhöhten Platz, den man für ihn reserviert hatte, und Frau Bhagavantam reichte ihm persönlich das Mittagessen. Alle saßen auf dem Boden. Bedient wurden wir von den Familienmitgliedern, die mit Schüsseln umhergingen und die verschiedenen Speisen austeilten. Wieder war ich sehr dankbar, dass Baba mir meinen Platz zugewiesen hatte. Ohne seine Unterstützung hätte ich mich als einzige Frau in der Runde äußerst unsicher gefühlt.

Als wir alle mit Essen versorgt waren, gab Baba das Zeichen anzufangen. Von Zeit zu Zeit sah er zu mir herüber und gab mir durch Gesten, die er mit einem verständnisvollen Lächeln begleitete, zu verstehen, dass ich eine bestimmte Speise, die ich gerade in den Mund befördern wollte, lieber nicht essen sollte. Pantomimisch wies er darauf hin, dass sie zu scharf sei. Er sagte: „Zu viel Chili für dich." Normalerweise hätte diese, so ganz allein auf mich gerichtete Aufmerksamkeit mich sehr in Verlegenheit gebracht, aber Baba brachte es fertig, meinen Blick auf sich zu lenken und seine Botschaft so leise und unmerklich zu übermitteln, dass ich vermute, dass niemand etwas davon bemerkt hatte.

Alle waren vollauf damit beschäftigt, die scharfen Speisen zu sich zu nehmen. Den ganzen Tag über zeigte mir Baba die liebevolle, fürsorgliche und hingebungsvolle Aufmerksamkeit einer Mutter zu ihrem Kind. Es war wie Balsam für mich, denn diese Qualitäten waren meiner leiblichen Mutter immer abgegangen. Wie konnte Baba nur so haargenau wissen, was ich mir als Kind sehnlichst gewünscht und nie bekommen hatte: Güte, liebevolles Interesse und das Akzeptieren meiner Schwächen, anstatt Kritik? Wie konnte er darüber hinaus wissen, dass ich mit meinen sechzig Jahren noch Ermutigung brauchte, damit ich meine Scheu verlor und nicht immer zurückstand, sondern den mir zustehenden Platz einzunehmen lernte? Ich musste endlich loslassen von der Überzeugung, die mir eingetrichtert worden war, dass ein solches Verhalten selbstsüchtig und daher eine schwere Sünde sei. Unter Babas gütiger und beständiger Ermutigung wagte ich die ersten Schritte heraus aus der Sicherheit meines schützenden Gehäuses. Auf sein beständiges Drängen hin bin ich seitdem viele weitere Schritte gegangen. Dies war der Bereich, in dem ich seiner Hilfe am meisten bedurfte. Diejenigen, die das entgegengesetzte Problem haben, nämlich zu aggressiv zu sein, behandelt er ganz anders. Es wird oft übersehen, dass er seine Lehrmethode jeweils auf die individuellen Bedürfnisse abstimmt. Das erzeugt manchmal Verständnisschwierigkeiten, besonders dann, wenn das, was er jemandem sagt, von einer anderen Person aufgeschnappt und auch angewendet wird, auf die diese Worte gar nicht gemünzt waren. So entstehen viele scheinbare Widersprüche, die die Menschen verwirren, wenn Babas Worte außerhalb ihres Zusammenhangs zitiert werden.

Nach diesem denkwürdigen ersten Tag in Babas Gegenwart ordneten wir uns wieder in den gewohnten Rhythmus ein. Eines Tages, bald darauf, kam Baba von der Rückseite des Hauses und setzte sich zu den Männern, was normalerweise der Auftakt zu einer zwanglosen Rede oder einer Frage- und Antwortstunde war. Er erwähnte, dass er soeben eine Hochzeitszeremonie für ein junges indisches Paar abgehalten habe. Mein Mann sagte darauf, sie stünden gerade am Anfang ihres gemeinsamen Lebens, während wir in ein paar Tagen unseren dreiunddreißigsten Hochzeitstag begehen würden. Baba erkundigte sich nach dem genauen Datum, und als mein Mann „30. Januar“ sagte, erwiderte Baba, dass er uns an diesem Tag empfangen werde. Als Sidney mir das erzählte, war ich selig! Ich konnte mir nichts Glückverheißenderes vorstellen, als Babas Segen an unserem Hochzeitstag zu erhalten. Ein oder zwei Tage später sagte uns Baba, dass er tags darauf nach Puttaparthi fahren werde, und dass wir ihm mit unserem Taxi folgen sollten. Er wiederholte, dass er uns am 30. sehen werde, das bedeutete in zwei Tagen.

Früh am nächsten Morgen schlossen wir uns mehreren Taxis an, die vor dem Tor auf das Auftauchen von Babas Wagen warteten. Wieder durften wir an seiner Ferienstimmung teilnehmen. Er ließ den Wagen unterwegs mehrmals anhalten, entweder, weil er herbeieilenden, winkenden *Devotees Darshan* geben wollte, oder aber er stieg aus, um zum Entzücken der Insaßen an der Wagenkolonne entlangzuschlendern. Wieder schickte er die College-Jungen aus, um uns für die restliche Fahrt mit Früchten zu versorgen. Er war in der fröhlichsten, unbeschwertesten Laune der Welt und lachte und scherzte mit allen.

Früh am Morgen des 30. Januar klopfte ein Bote an unsere Tür, um zu melden, dass Baba uns zu sehen wünsche, und dass wir uns nach dem *Darshan* vor dem Interviewraum einfinden sollten. Die beiden Parapsychologen, die wir kürzlich bei Bhagavantams kennengelernt hatten, und verschiedene andere *Devotees* waren auch eingeladen.

Nach dem *Darshan* winkte uns Baba, hereinzukommen, und bedeutete uns mit Gesten, uns zu setzen. Er setzte sich uns gegenüber und schenkte uns zur Begrüßung ein strahlendes Lächeln. Wir nahmen eine bequeme Sitzhaltung ein, und schon ließ Baba seine Hand durch die Luft kreisen. Er materialisierte etwas *Vibhuti*, die er verteilte, indem er sie uns in die Hände streute. Wir zögerten einen Augenblick, weil wir nicht wussten, was wir damit machen sollten. Baba sagte: „Esst es!“, was wir auch sofort taten. Er war in einer heiteren Stimmung, die sehr ansteckend wirkte und uns half, zu entspannen. Er verwickelte die Parapsychologen gleich in eine lebhafte Diskussion, so, als setzte er ein früher geführtes Gespräch fort. Es wurde bald deutlich, dass sie darauf erpicht waren, ihm das Versprechen über ihr geplantes Experiment mit ihm abzuringen. Sie wollten damit beweisen, dass seine Kräfte authentisch und keine magischen Tricks waren.

Ganz plötzlich unterbrach er das Gespräch und wandte sich lächelnd uns zu. Er eröffnete den anderen, dass heute unser dreiunddreißigster Hochzeitstag sei und dass er für uns eine den vedischen Riten entsprechende, spirituelle Hochzeitszeremonie durchführen werde. Er hätte uns nicht mehr überraschen können! Wir hatten von einem solchen Brauch noch nie gehört und keinerlei Vorstellung, was nun geschehen würde. Baba beobachtete unsere Reaktionen und genoss sichtlich unsere Überraschung. Er lächelte, und indem er seine Hand durch die Luft kreisen ließ, materialisierte er einen goldenen Ring mit seinem Relief-Porträt darauf. Er streckte seine Hand mit dem Ring aus, damit wir ihn alle sehen konnten, und gab mir ein Zeichen, ich solle ihn nehmen und meinem Mann an den linken Ringfinger stecken. Dann erklärte er, dass Hindu-Frauen keine Eheringe trügen, sondern eine Kette, die *Mangalasūtra* heiße. *Mangalasūtra* bedeutet „glückbringendes Band". Baba setzte sich so zurecht, dass jeder im Raum ihn ganz genau beobachten konnte, und rollte – mit Seitenblick auf die beiden Parapsychologen – die Ärmel seines Gewandes hoch. Dann streckte er beide Hände aus, um zu zeigen, dass sie leer waren. Er schloss die eine Hand und zog, während aller Augen wie gebannt auf ihn gerichtet waren, mit der anderen langsam eine lange, funkelnde Kette aus ihr heraus, die er gewandt auffing, bevor sie zu Boden fiel. Alle staunten. Baba gab die Kette meinem Mann, der sie um meinen Hals legen sollte. Ich war bezaubert. Die Kette war – oder besser ist – erlesen und schön. Sie ist einundachtzig Zentimeter lang und enthält acht Abschnitte zu je neun Edelsteinen, jede durch eine Goldperle unterbrochen. Insgesamt sind es einundachtzig Elemente. Jedes einzelne wird von einem winzigen goldenen Verbindungsglied gehalten, und am Ende hängt ein Bild von Baba in einem runden Goldrahmen, der umrandet ist vom Umriss des Emblems, das die fünf Weltreligionen symbolisch in sich vereinigt. Ich war von meinen Gefühlen überwältigt. Die Tränen strömten nur so aus meinen Augen. Um meine Verwirrung zu überdecken, lehnte er sich zu mir vornüber und sagte gütig, ich solle die Kette unsichtbar unter dem Sari tragen, damit ich nicht Eifersucht und Neid erweckte. Alles drängte sich um mich, um die Kette aus der Nähe zu betrachten, und so fragte ich Baba, ob ich sie hier zeigen dürfe. Er antwortete: „Ja, das sind deine Brüder und Schwestern." Er sagte auch noch, dass das *Mangalasūtra* mir den Schutz der neun Planeten gebe, die durch die neun Steine versinnbildlicht seien und durch sie günstig gestimmt würden.

Einige Zeit später erfuhr ich, dass die zweite Eheschließung, die man Shashthyabda nennt, eine südindische Tradition ist. Wenn ein Mann das Alter von sechzig Jahren erreicht hat, wird für ihn und seine Frau eine spirituelle Hochzeit gefeiert, bei der beide versprechen, einander auf dem spirituellen Pfad zur Verwirklichung Gottes zu helfen. Baba sagt, dass der erste Lebensabschnitt *Bhoga* – der Erfüllung von Wünschen – bestimmt sei, der zweite Abschnitt dem *Yoga* – dem Streben nach der Einswerdung mit Gott. Ich war damals gerade sechzig Jahre alt geworden, und mein Mann siebenundsechzig.

Als alle das *Mangalasūtra* genügend bewundert hatten, sah Baba die beiden Parapsychologen eindringlich an und fragte neckend: „Könnt ihr erklären, wie das vor sich gegangen ist?" Sie schüttelten die Köpfe. Dann sagte er, dass er ihnen deshalb wiederholt Gelegenheit gebe, ihn aus der Nähe beim Materialisieren von Objekten zu beobachten und ihm zuzuhören, weil er wisse, dass ihre Herzen gut seien und dass sie mit ihren Untersuchungen der Menschheit helfen wollten. Dann folgte ein lebhaftes Frage- und Antwortspiel, bei dem die beiden Männer Baba mit Fragen bombardierten, die er geduldig und gutmütig beantwortete. Er erklärte, dass er Objekte durch seinen Samkalpa – den Willen, der Schöpfungskraft in sich birgt – materialisiere. Er fügte hinzu, dass wir das genauso gut tun könnten, wenn wir unsere geistigen Kräfte entwickelten, unsere Herzen reinigten und außerdem die gesamte Schöpfung ebenso liebten wie er.

Frage der beiden Männer: „Was ist die wissenschaftliche Erklärung? Wird die Wissenschaft jemals deine Materialisationen verstehen?“ Baba antwortete: „Die Wissenschaft von der Materie wird sie niemals verstehen können. Der Horizont der Wissenschaft ist begrenzt, weil sie nicht über die manifeste Welt hinausgeht. Die Wissenschaft befasst sich mit Experimenten, Spiritualität dagegen mit Erfahrung und innerer Schau. Ich kann Materie sehen, wo selbst das beste Mikroskop keine mehr entdeckt. Auch der beste Arzt braucht Röntgenbilder und Blut-, Urin- und Stuhlprobenergebnisse, um eine komplizierte Krankheit zu diagnostizieren. Ich brauche nichts. Ich kann euch sofort die richtige Diagnose stellen.“

Die beiden Männer versuchten noch einmal Baba zu überreden, dass er sich für Experimente zur Verfügung stellte. Nun schien Baba ungeduldig zu werden. Er wandte sich zu dem einen der beiden und sagte: „Schau deinen Ring an!“ Als er dieses tat, kam Bestürzung in sein Gesicht. Das Bild auf dem Ring war verschwunden. Sie suchten auf dem Boden danach, aber es konnte keine Spur davon gefunden werden. Fassung und Nuten, die das Bild festgehalten hatten, waren unversehrt.

Während die Suche weiterging, gab Baba im angrenzenden Raum Privatinterviews. Nachdem er uns alle noch einmal einzeln empfangen hatte, deutete er an, dass das Interview zu Ende sei und sagte scherzend zu den Parapsychologen, die nur zögernd ihre Suche nach dem Bild aufgaben: „Das war mein Experiment!“ Wir verließen den Raum im Gänsemarsch und gingen draußen in der Gruppe weiter, noch immer mit dem Rätsel des verschwundenen Bildes beschäftigt. Es war uns klar, dass Baba es auf seine Weise „entfernt“ hatte, und wir fragten uns, was demnächst geschehen würde. Würde der Mann einen neuen Ring bekommen? Wir wussten, dass Baba das manchmal tat, wenn ein Ring verlorenging oder beschädigt war. Oder würde die Fassung als Erinnerung an sein „Experiment“ leer bleiben?

Ich war noch immer wie betäubt von der starken Wirkung, die unsere Wiederverheiratung auf mich ausgeübt hatte, und hätte mich gern an einen stillen Platz zurückgezogen, um über das ganze Erlebnis zu meditieren. Aber die Menschen draußen, die genau darauf achteten, wie lange unser Interview dauerte, sahen unsere Reaktionen, als wir aus dem Raum kamen. Einige eilten herbei und fragten, was sich drinnen ereignet habe, das mich im Handumdrehen in eine schwierige Situation gebracht habe. Soeben hatte Baba mir gesagt, ich solle mein *Mangalasūtra* nicht sichtbar tragen, er hatte aber auch angedeutet, dass ich es zeigen dürfe, wenn es sich um meine Brüder und Schwestern handelte. Was tun? Ich hatte offenbar eine Lektion in „Unterscheidungsvermögen“ zu lernen. Ich erklärte rasch, dass ich etwas Zeit brauchte, um das Geschehene erst einmal zu verarbeiten. Das verstand jeder, denn es ist allgemein bekannt, dass ein Interview bei Baba eine starke Erfahrung ist.

Sowie es mir gelang, mich heimlich zu verdrücken, suchte ich mir einen ruhigen Platz. Ich hatte es dringend nötig, meine Gefühle zu ordnen und mich auf die tiefere Bedeutung des Wie-und-Auf-welche-Weise Baba unser Jubiläum begangen hatte, zu konzentrieren. Ich wusste von früher, dass alles, was Baba tut oder sagt, auf mehreren Ebenen seine Bedeutung hat. Ich wollte versuchen, so viel wie möglich davon in meinem Gedächtnis zu speichern, solange die Erinnerung noch frisch war, damit ich es in den kommenden Monaten verarbeiten konnte. Mein erster, tiefster Eindruck war der einer schweren Verantwortung, obwohl ich zu dieser Zeit noch nicht ganz begriff, was sie beinhaltete.

Zwei Tage später wurden wir erneut zusammen mit den beiden Parapsychologen und einigen anderen *Devotees* ins Interview gerufen. Als wir alle auf dem Boden saßen, schaute Baba zu dem Mann hinüber, der das Bild aus dem Ring verloren hatte, und fragte ihn eigenartig lächelnd, ob er es wiederhaben wolle. Der Mann bejahte und gab Baba auf seine Aufforderung hin den Ring. Baba fragte ihn: „Möchtest du das gleiche Bild oder ein anderes?“ „Das gleiche“, war die Antwort. Baba schloss die Hand um den Ring, blies dreimal darauf, öffnete seine Hand wieder und zeigte uns den Ring. Worauf der Mann bemerkte, dass das Bild dasselbe wie vorher sei, die Fassung aber verschieden. Die beiden Männer waren von der Art, wie Baba „sein Experiment“ erweiterte, so überrascht, dass sie die Kontrolle über ihre Stimmen verloren und in laute Ausrufe ausbrachen. Baba hielt seinen Finger vor die Lippen, um anzuzeigen, dass sie leiser sprechen sollten und führte uns gutgelaunt aus dem Raum.

Eine der beiden Frauen, denen ich bei unserem letzten Besuch bei der Beseitigung ihrer Angst zu helfen versucht hatte, war auch wieder in Puttaparthi, diesmal mit ihrem Mann. Ich setzte die Therapie-Sitzungen mit den beiden fort und hatte bald alle Hände voll zu tun, da noch mehr Personen mitmachen wollten.

Gegen Ende unseres Aufenthalts verbreitete sich das Gerücht, Baba plane, demnächst ein paar Tage in seinem Mädchen-College in Anantapur, das auch in Andhra Pradesh liegt, zu verbringen. Als mein Mann das hörte, beschloss er, Baba um Abreise-Erlaubnis zu bitten, da er bis zu unserem Abfahrtstermin möglicherweise nicht zurück sein würde. Aber wie das so oft der Fall ist, wenn jemand etwas vorhat, womit Baba nicht einverstanden ist, schien er es absichtlich zu verhindern, dass Sidney seine Aufmerksamkeit auf sich ziehen konnte. Je mehr er es versuchte, desto mehr wich Baba aus. Schließlich, als Baba schon in den mit laufendem Motor wartenden Wagen einsteigen wollte, rannte Sidney ihm nach, um ihn zu fragen. Baba richtete sich zu seiner vollen Größe auf, bis er meinen Mann, der an sich viel größer als Baba ist, zu überragen schien, und sagte mit gebieterischer Stimme: „Nein, ihr beide bleibt hier.“ Um dieses Urteil zu bekräftigen, machte er mit seiner Handfläche eine entschieden nach unten gerichtete Bewegung und fuhr los.

Nach seiner Abreise schien der *Ashram* wie leblos. Die Stimmung änderte sich merklich, da man sich von der üblichen intensiven Wachsamkeit erholen konnte, die nötig ist, wenn man jede Bewegung, die Baba macht, verfolgen will. Keiner möchte auch nur einen der wenigen zusätzlichen *Darshans* verpassen. Niemand hatte die geringste Vorstellung, wie lange Baba wegbleiben würde. Er kündigt seine Absichten selten an, und wenn er es doch tut, so ändert er sie höchstwahrscheinlich, und zwar ohne Vorwarnung. Wir versuchten, uns zu entspannen, geduldig auf seine Rückkehr zu warten und die Zeit für die Erledigung der vernachlässigten weltlichen Verpflichtungen zu nutzen.

Am ersten Tag von Babas Abwesenheit kam gegen Abend ein junger Mann, der an den Sitzungen teilgenommen hatte, atemlos zu unserem Zimmer gerannt und bat, ich möge schnellstens zur Frauenseite des Tempelbezirks kommen, wo eine junge Frau alles in Aufruhr versetze. Er sagte, die Freiwilligen seien nicht in der Lage, sie zu bändigen. Sie sei gerade im *Ashram* angekommen und unter der Obhut eines älteren Herrn aus England gereist. Sie sei rasend, gewalttätig und benötige ständig Überwachung, damit sie nicht sich oder anderen Schaden zufüge. Ihr Begleiter oder Bewacher hatte dem jungen Mann erzählt, er kenne sie schon lange. Sie sei, bevor sie geistig so gestört wurde, eine ausgezeichnete Studentin gewesen und die jüngste Frau, die jemals in England zur Schuldirektorin bestellt worden sei. Die dramatische Veränderung sei geschehen, als sie unbedacht mit einer Gruppe in Berührung gekommen sei, die sich christlich genannt, in Wirklichkeit aber Schwarzmagie betrieben habe. Der Irrtum sei ihr erst bewusst geworden, als sie an einer Schwarzen Messe habe teilnehmen müssen. Ihre augenblickliche Verfassung sei direkt auf jene schreckliche Erfahrung zurückzuführen. Nachdem er in aller Eile diese Fakten berichtet hatte, drängte der junge Mann sehr darauf, dass ich mitkommen solle, um zu helfen. Er hatte die Frau mitten im Areal, wo die Frauen sich aufhalten dürfen, zurückgelassen. Weder er noch der männliche Begleiter der Frau durften laut *Ashram*-Vorschriften dort länger verweilen.

Es wäre eine Untertreibung zu sagen, dass ich entsetzt war. Ich hatte keine Ahnung, wie ich mich in einer solchen Situation verhalten sollte. Außerdem war ich zu einem Eingreifen überhaupt nicht befugt und konnte Baba, der in Anantapur war, nicht um Erlaubnis fragen. Es war eindeutig eine Aufgabe für die weiblichen Freiwilligen, die sich der Frauen anzunehmen haben. Ihnen obliegt es, die wenigen Vorschriften durchzusetzen, damit Ordnung und Anstand unter den weiblichen *Devotees* gewährleistet ist. Ich machte ein paar Einwände in diese Richtung, aber der junge Mann sagte, dass dies keine alltägliche Angelegenheit sei und dass ich seiner Ansicht nach die einzige Frau im *Ashram* sei, die dieser Frau helfen könne. Ich ging also mit ihm, um zu sehen, was geschehen war. Mein Mann bestand darauf, uns zu begleiten.

Als wir uns von der Frauenseite her dem Tempel näherten, bot sich uns eine wilde Szene. Einige der Freiwilligen versuchten krampfhaft, die junge Frau festzuhalten. Sie war völlig unpassend angezogen und schrie und tobte unmittelbar vor dem Tempel, wo rigoroses Schweigen geboten ist. Da Babas Privaträume und der Interviewraum sich innerhalb des Tempels befinden, ist es unerlässlich, dass in dessen unmittelbarer Nähe absolute Stille gewahrt wird.

Die Frau widersetzte sich den Freiwilligen so brutal, dass diese, um den Schlägen und Stößen ihrer Arme und Füße zu entgehen, sie am ausgestreckten Arm festhalten mussten. Die Situation schien ausweglos. Noch bevor ich Zeit zu einer Überlegung fand, was zu tun war, sah ich mich auch schon zu ihr hinrennen, als ob eine fremde Macht, nicht mein bewusster Wille, mich antrieb. Genauso automatisch nahm ich die junge Frau in meine Arme, zog sie behutsam zu mir auf den Boden und wiegte sie wie ein verletztes Kind in meinem Schoß. Ich begann besänftigend auf sie einzureden, worauf sie, stutzig geworden, zu mir aufsah und mich fragte: „Sind Sie Engländerin?" Als ich antwortete, dass ich in England geboren und erzogen worden sei, seufzte sie auf und lehnte sich an mich.

In diesem Augenblick kam mein Mann herbeigeeilt, wurde aber von einer der Freiwilligen verscheucht, da er sich hier auf für Männer verbotenem Gelände befand. Ich sah, dass er Angst hatte, es könnte mir etwas zustoßen. Hastig versicherte ich der jungen Frau, dass ich versuchen würde, ihr zu helfen. Ich überredete sie dazu, dass sie mir erlaubte, sie in einen anderen Teil des *Ashrams* zu bringen. Sie stimmte sanftmütig zu. Mehr tragend als führend brachten wir sie mit Hilfe einer anderen Frau an einen Platz, wo wir besprechen konnten, was als nächstes zu tun war. Währenddessen kam ihr Begleiter mit ihrem Zimmerschlüssel herbeigeeilt. Sein Gesicht und seine Arme waren von Schnitten und Kratzern bedeckt. Sie waren ihm – wie wir anschließend erfuhren – von seinem Schützling auf dem Flug nach Indien beigebracht worden.

Erst als wir in ihrem Zimmer waren, hatte ich Muße, sie näher in Augenschein zu nehmen. Der Anblick war grausig. Sie sah aus wie ein Skelett, war völlig verschmutzt, ihre Haare verfilzt, die Kleider zerrissen, und ihr Gesicht weiß wie ein Leintuch. Aber vor allem der

Ausdruck ihrer Augen sprach Bände von dem, was sie durchgemacht hatte. Mein Herz tat weh, als ich sie so sah, aber ich hatte nicht die leiseste Ahnung, wie ihr zu helfen war. Alles was ich in dem Augenblick wusste, war, dass sie verzweifelt Liebe und Mitgefühl brauchte.

In den folgenden Tagen bemühte sich eine kleine Gruppe von Westlern um sie, indem sie ihr auf praktische Weise Hilfe leisteten. Einige Frauen schenkten ihr Saris und zeigten ihr, wie sie zu tragen waren, andere brachten Bettzeug und etwas zu essen. Ich half ihr, ein Bad zu nehmen, und kämmte die Knoten aus ihrem Haar. Als sie allmählich, zögernd und voller Furcht über ihre Erlebnisse zu sprechen anfing, war ich entsetzt über das Ausmaß der hypnotischen Macht, die die Leute dieser sogenannten „christlichen Gruppe" ausüben mussten, der sie sich ahnungslos angeschlossen hatte. Ich war bestürzt über die totale Unterjochung und den Terror, unter dem sie gestanden haben musste. Ich benutzte alles, was ich je gelernt hatte, um sie zum Sprechen zu bringen und ihr zu zeigen, wie sie einige der grausigen Symbole und Erscheinungen, die sie, wie sie sagte, in ihrem Kopf „sah", zum Verschwinden bringen konnte. Ich fühlte mich unerfahren in der Behandlung eines so schweren Falls und wusste, dass Baba durch mich handeln musste, wenn sie von den bösen Kräften, die sie auch aus der Ferne immer noch kontrollierten, befreit werden sollte.

Manche Menschen bemerkten, dass ihnen neuerdings sehr seltsame Dinge zustießen. Sie berichteten, dass sie sich, wann immer sie mit ihr in Kontakt kamen oder auch nur an ihrer Tür vorbeigingen, wenn sie sich im Zimmer befand, schwach, krank, verwirrt oder deprimiert fühlten. Einer Frau, die ihr lediglich ein Taschentuch geliehen hatte, wurde sehr übel, als sie es aus der Wäscherei zurückbekam und es in den Koffer legen wollte. Erst als sie es verbrannt hatte, fühlte sie keine Beschwerden mehr. Immer mehr Frauen kamen mit solchen Geschichten an, und plötzlich durchfuhr es mich, dass ich, die ich doch so viel Zeit mit ihr verbrachte, keine derartigen Probleme hatte. Das wunderte mich sehr, da ich auf negative Gefühle und Schwingungen immer besonders empfindlich reagiert hatte. Warum blieb ich in diesem Fall verschont, während andere Menschen Schwierigkeiten hatten?

Eines Morgens, als mir die Frau besonders verstört und verängstigt vorkam, musste ich instinktiv nach Babas Bild greifen, das am *Mangalasūtra* hängt, und fragte ihn im Geiste, was ich tun sollte. Natürlich! Hatte er mir nicht gesagt, dass er mir den Schutz der neun Planeten schenken würde? Ich hatte damals nicht ganz verstanden, was er damit meinte. Hier musste der Grund zu suchen sein, weshalb ich als einzige den negativen Kräften gegenüber immun war. Der Gedanke tröstete mich; aber ich fühlte mich auch sehr alleingelassen. Mehr denn je war mir bewusst, dass ich Baba ständig um seine Hilfe bitten musste.

Alle waren glücklich, als Baba wiederkam. Insbesondere wir, die wir von diesem Fall betroffen waren. Wir setzten als selbstverständlich voraus, dass nur er die Verantwortung für diese bizarre Situation übernehmen würde. Wir hofften, er würde die Frau heilen, sie von ihren Unterdrückern befreien. Was geschah, war, dass Baba durch die Freiwilligen die Anweisung gab, ich solle mich mit ihr während des Morgen- und Nachmittags-*Darshans* an die Mauer vor dem Interviewraum setzen – genau unter seine Privaträume, die im oberen Stock liegen. Die Wirkung, die dieser Sitzplatz auf das Mädchen hatte, war außerordentlich. Allem Anschein nach begann Babas durch die Tempelmauern fließende Energie ihr Bewusstsein wachzurütteln und ihr Hunderte von verschiedenen Symbolen einzugeben, die ihr die vergangenen Erlebnisse wieder vor Augen führten. Sowie die Bilder auftauchten, die sie mir einzeln schilderte, entdeckte ich, dass ich ihr beim Verstehen und Loslassen der Bilder helfen konnte, indem ich sie Baba „übergab“. Die Ängste und die Tortur, die sie während dieses Prozesses über sich ergehen lassen musste, waren so immens, dass sie unkontrolliert zu zittern anfing. Gottlob war ihr bewusst, was hier vor sich ging und wie notwendig es war, und so arbeitete sie mit, so willig, wie es ihr möglich war. Auf diese Weise konnte sie sich wenigstens so weit von ihren verdrängten Erfahrungen befreien, dass sie zur Zeit unserer Abreise in der Lage war, einigermaßen normal mit sich umzugehen.

Heute glaube ich, dass, wenn die Frau unmittelbar nach ihrer Ankunft direkten Kontakt mit Baba bekommen hätte, die Auswirkung seiner Energie stärker gewesen wäre, als sie es zu ertragen vermocht hätte. Ich hörte einige Zeit später, dass er sie anwies, während des bevorstehenden *Shivarātri*-Festes, bei dem die Atmosphäre mit *Shivas* Energie geladen ist, nicht im *Ashram* zu bleiben. Vielleicht, weil es in ihrem geschwächten Zustand zuviel für sie gewesen wäre.

Bald nach seiner Rückkehr aus Anantapur diskutierte Baba mit Jack Hislop und meinem Mann die Notwendigkeit der Einrichtung eines Komitees zur Organisation und Beaufsichtigung der wachsenden Anzahl von Sai-Baba-Zentren in den Vereinigten Staaten. Da immer mehr Menschen nach Indien reisten, um Baba zu sehen, trafen sich nach der Rückkehr auch immer mehr Menschen zum *Bhajan*-Singen und um ihre Erlebnisse mit anderen *Devotees* zu teilen. Einige der Gruppen, die so entstanden waren, formierten ein Zentrum. Nun, da die Anzahl der Zentren so schnell wuchs, wurden Richtlinien benötigt, die bei der Organisation der Zentren hilfreich waren – ähnlich wie in Indien, aber in einer Form, die sich auf unsere westlichen Verhältnisse praktisch anwenden ließ. Baba bat Jack und Sidney um einen kurzen Entwurf ihrer Vorstellungen. Diesen sollten sie ihm dann zur Billigung vorlegen. Die beiden trafen sich mehrmals zu Besprechungen.

Gegen Ende unseres Aufenthalts kündigte Baba an, dass in der dritten Novemberwoche, unmittelbar vor den Feierlichkeiten zu seinem fünfzigsten Geburtstag, die zweite Weltkonferenz abgehalten werden würde.

Kurz vor unserer Abreise gab uns Baba ein Abschiedsinterview, bei dem er uns zur Teilnahme an dieser Konferenz einlud. Er erkundigte sich auch nach meinen Kopfschmerzen. Als ich ihm sagte, sie träten immer noch auf, materialisierte er ein kleines zylinderförmiges Plastikfläschchen mit Pillen und verordnete mir davon je eine täglich. Ich betrachtete die Phiole genauer und sah mit Erstaunen, dass sich auf dem runden Deckel als einzige Markierung ein kleines Dreieck mit dem Buchstaben K befand. Als wir in Bangalore ankamen, fragten wir in verschiedenen Apotheken nach, ob dies das Markenzeichen eines Herstellers sei. Aber keiner konnte etwas damit anfangen. Wir kamen zu dem Schluss, dass ich hier ein weiteres von Babas Rätseln vor mir hatte, dass ich versuchen würde zu lösen. Mein erster Gedanke war, dass sich das Symbol aus den beiden von mir am häufigsten für meine Arbeit benutzten Figuren – Kreis und Dreieck – zusammensetzte und dass unser Nachname mit K anfängt. Vielleicht ließ mich Baba auf diese sehr originelle Art wieder einmal wissen, dass er über die Methoden, die ich benutzte, Bescheid weiß.

Erfüllt von seinem Segen fuhr ich ab. Ich hatte eine Riesenmenge an Lehren und Erfahrungen zu verarbeiten, bevor ich sie im Alltag praktisch anwenden konnte. Damals begriff ich allmählich, dass vieles von dem, was Baba sagt – in Reden oder im persönlichen Kontakt – manchmal Jahre brauchte, bis ich es wirklich verstanden hatte. Seine Botschaften müssen auf vielen Ebenen und vielschichtig gedeutet werden, damit der ganze Umfang einer Lektion deutlich wird.

Vierzehntes Kapitel

Ende Februar kamen wir nach Hause, und im November würden wir bereits wieder in Indien sein, um bei der zweiten Weltkonferenz und Babas fünfzigstem Geburtstag dabei zu sein. Wir hatten gewiss nicht damit gerechnet, so bald wieder zu ihm zu reisen, aber Baba hat seine eigene Art, seine Wünsche zu äußern, die alle persönlichen Pläne annulliert. Wir stellten diesen Termin also nicht in Frage.

Die Monate, die dazwischen lagen, waren mit weltlichen Aktivitäten ausgefüllt. Als erstes beschlossen wir, aus der Wohnung in ein Haus umzuziehen. Im August konnten wir übersiedeln. Anschließend blieb uns gerade genügend Zeit zum Einrichten und was zum häuslichen Niederlassen alles dazugehört, bevor wir uns Mitte November wieder nach Indien aufmachten.

In Puttaparthi angekommen, wurden wir gleich mit der Überraschung konfrontiert, dass wir mit zwei weiteren Ehepaaren ein Zimmer teilen sollten. Das erstaunte uns wirklich. Es kam uns sehr eigenartig vor, dass Männer und Frauen beim *Darshan* und sonstigen Zusammenkünften getrennt sitzen, zum Schlafen aber gemeinsam untergebracht werden sollten, was ja engste und intime Nähe zueinander bedeutete. Als wir unser Zimmer erreichten, stellten wir allerdings freudig fest, dass das eine Ehepaar Janet und Dick Bock waren, die einige Tage vor uns angereist waren und es sich schon „bequem“ gemacht hatten. Ein, zwei Tage später kam das andere Ehepaar an, was den Raum recht eng werden ließ. Am Abend mussten wir unser Bettzeug äußerst vorsichtig ausbreiten, denn wir hatten kaum Platz für unsere sechs Matratzen. Selbst bei größter Rücksichtnahme konnte einer, der sich in der Nacht im Bett umdrehte, leicht auf dem Schläfer zur Linken oder Rechten landen. Es war so etwas wie die Kostprobe eines Lebens in der Kommune. Wir schliefen nicht nur im gleichen Raum, sondern kochten, wuschen – uns selbst und unsere Kleider – und zogen uns darin an und aus. Wir entwickelten uns zu Experten darin, wie man abwechselnd die Wasch- und Kochgelegenheiten benutzt, und lernten bald, uns so diskret wie eben möglich zu waschen und anzukleiden. Es gab viele komische und auch gespannte Situationen, aber es gelang uns doch, auf dem beengten Raum miteinander auszukommen. Von damals stammt unser Spruch, dass eine Freundschaft wie die mit den Bocks, die einen solchen Test überlebte, wohl recht solide und in der gemeinsamen Liebe zu Baba verankert sein muss.

Die Konferenz dauerte zehn Tage, von denen jeder mit diversen Aktivitäten und Feierlichkeiten ausgefüllt war. Zum ersten Mal hatten wir die Gelegenheit, die Mitglieder dieser weitverzweigten, gigantischen Organisation, die sich um Baba herum entwickelt hat, in Aktion zu beobachten. Als Babas Lehren in Indien bekannt wurden, entspann sich ein riesiges Netz von Sai-Baba-Zentren, das es den *Devotees* ermöglicht, zum *Bhajan*-Singen zusammenzukommen, Babas Botschaft zu studieren und sich mit *Seva* – dem Dienst an der Gemeinschaft – zu befassen.

1967 wurde die erste gesamtindische Konferenz abgehalten. Hier sollte ein Konzept ausgearbeitet werden, das die Einheitlichkeit aller Zentren festlegt. Baba regte folgende wenige und einfache Richtlinien an, um den Prozess zu erleichtern:

1. Männer und Frauen haben sich in getrennten Gruppen zu treffen und zu arbeiten.

2. Diese Gruppen – Samitis genannt – dürfen für gar keinen Zweck Geld einsammeln.

3. Es dürfen keine Mitgliedsbeiträge bezahlt werden.

Baba betont sehr, dass es nicht ratsam ist, spirituelle Aktivitäten mit finanziellen Transaktionen zu vermengen. Er wünscht nicht, dass sein Name in irgendeiner Weise mit Geld in Verbindung gebracht wird.

Ein Zweig des selbstlosen Dienens in der Organisation – *Sevadal* genannt – wurde ebenfalls gebildet. Baba lehrt, dass es nicht genügt, sich nur auf den eigenen spirituellen Weg zu konzentrieren. Ebenso wichtig ist es, den anderen innerhalb der Gemeinschaft zu dienen, besonders denen, die ärmer sind als wir.

Als sich die Organisation ausbreitete und immer mehr Menschen den Weg zu Baba fanden, formierten sich weitere Unterabteilungen. Die erste von diesen war Mahila Vibhag – der Frauen-Flügel. Unter seiner Aufsicht startete das sogenannte *Balvikas*-Programm, das die Aufgabe hat, die kleinen Kinder der *Devotees* im Sinne von Babas Lehren zu erziehen. Daraus entwickelte sich die Idee, diese Erziehung weiterführend bis auf College-Ebene auszuweiten.

Mit der allmählichen Entwicklung all dieser Teilaspekte begann sich nach und nach Babas Ziel – dass alle Menschen sich ihres innewohnenden Gottes bewusst werden – in der Zusammenarbeit dieser vielen Menschen abzuzeichnen. Die Mitglieder der jungen Organisation waren aufgefordert, Babas Lehren in ihrem Leben zu verwirklichen, so dass sie wie Hefe im Teigklumpen der Gemeinschaft wirkten, in der sie leben. Dies wiederum würde sich auf das ganze

Land auswirken. Baba sagt: „Mein Leben ist meine Botschaft“, und erwartet von jedem einzelnen *Devotee*, dass er seinem Beispiel folgt.

An der ersten Weltkonferenz hatten nur wenige *Devotees* aus anderen Ländern teilgenommen. 1975 war die Anzahl bereits so gestiegen, dass es für nötig erachtet wurde, Richtlinien für die in nicht-indischen Ländern entstehenden Gruppen auszuarbeiten. In diesem Sinne hatte Baba Anfang des Jahres mit Jack Hislop und meinem Mann gesprochen.

Schon frühzeitig kamen Mitglieder des *Sevadal* aus ganz Indien angereist, damit sie bei den umfangreichen Vorbereitungen mithelfen konnten. Sie arbeiteten Tag und Nacht, fegten, putzten und dekorierten die Gebäude und Plätze. Sie bereiteten die großen Hallen – Sheds genannt – als Schlafquartiere für die Delegierten vor, halfen dem Verband der Organisatoren, sanitäre Einrichtungen und ärztliche Hilfe bereitzustellen und zu betreuen und machten sich in Küchen und Kantinen nützlich. Es war ein Erlebnis für sich, den Geist der Hingabe zu beobachten, in dem sie all diese Arbeiten ausführten. Aus ihm sprach die heilsame Wirkung, die Baba und seine Lehren auf diese Menschen ausgeübt hatte.

Neben den Delegierten strömten täglich Tausende von *Devotees* und Pilgern in den *Ashram*. Sie kamen aus ganz Indien, auf Motorrädern, Fahrrädern, in Bussen, mit Autos, Pferdewagen und Büffelkarren. Die Straße zum *Ashram* war so dicht verstopft, dass man sich auch innerhalb des *Ashrams* auf den Wegen kaum vorwärtsbewegen konnte. Das ganze Gelände surrte von der Betriebsamkeit Tausender von Menschen. Es waren ihrer viel zu viele, als dass sie in den Appartement-Häusern oder Hallen, die zunächst nur für Delegierte geöffnet waren, hätten Platz finden können. Um die Situation zu erleichtern, gab Baba Erlaubnis, provisorische Unterkünfte zu errichten und dafür alles Material, das im Umkreis aufgetrieben werden konnte oder von den Pilgern mitgebracht worden war, zu verwenden. So hatten auch diese Menschen einen Schutz vor der Hitze des Tages und der schneidenden Kälte der Nacht.

Seltsam anmutende Konstruktionen schossen wie Pilze aus dem Boden. Sie bestanden aus allerlei Restmaterialien und Stangen, die mit Zeltplanen, Lappen oder Kleiderfetzen bedeckt waren. Unter diesen Behelfsunterständen kampierten die Menschen gruppenweise, mit ihrem Bettzeug, den Kochutensilien und all ihrer sonstigen Habe. Wer nichts besaß, lebte im Freien auf dem bloßen Erdboden, der Witterung und allen Vorübergehenden ausgesetzt, sei es Mensch oder Tier. Ihre täglichen Handgriffe verrichteten sie vor aller Augen. Man konnte sehen, wie sie, anstatt zu baden, ihre Körper einölten, sich kämmten und anzogen, kochten, aßen, schliefen und sich ihren zahlreichen Kindern aller Altersstufen widmeten. Das *Ashram*-Gelände war so voll, dass man sehr vorsichtig gehen musste, um nicht auf ein schlafendes Kind zu treten, auf einen Kleiderhaufen oder einen Sack mit Lebensmitteln. Viele kampierten auf den loggia-artigen Gängen, die auf allen Gebäude-Etagen die Appartements säumen. Wir mussten lernen, uns an das Schnarchen und Husten der Menschen, das Kindergeschrei und viele andere nächtliche Geräusche zu gewöhnen, die durch die glaslosen, offenen Fenster hereingeweht wurden.

Jeden Trag trafen sich Gruppen aus Indien und anderen Ländern, um die vielen Fragen zu besprechen, die sich in ihren Zentren ergeben hatten. Es wurden Wege gesucht, wie die Aktivitäten verbessert und ausgeweitet werden konnten, besonders jene, die sich auf *Seva* bezogen. Es gab Zusammenkünfte der Übersee-Delegierten, die darüber diskutierten, wie die in den indischen Zentren befolgten Richtlinien in ihrem jeweiligen Kulturkreis am besten anzuwenden seien.

Durch all diese Aktivitäten hindurch bahnte sich Baba ab und zu einen Weg, mal hier, mal dort während einer Sitzung plötzlich im

Eingang auftauchend. Er hörte dann ein paar Minuten zu, kommentierte etwas und verschwand wieder, um an einer anderen Stelle zu erscheinen. Nichts, was geschah, entging seiner Oberaufsicht.

Mit Babas Einverständnis wurde ein Sathya-Sai-Komitee für Amerika ins Leben gerufen. Es beinhaltete ein zentrales Komitee von drei Männern, mit Hislop als Präsident, meinem Mann als Schriftführer und Kassenwart und Richard Bayer als Vizepräsident. Daneben gab es achtzehn Direktoren, die das Komitee in den verschiedenen Landesteilen vertreten würden.

Zusätzlich zu den Arbeitstreffen am Tag gab es Abendveranstaltungen wie Konzerte, Theateraufführungen und regionale Volkstänze, die von den *Balvikas*-Kindern und Jugendgruppen dargeboten wurden. Das sehnlichst erwartete Ereignis waren jeweils Babas erbauliche und zu Herzen gehende Ansprachen, die er oft mit dem Vorsingen einiger *Bhajans* beendete, die alle Anwesenden dann mitsangen. Bei solchen Anlässen war das Auditorium stets bis zum Bersten gefüllt mit Delegierten. Tausende von Pilgern versammelten sich um das Auditorium herum und konnten so, mit Hilfe von Lautsprechern, die überall verteilt worden waren, an dem Ereignis teilnehmen.

Als sich der Höhepunkt der Feierlichkeiten, Babas fünfzigster Geburtstag, näherte, strömten noch mehr Menschen in den *Ashram* und mischten sich unter die bereits auf engstem Raum zusammengepferchte Menschenmasse. Die Erregung wuchs. Da Babas Geburtstag diesmal ein Jubiläum war, bedeutete er den Besuchern noch mehr als sonst.

Als der Tag endlich da war, saß die Menge – jeder in seinem schönsten Kleid – in ordentlichen Reihen vor dem Tempel, auf dem angrenzenden Gelände und wo immer Platz zu finden war. Wir fragten uns, wann Baba kommen und wo er stehen würde, um einer so immensen Menge seinen Anblick vermitteln zu können. Wir warteten und warteten, mit gekreuzten Beinen auf dem Boden sitzend. Plötzlich vernahmen wir das ungewohnte Geräusch eines Hubschraubers. Alle Köpfe hoben sich und alle Blicke richteten sich nach oben, um zu sehen, woher das kam. Fast im gleichen Augenblick taten alle einen tiefen Atemzug. Keiner traute seinen Augen so recht. Da oben war Baba – deutlich erkennbar. Er lehnte aus dem Hubschrauber und winkte der Menge mit seinem weißen Taschentuch. Sein orangefarbenes Kleid war klar zu sehen, und sein schwarzes Haar hob sich deutlich vom tiefblauen Himmel ab.

So also hatte er das Problem gelöst, wie er der Riesenmenge, für die dies ein glückverheißender Tag war, *Darshan* geben konnte. Er wusste, wenn er unter ihnen hin und her gegangen wäre, und selbst wenn er auf seinem Elefanten Sai Gita geritten wäre, hätte man ihn in der Menge nicht mehr sehen können und nur wenige hätten seinen *Darshan* bekommen. So aber konnte ihn jeder gut sehen. Als der Hubschrauber seine Kreise immer enger zog, tiefer herunter kam und hier und dort über den Köpfen der Wartenden schwebte, während Baba sein Taschentuch schwenkte und voll kindlicher Freude über die Wirkung seiner Überraschung übers ganze Gesicht strahlte, weinten viele vor Rührung.

Als die Sehnsucht jedes Einzelnen nach *Darshan* gestillt war, bedeutete er dem Piloten, vor dem Tempel zu landen. Dort stieg er aus und ging zu anderen Dingen über. Als Geschenk für jeden Besucher gab es *Prasad* – zwei Arten Süßigkeiten aus Reis –, die von Mitgliedern des *Sevadal*, College-Buben und Freiwillige verteilt wurden. Wenn man die riesige Anzahl der Menschen berücksichtigt, an die das *Prasad* in so kurzer Zeit ausgegeben werden musste, war dies eine unglaubliche Leistung, die nur deshalb reibungslos und erfolgreich abgeschlossen werden konnte, weil sie von Baba veranlasst und von seinen ergebenen Anhängern ausgeführt wurde.

An diesem Abend war das Poornachandra-Auditorium bis zum Überquellen gefüllt. Alle saßen auf dem Boden, rundum von Körpern eingeklemmt, was jede Bewegung unmöglich machte. Aber offenbar empfand keiner dieses beschwerliche, zusammengepferchte Sitzen als zu hohen Preis für das Privileg, Babas Geburtstagsansprache hören zu dürfen.

Baba begann unvermittelt mit einem Gesang und ging dann zur Ansprache über, die Stück für Stück ins Englische übersetzt wurde. Er äußerte zunächst seine große Freude darüber, dass sich so viele Tausende spiritueller Suchender für dieses Fest eingefunden hatten. Weiter sagte er, dass eine tiefe Sehnsucht, ein tiefempfundenes Bedürfnis diese Menschen hierher gebracht habe und dass sie sich Hilfe und Inspiration erhofften, damit sie ihr Leben sinnvoller gestalten könnten. Wenn ihnen dies gelänge, würden sie mithelfen, die Rechtschaffenheit in der Welt wiederzubeleben. Dies sei die Mission, für die er selbst in dieser kritischen Zeit der Weltgeschichte gekommen sei.

Er sagte: „Jeder von euch muss eine innere Leere, einen Durst, einen unerfüllten Drang, eine göttliche Unzufriedenheit oder einen inneren Ruf gespürt haben, der euch veranlasst hat, die weite Reise hierher zu unternehmen, so viele Hindernisse zu überwinden, euch mit ungewohnten, beschwerlichen Umständen abzufinden, bis ihr hier angelangt seid, um neue Kraft und Führung zu erhalten."

Es ist Babas Gewohnheit, sich am Abend seines Geburtstags auf der Bühne des Auditoriums in eine geräumige Schaukel, die *Jhoola* genannt wird, zu setzen und sich von einigen College-Buben, die die Schaukel in Bewegung halten, sanft wiegen zu lassen. Zu diesem Anlass trägt er ein reinweißes Kleid anstelle des üblichen orangeroten. Damit will er die Reinheit der Gottesmacht, die im Herzen eines jeden auf das Erkanntwerden wartet, betonen und ins Gedächtnis zurückrufen. Diesem Ritual folgte eine weitere, nahegehende Rede, in der er jeden dringend ersuchte, Verbindung mit dieser inneren Kraft zu suchen.

Tags darauf gab Baba die offizielle Erlaubnis zur Heimreise. Ein Massenexodus war die Folge. Die Prachtentfaltung der vergangenen zehn Tage mit all ihrer Farbigkeit, mit Musik und Tanz, mit ihrer Hochstimmung und ihren intensiv erlebten Gefühlen ließen einen zum tiefsten Kern seines Wesens vordringen. Viele waren tief bewegt, und keiner konnte umhin, sich in irgendeiner Weise zum Besseren zu verändern.

Fünfzehntes Kapitel

Da wir 1975 zweimal bei Baba gewesen waren, ließen wir die Reise 1976 ausfallen. Mein Mann war mit verschiedenen Arbeiten im Zusammenhang mit dem neuen Komitee beschäftigt, und ich brauchte die Zeit, um über alle Erfahrungen nachzudenken und meine Arbeit wieder aufzunehmen, die zusehends mehr wurde.

Ich dachte oft an Babas Ermahnung bei unserem ersten Besuch, 1973, dass ich nicht nach Indien zu fliegen brauchte, um „diesen kleinen Körper zu sehen", sondern dass ich sein Gegenstück in meinem Herzen finden solle. Er fordert uns auf, ihn in der *Jhoola* unseres Herzens schaukeln zu sehen. Ich wusste, dass ich jetzt mehr denn je versuchen musste, seinen Rat in die Tat umzusetzen. Das war nun, da ich ihn wirklich in der *Jhoola* gesehen hatte, umso bedeutungsvoller. Es prägte die Botschaft in allen Ebenen meines Bewusstseins tief ein, nicht nur in den mir bewussten, sondern auch im unbewussten Bereich, für den Symbole eine große Rolle spielen.

Viel zu tun hatten wir auch mit den Vorbereitungen für die Hochzeit unserer jüngeren Tochter Lorna, die im Januar stattfinden sollte. Nach unserem ersten Besuch 1973 begannen unsere beiden

Töchter, sich für Baba zu interessieren. Jedes Mal, wenn wir zu ihm reisten, baten sie uns, Briefe an ihn mitzunehmen. Die ältere der beiden, Sheila, war seit eh und je mehr fürs Berufsleben gewesen, während Lorna von Kindheit an davon geträumt hatte, Ehefrau und Mutter zu werden. Ihr erster Brief an Baba, im Januar 1975, enthielt die Bitte, ihr bei der Suche nach dem richtigen Mann zu helfen.

Nach unserer letzten Indienreise erzählte sie uns zu unserer großen Überraschung, dass sie inzwischen einen Ed Taylor kennengelernt habe und ihn heiraten wolle, denn sie sei sicher, die Begegnung mit ihm sei die Antwort auf ihren Brief an Baba.

Am Jahresende wurde die Verlobung bekanntgegeben und die Hochzeit für Mitte Januar 1976 festgesetzt. Wir beschlossen, den beiden als Hochzeitsgeschenk etwas Bargeld als Grundstock für den Kauf eines Hauses zu geben und schlugen ihnen vor, sich nach etwas Passendem umzusehen, während wir bei der Weltkonferenz waren. Wir nahmen einen Brief mit, in dem Lorna Baba bat, ihnen zu helfen, das richtige Haus zu finden. Sie konnten es kaum erwarten, uns wiederzusehen und uns freudestrahlend zu erzählen, dass sie ein Haus gefunden hatten, das ihnen beiden gefiel. Wir sollten es uns möglichst bald ansehen.

Die Hochzeit fand im kleinen Familienkreis statt. Der erste Teil von Lornas Traum, eine strahlende Braut zu sein, erfüllte sich. Ich dankte Baba von ganzem Herzen für Lornas Glück und hoffte, dass all ihre Träume in Erfüllung gehen würden.

Später in diesem Jahr machte ich eine sehr ungewöhnliche Erfahrung, die einmal mehr Babas allgegenwärtige Liebe und seinen Schutz demonstrierte. Auch seine Erklärung, dass die Ringe und Medaillons, die er materialisiert und den Menschen gibt, tatsächlich Verbindungsglieder sind, durch die die Menschen in Zeiten der Not seine Hilfe erbitten können, fand ich bestätigt.

Am Morgen des 14. Juli erwachte ich aus einem besonders eindrucksvollen Traum. Darin befand ich mich in einer langen Schlange von Menschen, die, jeder einzeln, von verschiedenen Richtern geprüft werden sollten. Ich hatte keine Ahnung, worin die Prüfung bestand. Als ich an der Reihe war, hörte ich, wie die Richter überrascht feststellten, dass „diese da" – damit war ich gemeint – imstande sei, „mit dem ganzen Atem zu atmen." Das war offenbar die Prüfung. Ich erinnere mich, dass ich verwirrt war, da ich kein *Prāṇāyāma* oder irgendwelche anderen Atemübungen praktizierte und mir auch nicht bewusst war, auf welche Weise ich atmete.

Wie jeden Morgen machten mein Mann und ich nach dem Aufwachen eine Art Tai-Chi-Übungen mit anschließender Meditation. Gleich zu Beginn der Übungen hatte ich das starke Gefühl, dass Baba nur ein paar Zentimeter entfernt vor mir stand. Ich konnte ihn nicht wirklich sehen, aber den Raum, den er ausfüllte, seinen Umfang und seine Größe im Vergleich zu meiner konnte ich deutlich wahrnehmen. Als nächstes war mir bewusst, dass er etwas, das wohl Energie sein musste, in mein Sonnengeflecht buchstäblich hineinfließen ließ. Ich war erstaunt, wie einfach es war, zu entspannen und einzuatmen, und ich hoffte, ich würde auch in Zukunft so offen sein wie gerade eben, um auf diese Weise von ihm zu empfangen. Trotz allem brachte ich diese neue Art zu atmen nicht mit dem kurz zuvor gehabten Traum in Verbindung. Ich war mit Kopfschmerzen aufgewacht und hoffte, dass er sie auf diese Art vielleicht lindern wollte, und dankte ihm still.

Das ungewöhnlich starke Gefühl seiner Gegenwart setzte sich während der Übungen und bis in die Meditation hinein fort. Ich fühlte ihn ganz in mir und spürte, wie seine Energie durch den gesamten Körper zirkulierte. Sie rief ein prickelndes Gefühl wie von tausend Nadelstichen hervor. Es war so eigenartig, dass ich es zu jener Zeit meinem Mann nicht erzählte.

Nach dem Frühstück duschte ich mich in seinem Badezimmer, anstatt in dem, das ich sonst immer benutze, da dieses gerade neu gestrichen wurde. Nachdem ich es verlassen hatte, ging mein Mann hinein. In der nächsten Sekunde hörte ich ein Krachen. Sidney war auf den nassen Fliesen ausgerutscht und über die zur Dusche hinunterführende Stufe auf den Rücken gefallen. Er lag reglos da, schien kaum zu atmen und stöhnte nur leise, als ich ihn fand.

Ich fühlte Babas Gegenwart noch stark in mir und rief ihn sofort um Hilfe an. Irgendwie wurde mir die nötige Kraft gegeben, Sidney aus der Dusche heraus auf die Badematte zu ziehen. Dann drehte ich ihn auf den Bauch – eine Leistung, die mir aus eigener Kraft niemals möglich gewesen wäre. Ich sah mit Entsetzen, dass sein Brustkorb auf der rechten Seite eingesunken war und dass sich dort zwei bösartig aussehende Verfärbungen zu zeigen begannen. Im oberen Teil des Rückens tauchten schwarze und blaue Flecken auf. Hastig griff ich nach einem Päckchen von Babas *Vibhuti* und meinem *Mangalasūtra*, das auf dem Badezimmertischchen lag, gab beides auf seinen Rücken und massierte behutsam die *Vibhuti* ein, während ich nochmals Baba um Hilfe anflehte. Die Tränen schossen mir in die Augen, als ich sah, wie die Rippen sich unter meinen Fingern zu bewegen begannen und der Rücken eine normale Form annahm. In diesem Augenblick tat Sidney einen tiefen Atemzug und begann zu sprechen und normal zu atmen. Ich fuhr fort, *Vibhuti* auf die gequetschten Stellen zu reiben. Dabei sah ich fassungslos, dass die Flecken zu verblassen begannen, fast so, als ob sie ausradiert würden. Ich fühlte aber noch gebrochene Knochen unter meinen Fingern und konnte hören, wie sie aneinander schabten.

Als ich es für ungefährlich hielt, ihn allein zu lassen, rief ich unseren Hausarzt an, der mir sagte, ich solle die Ambulanz anrufen und ihn ins Unfallkrankenhaus bringen lassen. Als der Rettungswagen kam, wurde Sidney untersucht und mir wurde versichert, dass nichts gebrochen und eine Einlieferung nicht nötig sei. Es sei aber eine gute Idee, ihn der Gewissheit halber in die Klinik zu bringen. Ich konnte es kaum glauben, denn ich wusste, ich hatte die gebrochenen Knochen gespürt und gehört.

Als ich Sidney hinten im Rettungswagen flach auf dem Rücken liegen sah, fürchtete ich, dass das Fahren die Knochen auseinanderschieben könnte, und flehte wieder Baba um Hilfe an. Im Krankenhaus wurde eine Röntgenaufnahme gemacht, und die Bilder zeigten drei gebrochene Rippen. Erstaunlicherweise hatten sie die Lunge nicht durchstoßen und sich so perfekt gerichtet, dass keine Operation nötig war. Von den ursprünglichen Quetschungen war nichts mehr zu sehen.

Ich fühlte mit Bestimmtheit, dass Baba über den bevorstehenden Unfall Bescheid gewusst hatte. Da er aber nicht in unser *Karma* eingreifen wollte, verhütete er ihn nicht, sondern bereitete mich rechtzeitig darauf vor – wobei es nicht nötig war, dass ich die Gründe dafür kannte –, so dass ich alarmbereit war und ihn um Hilfe rufen konnte. Ich war im richtigen Augenblick von seiner Energie angefüllt gewesen und konnte sie in Sidney einströmen lassen, sodass sich sein Zustand nicht verschlechterte.

Aus diesem Erlebnis zog ich eine wichtige Erkenntnis. Viele *Devotees* glauben, dass sie, sobald sie mit Baba in Kontakt kommen und ihn angenommen haben, herrlich und in Freuden leben werden. Wenn sich das nicht realisiert, sind sie tief enttäuscht oder ernüchtert. Sie beginnen an Baba zu zweifeln, besonders wenn es so aussieht, als ob er sie unter Dauer-Beschuss genommen hätte, und sie kaum Zeit finden, sich von einem Problem zu erholen, bevor auch schon das nächste vor der Tür steht.

Baba hat geäußert, dass er sich manchmal dazu entschließt, unser

Karma zu beschleunigen, sobald wir zu ihm kommen, damit wir schneller davon freikommen. Er hilft uns, es anzunehmen und daraus zu lernen, vorausgesetzt, wir bitten ihn darum, in dem Wissen, dass wir es aus eigener Kraft nicht schaffen können. Mit seiner Hilfe kann jedes Problem gelöst werden. Bei dem erwähnten Vorfall hatte er mich nicht nur mit seiner Energie angefüllt, sondern mich auch noch veranlasst, mich nur Zentimeter von dem Ort entfernt aufzuhalten, wo Sidney hingefallen war. Er hätte vielleicht nicht überlebt, wenn ich woanders im Haus gewesen wäre, denn in seinem Zustand konnte er unmöglich um Hilfe rufen. Außerdem hätte ich ihn bei geschlossener Badezimmertüre nicht fallen gehört.

Für mich ist es viel wichtiger und realistischer zu wissen, dass Baba immer bereit ist, uns bei unseren Problemen zu helfen, als zu erwarten, dass er seinen Zauberstab benutzt, um sie zu verhindern. Wenn er das täte, würde er uns um die Chance bringen, die in den Hindernissen und Problemen enthaltenen Lektionen zu lernen. Seine liebevolle Fürsorge, die ich darin erkannte, dass er vor dem Unfall gekommen war, um mich in Alarmbereitschaft zu versetzen und mich vorzubereiten, bewegte mich tief. So hatte er es während der Flugzeugentführung gehalten, und so würde er es auch in Zukunft tun.

Kurz nach diesem Vorfall rief uns Lorna an, um uns zu erzählen, dass sie schwanger war. Die Aussicht, Mutter zu werden, machte sie überglücklich, und somit erfüllte sich ein weiterer Wunschtraum für sie. Das Baby sollte Mitte März kommen, weshalb sie wissen wollte, wann wir wieder nach Indien reisen würden. Sie bat uns, unbedingt rechtzeitig zu Hause zu sein, um das Enkelkind zu begrüßen. Wir sagten, dass wir eigentlich zu unserer gewohnten Zeit im Januar fliegen wollten, den Termin in diesem Fall aber vorverlegen würden, damit wir rechtzeitig vor dem frohen Ereignis zurück sein könnten.

Sechzehntes Kapitel

Am 4. Januar flogen wir wieder nach Indien. Ein mit uns befreundeter Arzt hatte beschlossen, uns zu begleiten, wollte aber nur kurz zu Baba. Baba freut sich immer sehr, wenn Ärzte ihn besuchen, und schenkt ihnen große Aufmerksamkeit – vermutlich, weil ihr Leben im Dienst an den Menschen steht, und das liegt Baba bekanntlich sehr am Herzen. Die Art, wie er diesen Arzt behandelte, stellte keine Ausnahme dar.

Als wir ankamen, war Baba in Whitefield. Sowie er uns erblickte, lud er uns zu dritt in sein Haus ein. Er ließ uns an zwei Gruppeninterviews teilnehmen, bei denen er einen Ring und ein Kreuz für den Arzt materialisierte und ihm ein großes Paket *Vibhuti* für seine Patienten übergab. Überwältigt von Babas Liebe und Güte, die ihm während seines kurzen Aufenthaltes zuteil geworden war, kehrte er heim.

In einem dieser Interviews kam Baba zu mir herüber und berührte einen kleinen goldenen Ring, den ich trage. Er hat die Form einer Acht, eines der wichtigsten Symbole, die ich bei meiner Arbeit benutze. Der Ring stammt von meiner Tochter Sheila. Mit zustimmendem Lächeln sagte er: „Die Acht ist auch der Buchstabe S für Sai."

Auf diese indirekte Weise drückte er aus, dass er nicht nur meine Techniken kannte, sondern auch, dass sie von ihm eingegeben waren und seinen Anfangsbuchstaben tragen.

Die Figur Acht wird als Visualisierungsübung benutzt, um zwei Menschen jeweils in ihren eigenen Kreis oder ihr Territorium zu setzen und auf diese Weise zu trennen. Dadurch kann man ihnen helfen, die Vorstellungen, die sie voneinander haben, abzubauen. Die Acht findet auch Anwendung bei der Vorbereitung auf die Loslösung von allen Sicherheitssymbolen – ob Menschen oder Sachen – und allem, was sonst noch dem „inneren" Baba vorgezogen wird. Solange wir an Menschen oder Dingen haften, sind wir nicht frei und imstande, unser volles Vertrauen in Baba zu setzen, denn niemand kann zwei Herren dienen. Baba selbst hat diesen Gedanken sehr klar ausgedrückt. Er sagt: „Unabhängig sein von Äußerlichkeiten ist Freiheit. Jemand, der die Hilfe einer Person, einer Sache oder eines bestimmten Umstandes braucht, ist deren Sklave. Vollkommene Freiheit ist keinem Menschen auf Erden gegeben, weil der wahre Sinn des irdischen Lebens die Beziehung zum und die Abhängigkeit vom anderen ist. Je weniger zahlreich die Wünsche, desto größer die Freiheit. Vollkommene Freiheit ist daher absolute Wunschlosigkeit."

Je mehr ich mich mit Babas Lehren befasste, desto klarer erkannte ich, wie sehr sie im Einklang mit dem stehen, was ich aus meiner Arbeit gelernt hatte, lange bevor ich Baba kennenlernte. Ich war Baba sehr dankbar für dieses Geschenk der Bestätigung der Zahl beziehungsweise der Figur Acht. Damit hatte er meine Methode gutgeheißen.

Eines Tages, kurz nach dieser Episode, deutete Baba auf die Armbanduhr, die ich trug. Sie hat keine Zahlen auf dem Zifferblatt. „Keine Uhrzeit, nur innere Zeit", bemerkte er zustimmend. Das war die Einführung in einen schrittweisen Prozess, währenddessen er mich „innere“ Zeit lehrte, weg von der allgemein üblichen Sklaverei, die ein Leben „nach der Uhr“ bedeutet. Daran musste ich oft denken, wenn ich beobachtete, wie er auf den richtigen Zeitpunkt wartete, so als ob er ihn „erhorchte“, bevor er zu sprechen anfing, bevor er handelte oder jemandem eine Bitte erfüllte. Wir Westler sind so zeitfixiert, dass es uns schwerfällt zu entspannen und mit Geduld darauf zu horchen, dass die rechte, „innere“ Zeit sich uns enthüllt.

Ich ahnte nicht, dass er mich dabei auch auf eine künftige Aufgabe vorbereitete. Gewöhnlich saß ich vormittags und nachmittags ganz allein auf der Frauenseite, es sei denn, es waren gerade ein paar andere Frauen für diesen Tag ins Haus eingeladen. Dieses Alleinsein gab mir die erfreuliche Gelegenheit zu meditieren und zu lesen. Anfangs fühlte ich mich recht unbehaglich bei dem Gedanken, so von den anderen abzustechen, da ich alles andere als auffallen wollte, aber Baba hatte andere Vorstellungen, und das war seine erste Lektion, um mich aus meinem Schneckenhaus herauszulocken.

Das Unbehagen über meinen Einzelstatus vergrößerte sich noch dadurch, dass die von Babas Räumen herunterkommenden College-Buben an mir vorbei mussten, um ins Freie zu gelangen. Dabei senkten sie immer die Augen, machten einen großen Bogen um mich und hielten sich eng an die gegenüberliegende Wandseite. Ich wusste, dass Baba die Jungen dazu anhält, jede junge Frau als Schwester und jede ältere als ihre Mutter zu betrachten. Es war mir auch bekannt, dass er ihnen nahelegt, jeden unnötigen Kontakt mit dem anderen Geschlecht zu meiden, damit sie nicht von ihren Studien und Andachten abgelenkt werden.

Nach ein paar Tagen merkte ich, wie sich spontan und gleichermaßen ohne mein Zutun Gedichte in mir formten. Wie unter Diktat schrieb ich sie nieder. Die Angewohnheit, zu Geburtstagen und anderen feierlichen Ereignissen Verse zu machen, hatte ich seit meiner

Kindheit, aber es hatte mich immer Zeit und Anstrengung gekostet, die passenden Gedanken in Versmaß und Rhythmus zu kleiden. Ich war daher sehr überrascht, dass sich nun plötzlich fertige Gedichte in meinem Kopf manifestierten, und zwar so schnell, dass ich ganz sicher sein konnte, dass nicht ich die Autorin dieser Verse war. Es war faszinierend, bei dieser Entwicklung zuzusehen.

Eines Tages ereignete sich ein charmanter kleiner Zwischenfall, der bezeichnend für Babas ungewöhnlichen Sinn für Humor ist. Eine größere Gruppe von Männern, die auf ein Gespräch mit Baba wartete, begann Zeichen der Ungeduld verlauten zu lassen, da Baba viel länger als gewöhnlich auf sich warten ließ. Plötzlich erschien er im Eingang, kam schlendernd auf die Gruppe zu und begann, die Männer wegen ihrer Ungeduld zu tadeln. Alle waren geknickt und eingeschüchtert. Darauf sprach er mit ihnen über die verschiedenen Angelegenheiten, um deretwillen sie gekommen waren. Als er damit zu Ende war, dirigierte er seine Schritte auf die Stelle zu, wo ich – ganz allein – auf der Frauenseite stand. Während er näherkam, entdeckte ich einen so mutwilligen Ausdruck in seinem Gesicht, dass ich stutzte. Was würde er wohl sagen? Als er fast unmittelbar vor mir stand, hob er seinen rechten Arm über den Kopf und ließ ihn dann heruntersausen, als ob er mich schlagen wollte. Auf halbem Weg änderte er die Richtung, die sein Arm genommen hatte und schlug sich schallend auf den Oberschenkel. Er genoss es sichtlich, dass ich bei der Aussicht, von ihm geschlagen zu werden, so erschrak. Die Männer, die er soeben geschimpft hatte, brachen in ein Gelächter aus, da sie die Szene beobachtet hatten. Spontan kam mir der Gedanke, dass er meine eigene große Ungeduld ebenfalls kannte, die Strafe dafür aber auf sich selbst genommen hatte. Als er sich umwandte, um wieder in seine Räume hinaufzugehen, stimmte ich in das Lachen mit ein.

Ein, zwei Tage später kam er eines Morgens auf mich zu und

teilte mir mit, dass er uns am kommenden Morgen zum Interview sehen werde. Danach fragte er mich, ob wir an diesem heutigen Abend etwas länger bleiben und dabeisein wollten, wenn die Jungen zum *Bhajan*-Singen kämen.

Es ist immer eine große Freude, den Studenten zuzuhören, die er wie Engel zu singen gelehrt hat. Diesmal sang er selbst einige *Bhajans* und schlug mit seinen Handzimbeln den Takt dazu. Ich war vollkommen hingerissen. Ich liebe es zuzusehen, wenn seine kleinen, schmalen braunen Hände wie im Tanz die kleinen Tellerchen aneinanderschlagen. Als das Singen zu Ende war, kam Baba zu mir herüber und wiederholte seine Einladung: „Sag deinem Mann, dass ich euch morgen sehen werde, und richtet es so ein, dass ihr zum Mittagessen hierbleibt."

Ich war noch so verzaubert von dem soeben genossenen Augen- und Ohrenschmaus, dass ich in meiner überschäumenden Freude seine Hände umfasste und ihm für den wundervollen Abend dankte. Ein solcher Gefühlsausbruch ist ganz und gar nicht typisch für mich. Er muss wohl das Resultat seiner ständigen Aufmunterungen gewesen sein, dass ich nicht so scheu und zurückhaltend sein und aus meinem Schneckenhaus herauskommen solle. Anstatt mich zu tadeln, wie er es bei *Devotees* tut, die ihn berühren oder nach seinen Füßen haschen, wenn er in Reichweite kommt, lächelte er nur nachsichtig, wie es Eltern tun, und ging weiter.

Am nächsten Tag, gegen Mittag, wurden wir zum Interview gerufen. Wieder sprachen wir über meinen permanent schlechten Gesundheitszustand. Baba versicherte mir, dass meine Kopfschmerzen nicht auf meinen Gedanken oder irgendwelchen falschen Handlungen beruhten, sondern von einer Schwäche herrührten, und ferner, dass sie mechanisch-physisch und nicht psychisch bedingt seien. Diese Versicherung erleichterte mich sehr. Als hätte er meine

Gedanken gelesen, fügte er hinzu: „Lass dir das von keinem weismachen!“ Er versprach, mir noch mehr Medizin zu geben. Dann verwirrte er mich total, indem er sagte: „Bald ist dein fünfundzwanzigster Jubiläumstag.“ Ich entgegnete, es sei unser fünfunddreißigster, nicht fünfundzwanzigster. Er lächelte bloß und sagte: „Nein, fünfundzwanzigster Jubiläumstag“, und fügte hinzu, dass er dafür eine besondere vedische Hochzeitszeremonie mit *Mangalasūtra* und Ring vornehmen werde. Das brachte mich nun völlig durcheinander. Diese Zeremonie hatte er bereits an unserem dreiunddreißigsten Hochzeitstag für uns vollzogen. Aber es war zu spät zu versuchen, dieses Rätsel zu entwirren, denn er fragte bereits nach dem Packen Briefe, den ich von *Devotees* mit dabei hatte.

Wie gewöhnlich hatten auch unsere Töchter Briefe mitgegeben. Lorna bat ihn diesmal um ein gesundes Baby, und dass er ihr helfen möge, eine gute Mutter zu werden. Er hielt ihren Brief eine Minute lang ungeöffnet in der Hand und sagte dann mit befriedigtem Lächeln: „Sie erwartet ein Baby; ich werde ihr helfen.“

Ich bat um Erlaubnis, ein Stipendium für einen Jungen in seinem College zu stiften, da wir zwei Töchter, aber keine Söhne hatten. Er antwortete rasch: „Aber du hast viele Söhne. Sie sind alle deine Söhne und Töchter.“ Vermutlich bezog er sich auf die Menschen, die in meine Sitzungen kommen, denn er versicherte mir hinterher, dass er bei meiner Arbeit immer dabei sei. Was für eine Wohltat, das zu hören!

Nachdem alle gegangen waren, um zu Mittag zu essen, sagte man uns, wir sollten noch warten. Nach einer Weile kam einer der College-Studenten, um uns zu Babas privaten Zimmern hinaufzubegleiten. Der Tisch war bereits gedeckt. Als wir kamen, wartete Baba schon auf uns, um uns unsere Plätze zuzuweisen. Er winkte meinem Mann, sich auf einen bestimmten Platz zu setzen, und bedeutete mir, mich rechts von ihm ans Ende des langen Tisches zu begeben. Während ich mich niedersetzte, blitzte plötzlich die Erinnerung an einen Traum in mir auf, den ich Wochen vor unserer Abreise gehabt hatte. Darin saßen Baba und ich an einem ähnlichen Tisch und denselben Plätzen wie heute, aber anstatt zu essen, hatte er mich unterrichtet. Als ich die Traumszene mit der gegenwärtigen Situation verglich, drehte sich Babas Gesicht mir voll zu. Er lächelte und nickte wissend, als ob auch er die Ähnlichkeit registriert hatte.

Ein paar College-Buben bedienten uns. Jedes Mal, wenn Baba ihnen signalisierte, dass wir etwas brauchten, beeilten sie sich, uns aufzutun. Ich war dankbar, dass das Essen weder zu scharf, noch zu heiß war, so dass ich es wirklich genießen konnte. Eine der Speisen enthielt Okra, die ich seit meiner Kindheit in England unter dem Namen „Ladyfingers" – „Damenfinger" – kannte. Entzückt hörte ich, dass Baba dieses Gemüse genauso nannte. Als er sah, dass ich es mochte, drängte er mich, mehr davon zu nehmen. Als ich mich schließlich weigerte, nickte er zustimmend und sagte: „Es ist besser, nicht zu viel zu essen, wenn man über sechzig ist."

Er schränkte die Unterhaltung bei Tisch ein, indem er erklärte, zuviel Sprechen während des Essens behindere die Verdauung. Ich atmete auf, denn eine leichte Unterhaltung mit ihm an diesem Tisch wäre mir sicherlich etwas lächerlich vorgekommen. Im Ganzen war es eine Erfahrung, die ich genoss. Baba war der perfekte Gastgeber und sorgte für uns wie ein Vater für seine Kinder.

Am nächsten Tag stellte ich amüsiert fest, dass die College-Buben, die uns bei Tisch bedient hatten, keinen so großen Bogen mehr um mich machten. Allerdings senkten sie weiterhin die Augen, wenn sie an mir vorbeikamen. Ich vermute, dass sie, nachdem sie mein Alter erfahren hatten, mich nun jenseits der Mütter in die Klasse der Großmütter einordneten, weshalb ich kein Ablenkungsgrund mehr für sie war.

Ein, zwei Tage darauf folgten wir Baba, der nach Puttaparthi aufbrach, um bis zu unserer Abreise dort bei ihm zu bleiben. Seit dem letzten Interview musste ich ständig an Babas Ankündigung denken, dass er an unserem bevorstehenden Jahrestag eine spirituelle Hochzeit vornehmen wolle. Eine Menge Fragen wollten beantwortet sein. Hatte er denn vergessen, dass wir die Feier bereits gehabt hatten? Sollte ich ihn vielleicht daran erinnern – obschon das klar ausgedrückt hätte, dass ich ihm einen Irrtum zutraute? Sollte ich ihm das *Mangalasūtra* zeigen? Falls er mir wieder ein *Mangalasūtra* materialisierte, was sollte ich mit dem bereits vorhandenen machen? Ich war in einem Netz von Fragen wie gefangen. Schließlich übergab ich ihm das ganze Problem und betete nur darum, dass ich am Jahrestag gezeigt bekäme, wie ich mich zu verhalten hätte.

Während ich in Puttaparthi war, hatte ich wieder Zeit, mit Menschen zu arbeiten. Die Sitzungen fanden zwischen den täglichen regulären Aktivitäten statt. Einige Mitglieder unseres Zentrums in Los Angeles waren auch gerade hier. Mit einem von ihnen, Ed Dugan, hatte ich ein eindrucksvolles Erlebnis. Normalerweise ist es in Puttaparthi tagsüber sehr heiß; gegen Abend kühlt es ab, und nachts kann es empfindlich kalt werden. Mein Mann und ich hatten es uns zur Gewohnheit gemacht, als Ausgleich zu dem langen Sitzen einen Spaziergang rund um den *Ashram* zu machen, sobald es kühl genug dazu war. Spät am Nachmittag gesellte sich eines Tages Ed zu uns, und wir beschlossen, auf den hinter dem *Ashram* gelegenen Hügel hinaufzusteigen. Es ist ein wunderbar stiller Aussichtspunkt, von dem man aus der Ferne alles beobachten kann, was sich drunten im *Ashram* und auch außerhalb in der Talniederung bewegt. An jenem Tag bekam er eine ganz besondere Bedeutung für uns. Im Tempel wurden *Bhajans* gesungen, und der Klang der vielen, in Andacht erhobenen Stimmen wurde sanft zu uns emporgetragen und hüllte uns ein. Von diesem

Hügel aus kann der Blick ungehindert in die weite Landschaft schweifen. Während des Sonnenuntergangs sind die Farben in der klaren Luft unglaublich schön. Wir hatten dieses wundervolle Naturschauspiel gerade in uns aufgesogen und machten uns, als die Farben zu verblassen begannen, an den Abstieg, damit die Dunkelheit uns nicht auf dem schmalen Steig überraschte. Mein Mann ging ein paar Schritte vor mir. Plötzlich nahm ich einen delikaten Duft in der Luft wahr. Das erstaunte mich, denn wir gingen auf einem besonders dürren Pfad. Ich sah mich um: Es gab weder Büsche noch Blumen, die einen solchen Duft hätten verströmen können. Ed, der hinter mir ging, fragte mich, ob ich diesen wunderbar lieblichen Duft riechen könne, den er gerade in der Nase habe. Wir suchten beide nach der Ursache, konnten aber nichts entdecken. Ich rief nach meinem Mann, der uns vorausgegangen war und nun zu uns zurückkam. Wir fragten ihn, ob er etwas riechen könne, aber trotz seines besonders feinen Geruchssinns konnte er nichts feststellen. Ratlos setzten wir unseren Weg fort und dachten, dass wir uns vielleicht alles nur eingebildet hatten.

Einige Tage später hörten wir, dass auch andere von Zeit zu Zeit solche Erlebnisse haben. Man sagte uns, dass Babas Anwesenheit sich besonders dann durch einen Duft äußere, wenn der, für den er bestimmt sei, gerade gelöst und entspannt oder besonders intensiv mit ihm verbunden sei. Ed und mich hatte die gemeinsame Erfahrung von Babas Präsenz in so subtiler Form sehr bewegt, denn sie hatte uns in einem Augenblick überrascht, als wir am allerwenigsten darauf vorbereitet und weit von seiner physischen Form entfernt waren. Es drückte die Tatsache aus, dass der alles durchdringende Geist, den Baba verkörpert, überall gegenwärtig ist und greifbar gespürt werden kann, so oft wir uns im Einklang mit ihm befinden.

Am Morgen des 30. Januar, unserem fünfunddreißigsten Hochzeitstag, sandte Baba uns einen Boten aufs Zimmer, der uns zum Interview rief. Wieder tauchte die Frage auf, was sich diesmal wohl ereignen würde. Pünktlich zur festgesetzten Zeit setzten wir uns vor den Interviewraum, wo bereits einige andere warteten. Wir saßen nicht lange, da erschien Baba und winkte uns alle zusammen in den Interviewraum hinein. Er begann mit einer kurzen Ansprache und fragte jeden Einzelnen von uns, wie es ihm – oder ihr – gehe. Dann erhob er sich plötzlich aus seinem Stuhl und kam rasch auf mich zu. Er blickte in die Runde und verkündete, dass dies mein fünfundzwanzigster Jubiläumstag sei und dass er eine besondere Zeremonie vornehmen wolle, um das Ereignis gebührend zu feiern. Wieder hatte er fünfundzwanzig gesagt, und nicht fünfunddreißig, und indem er es ein Jubiläum nannte, unterstrich er, dass er auch wirklich fünfundzwanzig meinte. Was hatte er bloß im Sinn? Ich kam indes nicht weit mit meinen unausgesprochenen Fragen, da Baba bereits vor mir stand und seine rechte Hand durch die Luft kreisen ließ. Ich dachte: „Jetzt kommt alles noch einmal. Was soll ich tun?“ Als ich, gespannt und auch nervös, wie ich zugeben muss, hinsah, materialisierte sich unter seinen Händen ein schimmernder, goldener Ring mit einem hellblauen, durchsichtigen Stein, der wie ein Aquamarin aussah. Ich nahm an, dass er wie der vorige für meinen Mann bestimmt war und schaute zu ihm hinüber, der bei den Männern saß. Ich dachte, Baba würde mir nun, wie bei der vorhergehenden Zeremonie bedeuten, den Ring an seinen Finger zu stecken. Aber Baba hielt mich mit einer Handbewegung zurück, nahm meine rechte Hand und streifte den Ring über meinen Ringfinger, wo er ihn auch stecken ließ, obwohl er viel zu groß war. Im Allgemeinen legt Baba Wert darauf, dass die Ringe, die er materialisiert, perfekt sitzen. Nun legte er seine rechte Hand auf meinen Kopf und sagte: „Blaues Licht, grünes Licht – sei glücklich.“

Meine einzige Reaktion in diesem Augenblick war große Erleichterung. Denn nun war klar, dass ich mich unnötig gesorgt hatte. Baba hatte nicht etwa die *Mangalasūtra*-Zeremonie wiederholt. Alles war anders. Aber die volle Bedeutung des Unterschiedes der beiden Vorgänge wurde mir erst viel später in tiefer Meditation während einer Sitzung mit meiner Tochter Sheila bewusst. Damals wusste ich schlagartig: Baba hatte nicht meinen Mann mit mir wiederverheiratet, sondern mich mit meinem inneren Gemahl, oder Animus, wie C. G. Jung ihn nennt. In der ersten Zeremonie hatte ich ein *Mangalasūtra* bekommen. In dieser zweiten hatte mein innerer Gemahl einen Ring erhalten. Ich begriff auch, dass „blaues Licht, grünes Licht" sich nicht nur auf die Farben des Ringes bezog, sondern auch auf die Farben der beiden Teile eines *Mandalas* – eines runden Emblems mit mystischer Bedeutung – das ich für meine Arbeit benutze. Dieses Symbol hilft beim Ausbalancieren oder Harmonisieren der vier Funktionen unserer Seele. Im *Mandala* ist der Intuition die Farbe Gelb zugeordnet, dem Intellekt Blau, der Empfindung Grün und dem Gefühl Rosa. Natürlich musste der Ring viel zu groß für meinen Finger sein! Es war noch ein weiter Weg, bis Blau und Grün, welches die hervorstechendsten und aktivsten Wesensmerkmale meines Animus sind, genügend entwickelt sein würden, um in einen harmonischen Ausgleich zu kommen. Baba hatte mich seit langem immer wieder dazu ermutigt, meine Zurückhaltung aufzugeben und durch Selbstvertrauen zu ersetzen, damit ich meinen rechtmäßigen Platz in der Welt einnehmen konnte. Ja, ich musste das blau-und-grüne Licht noch weiterentwickeln. Ich hoffte sehr, dass die Vermählung meiner männlichen mit meinen weiblichen Seelenanteilen mich in die Lage versetzen würde, Ausgeglichenheit zu erreichen. In einem plötzlichen Lichtblick versetzte mich meine Erinnerung in die Zeit vor fünfundzwanzig Jahren zurück, als ich soeben begonnen hatte, mich auf die Suche nach dem Sinn des Lebens zu machen. Das Ergebnis dieser Suche ist die Arbeit, der ich seither nachgehe. Um die innere Suche wirksam zu betreiben, muss sich eine Frau den bejahenden, „mutigen“, männlichen Seelenanteil, den Baba oft als inneren Gemahl bezeichnet, zunutze machen. Ich hatte auch gelernt, dass die innere Vereinigung stattfinden kann, sobald jeder Seelenteil erkannt und weiterentwickelt ist. Das „Kind“ aus dieser Vereinigung ist die neue, ausgeglichenere, vervollständigte Person. Ob Baba diese beiden Seelenanteile verheiratet hatte? Fast schien es mir so, obwohl ich während des Interviews keinerlei derartige Einsichten hatte. Aber ich habe Baba inzwischen öfters sagen hören, dass unser wirklicher Geburtstag dann ist, wenn wir uns zum ersten Mal Gott zuwenden. So gerechnet, war jener Tag im Januar tatsächlich mein „Geburtstag“ oder „fünfundzwanzigster Jahrestag“!

Nach der kurzen feierlichen Handlung rief Baba einzelne Personen aus der Gruppe zu Privatinterviews in den kleinen Nebenraum. Die anderen warteten, bis die Reihe an sie kam. Einmal erschien er im Eingang, um ein anderes Ehepaar hereinzurufen. Bei der Gelegenheit fragte er meinen Mann, der an die Wand gelehnt saß, mit einem mutwilligen Augenzwinkern: „Do you feel tied?“ – zu deutsch: „Fühlst du dich gebunden?“ Mein Mann glaubte verstanden zu haben: „Bist du müde?“ (englisch: „Do you feel tired?“), und antwortete: „Nein Baba, ich bin nicht müde; ich ruhe nur aus.“ Baba antwortete schlagfertig: „Not tired – tied.“ Zu meiner eigenen Überraschung platzte ich heraus: „An Baba gebunden!“ Die volle Bedeutung seiner Bemerkung war mir damals nicht klar. Erst später ging mir ein Licht auf.

Jeder Partner sollte an den inneren Baba gebunden sein, und nicht an den äußeren Lebensgenossen. Dazu fiel mir ein Vorfall aus der Zeit eines früheren Besuchs bei Baba ein, den ich damals auch nicht ganz verstanden hatte. Baba war eines Tages rasch in den Raum getreten, in dem wir versammelt saßen, und wollte an uns vorbei in seine Privaträume gehen. Als er an mir vorbeikam, drehte er sich zu mir um und sagte beinahe verächtlich: „Hochzeit, Zeremonien – sie wollen Kameradschaft, dabei ist Gott der einzige Kamerad.“ Damit war er bereits nach oben verschwunden, um ein paar Minuten später mit einem ordentlich gefalteten Sari unter dem Arm wieder zu erscheinen. Offenbar hatte er kurz zuvor eine Hochzeitszeremonie für ein Paar durchgeführt und billigte die Absichten nicht, die zu der Ehe geführt hatten. Ich begriff, dass wenn Mann und Frau einander wichtiger sind als Gott, dies ihr inneres Wachstum behindert und sie davon abhält, auf Gott als ihre einzige Sicherheit zu vertrauen.

Während wir auf unser Privatinterview warteten, geschah es, dass mein neuer Ring beinahe vom Finger rutschte, und so sagte ich etwas zögernd zu Baba: „Er ist zu groß.“ Er sah mich eigenartig an und entgegnete: „Ja, ich weiß. Du wirst hineinwachsen“, was ich damals natürlich nicht verstand.

Als es Zeit für uns wurde, abzureisen, versuchten wir Baba um entsprechende Erlaubnis zu bitten. Es gelang uns aber nie, seine Aufmerksamkeit auf uns zu lenken, bis Baba endlich am Tag vor unserer geplanten Abreise auf meinen Mann zukam und ganz unschuldig fragte: „Wann fahrt ihr?“, als ob er keine Ahnung hätte. Als Sidney antwortete, wir würden am nächsten Morgen abfahren, versprach er uns ein Abschiedsinterview für den kommenden Tag. Das hieß, wir mussten noch vor dem Interview gepackt haben und reisefertig sein, damit wir unmittelbar nach dem Interview abfahren konnten.

Am nächsten Morgen fanden wir im Interviewraum eine ganze Reihe Westler sitzen, unter ihnen Ärzte und Psychologen. Wir freuten uns, dass auch einige *Devotees* aus Kalifornien, zum Beispiel Ed Dugan, dabei waren. Da ich die einzige Frau in der Gruppe war, setzte ich mich auf die den Männern gegenüberliegende Seite.

Baba kam mit lebhaften Schritten herein und sang dabei: „Wer ist Sai Baba? Er ist Liebe, Liebe, Liebe.“ Er wiederholte das Liedchen ein paarmal als Refrain. Dann fiel ihm ein – oder er tat so als ob –, dass jemand fehlte und fragte: „Wo ist das italienische Ehepaar?“ Er sandte einen der Männer aus, die beiden Fehlenden zu suchen. Der aber kam bald wieder mit der Nachricht, dass sie nicht zu finden und angeblich bereits abgereist seien. Ein paar Minuten später kamen die zwei Gesuchten ganz außer Atem doch noch an, und Baba erklärte der Gruppe: „Swami wusste, wo sie waren.“

Es wurde ein sehr langes Interview, und eines der lehrreichsten und interessantesten, an die ich mich erinnern kann. Baba sprach über Ärzte und nannte die einen „Körperärzte“, die anderen „Seelenärzte“. Um Letzteren zu helfen, begann er über die menschliche Psyche zu sprechen und fragte: „Was ist eigentlich Psyche?“ – Im Englischen lautet die Frage: „What actually is the mind[1]?“ – Jeder äußerte nun seine Vorstellungen darüber, und es entstand eine lebhafte Diskussion. Baba lenkte dann das Thema auf Hingabe und Liebe und betonte die Notwendigkeit, das, was er „Schrumpfliebe“ nannte, aufzugeben, nämlich die Lust, die den Hauptanteil an der menschlichen Liebe ausmache und fälschlich als echte Liebe angesehen werde. Er drängte uns alle sehr, von der auf Lust und Zuneigung gegründeten Liebe auf die göttliche Liebe überzugehen. Diese beruhe auf Nicht-Anhaftung und sei also expansiv – oder Ausdehnung – und nicht kontraktiv – oder zusammenziehend, eben „schrumpfend“.

Dann beugte er sich zu dem Italiener vor, deutete auf die *Japamālā* um seinen Hals und fragte: „Benutzt du sie, oder ist sie nur Dekoration?“ Der Mann lachte und versicherte Baba, dass er die Gebetskette

---

1 Das englische Wort „mind“ bezeichnet hier die Gesamtheit der von Gedanken, Wünschen und Gefühlen bestimmten Geistestätigkeit, also das Gemüt oder die Psyche, im Gegensatz zum reinen Geist oder göttlichen Selbst, Anmerkung des Übersetzers.

sehr wohl benutze. Baba nahm die Kette und zeigte uns, wie man sie richtig handhabt. Eine *Japamālā* gleicht einem Rosenkranz oder den Gebetsperlen, die in manchen Religionen zum Wiederholen und Zählen der *Mantras* oder Gebete verwendet werden. Eine *Japamālā* besteht aus einhundertundacht Perlen und einer Extra-Perle, die an einer Quaste befestigt ist und den Anfang der Schnur markiert. Baba klärte uns auf, dass die *Japamālā* uns helfen würde, uns besser zu konzentrieren, uns von der Welt abzulösen und nur auf Gott auszurichten. Er erklärte, dass der Daumen den inneren Gott symbolisiere, der Zeigefinger das Leben der individuellen Seele – samt Ego, Willen und Persönlichkeit – und die anderen drei Finger die *Gunas* – oder die drei Attribute der materiellen Welt. Wenn man den Zeigefinger von den drei anderen Fingern weghalte und ihn mit dem Daumen knapp unter dessen Spitze zusammenbringe, drücke man damit den Wunsch aus, sich von der gewohnheitsmäßigen, weltlichen Verhaftung zu lösen und eine feste Verbindung mit Gott aufzunehmen. Die Gebetskette solle über den Mittelfinger gelegt werden, wodurch die drei anderen Finger vom Zeigefinger getrennt blieben. Das bedeute, dass der Einzelne und Gott in der Welt harmonisch zusammenarbeiten könnten, wenn seine Seele und die Allseele vereint seien. Baba empfahl, jede Perle, die mit Daumen und Zeigefinger abgerollt werde, mit *„OM, OM, OM"* oder *„Sai Ram, Sai Ram, Sai Ram"* oder einem anderen der Namen Gottes zu begleiten. Diese Übung der Ablösung des Selbst von den weltlichen Eigenschaften und die gleichzeitige Hinwendung des Selbst zu Gott würden dazu führen, dass die weltlichen Bindungen allmählich aus unserem Leben schwänden. Andererseits würde sich Gott, wenn wir weiterhin an weltlichen Eigenschaften festhielten, automatisch aus unserem Leben zurückziehen. Wir könnten nicht zur gleichen Zeit der Welt und Gott gehören. Baba drängte darauf, dass wir auch weiterhin stetig einen Schritt nach dem anderen unternehmen sollten, um uns weg von der Welt und hin zu Gott zu entwickeln.

Baba sprach mehrere Minuten über dieses Thema und fragte anschließend: „Wer seid ihr in Wirklichkeit?“, und gab schnell selbst die Antwort darauf: „Ihr seid drei Personen. Die, für die ihr euch haltet, die, für die die anderen euch halten, und die, die ihr wirklich seid. Arbeitet daran, alle drei eins werden zu lassen. Dann wird es Frieden und Seligkeit geben.“

Darauf entstand eine kurze Pause, die ein besonders aggressiver junger Mann nutzte, um Baba ein paar gezielte Fragen zu stellen. Er begann damit, dass er ein Problem habe, das Baba betreffe, worauf Baba antwortete: „Viele Probleme.“ Unbeirrt fuhr der junge Mann fort: „Mein Problem ist, dass du manchmal sagst, du würdest morgen mit jemandem sprechen oder ihn sehen, und wenn ‚morgen‘ dann da ist, hältst du dein Versprechen nicht. Was bedeutet das?“ Trotz des harschen Tons des Fragestellers lächelte Baba ihn lieb an und sagte: „Swami weiß Bescheid über jedermanns Programm und wie lange ihr hier seid. Der Zeitpunkt, zu dem er mit dir sprechen wird – das ist das ‚Morgen‘, das er meint. Wenn er sagt, er werde dich in ein paar Tagen sehen, weißt du, dass es eine Weile dauern wird. Aber wenn er sagt ‚morgen‘, dann wartest du voller Freude darauf, und jeder Tag wird ‚morgen, morgen‘ sein.“ Diese Erklärung genügte dem Jüngling nicht. Er fuhr mit seinem Verhör fort. Seine Frage war, wie die Inkarnation der Wahrheit, die Baba zu sein behauptete, es rechtfertigen könne, falsche Hoffnungen zu wecken, indem sie Versprechen gebe, die sie dann nicht erfülle, und Menschen dadurch in die Irre leite. Baba, noch immer seelenruhig und liebenswürdig, erklärte geduldig: „Wenn du zum ersten Mal, vielleicht innerhalb einer Gruppe, hierher kommst, musst du ein bisschen Fundament für deinen Glauben bekommen. Es ist meine Pflicht, dich hereinzurufen und mit dir zu sprechen, so dass du nicht enttäuscht weggehst." Baba erweiterte das Thema: „Manche kommen mit so vielen Problemen, dass Swami jeden Tag ein wenig mit ihnen redet, weil er weiß, dass sie von weit hergereist sind und ihre Ängstlichkeit gemildert werden muss. Wenn jemand sehr hungrig ist, sollte man ihm zunächst nur wenig zu essen geben. Wenn er sofort alles auf einmal bekommt, um den Hunger zu stillen, wird die Gesundheit darunter leiden. Wenn du durstig bist, möchtest du alles Trinkbare, das man dir reicht, auf einmal hinunterstürzen. Man muss dich überreden, nur einen Schluck auf einmal zu nehmen. Manchmal ist es am besten, nur einen Schluck auf einmal zu bekommen. Wenn du hier bist, ist es deine Pflicht zu warten. Ein wahrer Schüler wird warten, bis er sein Interview bekommt, und er wird darauf vertrauen, dass er es bekommen wird. Manchmal muss man die Schüler testen, um Glauben und Vertrauen aufzubauen: Ist sein Verlangen echt? Wenn er das Interview nicht sofort bekommt, wird er dann abreisen?"

„Wenn du einen Nagel in die Wand schlägst", sagte er, und ging zur Wand hinüber, um einen imaginären Nagel hineinzuschlagen, „prüfst du mit deinen Fingern, um sicher zu sein, dass er fest sitzt." Dabei rüttelte er mit zwei Fingern an dem nicht vorhandenen Nagel in der Wand und lachte über seine eigene Pantomime. Wieder ernst werdend sagte er: „Es ist meine Pflicht, euch zu testen. Wenn man eine Klasse unterrichtet, ist es notwendig, von Zeit zu Zeit kleine Tests durchzuführen, um sich zu vergewissern, dass die Schüler Fortschritte machen und in eine höhere Klasse aufsteigen können. Euer Bestreben muss so groß sein, dass ihr um Prüfungen bittet und bemüht seid weiterzukommen. Ohne Prüfungen würdet ihr Jahr für Jahr auf der gleichen Stelle treten. Wirkliches Verlangen zu haben heißt, sehnsüchtig nach dem zu lechzen, wofür ihr hierher gekommen seid, und zu warten; obgleich das in Wirklichkeit hier, dort, überall –

jetzt, morgen, übermorgen oder an welchem Tag auch immer – geschehen kann: Habt Vertrauen in das Versprechen, das ich euch gegeben habe, dass ihr Swami zu sehen bekommen werdet. Ich werde niemals jemanden enttäuschen, der vollkommenes Vertrauen hat."

Der junge Mann war immer noch nicht zufrieden. Er bestand auf dem, was er wissen wollte. Seine Stimme wurde lauter, dann schrill: „Ist es okay", fragte er, „wenn du sagst, dass du morgen ein Interview geben wirst, und es dann nicht tust?" Baba antwortete geduldig, dass seine Frage nicht klar sei. Daraufhin drückte der Mann sich so aus: „Wenn du ein Lehrer bist, ist es dann nicht wichtig, die Wahrheit zu sagen?" Baba antwortete: „Wenn du der Lehrer bist und sagst, du wirst ein Interview geben, dann ist es die Pflicht des Schülers, darauf zu warten." Diese Antwort war dem Mann immer noch nicht genug. Er hakte nach: „Ist es rechtens, eine Person irrezuführen, wenn Baba weiß, dass er sie nicht empfangen wird?" Darauf Baba: „Das Verlangen, der Wunsch muss vorhanden sein. Du musst warten. Das nennt man *Tapas*. Du musst daran glauben, dass du das Interview bekommen wirst – wenn nicht morgen, dann eines Tages irgendwann einmal." „Dann ist es unter bestimmten Umständen erlaubt, jemanden irrezuführen?" Baba antwortete: „Gott testet dich, damit du höher und höher steigst." „Ist es dann nicht die Pflicht des *Devotees*, den Meister zu testen, damit er sicher weiß, dass er in Ordnung ist?", kam die Herausforderung zurück.

An diesem Punkt schien selbst Babas Geduld nachzulassen, und die Gruppe begann unruhig zu werden und sich zunehmend unbehaglicher zu fühlen. Einige wollten der Arroganz des jungen Mannes, der Baba in die Enge treiben wollte, ein Ende setzen, aber Baba antwortete noch einmal: „Der Lehrer weiß am besten, wie er den Schüler testen muss. Wenn jemand das Alphabet nicht kennt, wie kann er dann die Worte kennen? Die Augen sehen alles, aber sich selbst können sie nicht sehen. Du brauchst einen Spiegel. Du kommst, mich zu sehen, damit du diesen bekommst. Ich bin dein Spiegel, in dem du deine Augen sehen kannst. Viele *Gurus* erzählen dir, dass du schwach bist. Ich sage das nicht. Ich sage, dass du Kraft hast. Du bist Gott! Folg deinem inneren Meister. Kämpf bis zum Ende."

Schließlich schien sich der Mann zu beruhigen. Baba fragte einige, was sie sich wünschten. Das Gespräch wurde allgemeiner und weniger angespannt. Baba entzückte alle mit der Materialisation eines Rings für den Italiener und tröstete dessen Frau, die – offenbar wegen eines kranken Kindes – ganz aufgelöst war. Dann wandte er sich uns zu und fragte, ob wir heute abreisten. Ich sagte, wir seien startklar, warteten aber noch auf seine Erlaubnis. Er antwortete, wir sollten am Nachmittag fahren und winkte uns in den Privat-Interviewraum, wo er auf einer persönlicheren Ebene zu uns sprach.

Dann deutete er das Ende des Interviews an. Es hatte eineinhalb Stunden gedauert, aber die Zeit war so schnell vergangen, dass sie uns eher wie ein paar Minuten vorgekommen war; so groß war die Konzentration, die er in uns hervorgerufen hatte, und die Energie, die von ihm ausgegangen war. Randvoll von seiner Liebe gingen wir im Gänsemarsch aus dem Interviewraum. Als wir an Baba vorbeikamen, hielt er seine rechte Hand in seiner bekannten Segens-Geste über jeden von uns und sagte mehrmals: „Segen, Segen, sehr glücklich, sehr glücklich ..."

Während des Interviews hatte unser Freund Ed die Gelegenheit gehabt, Baba zu sagen, wie sehr sich sein Leben geändert habe, seit er das Baba-Zentrum zu Hause besuche. Dies war sein erster Besuch bei Baba. Er verließ den Raum so angefüllt von Babas Liebe und Energie, dass er sich gewiss war, mehr könnte er nicht verkraften. Er beschloss, mit uns abzufahren, anstatt, wie ursprünglich geplant, bis *Shivarātri* zu bleiben. Alle drei eilten wir auf unsere Zimmer, um fertig zu packen.

Unterwegs wurden wir ein paarmal von Leuten angehalten, die wissen wollten, was sich im Interview ereignet hatte. Man habe unser Gelächter bis in den Tempel gehört, und es habe selbst das Singen noch übertönt. Wir gaben einen Kurzbericht und hasteten weiter.

Als wir unser Appartement betraten, sah ich gleich, dass inzwischen in Vorbereitung für *Shivarātri* in jedem Zimmer lebensgroße Porträts von Baba aufgehängt worden waren. Auf den Bildern war Baba so gut getroffen und sah so lebendig aus, dass ich unbedingt herausfinden wollte, wo man sie kaufen konnte. Ich lief also zum Buchladen, wo man mir mitteilte, dass die Fotos auf Babas Geheiß verteilt worden seien und dass ihres Wissens keines mehr übrig sei. Ich hörte es mit Bedauern und ging wieder an meine Reisevorbereitungen.

Als wir gerade ins vollgepackte Taxi einsteigen wollten, rief jemand unseren Namen. Wir drehten uns um und sahen einen College-Jungen, der auf uns zugerannt kam. In der Hand hatte er etwas, das aussah wie zwei Rollen. Als er ganz außer Atem bei uns ankam, erfuhren wir, dass er ein Geschenk von Baba für uns hatte, der uns diese Rollen mit seinem Segen für eine sichere Heimreise schickte. Ich öffnete eine der beiden Rollen und sah zu meiner großen Freude, dass sie eine Kopie des Fotos enthielt, das in unserem Zimmer hing! Eines war für uns bestimmt und eines für Ed. Wir waren wirklich gerührt, dass unser Wunsch Minuten vor unserer Abreise auf diese Weise erfüllt wurde. Was für ein liebenswerter Abschluss unseres Besuchs!

Wieder einmal reisten wir regeneriert von Baba ab, bereit, unser Alltagsleben neu anzugehen, bereit, unsere Arbeit im Westen zu tun, nachdem uns erneut ein Weg gezeigt worden war, wie man aus der sklavischen Anhaftung an die Welt – oder *Maya* – in die Freiheit gelangen kann.

Wir kamen früh genug zu Hause an, um eine wonnige kleine Enkelin, Crystal Ann, zu begrüßen. Lorna und ihr Mann waren überglücklich, und wir freuten uns, Großeltern geworden zu sein. Aber vor allem dankten wir Baba für Lornas Glück und Seligkeit.

Siebzehntes Kapitel

Ich hängte das neue Baba-Foto an eine Wand in meinem Arbeitszimmer, wo es über all meine täglichen Aktivitäten wacht. Es ist, als sei Baba physisch anwesend. Seine Gegenwart ist so stark, dass es mir ganz automatisch zur Gewohnheit wurde, ihn morgens vor den Beratungsstunden zu begrüßen und ihn darum zu bitten, dass er beide leiten möge, die Person, die zu mir kommt, damit ich ihr helfe, und mich. Auch während der Sitzungen drehe ich mich oft zu seinem Bild um und bitte um eine Eingebung, wenn gerade ein besonders kniffliges Problem auftaucht.

Die Zahl der *Devotees*, die mich anriefen, stieg, als sie erfuhren, dass meine Arbeit so sehr auf Baba ausgerichtet war. So wurde ich durch meine Arbeit, die ich allmählich als mein *Seva* zu betrachten anfing, ziemlich auf Trab gehalten. Baba versicherte uns, dass Dienen einen sehr wichtigen Teil unserer täglichen spirituellen Übungen darstellt. Er betont, *Seva* sei ebenso wichtig wie Meditation – wenn nicht wichtiger –, vorausgesetzt, es wird als Dienst an Gott getan und ohne am Gewinn oder an den Früchten der Handlungen festzuhalten. Nur dann führt es nicht zu neuen karmischen Folgen. Baba kannte und billigte das, was ich tat, und so kam ich an den Punkt, an dem ich so weit war, zumindest den Versuch zu wagen, über meine Arbeit ein Buch zu schreiben. Einer der Hauptgründe, warum ich erst spät damit anfangen konnte, war Zeitmangel, denn es kamen immer mehr Menschen zu mir. Aber da ich inzwischen alle Probleme Baba zu übergeben und ihn zu bitten pflegte, mir bei ihrer Lösung zu helfen, schloss ich auch dieses Problem mit ein.

Gegen Ende des Jahres fingen wir wieder an, Pläne für eine Reise zu Baba zu unserer üblichen Zeit im Januar zu schmieden. Während wir den Zeitplan durchgingen, wurde mir klar, dass ich bei Baba eine ausgezeichnete Gelegenheit haben würde, mit dem Buch zu beginnen. Während des täglichen Wartens in den *Darshan*-Reihen würde ich viel Zeit haben. Dort, in seiner physischen Gegenwart würde ich nicht nur den Vorteil seiner Inspiration genießen, sondern auch jenes Plus an Energie, das ich in seiner Nähe immer erfahren hatte. Diese vorläufige Lösung meines Zeitproblems wirkte beruhigend auf mich. Ich beschloss, einen Stoß kleiner Notizblöcke und Kugelschreiber einzupacken, die ich immer griffbereit in meiner Handtasche mitführen konnte, für alle Zeitlücken und Pausen, die ich zum Schreiben nutzen konnte. Meine Gefühle im Hinblick auf dieses Wagnis waren recht gemischt, da ich keine Ahnung hatte, wie und wo ich anfangen sollte. Wie konnte ich in Schriftform eine so unstrukturierte, individuelle Methode darlegen? Nur indem ich mich der Führung meines Hohen Selbst anvertraute und sich das Buch einfach aus ihm herauskristallisieren würde – mitgeteilt von jener höheren Quelle der Weisheit, die sich in vielen Jahren der Arbeit als zuverlässig und gültig erwiesen hatte. Da Baba für mich die äußere Manifestation der Gotteskraft ist, die allem und jedem innewohnt, würde es sicherlich einfacher für mich sein, das Buch in seiner unmittelbaren Gegenwart zu beginnen, wo ich offener für den „Empfang“ des Inhalts war. Mit diesem ermutigenden Gedanken begaben wir uns auf eine neue Pilgerfahrt zu Baba.

Auf dem langen Flug begann ich, in großen Zügen die Schritte zu skizzieren, die mich zuallererst auf der Suche nach dem Sinn meines Lebens geleitet hatten und aus denen sich meine jetzige Arbeit entwickelt hatte. Da ich es durchweg mit Fakten zu tun hatte, fiel mir dieser erste Entwurf leicht.

Als wir ankamen, war Baba in Whitefield. Und sowie er uns erblickte, sagte er, wir sollten gleich in sein Haus gehen und jeden Tag wiederkommen. Er sagt oft: „Dies ist nicht mein Haus; es ist eures." Alles, was er hat, ist für die, die dessen bedürfen.

Ich saß nun jeden Tag morgens und nachmittags auf der Frauenseite – oft allein, wie gehabt – und konzentrierte mich auf das Schreiben des Buches. Erstaunt stellte ich fest, dass die Worte und Sätze nur so aus mir herausflossen, ähnlich wie das jahrelang für die Lehren der Fall gewesen war. Manchmal war der Fluss so schnell, dass ich Mühe hatte, in der Eile alles festzuhalten und zu Papier zu bringen. Sobald Baba den Raum betrat, steckte ich die Notizen weg und holte sie wieder hervor, wenn er gegangen war.

Drei Tage später hörten wir, dass Baba zu seinem alljährlichen Besuch nach Madras fahren würde, wo ihm zu Ehren Pongal – eine Art Erntedankfest, bei dem auch die Kühe gesegnet werden – gefeiert wurde.

Wir gingen also früher als sonst morgens zu seinem Haus, da keiner wusste, wann er abreisen würde. Während ich wartete, versenkte ich mich in meine Notizblöcke. Nach einer Weile nahm ich eine ungewohnte Stille um mich wahr, und aufblickend starrte ich direkt in Babas Gesicht. Er war offensichtlich aus seinen Räumen heruntergekommen, ohne dass ich ihn gehört hatte, und stand nun da und sah mit eigenartigem Gesichtsausdruck auf mich hinunter. Äußerst betroffen musste ich mir eingestehen, dass ich wieder einmal, wie damals mit Murphets Buch, so in meine Beschäftigung vertieft gewesen war, dass mir sein Kommen entgangen war. Ich entschuldigte mich und wollte aufstehen, aber er hielt mich mit der Hand zurück. Dann sah er auf den kleinen Stapel Notizen neben mir auf dem Boden, machte einen raschen Schritt auf ihn zu und klatschte über ihm laut dreimal in die Hände. Dann schaute er wieder hoch und sagte, während ein wunderbares Lächeln sein Gesicht überzog: „Ich bin sehr, sehr glücklich." Damit rauschte er durch die Eingangstür zum bereits wartenden Wagen und fuhr zum Flughafen.

Das alles hatte sich so schnell ereignet, dass ich ganz benommen zurückblieb. Mein Mann kam zu mir herüber, um zu erfahren, was Baba gesagt hatte. Während ich es ihm auseinander legte, verstand ich, in einem Aufwallen von Dankbarkeit, dass Baba damit nicht nur seine Zustimmung zu dem Buch ausgedrückt, sondern ihm auch gleich zu Anfang seine Energie gegeben hatte. Das hatte er durch das Klatschen seiner Hände zum Ausdruck gebracht. Nun konnte ich mir sicher sein, dass ich mit seinem Segen die Aufgabe bewältigen würde. Ich wusste auch, dass ich mich dem Prozess, so wie er sich schrittweise entwickelte, überlassen musste und mich nicht über das Ergebnis sorgen durfte.

Baba war nur kurze Zeit abwesend, aber doch lange genug, dass ich die wegen der ständigen Hin- und Herfahrten zwischen Whitefield und Bangalore versäumten Besorgungen nachholen konnte. Als Baba wieder zurück war, gingen wir auch wieder regelmäßig ins Haus, um auf ihn zu warten. Mit Ausnahme weniger gelegentlicher Besucherinnen saß ich meist allein auf der Frauenseite. Diese Isolation erwies sich jetzt als eine besondere Gnade, denn sie erlaubte mir, mich für längere Zeitabschnitte hintereinander aufs Schreiben zu konzentrieren, und so wuchs mein kleiner Berg von Notizen zusehends von einem Tag zum anderen. Immerzu lauschte ich nach innen und schrieb nieder, was mir in den Sinn kam, und mit Erstaunen bemerkte ich, dass sich dabei Schritt um Schritt ein klarer Aufbau enthüllte. Da ich bei jedem Arbeitsschritt immer mein Hohes Selbst gebeten hatte, mir zu zeigen, was zu tun war, hatte ich nicht bemerkt, dass dem Ganzen bereits eine klare Struktur zugrunde lag. Fasziniert entdeckte ich, wie sich unter meiner Feder meine Arbeitsweise als vollständige, fertige Methode herausschälte.

Baba kam und ging, wie immer. Manchmal blieb er stehen, lächelte oder machte eine Bemerkung über meine Fortschritte, wenn er an meinem Platz vorbeikam, und nannte mich „Schwerarbeiter". Solche Ermutigungen halfen mir sehr, und mein Notizen-Berg wuchs rasch.

Sonderbarerweise kamen die drei Mitglieder des US-Zentralkomitees, Jack Hislop, Richard Bayer und mein Mann, kurz nacheinander an. Keiner hatte im Voraus gewusst, dass die anderen fast zur gleichen Zeit kommen würden. Solche „Zufälle" ereignen sich um Baba herum recht häufig. Er scheint die Menschen nicht nur zum richtigen Zeitpunkt für ihre eigene Entwicklung an sich heranzuziehen, sondern auch für die Entwicklung und Förderung seiner Pläne. Auch einige Leiter der US-Organisation waren angekommen, so dass es möglich war, viele aktuelle Fragen über den Fortschritt der Zentren mit Baba zusammen zu diskutieren und zu klären.

Bei einem der Treffen durften vier Frauen anwesend sein: Frau Hislop, Frau Murphet – deren Mann zwei Bücher über Baba geschrieben hatte –, Frau Rajagopal aus Ojai in Kalifornien und ich. Als wir uns alle auf den Boden gesetzt hatten, sah sich Baba in der Runde um. Er lächelte. Ein seltsamer Ausdruck huschte über sein Gesicht, als sein Blick auf die vier Frauen fiel. Er hob rasch seine Hand und beschrieb mit seiner unnachahmlichen Geste Kreise in der

Luft. Er schloss die Hand dann schnell zur Faust, und als er sie wieder öffnete, lagen vier gleich aussehende Medaillons auf seiner Handfläche. Er zeigte sie allen, drehte sich mit einem breiten Lächeln zu uns vieren und gab jeder eines der Medaillons. Auf Englisch sagte er: „Mein neuestes Porträt für meine vier Töchter. Alle gleich, also keine Eifersucht", was viel Gelächter hervorrief. Die Medaillons bestanden aus filigranen, ovalen Goldrahmen, in die dünne Perlmuttstücke mit Babas farbigem Porträt auf hellblauem Hintergrund gefasst waren. Das Bild zeigte seinen *Shiva*-Aspekt – mit durchbohrendem Blick, der die Augen des Betrachters festhielt. Später witzelten wir darüber, dass Baba uns wohl ein Geschenk gemacht habe, um uns bei Laune zu halten, denn die Geschäftssitzung, die sich anschloss, wurde lang und ermüdend.

Das Geschenk hatte ein interessantes Nachspiel. Die Filigran-Umrandung der Medaillons war so zart, dass sie das Bild nicht lange festhalten konnte. Nach wenigen Tagen fielen die Perlmutt-Bildchen aus Frau Hislops und Frau Rajagopals Medaillon heraus. Frau Rajagopal brachte ihres nach Bangalore zu einem Juwelier, der auf der Rückseite des Bildchens eine dünne Goldschicht auftrug, mit der es am Goldrahmen angelötet werden konnte. Sie zeigte es anschließend Frau Hislop, die beschloss, mit ihrem Medaillon genauso zu verfahren. Als sie es beim Juwelier abholte, bemerkte sie, dass das Bild sich von dem Original unterschied, das sie ihm hingebracht hatte, und sagte es dem Mann. Der Juwelier beteuerte jedoch, dass es dasselbe Bild sei und war davon nicht abzubringen. Sehr erregt erzählte Frau Hislop die Geschichte ihrem Mann, der das Bild bei nächster Gelegenheit Baba zeigte. Baba nahm es in die Hand, betrachtete es prüfend und stimmte überein, dass es nicht das sei, das er materialisiert habe. Dann fragte er Frau Hislop, ob sie das alte wiederhaben wolle. Als sie begierig „Ja!" sagte, hielt er es in seiner geschlossenen Hand fest, blies dreimal darauf, öffnete sie und gab es ihr wieder. Sie sah sofort, dass in dem Rahmen nun wieder das Originalbild saß. Sie zeigte es später Frau Rajagopal, und dabei bemerkten beide, dass das vom Juwelier angefügte goldene Rückenteil fehlte, dafür aber der ganze Rahmen schwerer war. Es fühlte sich an, als ob das Gold des Rückenteils, das der Juwelier angebracht hatte, mit in den Rahmen eingeschmolzen worden war. Wieder eines von Babas kleinen Geheimnissen!

Als die Hälfte unseres Aufenthalts vorüber war, fuhr Baba nach Puttaparthi und bedeutete uns nachzukommen. Ich fragte mich, wie es dort mit dem Schreiben weitergehen würde. In Puttaparthi fand ich bald heraus, dass ich während des Wartens in den *Darshan*-Reihen meine Notizblöckchen ganz gut auf den Knien balancieren konnte.

Kurz nachdem wir angekommen waren, begann sich im *Ashram* das Gerücht zu verbreiten, dass Baba vorhabe, sein Mädchen-College in Anantapur zu besuchen, das eineinhalb Autostunden von Puttaparthi entfernt liegt. Wir hatten das College noch nicht gesehen und wären sehr gern mit hingefahren. Außerdem wollte ich gern ein Stipendium für eine Studentin stiften, wie wir es schon für einen Jungen in Whitefield getan hatten. Ich bat meinen Mann, er möge versuchen, Babas Erlaubnis zu bekommen, dass wir ihn begleiten durften. Tags darauf blieb Baba tatsächlich stehen, um mit meinem Mann zu sprechen, der mit den anderen auf der Tempel-Veranda saß. Sidney trug ihm meine Bitte vor, und Baba sagte sofort Ja und versprach, uns wissen zu lassen, wann er fahren würde.

Ein paar Tage später sagte er meinem Mann, dass er am 30. Januar morgens fahren werde und dass wir uns bereithalten sollten, ihm zu folgen. Als ich das hörte, freute ich mich enorm, weil wir demnach unseren Hochzeitstag, der ja auch am 30. ist, wieder mit Baba verbringen durften.

Der Besuch im Mädchen-College verlief sehr viel anders als wir es von Babas häufigen, informellen Besuchen bei den Jungen in dem College neben seinem Haus in Whitefield her kannten. Dr. Sam Sandweiss, sein Bruder, der ebenfalls Arzt war, und drei Frauen waren – nebst uns – mit von der Partie, als wir Baba nachfuhren. Als wir ankamen, wurden wir von der Rektorin und den Mädchen begrüßt. Alle waren sehr aufgeregt wegen Babas lang erwartetem Besuch. Wie Bienen schwärmten sie, sich in diskreter Entfernung haltend, umher, eifrig darauf bedacht, jede sich bietende Gelegenheit zu nutzen, um seinen *Darshan* zu bekommen. Ihre Gesichter strahlten vor Hingabe. Sie erinnerten mich – in ihren farbenfrohen Saris – an bunte Schmetterlinge, die bei Baba den Nektar suchten, nach dem sie dürsteten.

Baba verhielt sich hier ganz anders als bei den Jungen, mit denen er sehr informell und manchmal recht verspielt umgeht. Er war förmlicher und reservierter, vermittelte aber gleichzeitig den Eindruck, dass ihm nichts entging, was sie betraf. Er vermittelt immer den Anschein, dass er die Tiefen eines jeden, mit dem er spricht, sofort ausloten kann, und hier bei den Mädchen sah es so aus, als wisse er alles und jedes über jede von ihnen, wenn er auch nur flüchtig ihren Blick kreuzte.

Solange Baba mit seinen verschiedenen Ansprachen und Treffen mit den Mädchen und Lehrerinnen beschäftigt war, hielten wir uns in der Gemeinschaftshalle auf. Ab und zu erschien Baba, um nachzusehen, ob wir es behaglich hatten und mit Erfrischungsgetränken versorgt wurden. Einige der älteren Studentinnen wurden eingeteilt, uns das College zu zeigen, das zu Ehren Babas so herausgeputzt und poliert worden war, dass alles nur so glänzte. Andere bedienten uns beim Essen. Später versammelten sich alle im Festsaal, um Babas Ansprache zu hören. Das war der von allen Anwesenden sehnlichst erwartete Höhepunkt des Tages, wie man unschwer am interessierten Gesichtsausdruck der Zuhörerschaft ablesen konnte. Dr. Sandweiss, der Autor des Buches „Der Heilige und der Psychotherapeut", sprach und ebenfalls einige der Mädchen. Dann gab Baba den Auftakt zum *Bhajan*-Singen, indem er die ersten *Bhajans* selbst anführte. Wir alle stimmten mit ein.

Viele Menschen können nicht verstehen, warum Baba Colleges für Mädchen einrichtet, weil Frauen in Indien selten die Möglichkeit gegeben wird, ihre Ausbildung beruflich zu nutzen, da sie gewöhnlich bald nach dem Schulabschluss heiraten. Baba jedoch hält die Erziehung junger Frauen für sehr wichtig, da sie die Mütter der kommenden Generation sind. Er will sie besser ausgestattet wissen als bisher, damit sie den Unterricht und die Führung ihrer Kinder im Sinne der alten indischen Tradition selbst in die Hand nehmen können. Er weiß, dass diese Mädchen dank der Erziehung, die sie in seinen Colleges erhalten, verständnisvollere Ehefrauen sein werden. Er weist darauf hin, dass die Kinder von heute die Staatsbürger von morgen sind und dass deshalb ihre Mütter, die während der frühen Entwicklung den allergrößten Einfluss auf sie ausüben, eine Erziehung haben sollten, die sie auf diese verantwortungsvolle Rolle entsprechend vorbereitet. Er sieht voraus, dass diese Kinder als Erwachsene ihre Positionen in den vielen verschiedenen Organisationen und Institutionen ihres Landes einnehmen und das Bewusstseinsniveau anheben werden, wo immer sie gerade stehen, weil sie ihren Glauben an eine spirituelle Lebensführung mitbringen.

Als ich mich unter all den Frauen im Auditorium umsah und ihre verzückten Gesichtsausdrücke betrachtete, während sic konzentriert Babas Ansprache zuhörten, war es mir möglich, einen flüchtigen Blick in die Zukunft zu werfen, die Baba für sie bestimmt hatte. Ja, diese Mädchen würden bessere Mütter und intelligentere Ehefrauen sein. Sie würden einen sanften Einfluss auf ihre Ehemänner ausüben und dadurch deren maskulines Auftreten ausgleichen. Kinder solcher Eltern würden zweifellos bessere Staatsbürger werden.

Alles, was wir während dieses Tages gesehen hatten, beeindruckte uns sehr, besonders die stille Art und Weise, wie Baba bereits das Fundament für eine systematische Veränderung im indischen Lebensstil gelegt hatte. Ich war dankbar für diese Gelegenheit der Einsichtnahme in Babas Zukunftspläne, wie er das Land und seine Menschen aus den engen und starren Lebensbedingungen herausführen und gleichzeitig die Ansteckungsgefahr aus dem Westen bannen wird. Baba warnt vor dem überhandnehmenden Materialismus westlicher Prägung, der sich sehr schnell zu einem Hauptproblem entwickelt.

Auf dem Rückweg nach Puttaparthi versagte unser Taxi mehrmals den Dienst. Der Fahrer entdeckte eine undichte Stelle im Wassertank und hielt alle paar Meilen auf der Suche nach Wasser an, um den sich schnell verringernden Vorrat aufzufüllen. Die Fahrt kostete noch mehr Nerven als gewöhnlich, und selbst im besten Fall sind solche Fahrten nicht komfortabel oder frei von unvorhergesehenen Ereignissen. Wir blieben immer weiter hinter Baba und den anderen zurück, und als wir schließlich die vertrauten *Ashram*-Tore erblickten, stellte ich auch noch fest, dass ich mein Doppel-Brillenetui in Anantapur liegengelassen haben musste. Mein Herz sank. Zum Umkehren war es viel zu spät, vor allem mit diesem Taxi. Eine der Brillen war meine Lesebrille, ohne die ich nicht an meinem Buch weiterschreiben konnte, da ich weitsichtig bin. Wir gingen also direkt zum *Ashram*-Büro, in dem sich ein Telefon befindet – in der Hoffnung, dass es noch geöffnet war und wir in Anantapur anrufen und nachfragen konnten, ob das Brillenetui gefunden worden war. Telefonieren ist in Indien nicht einfach, nicht einmal aus einem Hotel in den großen Städten, geschweige denn aus einem *Ashram* in einem abgelegenen kleinen Dorf. Zum Glück war das Büro noch geöffnet, und es fand sich auch jemand, der für uns im College anrief. Wir bekamen sofort die Bestätigung, dass sich das Brillenetui dort befand.

Die nächste Frage war, wie ich es wiederbekommen konnte. Unseren Fahrer mit dem reparaturbedürftigen Taxi hatten wir nach Bangalore zurückgeschickt, damit er uns rechtzeitig für die Abreise einen anderen Wagen besorgen konnte. Wir fragten im *Ashram* herum und machten einen anderen Taxifahrer ausfindig, der bereit war, nach Anantapur zu fahren und die Brillen zu holen.

Am nächsten Morgen wurden wir zum Abschiedsinterview gerufen. Als wir uns zur angegebenen Zeit auf der Tempel-Veranda einfanden, sahen wir noch eine ganze Reihe anderer Westler ebenfalls auf ihr Interview warten. Als Baba kam, fragte er, wann wir abzureisen gedächten. Wir erklärten ihm, dass wir auf unseren Fahrer mit dem neuen Taxi warteten, da das andere repariert werden müsse, und dass wir außerdem auf ein zweites Taxi mit den Brillen aus Anantapur warteten. Baba war sichtlich verärgert und gab uns einen strengen Verweis: „Verschwendung, Verschwendung!“, sagte er, „Du hättest eine der Lehrerinnen bitten sollen, die Brillen einem Busfahrer mitzugeben, der sie dir hätte bringen können.“ Er blieb noch länger beim Thema und sagte zum Schluss: „Du hättest dir zwei neue Brillen machen lassen können für viel weniger Geld als das Taxi kostet.“

Ich fühlte mich mit jedem Augenblick mehr in Verlegenheit und hätte mich am liebsten unsichtbar gemacht, aber ich konnte mich vor Baba nicht verstecken, und so musste ich ihn bis zu Ende anhören. Dann drehte er sich ohne Vorwarnung abrupt um, sah mir gerade ins Gesicht und sagte mit erhobenem Zeigefinger, wie ein Schullehrer, aber mit gespieltem Ernst: „Du bist faul.“ Ich brach in Tränen aus. Das war natürlich nur die Entladung vom Stress des vorhergehenden Tages mit seiner Hindernisfahrt und der Brillen-Affäre. Babas so offen zur Schau gestellter Ärger über die Geldverschwendung und seine Anschuldigung, ich sei faul, waren die Tropfen, die das Fass zum Überlaufen brachten. Ich platzte heraus: „Oh nein Baba, nicht faul! Du selbst hast gesagt, dass ich hart arbeite." Als er meinen Schmerz sah, lächelte er und sagte mit unendlicher Liebe und Güte wie eine Mutter, die ihr verzweifeltes Kind tröstet, mit weicher, melodischer Stimme: „Das war nur ein Scherz von mir. Weine nicht. Du musst Selbstkontrolle bewahren." Ich nahm mich zusammen. Richtig, ich hatte mir erlaubt, schwach und hilflos zu sein.

Dann fuhr Baba mit dem Gruppeninterview fort. Er sprach über meine Arbeit zu Hause, über das Buch, das ich schrieb, und machte seine Anmerkungen dazu. Er versicherte, dass ich wirklich hart arbeitete – was zur Folge hatte, dass ich mich noch unbehaglicher fühlte, vor allem, weil andere es hörten. Ganz beiläufig erwähnte er dann, dass er es gern sähe, wenn ich beim Sommerkurs im nächsten Jahr dabeisein und den Studenten einen Vortrag über das Buch, an dem ich schrieb, halten könne. Diese Ankündigung traf mich wie ein Blitz aus heiterem Himmel, und meine seelischen Reaktionen darauf waren sehr gemischt. Einerseits war ich glücklich, dass ich seine Zustimmung für meine Arbeit besaß, und dass das Buch seinen Segen hatte. Aber der bloße Gedanke, vor Hunderten von Studenten und anderen Leuten einen Vortrag zu halten, erfüllte mich mit Schrecken. Es war mir schon immer schwergefallen, in der Öffentlichkeit zu sprechen, und bisher hatte ich es erfolgreich vermieden, auch nur bei Sai-Baba-Treffen zu sprechen. Ich hatte das Gefühl, dass das, was Baba soeben vorgeschlagen hatte, ein Ding der Unmöglichkeit war. Die einzige Möglichkeit, wie ich es schaffen könnte, wäre, dass er durch mich spräche, und ich war mir durchaus nicht sicher, ob ich mich so weit würde beruhigen können, dass dies geschehen konnte. Wie immer deckt Baba auf, was einem Menschen am schwersten fällt

– sei es, dass es sich darum handelt, etwas zu tun, zu lassen oder zu ändern. Ich begriff, dass er absichtlich mit mir gespielt, mich niedergeworfen und wieder aufgerichtet hatte, nur um mich zu Tode zu erschrecken. Er hatte sich das ausgedacht – da war ich mir sicher – damit ich etwas von meinem Ego mit seinen vielen Vorlieben und Abneigungen abschütteln konnte. Durchgeschüttelt war ich zweifellos, aber weit davon entfernt, frei zu sein von den Problemen, die Baba mit seinem alles durchleuchtenden Scheinwerfer bloßgestellt hatte.

Inzwischen ging das Interview unter dem Thema „freier Wille" weiter. Ich fasste Mut und fragte ihn, wie man zwischen seinem eigenen Willen, dem Willen einer anderen Person und dem Willen Gottes unterscheide. Baba lächelte verständnisvoll und sagte, das sei eine gute Frage. Er erklärte, dass wir, wenn wir im Zweifel seien, wessen Wille gerade eine bestimmte Situation kontrolliere, nichts unternehmen sollten, bis uns die Möglichkeit gegeben würde, uns an einen stillen Platz zurückzuziehen. Dort sollten wir uns fest auf ihn konzentrieren und um einen Hinweis bitten, was wir tun sollten. Baba versprach, dass wir innerhalb von zwanzig Minuten die Antwort erhalten würden. Seitdem hat es unzählige Gelegenheiten gegeben, bei denen ich für diesen Hinweis unendlich dankbar war. Wenn ich nach innen gehen und Baba ehrlichen Herzens die betreffende Situation übergeben kann und um einen Fingerzeig bitte, bekomme ich unweigerlich innerhalb von zwanzig Minuten eine Antwort.

Im anschließenden Privatinterview sprach Baba länger über meine Arbeit und bemerkte unter anderem, dass ich während dieses Aufenthalts bei ihm bereits drei Viertel des Buches geschrieben hätte. Ich sah hinterher nach und fand, dass es stimmte. Trotzdem war es nur ein allererstes Rohkonzept, das in der Hauptsache aus getrennten Blöcken von Aufzeichnungen über einzelne Themenbereiche bestand. Diese würden zu Hause sortiert und neu zusammengestellt werden müssen. Ursprünglich hatte ich geplant, das Manuskript nur zu kopieren. Es sollte den Menschen als Handbuch zur Verfügung stehen, wenn sie zu Hause die verschiedenen Visualisierungstechniken übten. Und es sollte hilfreich für mich sein für den Fall, dass ich mich jemals dazu entschließen könnte, diese Methode in der Zukunft zu lehren. Baba bestand aber darauf, dass es mehr Menschen zugänglich gemacht und daher gedruckt werden sollte. Er warnte mich auch davor, dies in Indien zu tun, wo Papier und Druck weniger gut seien als in anderen Ländern. Ich bat ihn, mir bei der Suche nach dem richtigen Verleger zu helfen, was er mir lächelnd zusagte.

Mit sehr gemischten Gefühlen verließ ich den Interviewraum. Ich war tief bewegt und dankbar, dass Baba mir so viel Mut in Bezug auf meine Arbeit und das Buch gemacht hatte, aber die Aussicht, im nächsten Sommerkurs eine Rede darüber zu halten, versetzte mich in panische Angst. Viele widersprüchliche Gedanken und Gefühle machten mich unfähig, die tiefere Bedeutung all dessen, was Baba in den letzten Wochen und vor allem in diesem letzten Interview gesagt und getan hatte, ganz zu begreifen.

Aus meiner heutigen Sicht verstehe ich die Motive sehr gut, die ihn veranlasst haben, einige Bereiche in meinem Leben aufzudecken, die erforscht und bearbeitet werden mussten. Meine introvertierte Lebensweise war nichts anderes als ein Schutzmechanismus, durch den ich meine Identität trotz des ständigen Drängens meiner Mutter, mich ihrer Weltanschauung anzupassen – was ich rein äußerlich auch tat –, wahrte. Das Ergebnis war, dass ich wenig Kontakt mit der Außenwelt pflegte oder ihr wenig Beachtung schenkte und oft geistesabwesend und vergesslich war. Babas Stichelei wegen meiner „Faulheit“ war in gewisser Beziehung richtig. Es ist eine Form von Faulheit, wenn man Einzelheiten zu wenig Beachtung schenkt. Trotzdem: Die Kehrseite der Medaille ist, dass ich hart arbeite, wie er betont hat.

Das gilt vor allem für die Arbeiten, die ich für wichtig und der Mühe Wert erachte. Aber ich hatte es immer mit vollem Einsatz meines Willens getan und allzu hart gearbeitet. Weder das eine noch das andere Extrem kann dem Idealbild einer ausgeglichenen Lebensweise entsprechen. Der einzige Ausweg aus einem solchen Dilemma ist, ständig mit dem inneren Baba in Verbindung zu bleiben und um Hinweise zu bitten, wie man sich zwischen den Extremen zurechtfinden kann. Nur so konnte ich gelassen bleiben und mit der Welle des inneren, intuitiven Wissens schwimmen, was, wann, wie und in welchem Ausmaß zu tun war.

Wie geschickt Baba mich darauf aufmerksam gemacht hatte, welche Bereiche ins Gleichgewicht gebracht werden mussten! Gleichzeitig hatte er die geeignete Situation geschaffen, um mich anzutreiben, dieses Gleichgewicht zu erreichen. Der Vortrag selbst war nicht ausschlaggebend. Er hatte ihn nur als Mittel benutzt, um mich anzutreiben, damit ich in meinem Leben den Mittelweg zwischen Trägheit und Zwangshandlung finden konnte. Es dauerte aber einige Jahre, bis ich diesen Sachverhalt so klar zu sehen lernte, wie ich es heute tue. Ich musste willig die alten Verhaltensweisen aufgeben in dem festen Vertrauen, dass er mir neue aufzeigen würde, und annehmen, was auch geschah – selbst auf die Gefahr hin, Fehler zu machen. Wie weise, geduldig und liebevoll von ihm, mir nur eben eine Andeutung zu machen, damit ich die Sache in Angriff nehmen konnte, anstatt mir genau zu sagen, was ich zu tun hatte. Er wusste, dass mich das daran gehindert hätte, meine eigenen physischen und geistigen Muskeln zu gebrauchen, um die nötigen Anstrengungen in Richtung einer ausgeglicheneren Lebensform zu unternehmen. Wieder einmal konnte ich in Baba den vollkommenen Zen-Meister sehen.

Spät am Nachmittag kehrte unser Fahrer mit einem anderen Taxi zurück. Er versicherte uns, dass dieser Wagen auf der langen holperigen Fahrt nach Bangalore keine Schwierigkeiten machen würde. Auch das Brillenetui kam rechtzeitig aus Anantapur, so dass wir planmäßig abreisen konnten.

Bis zum Jahresende lastete die Aussicht, einen Vortrag halten zu müssen, schwer auf mir. Ich begriff recht wohl, dass ich auf ein Problem aufmerksam gemacht worden war, an dem ich unbedingt arbeiten musste. Welche Anmaßung, anderen Menschen helfen zu wollen, ihre Ängste zu beseitigen, wenn die bloße Aussicht, einen Vortrag halten zu müssen, in mir selbst Angst und Schrecken hervorrief! Ich hatte mir gelobt, niemals eine der Techniken, die sich mir offenbarten, auf andere anzuwenden, bevor ich sie nicht an mir selbst erprobt und für wirksam befunden hatte. Ich musste praktizieren, was ich predigte! Also beschloss ich, mein Problem sofort anzugehen.

Ich entdeckte aber bald, dass ich mich bei dieser, wie auch bei vielen anderen Schwächen, die Baba an mir aufgedeckt hatte, nicht einfach in das Problem hineinstürzen und es mit einem Mal ausrotten konnte, wie man Unkraut mit der Wurzel ausreißt, nur weil ich nun mit Sicherheit wusste, dass etwas zu geschehen hatte. Von den Lehren her, die mir eingegeben worden waren, und aus meinen bisherigen Erfahrungen wusste ich, dass das Ändern von Gewohnheiten, Lebenseinstellungen oder negativen Gefühlen ein Prozess ist, der nur schrittweise vor sich gehen kann. Nur selten kann es in einem Riesenschritt vollzogen werden, obwohl viele Menschen eine so rasante, einfache, aber unsichere und trügerische Methode vorziehen würden. Ich habe meinen Klienten oft gesagt, dass Wachstum, Heilung und überhaupt jede grundlegende Veränderung sich nur dann ereignen können, wenn zuvor das Bewusstsein für die Notwendigkeit einer Veränderung vorhanden ist. Erst dann kann man das Erforderliche tun, um es in die Tat umzusetzen. Es gibt keinen Zauberstab, den wir – oder wer auch immer – benutzen können, um die Veränderung herbeizuführen. Wir können den ersten Schritt nur von dem Punkt aus tun, an dem wir uns entwicklungsmäßig tatsächlich befinden und nicht von einem imaginären Punkt aus, an dem wir uns zu befinden glauben oder wünschen. Wir müssen ganz und gar wahrhaftig sein. Nur dann können wir auch auf das Ziel zugehen, mit dem Gott eins zu werden, der wir in Wahrheit schon sind. Es ist dieser langsame Prozess, der uns spirituell stärker macht, ähnlich wie tägliche Gymnastikübungen die Muskeln stärken. Wenn Baba oder irgendwer sonst alles für uns durchführte, würde er uns die Chance nehmen, selbst stark zu werden. Seine Muskeln würden an Stärke zunehmen, während unsere so schwach wie eh und je bleiben blieben.

Da ich nun mit der Furcht, vor einer Öffentlichkeit sprechen zu müssen, erneut konfrontiert wurde, begriff ich, dass es an mir selbst lag, die nötigen Schritte zu unternehmen, um sie zu überwinden. Es war wie mit allen Problemen und Schwächen: Sie bleiben eine Bürde, solange man nicht weiß, wie man sie beseitigt oder solange einem die Kraft dazu fehlt. Es war mir nur allzu klar, dass ich trotz aller Anstrengungen, die ich bisher in diese Richtung gemacht hatte, jämmerlich versagt hatte. Was veranlasste mich jetzt anzunehmen, dass es diesmal anders ausgehen würde? So unvernünftig es erschien, so sicher war ich mir doch, dass es da einen entscheidenden Unterschied gab. Denn der Prozess war diesmal nicht von mir eingeleitet worden, sondern es war Babas Entscheidung gewesen, mich auf mein Problem aufmerksam zu machen. Das konnte nur bedeuten, dass jetzt der richtige Zeitpunkt für mich gekommen war, die Arbeit daran in Angriff zu nehmen. Darum war die Hoffnung auf Erfolg berechtigt. Aber ich wusste aus Erfahrung, dass ich selbst unter diesen Umständen versagen würde, wenn ich mit meinem Ego und Eigenwillen daranging, und dass ich nur dann Erfolg haben konnte, wenn ich Baba ständig bat, innerlich mit mir in Verbindung zu bleiben und mir beizustehen.

Inzwischen schrieb ich an dem Buch weiter. Das ganze Unternehmen stellte sich als viel mühsamer heraus, als ich es mir vorgestellt hatte. Außerdem waren da weiterhin die Sitzungen mit den Menschen, die mit ihren seelischen Problemen zu mir kamen. Dabei ergaben sich häufig neue Techniken, was zur Folge hatte, dass sich der Umfang meiner Beratungstätigkeit – und dementsprechend auch des Buches – ständig vergrößerte. Dank Babas Hilfe wurde ich mit dem ersten Rohmanuskript fertig, als ich zum Sommerkurs nach Whitefield abreisen musste.

Anfang 1979 rief unsere Tochter Lorna an, um uns freudig mitzuteilen, dass sie im Herbst ein zweites Baby bekommen würde. Ich dankte Baba still und bat um ein gesundes Enkelchen.

Achtzehntes Kapitel

Baba sagt, dass die Erziehung, die den Studenten in Indien geboten wird, jeder spirituellen Grundlage entbehrt. Er prangert den gegenwärtigen Trend zur Nachahmung westlicher Methoden an, die ausdrücklich auf das Streben nach materiellen „Werten“ ausgerichtet sind, anstatt ethischen Werten und Idealen den Vorrang zu geben. Baba ist der festen Überzeugung, dass Erziehung vor allem den Sinn haben muss, die Männer und Frauen dazu anzuhalten, ihr Leben in den Dienst ihres Landes zu stellen und nicht lediglich nach finanziellem Gewinn zu streben. In all seinen Schulen sieht der Lehrplan neben den vom Staat vorgeschriebenen Fächern auch das Studium der vedischen Lehren vor.

Seit mehreren Jahren führte er von Mitte Mai bis Mitte Juni einen besonderen Sommerkurs für ausgewählte Jungen und Mädchen aus allen Teilen Indiens durch. Die Absicht war, dieser Jugend einen kurzen, aber intensiven Einblick in das Leben in seiner unmittelbaren Nähe zu geben – ein Privileg, das die Jungen des Whitefield-Colleges das ganze Jahr über genießen dürfen. Das Programm dieses Sommerkurses setzte sich aus Vorträgen namhafter Kapazitäten über erzieherische und philosophische Themen zusammen, wobei das zentrale Interesse den vedischen Lehren galt. Die Teilnehmer hatten außerdem täglich *Seva* – also Dienst am Mitmenschen – zu leisten. Dazu gehört unter anderem auch der Besuch nahegelegener Dörfer, in denen sie den Bewohnern beim Verbessern ihrer Lebensbedingungen halfen. Häufig konnte man die Studenten und Studentinnen, oft aus reichen Familien, beim Brunnengraben sehen, beim Säubern der Straßen, in denen jahrzehntealter Schmutz lag, beim Assistieren in Krankenhäusern und beim Erledigen vieler anderer, oft niedriger Arbeiten. Jeden Abend versammelten sie sich im Auditorium, um Babas hinreißende Ansprachen zu hören. Auch einige seiner indischen und ausländischen Anhänger waren zu den täglich stattfindenden Vorträgen und abendlichen Diskursen eingeladen.

Die Umstände wollten es, dass mein Mann mich diesmal nicht begleiten konnte, als ich abreisen sollte. Völlig unerwartet hatte sich ein Rechtsfall ergeben, den er sofort bearbeiten musste. So flog ich voraus, und er wollte so bald wie möglich nachkommen. Ich hatte keinerlei weitere Mitteilungen von Baba oder den Organisatoren des Sommerkurses bekommen, nahm aber an, dass Baba meinen Vortrag noch immer wünschte.

Ein paar Tage bevor die Kurse begannen, landete ich in Bangalore. Baba kam gerade von seinem alljährlichen Besuch in Bombay zurück, wo er gewöhnlich Anfang Mai den Jahrestag der Eröffnung des Dharmakshetra feiert. An jenem Nachmittag meiner Ankunft fuhr ich nach Whitefield zum *Darshan*, um mir ein Abzeichen zu besorgen, mit dem ich zu den Vorträgen und zu Babas Ansprachen vorgelassen würde.

Ich ging zunächst zum rückwärtigen Tor des *Ashram*-Bezirks, durch das wir sonst immer hereingelassen wurden, fand es aber bewacht, und der Eintritt wurde mir nicht gestattet. Ich erklärte, dass Baba mir bei meinem letzten Besuch den Auftrag gegeben hatte, zum

Sommerkurs wiederzukommen, und dass ich nun einen Ausweis benötigte, um daran teilzunehmen. Es sah aber so aus, als hätten mich die Torwächter entweder nicht verstanden, oder dies hier war ein Test für meinen Glauben, meine Geduld und mein Durchhaltevermögen. Ich wartete und wartete, und schließlich erblickte ich eine Amerikanerin, die ich kannte. Ich winkte ihr, um sie auf mich aufmerksam zu machen, und erklärte ihr mein Dilemma. Sie sprach daraufhin mit dem Wächter, und nun wurde ich eingelassen. Sie berichtete, dass Baba gerade eine Hochzeit abhielt, und führte mich währenddessen zu einem etwas abseits gelegenen Platz, wo ich warten konnte, bis die Zeremonie beendet war und ich ins Büro gehen konnte, um meinen Ausweis abzuholen.

Als Baba sich gerade anschickte, zum *Darshan*-Platz hinauszugehen, drehte er sich in meine Richtung und fragte mit seinem reizenden Willkommenslächeln: „Wie geht es dir? Und deinem Mann? Wo steckt er?“ Seine letzte Frage – „In what place is he?“ – deutete darauf hin, dass er sich nach meinem abwesenden Fleisch-und-Blut-Ehemann erkundigt hatte und nicht nach meinem inneren Gemahl. So berichtete ich ihm, dass er noch in Kalifornien sei und bald nachkommen werde. Er nickte zustimmend und sagte: „Ich werde dich sehen.“ Dann setzte er seinen Weg zum *Darshan*-Platz fort.

Ich hatte keine Ahnung, ob er beabsichtigte, mich gleich nach dem *Darshan* zu sehen oder ob er mich irgendwann in nächster Zeit sprechen wollte. Ein paar Inderinnen, die meine Unentschlossenheit bemerkt hatten, rieten mir, an dem Platz zu warten, wo ich mich gerade befand. Zwei Stunden später kamen sie wieder und teilten mir mit, dass Baba sich für heute zurückgezogen habe. Das ist für Besucher das allgemeine Signal, sich aus der Nähe des Hauses zu entfernen. Nun war es aber zu spät für mich, im Büro meinen Ausweis abzuholen. Mein erster Tag in Whitefield endete auf eher enttäuschende Weise.

Tags darauf kam ich wieder. Diesmal wurde mir erlaubt, das Tor zu passieren. Wieder bemühte ich mich herauszufinden, wie ich an einen Ausweis kommen könnte. Nach mehreren erfolglosen Versuchen kam ich an ein Büro, in dem man mir sagte, Frau Ratan Lal könne mir einen Ausweis besorgen, sei aber heute nicht erreichbar und ich solle morgen wiederkommen. Am kommenden Morgen begannen aber bereits die Kurse. Ich würde also bis zur letzten Minute warten müssen, um meinen Ausweis zu bekommen. Baba sorgte offensichtlich schon dafür, dass ich lernte, aggressiver zu sein, als ich es jemals in meinem Leben gewesen war und schon gar nicht, als ich hätte sein wollen. Der innere Gemahl, mit dem ich an unserem letzten Jahrestag verheiratet worden war, wurde hart getestet, auf dass er zum starken inneren Rückhalt für mich würde. Und ein Grund, weshalb ich diesmal allein nach Indien hatte kommen müssen, war sicherlich darin zu sehen, dass ich auf diese Weise gezwungen wurde, beide Aspekte meines Ichs, den weiblichen und den männlichen, gleichermaßen zu fordern, damit ich meine Ganzheit zu verwirklichen lernte. Vielleicht hatte mich Baba deshalb gefragt, wo sich mein Mann befinde, um die Tatsache zu unterstreichen, dass ich diesmal allein war und mein innerer Gemahl statt seiner handeln musste.

Früh am nächsten Morgen ging ich wieder zum Tor. Ich wurde sofort eingelassen und ging schnurstracks zu Frau Ratan Lals Haus. Sie hat das Privileg, für Baba zu kochen und für viele Dinge zu sorgen, die täglich in seinem Haus gebraucht werden. Sie begrüßte mich herzlich, und wir lachten gemeinsam über die Hindernisse, die ich auf dem Weg zu meinem Eintrittsausweis zu überwinden gehabt hatte. Die Symbolik darin schien uns beiden sehr bedeutsam! Aber nun war das Problem gelöst, und ich konnte jedenfalls sicher sein, dass ich zu den Veranstaltungen in diesem Monat zugelassen war. Ich konnte aufatmen.

Man sagte mir, dass sich zurzeit weder Männer noch Frauen in Babas Haus aufhalten dürften, weil die Räume, in denen sie normalerweise saßen, renoviert würden. Die Teilnehmer des Sommerkurses saßen jeden Morgen mit den Hunderten von anderen Leuten in den *Darshan*-Reihen außerhalb des Privatbezirks. Ich beeilte mich also, meinen Platz ebenfalls unter der großen Schar von Frauen einzunehmen, die bereits in ordentlichen Reihen dasaßen und geduldig auf Babas Erscheinen warteten.

Von da an vergingen die Tage schnell. Morgens fuhr ich zum *Darshan* nach Whitefield, zum Mittagessen kehrte ich ins Hotel zurück und fuhr am Nachmittag wieder nach Whitefield zu den Vorlesungen im Auditorium. Anschließend kamen Babas Ansprache und ein Kulturprogramm, das den Tag beendete. Es wurde oft sehr spät, bevor ich zum Abendessen ins Hotel zurückkehrte.

Manchmal, wenn Baba die *Darshan*-Reihen auf und ab ging, lächelte er mich an, aber es gab keinerlei Hinweise darauf, dass er mich sprechen wollte, wie er es an jenem ersten Tag angekündigt hatte. Weder er noch sonst jemand erwähnte jemals, dass ich einen Vortrag halten sollte.

Es war sehr interessant, die Hunderte von jungen Mädchen und Jungen aus allen Teilen Indiens und anderen Ländern zu beobachten. Viele waren von weither angereist, um an dem Kurs teilzunehmen. Jeden Abend wurde eine Zusammenfassung der Vorlesungen des Vortages von je einem der Jungen und Mädchen gegeben. Außerdem sprachen je ein Whitefield-Student und eine Anantapur-Studentin über ein philosophisches Thema, und zwar flüssig und selbstsicher, ohne eine Spur von Nervosität. Ich begann mich zu schämen, dass ich, die ich alt genug war, ihre Großmutter zu sein, so empfindlich und ängstlich war. Was mein Unbehagen aber nur noch steigerte ...

In dieser Jahreszeit war das Wetter nicht so freundlich, wie es zu unserer gewohnten Zeit im Januar zu sein pflegt. Es herrschte extreme Hitze, und der Monsun hatte gerade eingesetzt und machte die Luft feucht und schwer, mit Gewittern, die drohend über uns kreisten und alle paar Tage mit wolkenbruchartigen Regenschauern explodierten. Oft wurden wir alle bis auf die Haut durchnässt.

An einigen Abenden ordnete Baba an, die Tore zum Auditorium weit zu öffnen, um so viele Menschen wie möglich von der Menge, die sich allabendlich draußen versammelte, hereinzulassen, damit sie vor dem Regen geschützt würden. Wie ein Sturzbach nach einem Dammbruch drängten dann Hunderte von nassen, dampfenden Körpern in den Saal, bis auch das letzte verfügbare Fleckchen ausgefüllt war. Die Hingabe dieser Menschen und ihr Verlangen, einen flüchtigen Blick auf Baba zu werfen und vielleicht seine Ansprache – wenn auch nur über die draußen angebrachten Lautsprecher – zu hören, waren so groß, dass sie gern auch bei dem unfreundlichen Wetter stundenlang draußen gestanden wären.

Es war ein eigenartiger Anblick, an den Abenden, an denen der Sturm wütete, Baba seelenruhig in seiner gewohnten enthusiastischen Art weitersprechen zu hören, während der Donner grollte und seine Stimme zu übertönen drohte. Dazwischen zuckten die Blitze und erhellten die gespannt erhobenen Gesichter der Zuhörer mit einem gespenstischen Licht.

Um auch gewiss ins Innere des Auditoriums zu gelangen, mussten selbst Leute mit Gästeausweisen Stunden vorher kommen und auf dem bloßen Boden sitzen und warten, bis die Türen geöffnet wurden. Gegen die große Hitze und die täglichen Regengüsse hatte man über jedem Türvorsprung ein behelfsmäßiges Schutzdach angebracht. Es bestand aus lose geflochtenen Matten, die von schweren Bambuspfosten hochgehalten wurden, ein recht dürftiger Schutz gegen die sengenden Sonnenstrahlen und den Regen.

An einem Sonntagabend, während ich mit vielen Frauen zusammengepfercht dasaß und darauf wartete, dass wir eingelassen wurden, kam plötzlich ein starker Windstoß, der einen der schweren Bambuspfähle aus seiner schwachen Verankerung riss. Der Pfahl traf mich direkt auf der Nase und schleuderte meine Brille auf den Zementboden. Mein erster Gedanke war, dass ich von einem so wuchtigen Schlag eigentlich hätte ohnmächtig werden müssen. Aber zu meiner Verwunderung und der der Frauen um mich herum hatte ich weder einen Kratzer noch einen blauen Flecken im Gesicht oder auf der Nase, noch war meine Brille versehrt worden. Sie hatte nicht den kleinsten Kratzer. Keiner von uns konnte seinen Augen trauen.

Ein paar Tage später ereignete sich ein ähnlicher Vorfall. Ich hatte – in diesem Jahr erstmals – ein Tonband mitgenommen. Ich hoffte, Baba beim *Bhajan*-Singen aufnehmen zu können, um zu Hause seine Stimme wieder zu hören. Ich war deshalb glücklich, dass Baba die Abende oft mit dem Singen von *Bhajans* beendete. Als er an einem solchen Abend gerade die Bühne verließ und wir alle aufstanden, fiel mir bei der Eile, mit der wir uns erhoben, das Tonbandgerät vom Schoß und landete mit einem dumpfen Aufprall auf meinem rechten großen Zeh. Der Schmerz war so heftig und unerwartet, dass es mir schwerfiel, nicht aufzuschreien. Der flüchtige Gedanke, dass der verletzte Zeh mir die Teilnahme an den weiteren Veranstaltungen und meinen restlichen Aufenthalt insgesamt sehr erschweren würde, blitzte durch mein Gehirn. Aber einen solchen Gedanken wollte ich schleunigst verjagen. Zum Glück erinnerte ich mich gleich daran, Baba still um Hilfe zu bitten und stellte überrascht fest, dass ich ruhig und gelassen bleiben konnte, fast als ob ich das Ganze als Zuschauerin beobachtete, und nicht wie die Person, die davon betroffen war.

Es gelang mir, den Saal auf meinen eigenen Beinen zu verlassen und ohne besondere Schwierigkeiten ins Taxi zu steigen, das draußen auf mich wartete. Während der Fahrt massierte ich den Zeh sehr sanft und bat Baba, er möge ihn wieder heil machen. Ein indischer *Devotee* hatte um Mitfahrgelegenheit in die Stadt gebeten, und so sprachen wir unterwegs über die vielen wundervollen Erlebnisse, die er mit Baba in all diesen Jahren gehabt hatte. Als ich beim Hotel ankam, stellte ich erstaunt fest, dass sich der Schmerz aufgelöst hatte und mir das Gehen leichtfiel. In meinem Zimmer tastete ich den Zeh nochmals ab, um zu sehen, ob ich Eis für einen kalten Umschlag heraufkommen lassen sollte, aber ich entdeckte weder Schwellungen noch blaue Flecken und beschloss, gleich zu Bett zu gehen. Ich schlief sehr ruhig, und am nächsten Morgen, als ich den Zeh noch einmal untersuchte, tat er erstaunlicherweise immer noch nicht weh und war weder geschwollen noch verfärbt.

An jenem Tag musste ich vor der Fahrt nach Whitefield noch ein paar Besorgungen in der Stadt erledigen. Das bedeutete, dass ich ein bis zwei Stunden lang die Strecken zwischen den Läden, die ich besuchen musste, zu Fuß zurückzulegen hatte. Mit einem schmerzenden Zeh wäre das unmöglich gewesen. Aber alles ließ sich mühelos bewältigen. Ich bekam die Dinge, die auf meiner Einkaufsliste standen, und hatte während der ganzen Zeit nicht die geringsten Schmerzen.

Als ich die Ereignisse unmittelbar vor dem Unfall im Rückblick betrachtete, konnte ich darin plötzlich bestimmte Zusammenhänge erkennen. In seiner Ansprache an jenem Abend hatte Baba die Notwendigkeit betont, sich weder von der Freude noch vom Leid hinreißen zu lassen, sondern darüber oder jenseits zu stehen. Ich erinnere mich, dass ich für den Bruchteil einer Sekunde erschrocken war bei dem Gedanken, für den Rest des Sommerkurses mit einem verletzten Fuß umhergehen zu müssen. Aber ebenso schnell hatte ich den Gedanken wieder losgelassen, hatte Baba angerufen und ihm das Problem übergeben. Ob er in seiner Rede auch darauf angespielt hatte? Falls ja, wie wundervoll, die Wahrheit seiner Worte so schnell und mit so überzeugenden Beweisen erfahren zu dürfen! Konnte ich den Vorfall so verstehen, dass mir ein flüchtiger Einblick in die Möglichkeit gegeben worden war, wie man ein Unheil abwehrt – indem man nämlich weder darauf reagiert noch sich damit identifiziert? Der einzig mögliche Weg wäre dann, dass man Baba sofort um Hilfe ruft und in der Gewissheit, sie zu bekommen, die Ruhe bewahrt. Das Geheimnis liegt darin, sich sofort zu erinnern. Wir alle sind so vergesslich.

Ich merkte sehr bald, dass es mir in Babas unmittelbarer Gegenwart viel leichter fiel, den Kontakt mit dem Gott-Selbst in meinem Herzen aufrechtzuerhalten. Diese Tatsache hielt ich mir nahezu ununterbrochen vor Augen und lernte dadurch, dass ich mit den verborgenen Wesenszügen meines Ichs ab dem Augenblick umgehen konnte, ab dem sie aus der unbewussten an die bewusste Seinsebene heraufgeholt wurden, das heißt, sobald sie für mich anschaubar wurden. Ich muss gestehen, dass ich mich um einige dieser Aspekte nie sonderlich gekümmert hatte, wenn sie sich bemerkbar machten. Aber es war mir klar, dass ich sie erst richtig „anschauen" musste, bevor ich sie loslassen oder etwas an ihnen verändern konnte. Ich weiß von vielen anderen *Devotees*, dass sie an sich selbst den gleichen Vorgang beobachten. Alle stimmen darin überein, dass er große Verwirrung stiftet, bis man begreift, dass ein Problem zunächst schonungslos klar und deutlich gesehen werden muss, bevor man etwas daran ändern kann. Manche *Devotees* erleben solche Reinigungsprozesse über ihren physischen Körper. Sie werden plötzlich scheinbar grundlos krank und bekommen hohes Fieber, das die aus dem Unbewussten aufsteigende Negativität verbrennt. Grundsätzlich gilt, dass man im Bannkreis von Babas Energie nie wissen kann, was sich auf physischer, mentaler, emotionaler und spiritueller Ebene abspielen wird.

Als der Kurs zur Hälfte vorüber war, kam mein Mann aus Amerika an, und bald darauf rief uns Baba zum Interview. Nun konnte ich ihm endlich den Packen Briefe überreichen, den mir *Devotees* zu Hause mitgegeben hatten. Wie jedes Mal gab ich ihm auch je einen Brief meiner Töchter. Als er Lornas Brief in die Hand nahm, sah er glücklich lächelnd auf und sagte: „Sie erwartet wieder ein Baby." Dann fügte er hinzu: „Diesmal möchte sie einen Jungen, nicht wahr?" Ich antwortete, dass ich nicht wisse, ob sie eine Vorliebe habe, aber Baba versicherte, sie habe eine, was Lorna später bestätigte.

Dann fragte er nach dem Buch, an dem ich schrieb. Ich hatte die erste Fassung mitgebracht und freute mich, dass ich es ihm zum Segnen überreichen konnte. Baba legte es in seinen Schoß, blätterte darin, sah sich flüchtig bestimmte Abschnitte an, die seine Augen zu fesseln schienen, und kommentierte hier und da etwas. Ich fragte, ob er mir erlaube, ein Kapitel über ihn anzufügen, da er und seine Lehren im Text immer wieder Erwähnung fänden. Er schüttelte den Kopf und sagte: „Nein." Nach einer kurzen Pause, während der er meine Reaktion beobachtete, fügte er hinzu: „Halt es getrennt. Schreib ein ganzes Buch über mich." Ich war wie erschlagen von dem Ausmaß einer solchen Verantwortung. Baba spürte sofort, was mich ängstigte und fügte lächelnd hinzu: „Ich werde dir helfen."

Ich hatte auch ein Foto mitgebracht, dass Janet Bock während der Weltkonferenz von 1975 aufgenommen hatte. Darauf sieht Baba beim *Darshan* mit einem reizenden Lächeln auf mich herunter. Ich fragte ihn, ob er es signieren und mir erlauben würde, es in dem Buch abzudrucken.

Er protestierte heftig, indem er sagte, das Bild zeige ja nur meinen Hinterkopf und nicht mein Gesicht. Ich antwortete, dass ich das für sehr angemessen hielte, da die Aufmerksamkeit ihm und nicht mir gelte. Aber davon wollte er nichts hören. Er bestand darauf, dass ich ein anderes Foto bekommen müsse, eines, auf dem wir beide nebeneinander stünden.

Ich hatte gehört, dass Baba gleich nach Abschluss des Sommerkurses nach Puttaparthi fahren würde, und so fragte ich, ob er wünsche, dass wir ihn begleiteten. Er schüttelte den Kopf und sagte, dass es zu dieser Jahreszeit dort viel zu heiß für mich sei. Dann versicherte er uns, dass er uns vor unserer Abreise noch ein Interview geben und dann mehr von der Medizin materialisieren würde, damit ich von den immer noch auftretenden Kopfschmerzen befreit würde.

Ein paar Tage später machte ich eine ungewöhnliche Erfahrung. Am Sonntag wurden, wie üblich, auf dem *Darshan*-Platz den ganzen Tag über *Bhajans* gesungen. Als ich nach dem Morgen-*Darshan* den Platz verließ, fühlte ich mich plötzlich krank und äußerst deprimiert, so dass ich zu klagen anfing, ich sei wohl zu alt für das hektische Treiben hier. Ich konnte mich nicht beherrschen und steigerte mich schließlich so in eine Erregung hinein, dass ich sehr zornig wurde. Ich traf meinen Mann beim Verlassen des Platzes, und als wir gerade ins Taxi einsteigen wollten, das uns zum Hotel bringen sollte, trafen wir einige *Devotees* aus dem Westen, die wir kannten. Sie erkundigten sich, ob ich krank sei, da ich so seltsam aussähe, und ich erzählte, was vorgefallen war. Eine der Frauen wusste, dass ich unter Kopfschmerzen und Allergien litt, und meinte, sicherlich seien es die Räucherstäbchen, die während den *Bhajans* bündelweise abgebrannt würden, die meine Unpässlichkeit verursacht hätten. Sie sagte auch, dass diese Stäbchen hier von einer billigen Sorte seien, die starke Chemikalien enthalte und leicht allergische Reaktionen verursachen könne. Erleichtert atmete ich auf und dankte ihr für diese Erklärung der möglichen Ursache dieses Sturms von Gefühlsaufwallungen, der so plötzlich über mich hereingebrochen war.

Nach dem Mittagessen legte ich mich hin, um zu ruhen, bevor

ich wieder hinaus zu Babas allabendlicher Ansprache fuhr. Ich zog den Sari aus und legte mich auf das Bett, das mit einem milchigweißen Leintuch bedeckt war. Als ich so dalag, bat ich Baba im Geiste um Verzeihung für meine negativen Gefühle und den Zornausbruch. Ich dankte ihm auch, dass er mich durch eine Freundin hatte wissen lassen, was der Auslöser für meinen Zustand gewesen war. Nach einer Weile fühlte ich mich etwas besser. Ich schrieb es Babas Hilfe zu und der Tatsache, dass ich ihm mein Herz ausgeschüttet und um Verzeihung gebeten hatte. Als es wieder Zeit zum Anziehen war, entdeckte ich auf dem weißen Leintuch einen roten Fleck. Ich beugte mich darüber, um zu sehen, was es war, und sah zu meinem größten Erstaunen ein winziges Foto von Baba. Es zeigte seinen Kopf mit dem schwarzen Haar, seine Schultern und ein Stückchen von seinem roten Kleid – das war der rote Fleck, der meine Aufmerksamkeit erregt hatte. Ich war mir ganz sicher, dass er nicht dagewesen war, als ich mich aufs Bett gelegt hatte. Es war zu auffällig, als dass ich es hätte übersehen können. Woher es kam, weiß ich nicht. Es sah so aus, als wollte Baba mir zeigen, dass er Verständnis hatte und meine Entschuldigung annahm.

Gegen Ende des einmonatigen Sommerkurses beschloss Baba, seine Kuhherde aus ihrem bisherigen Quartier hinter seinem Haus in das neu gebaute Gokula – den Kuhstall – zu übersiedeln. Am Tag des Umzugs wurden alle Tiere farbenprächtig geschmückt. Ihre Hörner wurden bemalt, farbige Decken über ihre Rücken gelegt, und die Glöckchen klingelten bei jeder Bewegung. Mit großem Pomp und Zeremoniell wurden sie aus dem *Ashram* geführt, gefolgt von der Menge der *Devotees*. Wir schlossen uns ihnen an und beobachteten aus der Ferne, wie Baba jedes Tier tätschelte und es beim Betreten des neuen Quartiers mit Bananen fütterte. Es war eine entzückende Szene, bei der man an Babas *Krishna*-Inkarnation denken musste.

Als ich am nächsten Tag mit einigen anderen Frauen wieder vor Babas Haus saß, sah ich plötzlich meinen Mann im Laufschritt auf uns zukommen. Als er mich erblickte, kam er eilig zu mir auf die Frauenseite herüber und scheuchte mich hoch mit der Erklärung, dass Baba uns zum Interview gerufen habe.

An jenem Tag war es sehr windig, und ich versuchte hastig, meinen Sari glattzustreichen und mein Haar zu ordnen, um einigermaßen vorzeigbar auszusehen. Ich zog und zerrte am Schulterteil meines Saris herum, um sicherzugehen, dass ich genügend bedeckt war, und steckte mir noch im Gehen die vom Wind völlig zerzausten Haare fest. Ziemlich atemlos kamen wir an, und als ich in den Interviewraum hineinplatzte, hätte ich beinahe Baba zu Boden geworfen, der hinter der Türe auf uns wartete und amüsiert lächelte, als ob er unser eiliges Kommen beobachtet hätte. Über seinem ausgestreckten Arm hing ein zusammengefalteter Sari. Ich konnte den Zusammenprall im letzten Augenblick gerade noch verhindern, was ihn sichtlich erheiterte. Er gab mir den Sari und erklärte, dass ich ihn eigentlich schon am Tag zuvor hätte bekommen sollen, da dies der richtige Zeitpunkt für das Geschenk gewesen sei. Da wir aber wegen des Umzugs der Kühe nicht im Hause gewesen waren, hatte ich ihn nicht rechtzeitig erhalten. Wieder fiel mir auf, dass er die Bedeutung des richtigen Zeitpunktes so sehr unterstrich. Ich wusste, dass er mir damit eine Botschaft zukommen ließ, die ich entziffern musste. Denn selbstverständlich gab es keinen Grund, weshalb sich Baba hätte entschuldigen wollen. Aber damals war ich so bewegt von seinem Geschenk, dass ich diese Bemerkung in die hinterste Ecke meiner Gedanken schob, allerdings nicht ohne einen Vermerk an mein Erinnerungsvermögen, sie bei nächster Gelegenheit wieder hervorzuholen und zu untersuchen.

Ich hatte gehört, dass Baba manchmal den in seinem Privatbezirk lebenden Frauen Saris schenkt, die sie bei besonderen Gelegenheiten tragen sollten, und dass er ihnen in den vergangenen Tagen Saris für den feierlichen Abschluss des Sommerkurses hatte zukommen lassen. Da ich nicht auf seinem Grundstück lebte, wäre es mir nie in den Sinn gekommen, dass er mir auch einen Sari geben könnte. Umso größer war meine Überraschung, nun einen, und zwar aus seiner Hand, zu bekommen. Ich rief aus: „Oh danke, Baba, es ist so wundervoll, dass du mir einen Sari schenkst!“ Er lächelte wie eine nachsichtige Mutter, die ihrem Kind ein unerwartetes Geschenk gemacht hat und sich über die gelungene Überraschung freut. Er sagte, ich solle ihn nicht gleich morgen anziehen, sondern damit bis zum letzten Nachmittag warten, an dem die Prozession stattfinden würde.

Dann sagte er Ermutigendes über mein Buch und meine Arbeit zu Hause. Anschließend drehte er sich um und rief nach Dr. Fanibunda, der das beim letzten Interview versprochene Foto knipsen sollte. Dr. Fanibunda kam im Laufschritt herbei, und wir stellten uns auf. Als er den Finger abdruckbereit hatte, warnte ihn Baba scherzhaft, auch ja ein gutes Foto zu machen. Mein Mann wollte noch die Gästekarte von meinem Sari entfernen, wogegen ich aber protestierte, da ich stolz war, sie zu tragen. Baba wies meinen Einwand mit der Bemerkung zurück: „Sie ist immer bei mir. Sie braucht keinen Ausweis.“ Das ließ Tränen in meine Augen schießen, nicht aus Trauer, sondern aus Ehrfurcht vor seiner immensen Liebe, die er über mir ausschüttete. In diesem kurzen Augenblick war ich erfüllt von der Liebe, nach der ich mich als Kind immer gesehnt hatte. Ich fühlte mich ganz und gar angenommen, mit all meinen Fehlern, Schwächen und Ängsten. Und so machte Dr. Fanibunda sein Foto von Baba und mir, wie wir nebeneinander stehen und Tränen über mein Gesicht strömen, weil Baba mein Herz soeben zum Überfließen mit Liebe angefüllt hatte.

Dann sagte Baba mit einem spitzbübischen Augenzwinkern, dass meine Rede sehr gut werden würde, wenn der richtige Moment dafür gekommen sei. Nach all den Monaten voller Befürchtungen und diesem vergangenen Monat, den ich mit der ständigen Frage verbracht hatte, wann es wohl so weit sei, vertagte Baba also die Feuerprobe noch einmal. Ich bekam eine weitere Galgenfrist und wusste, dass ich meine Furcht bis dahin vollkommen überwunden haben musste, bevor ich so sprechen konnte, dass Baba zufrieden sein würde. Ich wusste genau, dies würde von mir eine Hingabe erfordern, die es ihm ermöglichte, durch mich zu sprechen. Nur er wusste, wann ich bereit sein würde, und alles was ich tun konnte, war, willens zu sein, wenn der Zeitpunkt gekommen war.

Dann bewegte er seine Hand kreisförmig in der Luft, fing die sich unter dem Handteller materialisierende *Vibhuti* schnell auf und ließ sie in ein Stück Papier gleiten, das er zusammenfaltete und mir mit dem Hinweis gab, sie sei für meinen Enkel bestimmt. Ich muss etwas verdutzt dreingeschaut haben, bis ich begriff, dass er sich auf Lornas ungeborenes Baby bezog. Er beobachtete, was in meinem Kopf vorging, und sagte: „Ja, das ist richtig." Zweifellos kannte er auch den Zeitpunkt, wann die *Vibhuti* benötigt würde.

Nach dem Interview kehrten wir ins Hotel zurück. Auf der Fahrt hatte ich zum ersten Mal Gelegenheit, mir den Sari, den mir Baba geschenkt hatte, näher anzusehen. Er war einfach wunderschön! Der Hauptteil bestand aus feiner, fleischfarbener Seide; die Kanten waren leuchtend rot und mit Goldfäden durchwirkt. Alles in allem war er viel auffallender, als ich ihn ausgewählt hätte. Ich musste lachen, als mir klar wurde, dass ich mich, angetan mit diesem überaus hübschen Kleidungsstück, kaum im Hintergrund würde halten können. Baba hatte mir allem Anschein nach die Farbe zugedacht, die ich seiner Ansicht nach brauchte.

Im Hotel sah ich eilig nach, ob ich einen passenden *Choli* und Unterrock dazu besaß. Der Sari hatte an beiden Enden lose Fäden, die man gewöhnlich so verknoten lässt, dass eine dekorative Kante mit Fransen entsteht. Ich fragte in einem Sari-Geschäft im Foyer des Hotels nach, ob irgendjemand bis zum kommenden Mittag die Knoten machen könne. Die junge Inderin, mit der ich sprach, bot sich an, es selbst zu tun – was für ein Glücksfall! Obwohl die Zeit so knapp bemessen war, würde ich den Sari noch rechtzeitig zurückbekommen. Vielleicht war die Zeitknappheit auch ein Grund, weshalb Baba mir den Sari eigentlich einen Tag früher hatte geben wollen. Am nächsten Morgen, als wir vom *Darshan* zurückkamen, hatte das Mädchen bereits wunderbare Arbeit geleistet und die Fäden nicht nur einfach verknotet, sondern ein kompliziertes Fransenmuster daraus fabriziert. Nur vor der Farbe und der Zeichnung des Saris scheute ich noch ein bisschen zurück. Insgeheim sagte ich mir: „Gut, Baba, mit deiner Hilfe werde ich mein Bestes tun, um im Einklang mit dieser Pracht zu leben. Du drückst dich ja deutlich genug aus."

Man stelle sich die Szene an jenem letzten Nachmittag des Sommerkurses vor. Alle Teilnehmer hatten sich versammelt und warteten still darauf, sich in die Prozession einzureihen, als es heftig zu regnen anfing und die Prozession ganz abgesagt werden musste. Alles hastete gleichzeitig zu den Taxis und Privatautos, und nach einigem Durcheinander fuhren alle die kurze Strecke zum Auditorium, anstatt zu Fuß zu gehen! Wir erreichten das Gebäude gerade rechtzeitig zur Abendveranstaltung. Die besten Studenten erhielten Preise, Musikgruppen traten auf und es gab Gesang und eine Theateraufführung.

Der nächste Tag war unser letzter vor der Heimreise, weshalb wir schon früh zu Babas Haus gingen. Baba kam von seinem Zimmer, und als er an mir vorbeiging, gab er mir einen großen, mit *Vibhuti*-Päckchen gefüllten, gebrauchten Umschlag. Er hatte sich schon einmal erkundigt, ob wir etwas *Vibhuti* für Jack Hislop mitnähmen, der sehr krank gewesen war. Deshalb nahm ich an, dass die Päckchen für ihn bestimmt waren. Aber Baba, der meinen Gedanken aufgefangen hatte, drehte sich um und schüttelte den Kopf. Lächelnd sagte er: „Nein, das ist für deine Enkelkinder.“ Ich dankte ihm, worauf er scherzhaft meine Stimme nachahmte und „Danke dir, Baba!“ sagte. Fröhlich lachend setzte er seinen Weg zur Männerseite fort. Am Nachmittag des gleichen Tages gab er meinem Mann ein Päckchen *Vibhuti* für Jack Hislop.

Es sah so aus, als wollte er mich, nach beinahe unerträglichen Tests, während derer er mich völlig meinen Mutmaßungen über meine öffentliche Rede überlassen hatte, jetzt mit Liebe überschütten, damit die innere Leere gefüllt werden konnte. Ja, wie er so oft wiederholt: Er ist die Mutter, die wir niemals hatten und die jedem von uns genau das geben will und kann, was wir brauchen!

Ich flog gestärkt und frohen Herzens nach Hause, aber auch mit dem Bewusstsein der übergroßen Verantwortung, ein Buch über ihn schreiben zu müssen. Zudem hatte ich nach wie vor den Auftrag, eine Rede zu halten, wann immer er es für richtig hielt.

Am 3. November dieses Jahres brachte Lorna einen schönen kleinen Buben zur Welt. Ich hatte ihr von der *Vibhuti* erzählt, die Baba so lange vor seiner Geburt für ihn materialisiert hatte. Aber seltsamerweise wollte sie sie ihm nicht gleich nach der Geburt geben, sondern für einen künftigen Notfall aufbewahren. Da Baba nicht gesagt hatte, wann sie ihm gegeben werden solle, schien mir Lornas Vorschlag gut. Ich vertraute darauf, dass Baba uns auf irgendeinem Weg wissen lassen würde, wann er sie bekommen sollte. Vielleicht würde ich ihn bei unserem nächsten Besuch in Indien danach fragen können. In der Zwischenzeit verwahrt Lorna sie für den Notfall in ihrer Brieftasche gut auf.

Neunzehntes Kapitel

Im Januar 1980 beschlossen wir, eine Reise zu den Galapagos-Inseln zu machen, die uns aufgrund unseres gemeinsamen Interesses an Archäologie und verwandten Gebieten lockten. Diese Inseln bieten zwar nichts, was von archäologischem Interesse wäre, aber sie liefern doch ein äußerst bemerkenswertes Bindeglied in der Evolutionskette von Vögeln und Reptilien. Wir kannten Darwins faszinierende Reiseberichte und die Theorien, die sich daraus entwickelt hatten, und freuten uns darauf, hinzufahren.

Wir planten, die Reise in Bogotá, in Kolumbien, zu beenden. Dies war ein Ziel, das wir uns schon seit längerem gesteckt hatten, aber wegen internationaler politischer Probleme in dieser Gegend nie erreicht hatten.

Nach einer interessanten Inseltour erreichten wir Bogotá. Wir erfuhren, dass für den kommenden Tag Wahlen angesetzt waren und daher alles ruhte. Läden und Büros würden geschlossen sein, um den Bürgern den Gang zu den Urnen zu ermöglichen. Unser Reiseagent riet uns, eine Stadtrundfahrt möglichst bald, noch am selben Nachmittag, zu unternehmen. Die Tour endete auf einem Hügel, wo es einen kleinen Schrein zu besichtigen gab. Unser Führer berichtete, dass der Schrein eine Christus-Statue in einem Glasschrank enthalte und wegen der Heilungen berühmt sei, die sich unter den Tausenden von Pilgern, die mit ihren diversen Krankheiten hierherkommen, ereignet hätten. An der Wand könnten wir die vielen Krücken und Stöcke betrachten, welche die Geheilten als Zeugnis zurückgelassen hätten. Wir reihten uns in die Prozession ein, die sich langsam um den gläsernen Schrank herum bewegte. Im Inneren der Vitrine konnten wir eine ungewöhnlich ausdrucksstarke, auffallende Jesus-Statue sehen, und an den Wänden des umgebenden Schreins lehnten, wie beschrieben, Krücken und Stöcke. Hunderte von Wandtäfelchen zeugten von dem Dank, den die Geheilten zum Ausdruck hatten bringen wollen.

Über dem ganzen Platz fühlte ich eine starke Präsenz. Ich beschloss, vor dem Weggehen für jedes Familienmitglied eine Kerze anzuzünden. Während ich die brennenden Kerzen in die Halterungen steckte, betete ich leise zu der in allen lebendigen Dingen anwesenden Gottesmacht, die von allen großen Lehrern, Heilern und religiösen Oberhäuptern ausgeht, gleichzeitig aber auch als transzendente Wesenheit über ihnen steht, sie möge jedes einzelne Mitglied unserer Familie segnen. Dabei fiel mir ein Ausspruch von Baba ein: „Es gibt viele Wege den Berg hinauf, und sie alle führen zu Gott." Während ich mir diese Worte in Erinnerung rief, spürte ich stark seine Gegenwart und ein erhöhtes Bewusstsein von der universalen Gültigkeit dieser Wahrheit. Dieser erhöhte Bewusstseinszustand hielt auch noch an, als wir mit der Drahtseilbahn wieder den Berg herunterfuhren. Aus der Kabine hatte man einen wunderbaren Ausblick auf die Umgebung. Auf einer Seite sah ich einen ähnlichen Hügel, wie den, den wir gerade verließen, auf dessen Kuppe man eine Marienstatue erkennen konnte. Ich fragte unseren Führer, ob er uns vor unserer Rückkehr ins

Hotel dort hinaufbringen könne. Seine Reaktion auf meine unbefangene Frage war unerwartet heftig. Sein ganzer Körper schien vor diesem Ansinnen förmlich zurückzuprallen. Er erklärte uns, dass es so gefährlich sei, dort hinaufzufahren, dass wir in der ganzen Stadt keinen Taxifahrer finden würden, der dazu bereit sei. Ich fragte nach dem Grund, und er erzählte uns, dass dieses Gebiet von einer Bande von Dieben und Gangstern unsicher gemacht würde, die alle Autos anhielten und deren Insaßen belästigten und beraubten. Wir waren entsetzt darüber, dass es solche Gewalttätigkeiten auf dem Weg zu einem Heiligtum geben sollte, und beschlossen, das Schicksal nicht herauszufordern.

So ließen wir uns zum Hotel bringen und machten vor dem Abendessen noch einen kurzen Spaziergang. Wir hatten vor, die Hauptstraße entlang zu dem anderen Hotel zu gehen, das man uns auf der Stadtrundfahrt empfohlen hatte, und zu dem wir leicht hinfinden konnten. Wir hatten keine Termine, die wir einhalten mussten, und so schlenderten wir mit Muße durch das Hotel und sahen uns die Schaufenster im Foyer an. Als wir uns auf den Rückweg machten, war es zwar noch hell, aber wir sahen nur wenige Fußgänger auf der Straße. Alle Schilder trugen spanische Bezeichnungen, weshalb ich meinen Mann einmal bat, mir die Aufschrift an einem Gebäude, an dem wir gerade vorüberkamen, zu übersetzen. Aber auch ihm waren die Worte fremd, und so zog er sein Wörterbuch heraus, um nachzusehen.

Genau in diesem Augenblick fühlte ich einen heftigen Ruck am rechten Arm, und von hinten schnappte jemand nach meiner Handtasche, die ich an den Henkeln festhielt. Ich wusste gleich, was vor sich ging, ließ sofort los und rief Sidney zu Hilfe, der neben mir stand. Einer der Henkel der Handtasche musste sich irgendwo festgehakt haben, denn im nächsten Augenblick wurde ich von meinem unsichtbaren Angreifer zu Boden gerissen. Ich landete so unsanft auf dem harten Zementboden – den rechten Arm noch immer angewinkelt, unter mir – dass ich keine Luft mehr bekam und auch nicht mehr sprechen konnte.

Ein junger Amerikaner, der hinter uns hergegangen war, hatte die Szene beobachtet, kam zu Hilfe und rannte dann meinen Angreifern nach. Mein Mann, der mich nur schreien gehört hatte, dass meine Handtasche geraubt worden sei, und nicht wusste, dass ich verletzt war, folgte ihm. Beide rannten eine steile Seitenstraße hoch und waren bald außer Sicht.

Ich sandte Baba einen Hilferuf und versuchte von dem Platz aufzustehen, wo ich lang hingestreckt lag. Es wurde mir bald klar, dass mein rechter Arm gebrochen sein musste, da ich spürte, wie die Knochenenden aneinander rieben. Irgendwie gelang es mir, mich aufzusetzen. Instinktiv hielt ich mit der linken Hand meinen rechten Arm fest gegen den Brustkasten gepresst. Es hatte sich schnell ein Grüppchen um mich geschart, als ich da auf dem Gehsteig saß, mit klappernden Zähnen Babas Namen wiederholte und mein ganzer Körper unter Schock zu zittern begann. Man bemühte sich herauszufinden, was passiert war, aber das bisschen Englisch, das diese Menschen konnten, half dabei ebenso wenig wie mein mehr als mangelhaftes Spanisch. Ich deutete nur immer in Richtung der Seitenstraße, in die Sidney verschwunden war, und wiederholte das eine Wort, an das ich mich erinnerte: „Esposo“, was Ehemann heißt. Jetzt, im Rückblick, muss ich bei dem Gedanken lachen, dass sie nun wahrscheinlich zu dem Schluss gekommen waren, dass mein eigener Ehemann mich tätlich angegriffen hatte und davongelaufen war, wobei er mich im wahrsten Sinne des Wortes „sitzengelassen“ hatte!

Meine Angreifer hatten einigen Vorsprung und waren sehr bald nicht mehr zu sehen gewesen. Sie kannten sich in dieser Gegend natürlich aus. Am Ende gaben Sidney und der junge Amerikaner die

Jagd auf und kehrten zurück. Sie fanden mich mit meinem gebrochenen Arm inmitten einer Anzahl fremder Menschen auf dem Boden sitzend. In dem Augenblick, als sie bei mir ankamen, fuhr ein Polizeiauto vorbei. Der junge Amerikaner rannte auf die Straße, um es anzuhalten. Als der Wagen zögernd stoppte, erklärte er dem Fahrer in flüssigem Spanisch, dass ich verletzt sei und in eine Klinik gebracht werden müsse. In Sekundenschnelle beförderten mich zwei starke Polizisten behutsam ins Auto. Der junge Mann gab Anweisung, uns zu einem nahegelegenen Krankenhaus zu fahren, wo er einigen Ärzten Englisch beibrachte. Er hatte sich spontan als Begleiter und Dolmetscher angeboten.

Der bloße Gedanke, in einem fremden Land in ein Krankenhaus gehen zu müssen, erfüllte mich mit Furcht. Ich verdoppelte meinen stummen Appell an Baba, er möge das Ruder in dieser Situation übernehmen. Wenn ich mich schon vor der Ankunft gefürchtet hatte, das Krankenhaus zu betreten, so vermehrten sich meine Befürchtungen hundertfach, als ich in den riesigen, kahlen Raum gebracht wurde, in dem sich Dutzende von bankähnlichen, schmalen hölzernen Bettgestellen ohne Matratzen befanden. Darauf lagen Menschen mit allen möglichen Beschwerden. Da war ein schreiendes Kind, eine Frau, die von einem Herzinfarkt ganz blau angelaufen war, ein Mann, dem gerade ein Katheder eingeführt wurde, um die schrecklich angeschwollene Blase zu erleichtern, ein anderer, der aus vielen Schnitt- und Platzwunden stark blutete, und viele mehr, die genauso zu leiden schienen.

Der ganze Raum stank nach dem beißenden Geruch von Angst, den ich seit unserem Erlebnis im entführten Flugzeug gut kannte. Aber hier vermischte er sich mit dem Gestank ungewaschener Körper, abgestandenen Urins, diverser Einreibemittel, Alkohol und anderer scharfriechender Heilmittel. Ich fürchtete, erbrechen zu müssen und wollte verzweifelt an die frische Luft, wusste aber, dass das nicht möglich war, und hielt mich daher an Babas Bild auf meinem *Mangalasūtra* fest und fühlte mich sofort ruhiger.

Es schien eine Ewigkeit zu dauern, bis einer der Ärzte Zeit fand, mich zu untersuchen. Als er schließlich kam und sich meinen Arm ansah, ordnete er eine Röntgenaufnahme an. Sie wurde schließlich unter den primitivsten Bedingungen gemacht, die man sich vorstellen kann. Mit dem gebrochenen Arm und einer arg ausgerenkten Schulter sah ich mich auf die harte Probe gestellt, während der Aufnahme flach auf einem blanken Holztisch liegen zu müssen, da es keine Möglichkeit gab, den Patienten im Sitzen zu röntgen. Selbst mit Babas Hilfe war es mir nicht möglich, mehr zu tun, als einfach zu versuchen, den intensiven Schmerz auszuhalten, der entstand, sobald ich mich für die Aufnahmen aus verschiedenen Blickwinkeln umdrehen musste. Ich betete leise Babas Namen wie in einer Litanei.

Nach einer unendlich lang erscheinenden Wartezeit wurden die ersten Bilder hereingebracht. Sie zeigten, dass mein Oberarm einige Zentimeter unterhalb der Schulter glatt durchgebrochen war und dass mein Arm offenbar aus der Gelenkpfanne gerissen worden war, als die Strolche an ihm gezogen hatten, um die Handtasche freizubekommen. Mit Hilfe unseres freundlichen Dolmetschers erklärte der Arzt, dass eine Operation nötig sei, falls der Arm wirklich ausgerenkt sei. Schon bei der bloßen Vorstellung, eine solche Feuerprobe unter den gegebenen hygienischen Bedingungen bestehen zu müssen, schreckte ich zurück. Aber der Arzt ließ noch ein weiteres Röntgenbild aus einem etwas veränderten Winkel machen, bevor er sich entscheiden wollte. Man brachte mich also noch einmal in die Röntgen-Folterkammer. Ich rief weiter verzweifelt Baba um Hilfe an. Nur so konnte ich an meinem Glauben festhalten, dass er auf seine Weise und zum richtigen Zeitpunkt helfen würde.

Nach weiterem langem Warten kam der Arzt mit den neuen Bildern zurück. Er sah etwas verdutzt drein, denn die Bilder zeigten den Arm, der fest in der Gelenkpfanne saß, und nur eine kleine, haarfeine Bruchstelle weiter oben am Knochen über dem Hauptbruch. Eine Operation sei nicht nötig, meinte er. Ich seufzte tief erleichtert auf und dankte Baba im Stillen, dass er mir dieses gefürchtete Gottesurteil erspart hatte.

Ich wurde in einen anderen Raum gebracht, wo wir wieder zu warten hatten, bis ein Orthopäde kam, der den Arm behandelte. Die Röntgenbilder hatten gezeigt, dass die beiden Bruchstücke korrekt aneinanderlagen. Es war ein Segen, dass ein manuelles Einrenken nicht nötig war. Offenbar hatte mein Instinkt, den Arm so dicht wie möglich an die Seite zu pressen, die beiden Teile vor einer Verschiebung bewahrt. Der Arzt brachte eine lange, elastische Bandage und band diese eng um Arm und Oberkörper, so dass der Arm fest an meinem Brustkasten anlag. Er erklärte unserem Dolmetscher, dass ein fester Gips bei einem Oberarmbruch nicht angebracht sei, da er das Atmen nicht ungefährlich behinderte. Ich fand bald heraus, dass ich auch mit dem weichen Verband nicht tief atmen konnte und mit kurzen, mühsamen Atemzügen zufrieden sein musste, um den bei jeder Bewegung einsetzenden Schmerz zu vermeiden. Endlich konnten wir zum Hotel zurückkehren, das wir viele Stunden vorher verlassen hatten. Aber wegen der Wahlen mussten wir eine weitere Stunde warten, ehe ein Taxi kam, das uns dorthin brachte.

Es zeigte sich bald, dass ich mich zum Schlafen nicht hinlegen konnte, sondern die ganze Nacht über, gestützt von Kissen, im Sessel verbringen und auf diese Weise versuchen musste, ein bisschen Ruhe zu finden. Ich wollte nur noch eins: so schnell wie möglich nach Hause.

Am nächsten Morgen versuchte mein Mann im Flugbüro anzurufen und unseren Rückflug vorzuverlegen, da wir ursprünglich geplant hatten, noch drei Tage in Bogotá zu bleiben. Aber der Telefonist gab uns Auskunft, dass während der Wahlen niemand das Land verlassen dürfe und aus diesem Grund auch die Büros der Fluglinien geschlossen seien. Mir graute vor der Aussicht, noch länger in dieser Stadt bleiben zu müssen, aber als wir schließlich zum ursprünglich vorgesehenen Termin abreisten und das Flugzeug in Mexico City zum Auftanken zwischenlandete, war ich doch recht dankbar, dass ich vor dem Flug für ein paar Tage ruhiggestellt worden war. Dadurch hatten sich die Knochen weiter einrichten können, bevor sie bei den Landungen in Mexico City und Los Angeles aufs Neue schwer erschüttert wurden, was mit argen Schmerzen verbunden war.

Zu Hause angekommen, gingen wir gleich zu dem Orthopäden, der uns schon einmal behandelt hatte, und erzählten ihm den Hergang der Dinge. Als er den elastischen Verband sah, fragte er sichtlich ungläubig, wo ich ihn denn bekommen hätte. Er sagte, es handele sich um eine ganz neue Methode, mit einem Oberarmbruch umzugehen. Sie sei von einem Arzt in den Vereinigten Staaten erfunden worden, und nach seiner Information sei diese Methode anderswo noch unbekannt. Es könne damit zu erklären sein, dass ein Fachmann mit einem Lehrauftrag nach Bogotá gereist sei und der mich behandelnde Arzt sie dort erlernt hätte. Immer wieder betonte er, dass ich ein Glückspilz sei, einen Arzt gefunden zu haben, der die neue Methode so sachkundig angewandt habe, dass für ihn nichts weiter zu tun bliebe. Es beeindruckte ihn auch sehr, dass die beiden Knochenenden selbst nach den zwei holperigen Landungen noch perfekt aneinanderlagen.

Es war ähnlich wie bei der Flugzeugentführung. Ich machte mir nicht vor, zu verstehen, warum sich dieser Unfall ereignen musste. Aber eines weiß ich genau, nämlich dass Baba in Indien und sein Gegenstück in mir wieder auf jede nur mögliche Art geholfen hatten, als die Dinge passierten. Ich hatte auch bemerkt, dass mein Bewusstsein jedes Mal, wenn ich um Hilfe bat, anscheinend auf eine höhere Ebene gehoben wurde, auf der ich den Schmerz zwar fühlte, ihn aber eher wie ein Zuschauer, und nicht als Betroffene, Erleidende, wahrnahm.

Ein paar Tage nach unserer Rückkehr, als Sidney gerade ins Büro gefahren war, erschien er bereits nach wenigen Minuten wieder. Als er von zu Hause abgefahren war, hatte er bemerkt, dass der Ring, den Baba anlässlich unserer vedischen Hochzeitszeremonie materialisiert hatte, von seinem Finger verschwunden war. Er suchte vergeblich, und später am Tag, als er wiederkam, stellte er das ganze Haus auf den Kopf, durchsuchte Auto, Gepäck – alles ohne Erfolg. Der Ring war unauffindbar.

Ich musste an einen Vorfall denken, der sich während eines Besuchs bei Baba ereignet hatte. Ein in Indien lebender und arbeitender norwegischer *Devotee* kam eines Tages ganz aufgeregt zu Babas Haus. Als Baba kam, gestand er, dass er den von ihm materialisierten Ring verloren habe. Baba schien von dieser Nachricht ungewöhnlich betroffen zu sein. Als er auf dem Weg in seine oberen Räume an mir vorbeikam, sagte er mit Ärger in der Stimme: „Fehler, Fehler. Er hat an Swami gezweifelt." Wie bei all seinen Bemerkungen begriff ich erst hinterher, dass Baba, als er mich im Vorübergehen angesprochen hatte, mir eine Erklärung zum künftigen Gebrauch gegeben hatte. Als Sidney seinen Ring verlor, kam mir plötzlich jene Bemerkung wieder in den Sinn. Sie versetzte mich in eine solche Unruhe, dass ich sie aus meinen Gedanken nicht mehr verscheuchen konnte. Ich fragte mich, ob der Verlust von Sidneys Ring auf einem Fehler beruhte. Um der Unrast ein Ende zu machen, beschloss ich endlich, Baba ein Telegramm zu schicken und ihn gleichzeitig um Hilfe für meinen gebrochenen Arm zu bitten. Ich schickte es als bezahltes Antwort-Telegramm, obwohl ich nicht wirklich mit einer Antwort rechnete. Ich war mir sicher, dass Baba ohnehin wusste, was geschehen war.

Aber es half mir, das Telegramm abzuschicken. Ich konnte die bohrende Unruhe loswerden und das ganze Problem Baba übergeben.

Zu meinem Erstaunen bekam ich ein Antwort-Telegramm! Es lautete: „Mach dir keine Sorgen wegen des Rings. Sei glücklich. Ich werde dir helfen. Baba." Ich war ungeheuer erleichtert. Baba musste gewusst haben, dass ich zu jener Zeit seiner ganz besonderen Versicherung bedurfte. Ein anderes Mal hatte er sie mir vorenthalten und erwartet, dass ich ohne direkte Nachricht von ihm mit meinem Problem selbst fertig würde. Wenn der Verlust des Rings auf keinem „Fehler" beruhte, konnte ich getrost aufhören, mir Gedanken zu machen, und in der Gewissheit entspannen, dass Baba sich der Sache angenommen hatte.

Weder der Schmerz im Arm noch die Behinderung waren mir genommen. Aber ich bekam die Geduld und die Kraft, beides zu ertragen. Baba hat oft versprochen, dass er – vorausgesetzt, wir überlassen uns willentlich seiner Führung – unser negatives *Karma* in dem Maße beschleunigen werde, in dem wir eine Reinigung ertragen könnten, aber auch, dass er uns helfen werde, diesen Prozess so milde wie möglich zu gestalten.

Zwanzigstes Kapitel

Anfang Juni 1980 nahmen sich Lorna und Ed Ferien und fuhren mit ihren beiden Kindern, der dreieinhalbjährigen Crystal Ann und dem acht Monate alten Brian, mit dem Auto zum Grand Canyon und anderen Sehenswürdigkeiten. Sie wollten über Oakland zurückkehren, um dort ein paar Tage bei unserer älteren Tochter Sheila zu verbringen.

Eds Mutter Shirley und ich hatten kein gutes Gefühl bei dieser Reise. Als wir später miteinander darüber sprachen, stellte sich heraus, dass wir ihnen beide von der Reise zu jenem Zeitpunkt abgeraten hatten. Das war sehr ungewöhnlich, da wir unseren Kindern höchst selten einen Rat erteilen, es sei denn, sie fragen ausdrücklich danach.

Sidney hatte sich am 1. Juni aus seiner Anwaltspraxis zurückgezogen, und da mein Arm fast wieder gesund war, beschlossen wir, ein paar Tage in die Berge zu fahren, um uns etwas Ruhe und frische Luft zu gönnen. Lorna und ihre Familie waren bereits unterwegs, und keiner von ihnen wusste, dass wir für einen Teil der Zeit auch verreist sein würden.

Wir planten, nach Mammoth Lake hinauf und weiter zum Yosemite National Park zu fahren, wo wir mit unseren Töchtern, als sie noch klein waren, viele glückliche Ferien verbracht hatten. Wie üblich riefen wir Sheila an, um ihr zu sagen, wo wir uns aufhalten würden. Allerdings hatten wir keine festen Reservierungen und konnten ihr weder Telefonnummer noch Adresse angeben, für den Fall, dass es notwendig sein sollte, uns zu erreichen.

Am Tag unserer Ankunft in Yosemite machten wir noch einen ausgedehnten Spaziergang im Bereich der Happy Isles. Wir wanderten beschwingt und fröhlich dahin und genossen die bezaubernde Landschaft und die frische Luft. Plötzlich wurde mir alle Energie entzogen. Es geschah mit solcher Macht, dass es mir kaum noch möglich war, einen Fuß vor den anderen zu setzen. Gleichzeitig wurde ich überwältigt von Schmerz und Trauer. Wir konnten uns beide keinen Reim darauf machen. Was konnte in so kurzer Zeit einen so drastischen Stimmungswechsel in mir hervorgerufen haben? Nachdem ich mich eine Weile ausgeruht hatte, gingen wir langsam zum Hotel zurück, alle paar Meter anhaltend, damit ich mich hinsetzen konnte.

Während einer dieser Pausen entdeckte mein Mann neben dem Pfad, auf dem wir gingen, zwei der kleinsten Tierbabies, die ich je gesehen hatte. Sie spielten so drollig miteinander, dass wir länger verweilten, um ihnen zuzusehen. Wir vermuteten, dass es Erdhörnchen-Babys waren. Sie waren ganz allein und trotzdem so furchtlos, dass sie mir erlaubten, sie zu berühren. Sie waren nicht größer als das letzte Glied meines Fingers. Ich streichelte ihre seidenweichen Rücken und wurde dabei von einer ungewöhnlich tiefen, mitfühlenden Liebe und einem Anflug von Trauer über diese Kreaturen, die anscheinend von ihrer Mutter getrennt worden waren, buchstäblich überflutet. Die Intensität dieses Gefühls stand in keinem Verhältnis zur Situation, und ich konnte mir nicht erklären, woher es kam. Das Streicheln der kleinen Tierchen hatte mir offenbar geholfen, meine Energien einigermaßen wiederherzustellen, denn nun war ich imstande, weiterzugehen. Als wir uns dem Ausgang des Parks näherten, trafen wir auf einige Leute, die aufgeregt über Bären sprachen, die sie soeben gesehen hätten. Und wirklich sahen wir, als wir weitergingen, zwei sehr kleine Bärenjungen miteinander spielen und herumtollen. Wieder fühlte ich diese eigenartige, übertriebene Besorgnis und Trauer darüber, dass die beiden ganz allein waren und keine Mutter weit und breit zu sehen war. Wir saßen am Wegesrand und beobachteten sie eine Weile. Und wieder schien ich aus dem Anblick Energie zu schöpfen und konnte den Rest des Weges bis zu unserem Wochenendhaus zu Fuß schaffen. Es war später Nachmittag, als wir ankamen, gerade rechtzeitig zum Duschen und Abendessen.

Immer noch fühlte ich mich in einer eigenartigen Verfassung, irgendwie abseits stehend. Ich beschloss, früh ins Bett zu gehen und, was immer es sein mochte, erst einmal darüber zu schlafen. Ich schlief sehr unruhig, und kaum war ich in eine Art Erschöpfungsschlaf gesunken, schreckte mich gegen 2 Uhr nachts das schrille, misstönende Klingeln des Telefons hoch. Mein Mann und ich griffen gleichzeitig zum Hörer. Da war die gequälte Stimme unserer Tochter Sheila, der man die Erleichterung darüber anhörte, dass sie uns endlich ausfindig gemacht hatte. Seit mehreren Stunden hatte sie uns über alle Informationszentralen im Tal verzweifelt zu erreichen versucht. Ihre erschütternde Nachricht war, dass Lorna und ihre Familie am Nachmittag einen Autounfall gehabt hatten. Sie waren, von Idaho Falls kommend, auf dem Weg zu Sheila, als der Unfall passierte. Dort lagen sie jetzt alle im Krankenhaus. Alle seien verletzt, Lorna aber so schwer, dass man bezweifeln musste, ob sie überlebte. Meine unmittelbare Reaktion war: „Nein! Baba wird ihr helfen!“ Sheila sagte noch, Ed habe versucht, uns zu erreichen, sobald es ihm möglich war zu telefonieren. Da wir nicht antworteten, hatte er angenommen, wir seien ausgegangen, und hatte in Abständen immer wieder bei uns zu Hause angerufen. Als er auch dann noch keine Antwort bekam, verständigte er Sheila, die nun ihrerseits versuchte, uns zu finden. Ich fragte sie nach der Unfallzeit. Als sie sagte, es sei am späten Nachmittag geschehen, war mir der Grund meiner seltsamen Depression und Schwäche klar.

Wir zogen uns schleunigst an, warfen die Kleider wieder in die Koffer, packten alles ins Auto und fuhren so schnell es ging zu Sheila. Zwischen den verzweifelten Versuchen, uns telefonisch zu erreichen, hatte sie auch alle verfügbaren Flüge von Oakland oder San Francisco nach Idaho Falls überprüft und bereits Plätze für den nächsten erreichbaren Flug gebucht.

Wir fuhren so blindlings aus dem Yosemite-Tal, dass wir wegen überhöhter Geschwindigkeit angehalten wurden. Auf dem ganzen Weg rief ich Baba um Hilfe an, und nach einer Fahrt, die uns Tage anstatt Stunden zu dauern schien, erreichten wir endlich Sheilas Haus. Sie hatte inzwischen alles wirklich phantastisch organisiert: Sie hatte die Klinik angerufen und Ed mitgeteilt, dass wir alle unterwegs zu ihnen waren, und auch mit dem verantwortlichen Arzt gesprochen, der in Bezug auf Lornas Zustand gar nicht optimistisch war. Ihr Kopf war am schwersten verletzt, und man befürchtete schwerste Gehirnschäden. Mein Herz sank, als ich das hörte, denn Lorna hatte gelernt, mit gehirngeschädigten Kindern zu arbeiten und würde daher viel über die Folgeerscheinungen einer solchen Verletzung wissen. Ich rief weiter Baba um Hilfe an, da ich absolut sicher war, dass er sie retten konnte. Ich wusste aber auch, dass er es nur tun würde, wenn er es für richtig befand, und dass er nicht in ihr *Karma* eingreifen würde. Sheila erzählte uns, dass der kleine Brian ein Bein gebrochen habe und dass auch Ed und Crystal Ann verletzt seien, aber nicht so schwer wie Lorna.

Ich beschloss Baba zu telegrafieren, wie ich es nach dem Raubüberfall getan hatte, obwohl ich mir sicher war, dass er bereits Bescheid wusste und meinen Hilferuf gehört hatte, wie damals bei der Flugzeugentführung. Aber es war eine große Erleichterung, gezielt etwas unternehmen zu können.

Den Flug nach Idaho Falls und unsere Ankunft in der Klinik erlebten wir wie in einem Alptraum, mit der Ausnahme, dass man aus diesem hier nicht zu dem Wissen erwachen konnte, dass es eben nur ein Traum gewesen war. Wir wurden schnell vorgelassen, obwohl die Besuchszeit längst vorüber war – ein Umstand, der mich während des Fluges ständig beunruhigt hatte. In solchen Zeiten können solch scheinbar trivialen Dinge einen Menschen zur Verzweiflung bringen. Die vier Patienten befanden sich in getrennten Abteilungen, Lorna isoliert auf der Intensivstation. Wohin sollte ich zuerst gehen? Ich stand unentschlossen in der Mitte des Korridors und bat innerlich um einen Hinweis, wer mich am meisten brauchte: Lorna, Ed oder eines der Kinder? Jetzt, da wir endlich bei ihnen sein konnten und das lange Warten, die Rastlosigkeit und die Hilflosigkeit vorüber waren, konnte ich loslassen. Von diesem Augenblick an fühlte ich wirklich, wie Baba „übernahm". Ich wurde zu einer Marionette, einem Schlafwandler, der dankbar seiner Führung folgte.

Plötzlich wurde mir klar, dass ich zuerst zu Lorna eilen musste, da sie am schwersten verletzt war. Aber auf den Anblick unserer geliebten Tochter war ich dennoch nicht vorbereitet. Sie hatte eine böse aussehende Schnittwunde über der einen Schläfe und war, offenbar in tiefem Koma, an mehrere lebenserhaltende Apparaturen angeschlossen. Der Anblick brach mir fast das Herz, und im Schmerz schrie ich nach Baba. Wieder war mir, als ob er nun übernahm. Ich drückte rasch einen Kuss auf ihr zerschundenes Gesicht, wisperte ihr ins Ohr, dass ich nun bei ihr sei und nahm ihre Hand. Ich sagte ihr, ich würde wiederkommen, nachdem ich die Kinder gesehen hätte. Eine dicke Träne rollte langsam ihre Wange hinunter. Das gab mir Hoffnung, dass sie mich gehört hatte.

Dann ging ich zu Brian, der nur acht Monate alt war und dem seine Mutter sicher sehr fehlte. Sheila begleitete mich. Gemeinsam betraten wir das Zimmer, in dem er auf seinem Rücken in einem Bett lag, beide Beine im rechten Winkel zu seinem Körper steil in die Luft gestreckt und gehalten von den Gewichten eines Zugapparates. Es war unfassbar, aber er begrüßte uns mit einem sonnigen Lächeln. Alles in der Welt hätte ich darum gegeben, ihn aufheben und an mich drücken zu können. Nie habe ich mich so ohnmächtig gefühlt wie angesichts dieser Maschinerie, die nicht mehr Kontakt erlaubte, als sich über sein Kinderbett zu beugen und ihn zu streicheln. Er aber lächelte uns wiedererkennend an, gurrte und streckte seine Ärmchen nach mir aus, damit ich ihn aufnähme. Diese Geste bescherte mir einen schwierigen Augenblick, in dem ich beinahe zusammengebrochen wäre und zu weinen begonnen hätte. Brian verdiente sich bald einen guten Ruf unter dem Namen „Engelsbaby". Ich bezweifelte keinen Augenblick, dass Baba sich um ihn kümmerte, und es war Brian, der uns alle bei Sinnen hielt und mit seinem Lächeln und seinem heiteren Wesen die Hoffnung hochhielt.

Crystal Ann dagegen hatte sich völlig in sich zurückgezogen und bis zu unserer Ankunft Essen und Trinken verweigert. Als sie uns erblickte, wich endlich der entsetzliche Schock, unter dem sie so lange gestanden hatte, und die Tränen konnten fließen. Man sagte uns, sie hätte einen Schädelbruch davongetragen, der zwar nicht annähernd so schlimm sei wie der ihrer Mutter, aber doch so, dass sie in ihrer Beziehung zur Umwelt gestört sei. Im Gegensatz zu Brian konnte ich dieses erschreckte Kind aber in meine Arme nehmen und zu trösten versuchen. Allmählich antwortete sie mir auch und war nach einer Weile auch bereit, etwas zu essen. Danach begann sie in abgehackten Sätzen und unter bitterem Schluchzen zu sprechen und zu fragen, warum sie ihre Mammi nicht sehen könne. Sie sagte, sie wisse, dass sie verletzt sei, weil sie blutend aus dem Auto geschleudert worden sei.

Dann war da unser lieber Schwiegersohn zu besuchen. Er lag weit entfernt auf der Männerabteilung. Auf ihm lastete neben den Problemen, die seine eigene Verletzung ihm bereiteten – er hatte verschiedene Rippen gebrochen und eine Lunge durchbohrt – auch die quälende Verantwortung für seine Familie. Was konnten wir ihm sagen, das die entsetzliche Angst und den Schmerz, die sich in seinem gramvollen Blick spiegelten, gelindert hätte? Nur Baba in seiner unendlichen Weisheit konnte wissen, was jetzt richtig war.

Sidney, Sheila und ihr Verlobter Martin waren ein ungeheurer Trost und eine große Hilfe. Unermüdlich gingen sie von einem Zimmer zum anderen und halfen, wo es möglich war. Sheila schloss sich auch meinen Gebeten und Gesängen für Lornas Genesung an. So begann eine schier endlos scheinende Zeit, in der die Stunden, in denen wir auf Anzeichen einer Besserung des Zustandes der Patienten warteten, sich ohne Unterscheidung zwischen Tag und Nacht aneinanderreihten. Lorna erholte sich so weit, dass sie ohne künstliche Beatmung auskommen konnte, und, obwohl sie immer noch bewusstlos war, schien sie uns hören zu können. Von Zeit zu Zeit rollten Tränen aus ihren Augen. Einmal nahm sie meine Hand fest in die ihre und legte sie auf ihr Herz. Unsere Hoffnungen stiegen. Baba musste unseren Hilferuf gehört und beantwortet haben. Abwechselnd sprach ich zu ihr, sang *Bhajans*, ermutigte, beruhigte sie und bat sie, Baba um Hilfe zu rufen. Als es Ed etwas besser ging, wachten wir gemeinsam eine Nacht und einen Tag an Lornas Bett, sangen *Bhajans*, versicherten ihr, wie sehr wir sie alle lieb hatten und brauchten und ermutigten sie, mit uns für ihre Heilung zu beten. Sie schien uns zu verstehen und stumm zu antworten. Eds Eltern kamen mit einer Tante und einem Vetter, und später gesellte sich zu uns eine sehr nahestehende Freundin, die auch mitbetete. Von da an hatten die Kinder noch mehr Liebe, Trost und Halt, was ihnen über diese schwierige Zeit hinweghalf.

Eines Tages sah ich mich einer schweren Entscheidung gegenüber. Crystal bat fortwährend, ihre Mutter sehen zu dürfen, bis ich nach langem Hin und Her überlegte, ob ich sie nicht doch mitnehmen sollte. Vielleicht würde es ihr tiefes Bedürfnis stillen und ihre Gedanken zur Ruhe bringen, wenn ich sie bloß bis zur Tür brachte und sie kurz hineinschauen ließ. Schließlich beschloss ich das Risiko einzugehen. Ich trug sie auf dem Arm, hielt sie eng an mich gepresst und sagte ihr, dass ihre Mammi schlafe und sie daher sehr still sein müsse, um sie nicht zu wecken, denn sie brauche viel Schlaf, um wieder gesund zu werden. Ich blieb in der Tür stehen, so dass sie ihre Mutter auf dem Bett liegen sehen konnte. Ich flüsterte ihr ins Ohr, dass all die Schläuche ihre Mammi fütterten, weil sie wegen ihrer Verletzung nicht selber essen könne. Crystal studierte die Szene sehr sorgfältig von der Eingangstür aus und nickte stumm, während ich ihr die verschiedenen Instrumente beschrieb. Vielleicht würde sie sich nicht vor ihnen fürchten, wenn ich ihr half, ihre Funktionen zu verstehen. Nach ein paar Minuten fragte ich sie, ob sie ihrer Mutter gern einen Gutenachtkuss schicken wolle. Sie nickte eifrig mit dem Kopf, und als sie ihre Kusshand in Richtung Bett geschickt hatte, winkte sie, lehnte sich in meinen Armen vor und flüsterte: „Ich hab dich lieb, Mammi, bitte werd bald gesund.“ Dann sagte sie zu mir, ich könne sie jetzt gern in ihr Zimmer zurückbringen. Dort schlief sie sehr bald ein. Ich wusste, dass ich ein großes Risiko eingegangen war und war sehr erleichtert, dass alles gutgegangen war. Crystal wusste jetzt, wo sich ihre Mutter befand. Damit war ein wichtiges Bindeglied zwischen der Situation am Unfallort und der gegenwärtigen in der Klinik geschaffen. Ab diesem Zeitpunkt konnte sie ungehemmt über ihre Mutter sprechen. Wenn sie in ihr Spielzeugtelefon sprach, tat sie so, als riefe sie Freunde an, um ihnen zu erzählen, dass ihre Mammi verletzt sei und schlafen müsse.

Sobald Ed sich kräftig genug fühlte, ging er zu dem Autowrack, das auf einen Autofriedhof gebracht worden war, um zu bergen, was sich noch finden ließ. Es muss eine Qual gewesen sein, nach all den kleinen Dingen zu suchen, die bei dem Unfall zurückgeblieben waren, aber er bestand darauf, es selbst zu tun. Als er wiederkam, überreichte er mir ein Päckchen *Vibhuti*. Ich erkannte es sofort als dasjenige, welches Baba vor Brians Geburt materialisiert hatte, als er uns mitteilte, dass Lorna sich einen Sohn wünsche. Lorna hatte das Päckchen in ihrer Brieftasche aufbewahrt. Ed fand es jetzt in ihrer Handtasche im Auto. Sie hatte es für den Zeitpunkt aufgehoben, da Brian es am meisten benötigen würde.

Dieser Zeitpunkt war genau jetzt. Mit Tränen der Dankbarkeit nahm ich es mit zu Brian, der mit seinen über den Kopf hochgezogenen Beinchen dalag. Als er mich hörte, wandte er den Kopf, um zu sehen, wer ihn da besuchte, und begrüßte mich mit fröhlichem Gebrabbel und seinem reizenden Lächeln. Ich hielt das Päckchen hoch und sagte: „Schau, was Baba dir geschickt hat!“ Sein Gesichtchen leuchtete auf, und er versuchte „Baba“ zu sagen. Dann grapschte er das Päckchen durch das Gitter seines Bettchens aus meiner Hand. Das geschah so unvermittelt, dass ich nicht mehr verhindern konnte, dass die Asche dabei verstreut wurde. Ich fürchtete schon, dass sie nun verloren war, konnte aber doch noch das meiste davon retten und leerte es schnell in Brians offenen Mund. Er versuchte sogar nachzuhelfen und verschmierte die Asche dabei über sein ganzes Gesicht, fröhlich daherplappernd über dieses herrliche neue Spiel. So hatte ich mir die Übergabe nun gerade nicht vorgestellt. Es war mir nur eben zur Not gelungen, und alles Weitere musste ich Baba überlassen.

Die Aussichten für Lornas Genesung schienen sich zu bessern, und so entschloss sich Sidney, zurückzufliegen und bei Sheila zu Hause den Wagen abzuholen, den wir dort stehengelassen hatten, und nach Los Angeles zu fahren. Es sah so aus, als ob wir längere Zeit in Idaho Falls verbringen würden, um während Lornas Genesung bei ihr sein zu können. Wir brauchten also mehr Kleidung, als das wenige, das wir für unseren Kurzurlaub mitgenommen hatten. Sidney wollte sie anschließend so bald wie möglich per Flugzeug mitbringen.

Martin musste wieder zu seiner Arbeit zurückkehren, und so unterstützten Sheila und ich einander. Wir beteten und meditierten fast die ganze Zeit und baten Baba, Lorna zu heilen und uns seine Liebe und Kraft einzugeben, damit wir die Bedürfnisse der Patienten Tag und Nacht erfüllen könnten.

Als wir eines Morgens wieder auf diese Weise Hilfe suchten, wurde uns ein lebhaftes Bild vor unseren inneren Augen gezeigt. Es schien, dass Lorna auf dieser inneren Ebene mit uns war. Wir zogen daraus den Schluss, dass sie uns bei unserer Arbeit helfen wollte. Das überraschte uns, da Lorna immer etwas gezögert hatte, bei unseren Sitzungen mitzumachen. Wir deuteten die Vision nun so, dass sie mit Babas Hilfe genesen würde. Wir waren felsenfest davon überzeugt, dass Baba eine seiner Wunderheilungen vollbringen und ihren geschundenen Körper wiederherstellen würde. Zu jener Zeit mussten wir das einfach glauben, denn ohne diese Hoffnung hätten wir die bevorstehenden Tage, mit allem, was es zu tun gab, nicht heil überstanden.

Ganz plötzlich trat eine Veränderung in Lornas Zustand ein. Es schien, als hätte sie sich außerordentliche Mühe gegeben, sich zu erholen, dann aber befunden, dass die Umstände so sehr gegen sie waren, dass sie beschloss, ihre irdische Hülle abzulegen. Kam es daher, dass sie durch ihre Arbeit mit geistig behinderten Kindern die schrecklichen Folgen von Gehirnschäden kannte? Sah sie ein nutzloses Leben vor sich und die furchterregende Aussicht, eine Bürde für ihre Familie zu sein? Ich konnte förmlich spüren, wann sie die Entscheidung traf, ihren Körper zu verlassen. Der Zeitpunkt wurde später durch die Instrumente bestätigt, die den Gehirntod registriert hatten. Wir erfuhren auch, dass als Vorsichtsmaßnahme fast zur gleichen Zeit die medikamentöse Behandlung herabgesetzt worden war, da es zu gefährlich gewesen wäre, ihr weiterhin so hohe Dosen zu verabreichen. Wir riefen Sidney an, der mit dem nächsten Flugzeug ankam – gerade rechtzeitig, um von ihr Abschied zu nehmen.

Nachdem die Instrumente zwei Tage lang keine Gehirntätigkeit mehr angezeigt hatten, wurden wir um Erlaubnis gebeten, sie von den lebenserhaltenden Systemen abzuschalten. Es war die härteste Entscheidung, die wir je treffen mussten, und sie wäre uns unmöglich gewesen, wenn ich nicht gespürt hätte, dass Lorna bereit war zu gehen, und dass ihr Wunsch respektiert werden musste.

Beide Familien versammelten sich im Zimmer, um sie in die neue Lebensphase hinüberzubegleiten, umgeben von all unserer Liebe. Jeder von uns sprach ein paar Worte des Abschieds und segnete sie, während die Indikatoren an den Apparaturen auf Null fielen, als diese abgeschaltet wurden.

Bis zum Ende war ich mir ganz sicher gewesen, dass Baba sie retten würde. „Warum endete es auf diese Weise?“, fragte mein Verstand, während ich tief in meinem Herzen wusste, dass es trotz all unserer Hoffnungen und Gebete seine Richtigkeit haben musste. Aber damals sah ich keinen Sinn darin.

Crystal Ann war so weit wiederhergestellt, dass sie aus der Klinik entlassen werden konnte, während Ed wegen seiner Lungenverletzung noch immer behandelt und beobachtet werden musste. Brian durfte, solange sein Bein nicht stabil genug war, dass ein Gipsverband angelegt werden konnte, nicht bewegt werden. So beschlossen wir, dass Sidney, ich und Eds Eltern nach Hause fliegen und Sidney zurückkommen sollte, sobald Brian ohne Gefahr entlassen werden konnte. Bis Ed und die Kinder aus dem Krankenhaus entlassen werden konnten, würde Lornas Körper im Beerdigungsinstitut aufbewahrt. Er und die Kinder würden dann mit Lornas Leichnam im gleichen Flugzeug reisen und ihn in ein Beerdigungsinstitut in der Nähe ihres Hauses bringen. Martin war bereits abgereist, und auch Sheila würde nach Hause fliegen.

Bevor wir gingen, brachte Ed das Thema Totenfeier zur Sprache und fragte, ob uns ein Priester oder Pfarrer bekannt sei, der sie übernehmen könne, da weder er noch seine Familie Kirchgänger seien. An eine Totenfeier hatte ich bis dahin überhaupt nicht gedacht. Meine erste Reaktion war, dass wir alle soeben an ihrem Bett die einzig wirklich bedeutungsvolle Feier abgehalten hatten. Mein Vorstellungsvermögen sträubte sich gegen jede weitere Feier. Trotzdem sagte ich zu Ed, dass ich darüber meditieren wolle und ihn wissen lassen würde, was für eine Einsicht sich dabei ergab. Nicht im Traum hätte ich mir vorstellen können, was für ein Ergebnis meine Bitte um innere Führung bringen würde.

Am nächsten Morgen wurde ich durch Babas Stimme aus tiefem Schlaf geweckt. Er sagte unmissverständlich, dass die einzige Person, die eine solche Feier für eine Versammlung von Menschen so vieler verschiedener Glaubensbekenntnisse abhalten konnte, ich war. Ich war entsetzt und wollte über diese Aufforderung gar nicht erst nachdenken. Aber dann dachte ich an all die Freunde und Verwandten der beiden Familien, die kommen würden und sah, was für eine Mischung aus Glauben und Unglauben anwesend sein würde: Sidney, seine Familie und viele Freunde sind Juden; Ed und seine Familie evangelische Christen; einige Katholiken würden kommen, neubekehrte Christen, viele Sai-*Devotees*, Anhänger von Yogananda, Meditierende der verschiedenen Richtungen, Agnostiker und auch Atheisten. Wen konnten wir ausfindig machen, der eine so gemischte Gesellschaft in Lornas Sinn ansprechen konnte? Gegen meinen Willen musste ich schließlich zugeben, dass Baba recht hatte und dass offensichtlich ich die Verantwortung für die Feier übernehmen musste. Aber würde ich es schaffen? Nur mit Babas Hilfe war ich willens, den Versuch auch nur in Erwägung zu ziehen, und auch dann nur sehr zögernd. Je mehr ich darüber nachdachte, desto mehr wurde mir klar, dass ich mich dreinfügen musste. Ich erzählte Sheila, was da auf mich zukam, und sie erinnerte mich sofort daran, dass wir in der Meditation um Anweisungen bitten könnten. Das half mir, mich vollends zu überzeugen, und ich verständigte Ed von meiner Entscheidung. Er fragte, ob ich mir das wirklich zutraue, und obwohl ich ihm versicherte, dass ich es auf jeden Fall versuchen wolle, war ich mir gar nicht so sicher, ob ich es tatsächlich können würde.

Vor unserer Heimreise hatte Sidney darauf bestanden, dass ich mir den Unfallwagen ansehen sollte. Zuerst wiedersetzte ich mich mit aller Macht. Heute bin ich froh darüber, dass ich es mir noch einmal überlegte, denn als ich ihn sah, war ich vollkommen überrascht, dass nicht alle sofort tot gewesen waren. Die gesamte Fahrerseite war völlig eingedrückt und eine Türe aufgerissen worden. Kein Wunder, dass die arme Lorna die schwersten Verletzungen erlitten hatte. Da sie, als der Unfall passierte, am Steuer saß, hatte sie die ganze Wucht des Aufpralls getroffen. Es war ein reines Wunder, dass auch nur einer von ihnen mit dem Leben davongekommen war.

Wir machten uns große Sorgen, dass Ed vielleicht dachte, der Unfall hätte vermieden werden können, wenn er, der robusterer Natur ist, am Steuer gesessen wäre, und dass er mit großen Schuldgefühlen zu kämpfen hatte. Ed versicherte uns aber, dass niemand einen Unfall wie diesen hätte vermeiden können. Er erzählte uns, wie sie einen

Wagen auf dem Mittelstreifen der zweispurigen Autobahn hatten entgegenkommen sehen. Sie hielten das für eigenartig und fragten sich, ob die Fahrerin überhaupt wusste, was sie da tat. Dann – ohne Vorwarnung – als die beiden Autos fast schon aneinander vorbei waren, wurde der anderen Fahrerin ihr Irrtum bewusst, und sie versuchte ihn nun zu korrigieren. Um ihren Wagen wieder auf die Straße zu manövrieren, musste sie ihn über eine Bodenwelle von etwa fünfzehn Zentimetern steuern. Bei diesem Versuch kam ihr Wagen ins Schleudern und krachte direkt in die Flanke von Lornas Wagen, der sich zu diesem Zeitpunkt mit ihr Seite an Seite befand. Ed stellte fest, dass niemand einen solchen Schritt hätte voraussehen können und schnell oder stark genug gewesen wäre, das Auto noch rechtzeitig herumzureißen.

Ich war auf eine seltsame Weise erleichtert, als ich das von Ed hörte. Es schien mehr und mehr, als sei es einfach Zeit für Lorna gewesen, diese Welt zu verlassen, obgleich es wie ein Unrecht aussah, dass sie so hatte leiden und ihren Mann und ihre Kinder, die sie so liebte und die ihrer Fürsorge bedurften, hatte allein lassen müssen. Zu jener Zeit schien all das unfassbar, und doch hatte ich tief innen das Gefühl, dass es irgendwie unvermeidlich und auf eine seltsame Weise richtig war.

Als Ed anrief und berichtete, dass Brians Bein soweit sei, dass ein Gipsverband angelegt werden könne, flog Sidney nach Idaho Falls zurück. Er hatte die traurige Aufgabe, die überlebenden drei Mitglieder der kleinen Familie zurückzubringen, die sich so frohgemut auf den Weg in die Ferien gemacht hatte. Es war ein trauriges und sehr viel anderes Nachhausekommen als sonst, mit Lornas Körper im gleichen Flugzeug.

Die Trauerfeier sollte so bald wie möglich stattfinden. Sheila und ich baten in einer Reverie Baba um Eingebung und Anleitung für die Planung des Ganzen. Wir waren über alle Maßen dankbar, dass uns das vollständige Konzept der Feier mitgeteilt wurde. Es war, als ob Baba diktierte. Zusätzlich bekamen wir zwei Gedichte geschenkt. Nun hatte ich ihm nur noch zu vertrauen, dass er mir bei der Durchführung helfen würde und dass meine Gefühle dabei nicht allzu hinderlich sein würden.

Zuerst dachten wir, dass die Kinder nicht dabeisein sollten. Aber Crystal Ann bat darum, und so beschlossen wir, das Risiko einzugehen und sie aus Liebe zu Lorna zusammen mit den anderen Mitgliedern und vielen Freunden der beiden Familien teilnehmen zu lassen.

Brian, mit seinem schweren, unhandlichen Gipsverband am Bein, musste natürlich getragen und während der Feier auf dem Arm gehalten werden – ein Dienst, für den es viele Freiwillige gab. Sein sonniges Lächeln und Crystals hübsches, trauriges Gesichtchen waren ein bedeutsamer Teil des Ganzen. Sie halfen uns, uns auf sie, die lebenden Symbole für Lornas Liebe, zu konzentrieren und nicht auf die Trauer darüber, dass sie scheinbar zu früh von uns gegangen war.

Dank Babas spürbarer Gegenwart und Hilfe konnten Sheila und ich die beiden Gedichte vortragen, die er uns in der Reverie hatte zukommen lassen. Freunde – jeder aus einem anderen Glaubensbekenntnis – sprachen ein paar Worte über Lorna. Alle unterstrichen die Liebe, die Lorna immer so großzügig zum Ausdruck gebracht hatte. Sheila zollte ihrer Schwester trotz ihres Schmerzes auf sehr bewegende Weise liebevolle Anerkennung. Eine Freundin sang ein zu Herzen gehendes Lied zum Abschluss dieser unkonventionellen Trauerfeier, die jedoch jeden Anwesenden, so unterschiedlich das Milieu und die Konfession, der er angehörte, auch waren, innerlich angesprochen hatte. Nur Baba, der die Einheit der Menschen aller Glaubensrichtungen befürwortet, konnte eine solche Feier angeregt haben. Nur er konnte sie erst eingeleitet und dann bei der Durchführung geholfen haben.

Viele *Devotees* begleiteten uns nach der Feier nach Hause, wo wir anschließend noch *Bhajans* sangen. Nie habe ich sie mit solcher Liebe singen gehört, noch hätte ich mir einen passenderen und schöneren Ausklang für einen an Gefühlen so überreichen Tag vorstellen können. Beim Singen und Lobpreisen Gottes konnten wir einigen angestauten Gefühlen Ausdruck verleihen und ein gewisses Maß an Frieden finden. Der Raum war gefüllt mit Liebe und Hingabe.

Wenige Tage später kam mir während der Meditation ein reizendes kleines Gedicht zugeflogen. Ich nannte es: „Die Gaben, die Lorna uns hinterließ." Hier ist es:

Wir haben unsere Tochter verloren, wie wir sie kannten,
Wissend zwar, dass sie ja lebt.
Wir vermissen sie sehr, denn alle liebten wir sie,
Die wir täglich sie wachsen sahen und gedeihen.

Sie hat uns Gaben geschenkt, von ganz besonderer Art,
Um die Leere zu füllen, die ihr Tod hinterließ.
Sie sind es, an die wir denken wollen
In den Zeiten, da wir uns am meisten verwaist fühlen.

Ihr geistiges Erbe ist immer mit uns,
Eine Erinnerung an ihr Herz voller Liebe,
Ihre Freude an Spaß und Geselligkeit in der Familie,
An der sie so lebhaften Anteil nahm.

Am meisten möchten wir ihr danken,
Dass sie uns in Ed einen Sohn gegeben hat,
Und für Crystal Ann und Klein-Brian,
Die uns mahnen, an die Zukunft zu denken.

Und zu helfen, diese ihre Schätze zu erziehen,
Ihnen all die Liebe zu geben, die sie brauchen.
Wir danken dir, Lorna, für diese Lieben,
Sie sind kostbare Geschenke, wir wissen es gut.

Immer werden wir dich liebhaben, liebste Lorna,
Und wir freuen uns auf den Tag,
Wenn es Zeit für uns ist, uns zu Dir zu gesellen
Und du da sein wirst, um uns den Weg zu zeigen.

Kurz nach Lornas Tod kam Sheila übers Wochenende zu uns nach Hause, und wir beschlossen – nach alter Gewohnheit – zusammenzuarbeiten. Als ich in den Zustand der Gelöstheit sank, der die Aufnahmefähigkeit für Eindrücke und Mitteilungen fördert, erschien mit einem Mal Lorna ohne Vorwarnung und mit solcher Intensität auf der inneren Bühne, dass es mir vorkam, als hätte sie samt ihrem Körper das Zimmer betreten. Sie schien atemlos und sehr erregt zu sein, wie so oft in ihrem physischen Leben. Sie begrüßte mich mit einem Kosenamen, den ich seit der Kindheit der beiden Mädchen nicht mehr gehört hatte. Damals hatte es ihnen immer Freude gemacht, sonderbare Namen zu erfinden, die das übliche Mom oder Mammi ersetzten. Offenbar war sie in Eile. Sie deutete an, dass sie dieses erste Mal nicht lange bleiben könne; sie habe nur so viel Zeit, uns eine Botschaft zu überbringen. Es wäre untertrieben, zu behaupten, ich sei auf ihre Mitteilung nur einfach nicht vorbereitet gewesen. Sie sagte: „Ich musste kommen, um dir zu sagen, dass Gott das große, mächtige, pulsierende Herz der Welt ist, und es ist alles Liebe.“ Nachdem sie diese tiefbewegende Botschaft ausgerichtet hatte, sagte sie uns eilig Lebewohl und dass sie uns liebhabe, und zog sich in eine Sphäre zurück, in der sie nun wohl lebt.

Es bedarf kaum der Erwähnung, dass dieses unerwartete Geschehen tief auf Sheila und mich einwirkte. Es war ein weiteres Geschenk von Baba, der uns auf diese Weise beruhigen wollte: Lorna lebte, wenn auch unserer Sicht entzogen, in einer anderen Sphäre weiter.

Lange Zeit danach, als der erste, furchtbare Schock zu schwinden begann, kam mir etwas Seltsames in den Sinn. Es sah für mich so aus, als hätte ein innerer weiser Seelenteil in Lorna sie dazu angehalten, ihr Leben so zu gestalten, dass sie die Arbeit einer ganzen Lebensspanne in die letzten fünf Jahre ihres Erdenlebens hineinpackte, fast als hätte sie gewusst, dass ihre Zeit zu Ende ging. Ich erinnerte mich daran, dass ich sie neckte und sagte, sie solle etwas langsamer vorgehen, da sie ja das ganze Leben noch vor sich und Zeit genug habe, alles zu erreichen, was sie sich für ihre Familie wünsche. Aber sie war immer eisern und unnachgiebig, fast rebellisch gewesen und hatte darauf bestanden, ihre Pläne alle einzeln voranzutreiben. Auf einer tiefen inneren Seinsebene musste sie um die Kürze ihrer Lebensspanne gewusst haben, und auch, dass sie möglichst viel daraus machen musste. Jetzt bin ich sehr dankbar, dass sie diese Jahre voll gelebt hatte und alle Erfahrungen, Ehefrau und Mutter zu sein, noch auskosten konnte.

Kurze Zeit vor den schicksalhaften Ferien tat sie etwas sehr Bezeichnendes. Sie hatte vor ihrer Heirat zwei Siamkatzen besessen, die sie anbetete und die sie abgöttisch wiederliebten und ihr hingebungsvolle Gefährten waren. Als sie heiratete und Kinder bekam, fühlten sich die Katzen so ausgestoßen, dass sie sich verkrochen und nichts mit den Kindern zu tun haben wollten. Bei Brian vermutete man zudem eine Allergie gegenüber Katzen, und so sah sie ein, dass sie ein anderes Zuhause für die Tiere suchen musste. Es war eine unliebsame Aufgabe, und Lorna scheute keine Mühen, das Richtige für die beiden zu finden. Auch nachdem sie bereits sicher und gut untergebracht waren, rief sie die neuen Besitzer öfters an, um sich zu vergewissern, dass sie glücklich waren und sie nicht allzu sehr vermissten.

In den ersten Monaten konnte sie glücklich Brian an der Brust ernähren, bis es eines Tages so aussah, als ob er auch gegen ihre Milch allergisch war. Sie half ihm erfolgreich durch die schwierige Übergangsperiode, bis das richtige Präparat gefunden war. Wenige Tage vor den letzten Ferien war diese Phase abgeschlossen, und so blieb es Brian erspart, sich allzu plötzlich umstellen und ohne die liebevolle Fürsorge seiner Mutter auskommen zu müssen. Die frühe Umstellung machte es Ed etwas leichter, der vor der monumentalen Aufgabe stand, für die Kinder so zu sorgen, „wie sie es getan haben würde", wie er sagte.

Ich fragte mich, ob sie wohl zu Ende geführt hatte, was sie in diesem besonderen Leben zu lernen gehabt hatte. Vielleicht war es für ihr Wachstum nicht länger nötig gewesen, noch länger hierzubleiben. Ob sie unbewusst aus diesem Grund ihren Fortgang in die Wege geleitet hatte? Ich neige heute dazu, an eine solche Möglichkeit zu glauben. Damals aber war ich zu sehr betäubt von dem Schock, den die Ereignisse ausgelöst hatten, dass ich nicht mehr tun konnte als hoffen, dass Baba bei unserem nächsten Besuch etwas dazu sagen würde.

Einundzwanzigstes Kapitel

Während der Wochen nach Lornas Beerdigung versuchten wir, so oft wie möglich bei Ed und den Kindern zu sein. Ed brauchte Zeit, um sich von seinen Verletzungen zu erholen. Er war fest davon überzeugt, dass die Kinder sich sicherer fühlten, wenn er eine Weile allein für sie sorgte, da er mit ihrem gewohnten Tagesablauf am besten vertraut war. Vor allem wollte er sie so aufziehen, wie Lorna es sich gewünscht hatte.

Er erwähnte oft, dass er und Lorna während der verhängnisvollen Ferienreise öfters darüber gesprochen hätten, dass sie sich als Familie mehr denn je verbunden fühlten. Die Fotos, die sie auf der Reise gemacht hatten, bestätigten das voll und ganz. Wir alle waren sehr dankbar, so leuchtende Erinnerungen an diese glückliche Familie zu haben. Während der Fahrt war es Lorna sogar gelungen, eine Blitzlicht-Aufnahme vom kleinen Brian zu machen, wie er fröhlich in seinem Bettchen lag.

Crystal war zunächst sehr blass und schweigsam und klammerte sich still an mich, wenn wir zusammen waren. Dann fing sie an, es so einzurichten, dass sie es schaffte, mich unter irgendeinem Vorwand in ihr Zimmer zu lotsen. Es war klar, dass es einen besonderen Grund dafür gab. Aber kaum waren wir in ihrem Zimmer, griff sie nach meiner Hand und führte mich wieder hinaus. Das wiederholte sich einige Male, bis sie mich eines Tages in unser Schlafzimmer zog und sich mit gespreizten Beinen, die Füße fest auf dem Boden, vor mich hinstellte. Für den Bruchteil einer Sekunde fragte ich mich, was nun geschehen würde. Mit einem Mal brach es aus ihr hervor: „Großmutter, es ist okay zu weinen, nicht wahr?“ Bestürzt versicherte ich ihr, dass es in der Tat gut und richtig sei zu weinen. Dann begann sie, alle traumatischen Stadien des Unfalls bis in die kleinsten Einzelheiten zu beschreiben. Diese Erzählung wurde von trockenen, gequälten Schluchzern begleitet.

Der unerwartete Ausbruch ging mir so nahe, dass ich einen stummen Appell an Baba sandte, er möge mir die nötige Weisheit und Kraft geben, dass ich diesem armen kleinen Mädchen helfen konnte, das so verzweifelt darum rang, seine Ängste und seinen Kummer loszuwerden. Zögernd beendete sie ihren Bericht, indem sie beinahe herausfordernd erklärte: „Und ich werde meine Mammi nie, nie mehr wiedersehen. Sie ist im Himmel bei Gott, und ich habe keine Mammi mehr.“

Ich flehte Baba an, mir zu sagen, was ich darauf antworten sollte. Sofort stieg eine Welle ruhiger, kühler Zuversicht in mir hoch und verdrängte das schockartige Entsetzen, das ich während ihres herzzerreißenden Berichtes empfunden hatte. Ohne mein bewusstes Zutun begannen sich die Worte in meinem Inneren zu formen. Ich hörte mich sagen, wie viele Menschen sie doch habe, die sie liebhätten. Zuerst nannte ich Baba, dann ihren Vater, ihre Großeltern beider Seiten, Tanten, Onkel, Cousinen und Freunde. Ich nannte jeden beim Namen, und sie nickte zustimmend mit dem Kopf und sagte unter Schluchzern: „Ja, ich weiß.“ Dann sagte ich ihr, dass viele kleine Mädchen und Buben, deren Mütter am Leben seien und bei ihnen wohnten, nicht so glücklich seien wie sie, die so viele andere Menschen habe, die sie liebten. Ich breitete meine Arme aus, um zu zeigen, wie sehr ich sie mochte. Laut weinend stürzte sie sich in meine Arme hinein. Ihr kleiner Körper stieß so hart auf meinen, dass es mich buchstäblich umwarf. Wir landeten gemeinsam auf dem Boden, was sie so komisch fand, dass wir es gleich wiederholen mussten. Das machten wir so lange, bis sie beinahe wieder sie selbst war, voller Freude darüber, so sehr geliebt zu werden – so sehr, dass es sie „umwarf", wie sie es nun nannte, als sie zu Atem kam und darüber sprechen konnte.

Von diesem Augenblick an wartete sie jedes Mal, wenn wir zu ihr ins Haus kamen oder sie zu uns, auf eine Gelegenheit, mich von den anderen loszueisen, um die Szene, jedes Mal mit etwas weniger Gefühlsausbruch und Schmerz, zu wiederholen. Allmählich schaffte sie es, die Geschichte fast nüchtern, ohne das schreckliche, keuchende Schluchzen zu erzählen, landete aber immer hilflos vor Lachen auf dem Boden.

Die Wochen vergingen, und ich fragte mich, wie ich meiner Mutter, die im August ihren neunundneunzigsten Geburtstag feierte, die Nachricht von Lornas Tod beibringen sollte, ohne dass der Schock ihr Ableben beschleunigte.

Sie war immer so glücklich über Lornas warme Erzählbriefe gewesen, dass sie sich sicherlich Gedanken darüber machte, warum sie nun ausblieben. Nach einigem Zögern beschlossen wir, dass Sheila und ich sie in England besuchen und es ihr persönlich mitteilen sollten. Wir hofften, auf diese Weise würde der Schock gemildert werden. Ich erzählte Crystal, was wir vorhatten, denn wir wollten nicht, dass sie sich von uns im Stich gelassen fühlte. Ungefähr eine Woche vor unserer Abreise spielten wir das Ritual „Die Geschichte erzählen" noch einmal durch. Diesmal gab es fast keine Emotionen mehr von ihrer Seite. Dann verkündete sie: „Es ist okay, dass du Urgroßmutter besuchst. Mir geht es wieder gut." Ich bewunderte die Weisheit dieses dreijährigen Kindes, das von selbst eine solche Katharsis eingeleitet hatte, dass sie uns nun ziehen lassen und alles annehmen konnte. Ich hoffte zutiefst, dass sie im späteren Leben niemals wegen Rückwirkungen ihres traumatischen Erlebnisses behandelt werden müsste.

Ich hätte nie gewagt, einen solchen Prozess bei einem so kleinen Kind in die Wege zu leiten. Ich bin überzeugt, dass es Baba war, der das alles auf seine einzigartige Weise eingeleitet und nicht nur durch mich gesprochen, sondern mir auch die nötige Kraft und das Vertrauen gegeben hatte, Crystal bis zu der endgültigen Befreiung, die sie so dringend brauchte, hindurchzuhelfen.

Brian war zur Zeit des Unfalls nur acht Monate alt und befand sich noch auf der präverbalen Ebene. Der harte Gipsverband um sein Bein erschwerte das Aufheben und Umarmen sehr. Und gerade das hätte er, wie ich spürte, dringend gebraucht. Als der Verband abgenommen wurde, begann er sich die mütterliche Liebe, die er so sehr vermisste, auf seine eigene Weise zu holen. Jedes Mal, wenn er mich sah, strahlte er über das ganze Gesicht, hob seine Ärmchen zum Zeichen, dass ich ihn hochheben sollte, und schlang seine kleinen Arme und Beine sofort um mich. Er hängte sich wie eine Klette an mich. Manchmal blieb er bis zu zwanzig Minuten in dieser Stellung, alle paar Minuten tief aufseufzend, als ob er die ersehnte Mutterliebe einatmete und einsog. Instinktiv schien er zu wissen, dass er sie von mir, die ich Lornas Mutter war, bekommen würde. Wenn ich ihn manchmal so eng an mich gepresst hielt, sagte ich innerlich: „Lorna, Liebling, ich versuche mein Bestes, deinen Kindern die Liebe zu geben, mit der du sie überschütten würdest." Es geschah öfters, dass Brian seinen Kopf von meiner Brust erhob und mit entzücktem Lächeln in eine Ecke des Zimmers deutete, als ob er nicht nur meine Gedanken gehört hatte, sondern auch seine Mutter sehen konnte.

Wir begleiteten Ed, als er Brian zur Nachuntersuchung zum Orthopäden brachte. Der Arzt war sehr zufrieden mit der Art, wie der Knochen zusammenwuchs, meinte aber, dass es noch zu früh sei, um zu sagen, wie er sich entwickeln würde. Bei einem Kind seines Alters könne man unmöglich voraussagen, ob das gebrochene Bein einmal kürzer, länger oder gleich lang wie das andere sein würde. Als er das alles aussprach, fühlte ich einen Anflug von Schrecken in mir aufsteigen. Sofort bat ich Baba, ihn mir bitte zu nehmen. Dann gab ich alles in seine Hände, obwohl ich innerlich hoffte, dass Brian nicht hinken müsste. An diesen flüchtigen Augenblick musste ich denken, als ich Baba im November in Indien wiedersah.

Zweiundzwanzigstes Kapitel

Gleich nach Lornas Tod war die Versuchung, sofort zu Baba zu fliegen, sehr groß gewesen, aber ich hatte ihr aus verschiedenen Gründen widerstanden. Der Hauptgrund war, dass ich die Kinder nicht allein lassen wollte. Sie brauchten unsere Anwesenheit und den Beweis, dass die Menschen, die sie liebhatten, auch und gerade dann für sie da waren, wenn sie ihrer am meisten bedurften. Außerdem würden wir ohnehin bald zur dritten Weltkonferenz fliegen.

Ich war erleichtert, als unser Abreisetermin endlich feststand. Ich wusste, wie sehr ich nach dem Raubüberfall im März und dem tragischen Unfall Ende Juni Regeneration nötig hatte.

Unser Schwiegersohn machte seine Sache mit den Kindern hervorragend. Er versuchte auf jede mögliche Weise, ihnen Vater und Mutter zugleich zu sein. Er hatte sich inzwischen so weit von seinen Verletzungen erholt, dass er wieder zur Arbeit gehen konnte. Mit seiner Mutter hatte er vereinbart, dass sie tagsüber bei den Kindern blieb, bis er abends nach Hause kam. Er hielt es für sicherer, sie in der Obhut eines Familienmitglieds zu lassen, da er von so vielen Fällen von Kindesmissbrauch gehört hatte, dass er seine Schätze keinem

Fremden anvertrauen wollte. So wussten auch wir sie in guten Händen und dachten, wir könnten getrost wegfahren.

Aber kurz vor der Abreise traf uns ein neuer Schock aus heiterem Himmel. Bei unserer Tochter Sheila wurde eine möglicherweise ernste Lungenerkrankung festgestellt. Als sie anrief und uns das erzählte, schwindelte mir im Kopf, und das Herz blieb mir beinahe stehen. Sollten uns beide Töchter genommen werden? Wir diskutierten alle darüber, was getan werden sollte, und beschlossen, Baba zu fragen, ob er wolle, dass Sheila nach der Konferenz zu ihm flog. Wenn ja, so konnte Sidney vor mir zurückfliegen, und ich würde warten, bis Sheila kam. Wir wussten nur zu gut, dass Baba während der Konferenz mit tausend Angelegenheiten mehr als beschäftigt sein würde. Bei der letzten Konferenz, 1975, war der *Ashram* völlig überbelegt gewesen, und jetzt, fünf Jahre später, würden noch viel mehr Menschen da sein, da die Anzahl derer, die von seinen Lehren gehört haben, immer größer wird.

Ich war ziemlich hin- und hergerissen zwischen dem Verlangen, diese sorgenreiche Zeit abwechselnd bei Sheila und den Kindern zu verbringen, die sich an den großen Verlust noch kaum gewöhnt hatten, und meinem eigenen Bedürfnis, Baba wiederzusehen. Als ob sie meine unausgesprochene Frage beantworten wollte, kündigte die liebe kleine Crystal Ann eines Tages an: „Es ist okay für dich wieder wegzufahren, aber nur, wenn du Baba besuchen gehst.“ Für diese so unverhoffte Bestätigung war ich Baba sehr dankbar.

In Puttaparthi angekommen, erfuhren wir, dass wir in einem neuen Gebäude untergebracht werden würden. Es wurde Rundhaus genannt, weil es ringförmig um einen runden Innenhof gebaut war. In demselben Gebäude wohnten die Komitee-Mitglieder und alle Leiter. Diesmal brauchten wir den Raum nicht mit anderen *Devotees* zu teilen, was unter diesen Umständen eine Erleichterung war, da wir sonst einem zusätzlichen Stress ausgesetzt gewesen wären.

Normalerweise machte es Freude, so viele bekannte Gesichter zu sehen. Diesmal war es eine Belastung. Viele hatten bereits von Lornas Tod erfahren und kamen zu uns, um uns ihr Beileid auszusprechen. Es war, als ob die kaum verheilten Wunden neu aufgerissen würden. Während des *Bhajan*-Singens an diesem ersten Abend öffneten sich die Schleusen meines Inneren weit, und die vielen ungeweinten Tränen begannen zu meiner Bestürzung unkontrolliert zu fließen. Ich versuchte, sie mit aller Macht zurückzuhalten, aber wie sehr ich mich auch bemühte, der Strom kam zu keinem Stillstand und hielt bis zum Ende des *Bhajans* an. Ebenso plötzlich wie er ausgebrochen war, hörte er wieder auf. Ich fühlte mich erleichtert. Ich sah jetzt sehr klar, dass ich während der fünf Tage, als Lornas Leben nur mehr an einem Faden hing, über meinen normalen Zustand hinaus in eine andere Bewusstseinsebene versetzt worden war. Ich hatte eher wie ein Automat gehandelt, hatte getan und gesprochen, was die Umstände erforderten, aber nicht aus eigenem Antrieb. In den darauffolgenden Monaten hatte ich mich bis jetzt immer so gefühlt, als lebte ich in einer Dimension, die ich vorher nicht gekannt hatte. Mein ganzer Körper schien zu pulsieren, und ich hatte die ungewöhnliche, aber angenehme Empfindung gehabt, „gelebt" und wie eine Marionette umherbewegt zu werden. Als mir das bewusst wurde, hoffte ich aus tiefster Seele, dass ich mich immer so körperlos fühlen und in diesem seltsamen Schwebezustand bleiben könnte. Aber er schwand langsam dahin, und ich musste wieder auf die Erde herunter.

Ich begriff auch, dass Baba mich auf eine eigenartige Weise über den Grad der menschlichen Empfindungen hinausgehoben und es mir so ermöglicht hatte, alles Notwendige wie ein Schlafwandler zu tun, der sich nur teilweise der Geschehnisse bewusst ist. Darum hatte ich in all dieser Zeit nicht weinen können. Es war nicht so, dass ich es mir nicht hatte gestatten wollen, sondern eher, dass ich es zu jener Zeit, als mich so viele Dinge in Anspruch nahmen, nicht brauchte. Sobald ich mich in Babas Gegenwart sicher und geborgen fühlte, konnte ich den zurückgehaltenen Tränen freien Lauf lassen. Eine ähnliche Flut ergoss sich gegen Ende unseres Aufenthalts – wieder während der *Bhajans* – im Auditorium, als Baba auf der Bühne auf und ab ging. Auch diesmal brachen die Tränen ganz plötzlich und mit aller Macht hervor. Es war mir außerordentlich unangenehm, aber wieder gab es nichts, was ich tun konnte, um der Flut ein Ende zu bereiten. Und wieder hörte sie von selbst auf, als das Singen beendet war. Baba warf mir von Zeit zu Zeit einen flüchtigen Blick zu, und als unsere Augen sich trafen, fühlte ich eine Welle der Energie in mich einströmen, die die Flut noch vermehrte, so dass ich zu dem Schluss kam, dass er mir absichtlich zum Weinen verhalf, damit ich meinen angestauten Gefühlen ein Ventil verschaffen und mich von ihnen befreien konnte.

Ich bin jedoch den Ereignissen vorausgeeilt. Am Tag nach unserer Ankunft war Baba beim *Darshan* vor mir stehengeblieben. Er hatte sich zu mir heruntergebeugt und gefragt: „Warum machst du dir Sorgen?“ Bevor ich noch antworten konnte, sagte er leise in mein Ohr: „Ja, ich weiß, es ist deine Tochter.“ Ich erklärte schnell: „Nicht meine jüngere Tochter, Baba! Die ältere – sie ist jetzt krank!“ Er lächelte lieb, nickte und sagte leise, fast singend: „Ja, ich werde dich sehen.“ Mit dieser Versicherung setzte er seinen Weg fort. Ich hatte wirklich keine Minute gezweifelt, dass er über alles bereits Bescheid wusste, und doch halfen mir seine liebevollen Worte, sein Lächeln und das Versprechen zu helfen, mit Hoffnung in die Konferenz zu gehen. Ich fühlte mich wie ein müdes Kind, das nach Hause gekommen war, um seine Bürde in Gottes fähige Hände zu legen. Nun konnte ich mich endlich entspannen und ihn machen lassen.

Später, als ich Zeit hatte, darüber nachzudenken, erfüllte es mich mit Ehrfurcht, dass er, bei allem, was er inmitten dieser großen Veranstaltung zu denken und zu tun hatte, noch die Zeit und das Interesse aufbrachte, den Kummer einer Person aus der Menge zu lindern. Im Geiste multiplizierte ich die Zahl der Anwesenden mit den unzähligen anderen Menschen, die er trotz seiner vielen Aktivitäten jeden Tag erreicht. Einmal mehr war ich tief beeindruckt von dem Umfang seiner Arbeit. Selbst das höchstentwickelste menschliche Wesen wäre physisch nicht in der Lage, sie zu bewältigen. Ich sah in alledem einen neuerlichen Beweis dafür, dass Baba tatsächlich übermenschlicher Natur ist.

Ähnlich wie 1975 wurde auch diese Konferenz zu einem außerordentlichen Erlebnis. Trotz der riesigen Menschenmengen verlief alles reibungslos – mit Baba im Zentrum, der die Szene in all ihren Facetten zusammenstellte und dirigierte. Neben den vielen Zusammenkünften, in denen die verschiedenen Gruppen ihre Arbeit diskutierten, gab es farbenprächtige Aufmärsche, täglich Tanz- und Gesangsdarbietungen und Babas Ansprachen, gefolgt von Auftritten bekannter indischer Musiker und anderer Künstler. Jeden Tag wurde die Bühne von Babas Whitefield-Studenten neu dekoriert. Mit größter Sorgfalt formten sie wahre Meisterwerke aus vielfarbigen Blütenblättern, die bergeweise auf Holzgerüste geklebt wurden. Wir alle waren beeindruckt von dem wunderbaren Ergebnis ihrer mit Liebe gemachten Arbeit.

Mit den Feierlichkeiten zu Babas Geburtstag erreichte die Konferenz ihren Höhepunkt. Traditionsgemäß kam Baba an diesem Tag im weißen Kleid und willigte ein, sich in die auf der Bühne aufgebaute *Jhoola* zu setzen und sich von einigen Studenten sanft schaukeln zu lassen. Dadurch hatte die anlässlich des glückverheißenden Tages versammelte riesige Menschenmenge die Möglichkeit, für längere

Zeit seinen *Darshan* zu genießen. Zur Feier bekamen die Frauen der westlichen Delegation goldverzierte Seidensaris übersandt, die alle das gleiche Muster hatten, aber farblich verschieden waren. Fürsorglich wie wir ihn nun schon kannten, verteilte er an seinem eigenen Geburtstag Geschenke an seine Anhänger, anstatt von ihnen welche anzunehmen.

Schließlich rief uns Baba zum Interview. Wenn man sich plötzlich in Babas unmittelbarer Gegenwart aufhält, erscheint alles andere bedeutungslos. Jeder andere Gedanke ist wie weggeblasen und lässt den Verstand leer zurück, was es sehr erschwert, sich alles zu merken, was er sagt.

Baba brachte das Gespräch rasch auf Sheilas Zustand, bestätigte den Krebsverdacht und nannte ihn missbilligend „schwarzen Krebs“. Er wiederholte dies mehrere Male, als er sah, dass wir nicht recht folgen konnten. Ich fragte, ob wir Sheila ein Telegramm schicken sollten, damit sie hierher käme, aber Baba schüttelte den Kopf und sagte: „Nein, nicht gut, jetzt zu kommen. Vielleicht später.“ Dann versicherte er rasch, dass er uns helfen werde, bewegte seine Hände in der vertrauten Geste und materialisierte etwas *Vibhuti*. Er gab sie mir zusammen mit einem Stück Papier und dem Hinweis, ich solle sie sorgfältig einpacken und ihr sofort geben, sobald wir zu Hause ankämen.

Dann äußerte er sich über Lornas Tod. Er erklärte, dass die Gehirnschäden so schwer gewesen seien, dass sich im Fall ihres Überlebens große Probleme ergeben hätten. Er sprach auch über die Enkelkinder und erkundigte sich besonders nach Brian, der bei unserem letzten Besuch noch nicht geboren war. Ganz nebenbei bemerkte er, dass er nicht hinken würde. Zuerst waren wir nicht sicher, ob ich ihn richtig verstanden hatte, und baten ihn, es zu wiederholen, was er auch tat. In diesem Augenblick fielen mir die drei Möglichkeiten ein, die der Orthopäde erwähnt hatte, nämlich, dass das eine Bein kürzer, länger oder gleich lang werden könnte.

Ich strahlte ihn voller Dankbarkeit an. Dass er uns darüber beruhigen wollte! Er lächelte, nickte verständnisvoll, und wieder kreiste seine rechte Hand in der Luft. Wir fragten uns, was diesmal wohl zum Vorschein kommen würde. Baba genoss unsere Neugier offensichtlich und hielt mir sogleich ein wunderschönes kleines Medaillon aus *Pancaloha* – einer Legierung aus fünf Metallen, aus der in Indien Heiligen-Statuen und Devotionalien hergestellt werden – hin, damit ich es betrachten konnte. Auf der Vorderseite war sein Relief-Kopf aufgeprägt und auf der Rückseite das *OM*-Zeichen eingraviert. Er sagte, ich solle es Sheila geben und bis dahin in dem für sie materialisierten *Vibhuti* aufbewahren. Ich öffnete schnell das Päckchen wieder, und Baba legte das Medaillon hinein. Währenddessen trug er mir auf, beides auf diese Weise zusammen aufzubewahren, bis ich es ihr überreichte. Sie müsse das Medaillon dann um ihren Hals tragen und die *Vibhuti* essen. Er versicherte uns, dass sie Sheila im kommenden Jahr von ihrem Krebs heilen würde. Als ich das Medaillon betrachtete, rief ich aus: „O Baba, sie wird es lieben! Es ist genau das, was sie selbst gewählt hätte." Er lachte und antwortete: „Ja, ich weiß. Sie hat sich immer so eines wie dieses gewünscht."

Nach weiteren, mehr persönlichen Gesprächen und Fragen nach meiner Arbeit, meinem ersten Buch und dem neuen Buch über ihn fragte ich ihn, wann er wünsche, dass wir wiederkommen sollten. Er dachte einen Augenblick nach und sagte dann: „In ungefähr einem Jahr", und bemerkte, dass es im Dezember kühler und daher angenehmer für mich sei. Sidney fragte, ob unsere übliche Zeit, nämlich Januar, auch gut sei, und Baba antwortete, diese Zeit sei auch gut.

Wir verließen seine physische Gegenwart so angefüllt mit seiner Liebe, dass sie uns auf der Heimreise und das ganze Jahr hindurch seelischen Rückhalt gab. Erst nach dem Interview, als wir wieder draußen bei den anderen *Devotees* saßen, wurde mir richtig bewusst, dass er nahezu die ganze Zeit über meinen rechten Arm und die Schulter gestreichelt hatte, während er zu uns sprach. Er hatte den Raubüberfall, der sich Anfang des Jahres ereignet hatte, mit keiner Silbe erwähnt, und ich war in Gedanken viel zu sehr mit unseren beiden Töchtern beschäftigt gewesen, als dass ich ihn danach hätte fragen können, obwohl ich es ursprünglich vorgehabt hatte. Aber Baba hatte offenbar nichts vergessen und auf diese unauffällige Weise den Heilungsprozess beschleunigt. Denn nach diesem Vorfall konnte ich beobachten, wie der Arm zunehmend beweglicher und der Schmerz beim Bewegen wesentlich geringer wurde. Babas sanftes Streicheln beendete den Heilungsprozess.

Sobald die Festlichkeiten vorüber waren und die Menge sich zu zerstreuen begann, wurde ich ungeduldig. Es trieb mich nach Hause zurück, da ich Sheila so bald wie möglich das Medaillon geben wollte. Aber da es noch eine Weile dauerte, bevor wir sie wiedersehen würden, schickten wir ihr ein Telegramm mit der Nachricht, dass Baba ihr ein Geschenk gemacht habe.

Als sie es dann wirklich in Händen hielt, rief sie aus, dass es vollkommen sei und von der einzigen Sorte Medaillons, die ihr wirklich gefiel. Ich lachte und erzählte ihr, dass ich genau das zu Baba gesagt hätte, als er es materialisierte, und dass er geantwortet habe, es sei genau das, was sie sich immer gewünscht habe. Als sie das Päckchen geöffnet hatte, war mir aufgefallen, dass es weniger *Vibhuti* enthielt, als Baba materialisiert hatte, obwohl das Päckchen bis zu diesem Augenblick fest verschlossen gewesen war. Ich kann nur vermuten, dass das Medaillon auf unerklärliche Weise einen Teil davon absorbiert haben musste. Inzwischen habe ich von anderen ähnliches gehört – zum Beispiel, dass Schmuckstücke, die Baba materialisiert, *Vibhuti* absorbieren.

Sheila schluckte sofort den Rest der *Vibhuti* hinunter und nahm einen Anhänger von ihrer Halskette, der ein briefmarkengroßes Bild von Baba enthielt. Es war eins der vier identischen Bildchen, die Baba für die vier Mitglieder unserer Familie vor einigen Jahren in einem Interview materialisiert hatte. Sie hatte das ihre als greifbare Verbindung zu Baba, dem sie in Person nie begegnet war, ständig um den Hals getragen. Nun hatte er es möglich gemacht, dass sie es gegen dieses wunderschöne neue, speziell für sie materialisierte Medaillon austauschen konnte. Sie hängte das Medaillon an ihre Halskette und trägt es seither ständig.

Im Jahr darauf zeigten die medizinischen Befunde schrittweise immer wieder eine Besserung ihres Zustandes an, bis sie schließlich für „problemfrei" erklärt wurde. In einem Interview aus jüngerer Zeit erklärte mir Baba, dass Krebs eine Krankheit sei, die nur durch Gottes Gnade und mit Liebe geheilt werden könne.

Dreiundzwanzigstes Kapitel

Seit ich das erste Mal von Tibet gehört hatte, war der Wunsch, einmal dort hinzufahren, außerordentlich stark. Aber keinen Augenblick wagte ich zu hoffen, dass mir die Erfüllung jemals möglich sein würde. Tibet war für Fremde wegen seiner isolierten Lage immer unzugänglich gewesen, und seit der chinesischen Besetzung war das Land selbst für Besucher aus Rotchina verschlossen. Als ich in den frühen fünfziger Jahren einige meiner ehemaligen Leben aufdeckte, erwartete ich nicht, auch nur eines der Länder zu sehen, in denen sich allem Anschein nach viele meiner Leben abgespielt haben – am allerwenigsten Tibet.

Mein Mann und ich haben inzwischen ausgedehnte Reisen unternommen und viele der Orte, an denen ich anscheinend gelebt hatte, einbezogen. Tibet war das einzige Land, das ich noch nicht besucht hatte. Als wir erfuhren, dass die Chinesen einer begrenzten Zahl von Touristen die Einreise vorübergehend und für kurze Zeitabschnitte erlaubte, war ich wie elektrisiert über die Aussicht, dort hinzukommen. Wir hörten, dass bestimmte Gruppen bereits die Einreiseerlaubnis erhalten hatten, und arrangierten es so, dass wir an einer dieser Gruppenreisen teilnehmen konnten. Ich war selig bei dem Gedanken, dass sich nun ein lebenslang gehegter Traum erfüllen würde.

Da wir nicht vor Januar 1982 zu Baba fliegen wollten, beschlossen wir, Anfang 1981 nach Tibet zu reisen. Lhasa war mit dem Flugzeug von Cheng-Du in der chinesischen Provinz Szechuan aus erreichbar. Wir würden also auch wieder in China sein. Das versprach interessant zu werden, denn unser erster Besuch hatte vor Mao Tse Tungs Tod stattgefunden, und nun waren wir neugierig auf die Veränderungen, die sich seither vollzogen haben mochten.

Die gesamte Reise wurde jedoch für mich persönlich zu einer Katastrophe, aus der ich allerdings auch viel lernte. Da die Versorgung mit Lebensmitteln vor Ort ungenügend ist und dem Geschmack der Ausländer nicht entspricht, musste nahezu die gesamte Verpflegung aus China nach Lhasa eingeflogen werden. Reis wurde täglich frisch gekocht, aber fast alles andere kam aus Dosen. Viele Teilnehmer der Gruppe vertrugen die extreme Höhe nicht gut, und einige wurden ernsthaft krank davon. Man riet uns eindringlich, nur mit der Sauerstoff-Flasche neben dem Kopfkissen zu schlafen. Nach einer anfänglichen Atemschwierigkeit hatte ich kaum Probleme mit der Höhe, da ich mich in den Bergen immer besonders wohl fühle. Aber etwas anderes, das sich bald als heftige Allergie entpuppte, machte mir zu schaffen. Zuerst konnten wir die Ursache nicht entdecken, bis wir eines Tages herausfanden, dass die Früchte- und Gemüsekonserven aus Japan importiert wurden und mit Monosodium-Glutamat versetzt waren, auf das ich, wie schon berichtet, immer hochallergisch reagierte. Die Folge war, dass ich während unserer acht Tage in Tibet nur Reis oder Reisschleim essen konnte. Eigenartigerweise war diese Nahrung genau das, was ich in meinem Leben als eingemauerter Mönch in meiner Zelle gegessen hatte! Wie seltsam, dass ich nun gezwungen wurde, das zu wiederholen.

Die mangelhafte Ernährung hielt mich aber nicht davon ab, die Klöster zu besuchen. Besonders der Potala hatte es mir angetan; ich fürchtete aber, dass ich infolge der kümmerlichen Diät nicht genügend Kraft haben könnte, bis ganz hinauf zu steigen. Doch einer der Führer bestand darauf, mich auf seinem Rücken hinaufzutragen. Er versicherte mir, dass das nur gut für seine Muskeln in seinem Beruf als Bergführer sei. Immer wenn ich begann, mich schwach zu fühlen, rieb ich den Ring, den Baba mir ganz zu Anfang materialisiert hatte, auf die Stirn, damit die aus jenem Tibet-Leben stammenden Kopfschmerzen vergingen.

Je schwächer ich mich zu fühlen begann, desto mehr freute ich mich auf die Rückkehr nach China. Ich erinnerte mich an unsere erste China-Reise, auf der wir wohlschmeckendes Essen ohne Glutamat bekommen hatten. Aber eine weitere unangenehme Überraschung erwartete mich, denn es stellte sich diesmal die gleiche Allergie ein, wie ich sie schon kannte. Später erfuhren wir, dass die Japaner den ganzen Markt im Orient mit ihrem harmlos aussehenden weißen „Geschmacksverstärker" überschwemmt hatten. Nicht nur in China, auch in Hongkong und Singapur sah ich mich demselben Problem ausgesetzt und fand außer Reis fast nichts, was ich essen konnte.

Ich bat Baba dringend um Hilfe, da ich ständig schwächer wurde. Anstatt einer Besserung bekam ich in Singapur hohes Fieber. Sidney rief einen Arzt an, der mir Arzneien verschrieb und mich sofort in eine Klinik einweisen wollte. Aber unser Flug nach England war für den nächsten Tag gebucht, und so beschloss ich, seinen Rat nicht zu befolgen. Ich sehnte mich in dem Augenblick nach nichts anderem, als mich in meiner alten Heimat auszuruhen und zu erholen.

In dieser Nacht, als das Fieber seinen Höhepunkt erreichte, hatte ich ein äußerst ungewöhnliches Erlebnis. Ich bin mir noch immer nicht im Klaren, ob es ein Traum oder eine Halluzination war. Es war mir, als würde ich aus meinem Körper heraus- und hoch emporgehoben und an einen wunderbar kühlen, grünen Platz gebracht. Ich war frei von Schmerz und Unbehagen und konnte ungehindert schweben. In dieser idyllischen Szenerie erschien die Gestalt von *Krishna*, der auf seiner Flöte spielte und tänzelnd auf mich zukam. Ich erinnere mich, dass ich im Traum sehr verwundert darüber war, dass er so blau aussah: Er war von einem dunklen Mitternachtsblau. Einen Augenblick später nahm er mich bei der Hand und wirbelte mich in einem schwindelnden, schwierigen Tanz herum, dem ich aber zu meinem Erstaunen folgen konnte. Es war alles so ungeheuer beschwingt, und ich fühlte, dass ich ewig so weiter hätte tanzen können. Genau so schnell, wie *Krishna* erschienen war, betrat dann eine überaus erhabene Gestalt die Szene. Ich erkannte sie sofort als Christus. Ihm wurde ich zum Weitertanzen übergeben. Dieser Tanz hatte jedoch ein ganz anderes Tempo; er war langsam und gemessen wie ein Menuett. Er schien mich still werden und nach dem ersten, wilden Rondo wieder zu mir kommen zu lassen. Als der Tanz zu Ende war, sank ich – fast widerwillig – in meinen Körper zurück. Das Fieber war gefallen, aber ich war nun extrem schwach und erschöpft und hatte nur einen verzweifelten Wunsch: nach England zurückzukehren. Da ich zu schwach zum Gehen war, musste ich mit einem Rollstuhl ins Flugzeug gefahren werden.

Aber meine Pechsträhne war noch nicht vorüber. Auf einer Rolltreppe zwischen den Flughafenetagen kippte der Rollstuhl samt mir um und fiel auf mich. Ich hatte Angst, dass mein Rücken verletzt war, und rief Baba um Hilfe an. Das nächste, was ich wusste, war, dass ich mit einer Leichtigkeit hochgehoben wurde, als sei ich eine Stoffpuppe in den Armen eines großen, kräftigen jungen Mannes, der mir zu Hilfe gekommen war. Er musste beobachtet haben, was geschehen war, und hatte sich seinen Weg – über die nach oben führende Rolltreppe – zu mir hinunter gebahnt. Er befreite mich von dem umgestürzten Rollstuhl, rannte buchstäblich mit mir im Arm die Rolltreppe wieder hoch und setzte mich auf einer Couch in einem Warteraum ab. Das alles war so schnell gegangen, dass ich kaum Zeit hatte, mir klar zu werden, wo ich mich befand. Der Akzent des Mannes klang skandinavisch, aber sobald er sich vergewissert hatte, dass mein Mann und ein Flughafenbeamter sich um mich kümmerten, empfahl er sich und ging, um sein Flugzeug noch zu erreichen. Ich bedauerte es, dass ich keine Gelegenheit bekam, mich für meine prompte Rettung gebührend zu bedanken. Mein Rücken tat entsetzlich weh. Und mein Mann hatte sich seinen Fußknöchel verletzt, als der Rollstuhl umfiel. Wir boten einen erbärmlichen Anblick, als wir endlich in das Flugzeug nach England einstiegen.

Wie damals bei der Flugzeugentführung konnte ich, kaum dass wir in England angekommen waren, die richtige Behandlung für meinen Rücken erhalten. Unser Hausarzt hatte mir die Adresse eines in England lebenden, indischen Arztes gegeben, die ich an einen englischen Freund weitergeben sollte, der Hilfe benötigte. Ich hatte seine Telefonnummer dabei und rief ihn sofort nach der Ankunft an.

Der Knöchel meines Mannes wurde geröntgt und ein Bruch festgestellt, der gegipst werden musste. Als wir endlich zu Hause ankamen, stellte sich heraus, dass ich mir auch noch eine doppelseitige Lungenentzündung geholt hatte. Da ich in diesem Jahr noch zwei weitere, sehr eigenartige Unfälle hatte, begann ich mich zu fragen, wie lange sich diese Kette von Ereignissen noch hinziehen würde, und was wohl der Grund dafür sein mochte. Die alten wohlbekannten Fragen tauchten wieder auf und begannen mich zu quälen. Was machte ich falsch? Was unterließ ich zu tun? Ich vermutete, dass diese Unfälle auf die beschleunigte Verbrennung von negativem *Karma* aus der Vergangenheit zurückzuführen waren, und hoffte, dass ich Baba zu gegebener Zeit danach befragen konnte.

Kurz nach unserer Rückkehr, als ich eines Tages meine frisch gebügelte Leibwäsche in eine Schublade einräumte und die verschiedenen Stöße sortierte, hörte ich ein eigenartiges, metallisches Geräusch, wie wenn eine Münze zu Boden fällt. Ich fragte mich, was das wohl sein könnte, und holte alles wieder aus der Schublade hervor, und heraus rollte der Ring, den Sidney vor knapp einem Jahr verloren hatte. Ich war fast sicher, dass es derselbe war, trotzdem rief ich nach Sidney, um sicherzugehen. Sidney bestätigte, dass es tatsächlich der Ring war, den er verloren geglaubt hatte. Ich hatte genau diese Schublade seit dem Tag, an dem er ihn verloren hatte, Hunderte von Malen geöffnet! Außerdem hatte ich sie beim Packen für die Reise nach Tibet vollkommen ausgeleert, um einen besseren Überblick darüber zu bekommen, was ich mitnehmen wollte. Ich war mir also ganz sicher, dass ich den Ring gesehen hätte, wenn er all die Monate in der Schublade gewesen wäre. Was mit ihm geschehen war, und warum er so spurlos verschwunden und wiederaufgetaucht war, begreife ich nicht. Bis heute hat uns Baba die Lösung dieses Rätsels nicht gegeben. Aber ich erinnerte mich daran, dass Baba in unserem letzten Interview, als Sidney ihm erzählte, dass er den Ring verloren habe, antwortete: „Nein, nicht verloren. Ich werde ihn dir geben."

Vierundzwanzigstes Kapitel

Ende 1981 planten wir wieder einen Besuch bei Baba. Wir hielten es für sehr wichtig, die Ferien mit Sheila, unserem Schwiegersohn und den Enkelkindern zu verbringen, und beschlossen zu fahren, sobald Weihnachten vorüber wäre.

Aus irgendeinem unbekannten Grund machte ich mir Sorgen, dass Baba nicht da sein könnte, wenn wir in Bangalore ankämen. Es quälte mich die Erinnerung, dass er im Januar oft nach Madras geht, um das Pongal-Fest dort mitzufeiern, wie schon bei unserem ersten Besuch. Ich versuchte, das Datum zu ermitteln, auf das Pongal in diesem Jahr fiel, damit wir nicht gezwungen wären, so viele Tage ohne Baba in Bangalore verbringen zu müssen. Aber als sich unser Abreisetermin näherte, wusste ich immer noch nicht Bescheid.

Das erste, was wir in Bangalore erfuhren, war, dass Baba vermutlich bald nach Madras zu einer außerordentlichen *Seva*-Konferenz fahren würde. Meine Ahnung war also richtig gewesen, nur hatte ich einen anderen Anlass für seine Reise angenommen. Nun war es zu spät zum Umdisponieren. Ich wusste: Was ich jetzt zu tun hatte, war, mich zu entspannen, alles in seine Hände zu geben und alles anzunehmen, was sich aus der Situation ergeben würde.

Als wir an Babas Haus ankamen, stellten wir fest, dass die Frauen nicht mehr im vorderen Zimmer sitzen durften. Die Frauen, die im Haus oder im Privatbezirk des *Ashram*-Geländes wohnten, sowie die jeweils eingeladenen Besucherinnen saßen hinter einem dicken Vorhang zusammengepfercht in einem heißen, dunklen und stickigen Raum. Nur den Männern war es noch gestattet, im äußeren Raum zu sitzen, und so nahm Sidney wie gewohnt dort Platz, während ich nach einem Sitzplatz in dem vollgestopften, hinteren Raum suchte. Als ich eintrat, schien der Raum bereits überzuquellen von all den Frauen, die eng aneinandergedrängt am Boden saßen. Es dauerte eine Weile, bis ich bemerkte, dass sie alle versuchten, so nah wie möglich am Vorhang zu sitzen, damit sie hin und wieder durch die Öffnungsschlitze in der Mitte und an den Seiten des Vorhangs einen Blick auf Baba werfen konnten, der dahinter ab und zu vorbeiging. Der Vorhang war schwer und undurchsichtig und quer von einer Wand zur anderen gehängt, wodurch dieser Raum von der Veranda getrennt wurde, wo die Männer saßen und in der frischen Luft herumgehen konnten, während Baba *Darshan* gab.

Ich hatte gehofft, während meines Aufenthaltes bei Baba Zeit und Gelegenheit zum Weiterschreiben an diesem vorliegenden Buch zu finden. Als ich mich aber auf meinen taschentuchgroßen Sitzplatz zwischen den Frauen zwängte, musste ich einsehen, dass ich unter solchen Bedingungen den Gedanken ans Schreiben besser aufgab.

Dieser erste Morgen war absolut grauenvoll. Es war nicht nur heiß und dunkel in dem luftarmen Raum; es brannten auch ununterbrochen Räucherstäbchen. Ich tat mich mit dem Atmen schwer, und mein Kopf schmerzte so, dass ich dachte, er müsse zerspringen. Einmal kam Baba, teilte den Vorhang und überflog die Szene mit einem Blick. Dann schalt er die Frauen und fragte sie, wie viele Eier sie inzwischen gelegt hätten, womit er andeutete, dass sie faul seien und wie brütende Hennen hier herumsäßen.

Nachdem wir vom Mittagessen im Hotel zurück waren, beschloss ich, mich diesmal außerhalb des Hauses an die frische Luft zu setzen. Aber es stellte sich heraus, dass sich hier die College-Jungen versammelten, wahrscheinlich auch in der Hoffnung, einen flüchtigen Blick auf Baba werfen zu können, wenn er aus dem Haus trat oder drinnen hin und her ging. Ich suchte mir einen neuen Platz, aber kaum hatte ich mich gesetzt, als auch schon ein paar Frauen kamen und mir zu verstehen gaben, dass ich hier nicht bleiben konnte. Ich zog mich noch weiter zurück und fand schließlich einen Baum ganz rechts, weit entfernt von den Jungen, aber doch einigermaßen nah am Haus. Hier konnte ich atmen, und meine Kopfschmerzen ließen nach. Ich begann also mit dem Schreiben, fühlte mich bei dieser Entscheidung aber nicht ganz wohl. Ich sah oft hoch zu Babas Fenstern und bat um ein Zeichen, ob er es billigte, dass ich hier draußen saß, weil ich an dem Buch über ihn weiterschreiben wollte, anstatt drinnen bei den anderen zu sein.

Nach einer Weile starteten die Jungen ein wildes Rennen. Aus allen Richtungen kamen sie angerannt, um unter Babas Fenster Position zu beziehen. Ich sah gerade in dem Augenblick hoch, als Baba den Vorhang beiseite zog und seinen Kopf von einer Seite des Fensters zur anderen bewegte, um die Szene drunten zu betrachten. Das war also der Grund, warum die Jungen so versessen auf diesen Platz waren! Es war mir sogleich klar, dass Baba nicht umhin konnte, mich hier auf meinem Platz zu sehen und kam mir sehr auffällig vor. Welche Ironie! Ich, die ich immer vermieden hatte, Aufmerksamkeit zu erregen, bat nun geradezu darum. Ich sandte Baba im Geiste die Bitte, mir zu sagen, wo mein Platz sei, selbst wenn das bedeutete, dass ich wieder in den heißen Raum gehen musste, und ob er mir helfen würde, es trotz Räucherstäbchen und Hitze drinnen auszuhalten. Baba verschwand bald wieder vom Fenster und machte seine Nachmittags-Runden, und ich konzentrierte mich aufs Schreiben, bis es Zeit zum Heimgehen wurde.

Am nächsten Morgen setzte ich mich – in der Hoffnung, dass Baba meinen Hilferuf gehört hatte – wieder in den überfüllten Raum. Er kam mir noch heißer, noch voller und der Rauch noch beißender vor als am Tag zuvor. Aber zu meiner echten Überraschung stellte ich fest, dass ich atmen konnte und dank Baba die drei oder vier Stunden ohne Kopfschmerzen überlebte. Da hatte ich meine Antwort. Von da an setzte ich mich immer in diesen Raum, es sei denn, Baba disponierte anders.

Am Morgen darauf konnte mein Mann Baba ein Paket Briefe und Schriftsätze übergeben, welche die US-Organisation betrafen. Sidney erzählte mir später, dass Baba ihn gefragt habe, wo ich stecke, und ihm dann aufgetragen habe, mir auszurichten, dass er „mich sehen werde". Das bedeutete für mich, dass ich in der Nähe – also in besagtem Raum bleiben sollte –, damit ich sofort bereit war, wenn er mich rufen würde. Ich war erleichtert, denn nun wusste ich, was ich zu tun hatte, und dankte ihm für die Botschaft. Von diesem Augenblick an gab er mir nur noch sehr geringe Andeutungen seiner Wünsche.

Bald danach begannen die ersten Gerüchte herumzuschwirren, dass Baba kurzfristig nach Madras reisen würde. Mein Herz sank bei dem Gedanken, auf seine Rückkehr warten zu müssen, und ich wusste, dass die Gäste seines Hauses ihm nicht ohne seine ausdrückliche Einladung folgen durften. Seine Abwesenheit würde die Zeit, die wir mit ihm zu verbringen hofften, sehr verkürzen, und um genau das zu verhindern, hatte ich mich so bemüht, das Datum von Pongal herauszufinden. Am Ende beschloss ich, das Ganze als Test zu betrachten, bei dem ich beweisen sollte, dass ich imstande wäre, ihm die ganze Situation zu überantworten und darauf zu vertrauen, dass er das Seine tun würde, und anzunehmen, was immer dabei herauskam. Um ständig daran erinnert zu werden, sang ich leise vor mich hin: „Lass los, vertrau und nimm's an."

Sidney traf sich täglich mit Dr. Bhagavantam, um verschiedene, die US-Organisation betreffende Angelegenheiten zu besprechen. Baba kam von Zeit zu Zeit zu ihnen, gab Kommentare dazu ab, machte Vorschläge und erklärte schließlich, dass bestimmte Ergebnisse mit Indulal Shah, dem Vorsitzenden des Welt-Rates (World Council), der in Bombay lebt, besprochen werden müssten. Baba fragte Sidney, ob wir so lange bleiben wollten, dass wir ihn nach Madras und anschließend nach Bombay begleiten könnten, um alle Punkte zu diskutieren und ein Programm auszuarbeiten! Sidney antwortete, dass wir uns sehr glücklich schätzten, diesem Vorschlag folgen zu dürfen. Baba sagte noch, dass er sehr bald nach Madras reisen werde und wir mit ihm fliegen sollten. Die Plätze seien reserviert und die Flugkarten lägen im Flughafen bereit, sobald das endgültige Abflug-Datum feststehe. Ich war außer mir vor Freude. Wir hatten noch nicht das Privileg gehabt, mit Baba zu fliegen. Es würde eine ganz neue Erfahrung sein, und noch wichtiger: Wir würden ihm die ganze Zeit nah sein dürfen. Seine Madras-Reise würde uns nicht ein bisschen von der Zeit wegnehmen, die wir bei ihm zu verbringen geplant hatten – im Gegenteil!

Dann kamen uns Gerüchte zu Ohren, dass ein Streik – oder „bundh" – der Fluglinien drohte. Ich hatte gehört, dass die Streiks in den vergangenen Jahren meist von Gewaltaktionen und Plünderungen begleitet gewesen waren. Ich wusste auch, dass viele *Devotees* versuchen würden, Baba nach Madras zu folgen, um weiter seinen *Darshan* zu bekommen. Da Baba dies sehr wohl wusste, würde er seine Reise vermutlich wieder absagen oder bis zum Streik-Ende verschieben, so dass niemand gefährdet würde. Er würde seine *Devotees* keiner Situation aussetzen, in der sie möglicherweise zu Schaden kämen. Das nächste, was wir erfuhren, war, dass – nach offiziellen Verlautbarungen – lediglich ein eintägiger Proteststreik stattfinden würde, und zwar genau an dem Tag, an dem Baba und seine Anhänger nach Madras fliegen wollten. Da an diesem Tag keine Maschinen starten würden, musste die Reise abgesagt werden.

Die ständige Ungewissheit spannte uns auf die Folter. Würde Baba nach Madras gehen oder die Reise verschieben? Das Ganze erwies sich als praktischer Unterricht im Bewahren von innerer Distanz und Geduld. Ich staunte, wie gut ich entspannen und tatsächlich loslassen, vertrauen und annehmen konnte, was immer sich ergeben würde, und dass ich nicht an meiner Wunschvorstellung klammerte. Das schien für mich die Hauptlektion dieses Jahres zu sein. Wir alle würden warten müssen, bis wir von Baba selbst hörten, was er zu unternehmen beschloss.

Etwa einen Tag später rief Baba eine junge Frau aus dem Westen zum Interview und bedeutete mir mitzukommen. Seine erste Frage an mich galt Sheilas Gesundheit. Glücklicherweise hatte ich ihren Brief an ihn dabei. Ich gab ihn ihm und dankte ihm für die Heilung. Ich sagte ihm auch, wie sehr sie selbst ihm dankbar sei. Baba wog den Brief in seiner Hand, sah dann mit einem breiten Lächeln hoch und sagte: „Swami ist sehr sehr glücklich, sehr glücklich."

Er sprach eine Weile mit der jungen Frau und drehte sich dann unvermittelt zu mir um. Er sagte: „Meine Reise nach Madras ist abgesagt." Ich antwortete – wobei mir die Enttäuschung wohl anzusehen war: „Heißt das, dass wir diesmal nicht mit dir reisen werden?" Er lächelte, weil er mich dabei erwischt hatte, dass ich nun doch eine Reaktion zeigte, da mein Wunsch durchkreuzt wurde, und sagte: „Oh nein, sie wird nur verschoben." Und lachte richtig, als er den Ausdruck der Erleichterung auf meinem Gesicht sah.

Einige Tage später wurden Sidney und ich zu einem Interview gerufen, bei dem Dr. Bhagavantam dolmetschen sollte. Kaum hatten wir uns zu seinen Füßen hingesetzt, drehte sich Baba zu mir herum und sprach mich in Englisch an. Ich glaube, er sagte: „Und wie war die Entführung, Mrs. Krystal?" Ich dachte, ich hätte mich verhört, da jenes Ereignis volle acht Jahre zurücklag. Ich war mir so sicher, ihn falsch verstanden zu haben, dass ich ihn bat, seine Worte zu wiederholen. Er tat es, und zwar mit einem Klang in der Stimme, der mir zu verstehen gab, dass ich schon richtig gehört hatte. Ich war immer noch außerstande, eine Antwort zu finden, aber Baba wartete gar nicht darauf. Er begann, das ganze Erlebnis bis in die kleinsten Einzelheiten zu beschreiben – auch die Art und Weise, wie jeder Einzelne von uns reagiert hatte, und wiederholte sogar Wort für Wort, was wir zueinander gesagt hatten. Es war, als sei er damals vor all diesen Jahren mit uns im Flugzeug gewesen. Was er wusste, zeugte von Fähigkeiten, die kein normales menschliches Wesen haben konnte. Er genoss unsere Verblüffung offensichtlich und erzählte Dr. Bhagavantam beiläufig, dass das Flugzeug mit seiner Liebe angefüllt gewesen sei. Dann drehte er sich zu mir um und sagte:„War es nicht so, Mrs. Krystal?" Dann bestätigte er uns, dass es seine Liebe gewesen war, die das Flugzeug und alle Passagiere gerettet habe. So sprach er auf die selbstverständlichste Art der Welt das aus, was ich gedacht und gefühlt hatte, als ich in mir seine Stimme hörte, die sagte, ich solle den Entführern Liebe schicken. Ich hatte geantwortet, ich würde ihnen seine Liebe schicken, wenn er sie durch mich fließen lassen wolle. Als diese Erinnerung plötzlich in meinem Gedächtnis aufleuchtete, lächelte er, nickte mit dem Kopf und sagte: „Ja ich habe dich gehört." Jetzt, nach acht Jahren, wusste ich ohne irgendeinen Zweifel, dass nichts Einbildung gewesen war. Ich hatte ihn gehört, und seine Liebe war durch mich hindurch zu den Entführern geströmt, und das hatte, wie Baba nun versicherte, die Katastrophe tatsächlich abgewendet. Ich brachte nicht mehr über die Lippen, als mit tränenerstickter Stimme zu sagen: „Danke, Baba, für das wunderbare Geschenk der Errettung all dieser Menschen, und dass du mir nun bestätigst, dass es wirklich so gewesen ist, wie ich es erlebt habe."

Dann begann er, mich sanft dafür zu schelten, weil ich nicht immer ganz glauben konnte, dass er mich wirklich besuchte, wenn ich von ihm träumte. Ich wusste, dass er in den Begriff „Traum" auch die Wachträume oder Reverien bei meiner Arbeit einbezog. Ich gab gerne zu, dass er recht habe und ich ein bisschen Angst hätte, es könne nur Einbildung sein, dass er tatsächlich erscheine. Er betonte noch einmal: „Nein. Nicht deine Einbildung. Ich komme wirklich. Du musst davon überzeugt sein. Ich bin immer bei dir, wenn du arbeitest." Wieder konnte ich nicht mehr tun, als ihm von Herzen dafür zu danken, dass er mein Gemüt beruhigen wollte und die Befürchtung beseitigte, meine inneren Erfahrungen seiner Gegenwart könnten lediglich Einbildung sein.

Dann sprach Baba über mein Buch und meine Arbeit und eröffnete mir, dass es in England, im Mai – und nicht im September, wie vorgesehen – gedruckt werden würde. Er sagte auch, dass ich insgesamt drei Bücher schreiben würde. Ich fragte, ob es noch etwas gebe, das er mich zu tun wünsche. Da lachte er und sagte mit nachsichtigem Ton in der Stimme: „Was du tust, ist genug", und nach einer bedeutungsvollen Pause fügte er hinzu: „Für dein Alter."

Wir hatten einen großen Packen Briefe von *Devotees* mitgebracht. Viele von ihnen machten sich Sorgen wegen der Vorhersagen in Bezug auf Erdbebenkatastrophen entlang der kalifornischen Küste. Ich nutzte die Gelegenheit und fragte Baba, ob diese Vorhersagen richtig waren. Baba versicherte, dass es die große, allgemeine Katastrophe nicht geben werde, dafür aber viele kleine Erdbeben, die den Druck, der sich in der Erdkruste anstaue, verringerten. Er fügte hinzu, dass das Abwenden solcher und ähnlicher Unglücke einer der Gründe für seine Inkarnation in unserer heutigen Zeit sei.

Ich fragte ihn nach der Serie von Unfällen und Traumata, die mir in den letzten Jahren widerfahren waren. Er nickte und sagte, dass es hart gewesen sei, und wiederholte mit großem Mitleid und Sympathie: „Sehr hart, sehr hart." Daran schloss er die Erklärung, dass diese Unfälle eine bessere Lernmöglichkeit für Geduld, Toleranz, Ausdauer und Standfestigkeit geboten hätten, als ein ganzes Leben als Sādhaka – also als spiritueller Praktikant, der sein Leben hauptsächlich mit geistigen Übungen verbringe. Diesen Bemerkungen entnahm ich, dass Baba uns rät, dass wir, anstatt unser Schicksal zu beklagen und über unsere Probleme zu weinen – wozu wir alle gerne neigen –, uns lieber fragen sollten, was wir daraus lernen können.

Wie gewohnt erkundigte sich Baba nach den Enkelkindern und versprach, für unseren kleinen Brian ein Medaillon zu materialisieren. Er erwähnte, dass Brian immer nach meinem Medaillon grapsche und besser eines haben solle, das ihm gehöre. Dann erteilte er uns Ratschläge persönlicher Art und gab mir Anregungen in Bezug auf einige Aspekte meiner Arbeit. Er war uns beiden die vollkommene Kombination von Vater und Mutter zugleich.

Am Tag darauf hatte ich ein eigenartiges Erlebnis, dem ich jedoch noch ein anderes vorausschicken muss, damit es verständlich wird. Während der vergangenen Jahre waren meine mich persönlich betreffenden Wachträume immer intensiver und bedeutungsvoller geworden. Baba erschien viele Male auf den inneren Ebenen, um mich zu dirigieren und mir Anweisungen zu geben. Während einer dieser Sitzungen war er mir vor dem inneren Auge erschienen, kaum dass ich die physischen Augen geschlossen hatte, und winkte mir, ihm zu folgen. Ich hatte dabei das Gefühl, mit ihm in Indien zu sein. Er ging mir voraus zu den *Darshan*-Reihen in Puttaparthi, machte einen weiten Bogen um die Männer und begann dann auf der Frauenseite hin und her zu gehen. Er schaute mehrmals zurück, um sich zu vergewissern, dass ich ihm noch folgte, und winkte mich mit einer Handbewegung näher heran. Schließlich blieb er vor einer Inderin stehen, in deren Schoß sich ein etwa zehnjähriger grotesk aussehender Bub räkelte. Sein Kopf schlenkerte unkontrolliert von einer Seite zur anderen, seine Beine standen steif vom Körper ab, und seine Arme fuchtelten wild über dem Kopf herum. Solche Kinder, welche die Eltern in der verzweifelten Hoffnung zu ihm bringen, eine Berührung von Babas Hand, sein bloßer Anblick, oder – am allerbesten – eine für sie besonders materialisierte *Vibhuti* könne Heilung bewirken, hatte ich öfters gesehen. Diese Frau war keine Ausnahme. Man sah ihr an, dass sie voller Hoffnung war. Sowie Baba vor ihr stehen blieb, leuchtete ihr Gesicht auf. Aus ihren großen, flehenden, dunklen Augen strömten Tränen, und ihr ganzer Körper war eine einzige verzweifelte Bitte um Hilfe. Baba drehte sich um und fragte mich, ob ich wolle, dass er dieses Kind heile. Ich sagte von Herzen: „Oh ja, natürlich, Baba!" Aber er drehte sich wieder um und winkte mir, ihm weiter zu folgen. Er ging schnell, und es war irgendwie, als ob wir uns durch die Luft und mit unbeschreiblicher Geschwindigkeit mühelos fortbewegten, bis wir an einen seltsamen Ort kamen. Es kam mir vor, als seien wir in eine frühere Zeit zurückversetzt worden. Wir gingen eilig weiter, bis wir zu einem Schauplatz kamen, wo anscheinend zwei Männer über verschiedene Angeklagte, die ihnen vorgeführt wurden, Recht sprachen. Einer der beiden Männer war offenbar der Richter und der andere der Gerichtsschreiber. Mit sichtlichem Genuss schrieb dieser etwas auf eine Tafel. Ich vermutete, es waren die Strafen, die über die Angeklagten verhängt wurden. Den entsetzten Reaktionen der Schuldiggesprochenen konnte ich entnehmen, dass die Strafen – gemessen an ihren Übertretungen – viel zu schwer ausgefallen waren. Baba wandte sich mir zu, um sicherzugehen, dass ich die Bedeutung dieser Szene verstand: Die beiden Männer hatten sich wieder inkarniert, und der harte Richter war nun in den bizarren, hilflosen Körper des Kindes eingesperrt und der Obhut seines ehemaligen Schreibers anvertraut, der nun seine Mutter war. Sie hatte nun die Chance, in der Sorge um ihr behindertes Kind das Mitgefühl zu erlernen, das ihr damals gefehlt hatte.

Baba sah, dass ich verstanden hatte, und setzte seinen Weg – immer mit mir im Schlepptau – fort, bis wir wieder auf dem *Darshan*-Platz vor der Mutter und ihrem Kind standen. Er sah mich mit merkwürdigem Gesichtsausdruck an und fragte: „Möchtest du immer noch, dass ich ihn heile?“ Meine Augen füllten sich mit Tränen, mehr wegen seiner unendlichen Weisheit, als wegen der Notlage dieser beiden Menschen. Ich schüttelte traurig den Kopf und sagte: „Nein, Baba, nicht jetzt.“ Er nickte und lächelte zustimmend, weil ich verstanden hatte, dass nicht einmal er sich einmischen wird, wenn vergangenes *Karma* abgearbeitet werden muss. Wenn er es täte, würde er den Menschen die Möglichkeit nehmen, aus ihren früheren Fehlern zu lernen, indem sie es in diesem Leben durch Leiden ausgleichen.

Das Nachspiel zu dieser Episode kam am Tag nach dem Interview. Es war Sonntag und *Bhajan*-Tag. Sheila hatte mich gebeten, nach einer ihrer Freundinnen Ausschau zu halten, die zur gleichen Zeit bei Baba sein wollte. Ich beschloss also, hinauszugehen und mich in die *Darshan*-Reihen zu setzen, in der Hoffnung, dass ich sie vielleicht treffen und mit anderen Westlerinnen bekannt machen könnte. Ich sah mich um und fragte, ob jemand sie gesehen habe. Als keine Antwort kam, setzte ich mich zu den anderen und wartete auf Babas Erscheinen. Es war ein sehr willkommener Wechsel, einmal draußen in der Sonne und an der frischen Luft zu sein und mit all den anderen *Devotees* die Sehnsucht nach einem Blick auf Baba zu teilen und mitzuerleben. Die Luft war geladen von der Intensität ihrer Gefühle und der Erwartung, dass Babas vertraute Gestalt zwischen den Gitterstäben des eisernen Tores zu seinem Privatbezirk sichtbar wurde.

Bald kam er, glitt leicht über den Boden dahin – seine Füße schienen die Erde kaum zu berühren. Er näherte sich gemessen den ersten Frauen-Reihen. Ich saß nicht weit davon entfernt. Dann schritt er langsam weiter, immer wieder Briefe annehmend, die ihm ausgestreckte Hände entgegenhielten. Plötzlich hielt er an. Blitzartig wurde mir klar, dass er genau vor einer Inderin stand, die ein behindertes Kind im Schoß hielt. Der Junge sah genauso aus wie der, den ich vor einigen Monaten in meinem Wachtraum gesehen hatte. Ich begriff, dass ich erneut gezeigt bekam, dass meine inneren Erlebnisse wahr und keine Einbildung sind. Nach einer kurzen Pause, die gerade lang genug gedauert hatte, dass ich den Inhalt dieser Szene begreifen konnte, ging Baba weiter. Einmal mehr ließ er mich sprachlos zurück, fasziniert von der erstaunlichen, unerklärbaren Art, wie sich Dinge um Baba herum ereignen, und über die rätselhafte Art, wie seine Botschaften diejenigen erreichen, für die sie bestimmt sind. Ich hatte mir also dieses seltsame innere Erlebnis nicht eingebildet. Ich hatte ein warmes Gefühl der Dankbarkeit dafür, dass er mir eine weitere Bestätigung gegeben hatte.

Am Tag danach sandte Baba die Botschaft, dass er am darauffolgenden Tag mit dem Auto nach Madras fahren würde, wir aber den frühen Morgenflug nehmen sollten, damit wir zur selben Zeit ankämen. Man richtete uns auch aus, dass auf unseren Namen ausgeschriebene Flugtickets auf uns warteten und kurz vor dem Abflug abgeholt werden sollten. Wir gingen sofort zum Flughafen und zum Schalter, um die Tickets abzuholen, wurden aber informiert, dass keine für uns bereitgelegt worden waren. Um unsere Bestürzung noch zu vergrößern, teilte man uns mit, dass die Maschine völlig ausgebucht sei. Wieder standen wir vor einem Vertrauens- und Geduldstest. Nach verschiedenen ergebnislosen Erkundigungen und Telefonaten holte man uns schließlich und informierte uns, dass tatsächlich zwei Plätze auf unseren Namen reserviert seien. Wir eilten, die Tickets abzuholen, und kamen Minuten, bevor das Flugzeug startete, zum Ausgang.

Der Sundaram-Tempel in Madras war – ähnlich wie das Dharmakshetra in Bombay – von unserem Hotel aus zu Fuß leicht erreichbar. Es war schön, eine Gelegenheit zu bekommen, diese beiden Versammlungsorte zu vergleichen. Beide waren von *Devotees* der betreffenden Städte mit Babas Zustimmung entworfen worden, unterschieden sich aber sehr in Stil und Ausstattung.

Wir bemerkten bald, dass sich die meisten Aktivitäten, auch der *Darshan*, im Sundaram-Tempelbezirk abspielten, während die großen Veranstaltungen in dem entfernteren Abbotsbury in einem Saal stattfanden. Es war wirklich ein erfrischender Anblick, gleich an diesem ersten Tag schon die vielen Menschen zu sehen, die voller Sehnsucht, Baba willkommen zu heißen und seinen *Darshan* zu empfangen, die Straße zum Tempel hinunterströmten.

In den folgenden Tagen konnten wir beobachten, wie Baba von seinen *Devotees* als hochverehrter Gast gefeiert wurde, wenn er unter ihnen umherging oder an den verschiedenen Veranstaltungen teilnahm, deren Vorsitz zu übernehmen man ihn gebeten hatte. Die Hingabe der Männer und Frauen, die alles vorbereitet hatten, war beispielhaft. Sie hatten keine Mühe gescheut, ihn im Rahmen der *Sevadal*-Konferenz, deren Tätigkeit ihm so am Herzen liegt, willkommen zu heißen.

Baba gab Tausenden von Menschen, die täglich aufs Neue in den Tempelbezirk strömten, *Darshan*. Trotz der großen Betriebsamkeit lief alles ohne Störungen ab. Unmittelbar vor Beginn einer Veranstaltung gab es zwar manchmal chaotische Situationen, die sich aber innerhalb von Minuten, immer knapp vor dem Beginn einer Veranstaltung, in perfekte Ordnung wandelten. Das Resultat, das Baba wünschte, trat dabei deutlich sichtbar in Erscheinung.

Als Baba beschloss, nach Bombay weiterzureisen, sagte man uns wieder, wir sollten unsere Flugtickets am Schalter abholen. Diesmal gab es kein Problem. Die Tickets lagen bereit, samt Platzkarten. Wir stiegen sehr früh ins Flugzeug ein. Als wir uns setzten, fragte ich mich, wo Baba wohl sitzen würde. Kurz vor dem Abflug kam er, begleitet von einigen College-Studenten und *Devotees*, die Treppe herauf. Eine Welle der Erregung ging durch das Flugzeug, als seine orangefarbene Robe sichtbar wurde. Zu meiner immensen Überraschung steuerte er auf den Platz direkt vor mir zu. Sein Haar war nur Zentimeter weit entfernt von mir, als er auf dem Sitz Platz genommen hatte. Was hätte ich mir mehr von ihm wünschen können, als ununterbrochen während des gesamten Fluges nach Bombay seinen *Darshan* zu haben, der mich mit Liebe und Energie erfüllte? Als das Flugzeug abgehoben hatte und die Anschnall-Signale erloschen waren, kamen wir in den Genuss einer wunderbaren Erfahrung. Wir durften miterleben, wie sich die Menschen – kaum hatte sich die Neuigkeit herumgesprochen, dass Baba an Bord weilte – in den Gängen aufstellten, um einer nach dem anderen an seinem Platz vorbeigehen zu können. Mit zum Gruß gefalteten Händen traten sie nacheinander vor ihn hin, die Augen auf ihn geheftet. Einige Mutige streckten ihre Hände an dem neben Baba sitzenden Studenten vorbei zu ihm hinüber, um seine Füße zu berühren, während er jedem ein Lächeln schenkte und seinen Segen erteilte. Es rührte und amüsierte mich zu sehen, dass manche von der seltenen Gelegenheit Gebrauch machten, mehr als einmal an ihm vorbeizugehen. Es fiel mir auf, wie entspannt und heiter er lächelte und zu manchen, die er „kannte“, auch sprach – gutgelaunt und ungezwungen.

In Bombay nahmen wir an allen Veranstaltungen teil, die die zahlreichen Gruppen von *Devotees*, deren Leiter in dieser Stadt Indulal Shah ist, arrangiert hatte. Man hatte uns erzählt, dass Baba bald seinen sechzigsten Geburtstag begehe – ein Ereignis, das, wie wir wussten, in Indien besondere Bedeutung hat. Es hieß, dass Baba die Feierlichkeiten selbst leiten würde, und so waren wir sehr glücklich darüber, dass wir eingeladen waren. Aber ich hatte damals noch keine Ahnung, wie bedeutsam dieses Ereignis sein würde.

Die Hauptveranstaltung dauerte sehr lange. Pandits rezitierten aus den Veden und warfen verschiedene Opfergaben ins heilige Feuer. Herr und Frau Shah vollzogen die vielen symbolischen Handlungen, die zu dieser speziellen Form der *Pūjā* – oder rituellen Andacht – gehören. Da es sich gleichzeitig um die zweite, spirituelle Eheschließungszeremonie der beiden handelte, materialisierte Baba für Herrn Shah einen besonders schönen Ring mit neun Edelsteinen, welche die neun Planeten symbolisieren und deren Schutz gewähren. Für Frau Shah materialisierte Baba ein *Mangalasūtra*.

Nach der Feier hielt Baba eine Rede, in der er den Pfad des *Karmayoga* umriss, den *Yoga* des Dienens. Er begann mit der Definition der Gemeinschaft als einer Gruppierung von Menschen und des *Seva* als jenem Dienst an der Gemeinschaft, der von den Einzelnen, aus denen sie sich zusammensetzt, getragen wird. Baba gab aber zu bedenken, dass es sich nur dann um wirkliches *Seva* handele, wenn es mit Mitgefühl, Güte und unter persönlichem Opfer durchgeführt werde. Er wies darauf hin, dass der Mensch lediglich das Recht habe, die Arbeit, die er dabei tue, als Hilfe zur Reinigung seines Bewusstseins zu benutzen. Er habe dagegen kein Recht, nach den Früchten dieser Arbeit zu fragen. Er versicherte seinen Zuhörern, dass der Dienst an der Gemeinschaft die höchste Form der Gottesverehrung sei, dass er direkt zur Befreiung vom Rad der Wiedergeburten führen könne und daher kein anderes *Sādhana* – das heißt keine anderen spirituellen Übungen – erforderlich seien. Er wies aber auch darauf hin, dass dieses Dienen mit Schwierigkeiten verbunden sei, und zitierte das Beispiel von Mohammed, der um seiner Lehren willen – wegen seiner Hingabe an Gott – aus Mekka vertrieben wurde, und das Beispiel von Jesus, der gekreuzigt wurde, weil er verkündete, dass Barmherzigkeit das wahre, tragende Element im Leben sei.

Er warnte ebenfalls davor, den Dienst in dem Bewusstsein zu tun, dass man selbst der Handelnde sei, denn dann spreche daraus nichts als Ego, und dieses habe zur Folge, dass er sich von der Erleuchtung oder Verwirklichung seines Selbst weiter entferne. Nur wenn das Ego aus dem Weg geräumt sei, könne die innere Göttlichkeit leuchten und blühen. Baba veranschaulichte diesen Punkt, indem er unser Herz mit einem See verglich, in dem sich die Sonne nur dann klar widerspiegele, wenn das Wasser still und sauber sei und keine Schlingpflanzen es bedeckten, welche die Bindungen an weltliche Dinge und negative Emotionen wie Neid, Gier, Eifersucht und vieles andere darstellten.

Er lobte wiederholt Herrn Shah und seine Frau, die von altersher dem Pfad des *Karmayoga* gefolgt seien und in ihrem gegenwärtigen Leben damit fortführen, indem sie sich dem Dienst an der Sai-Organisation voll und ganz verpflichteten. Er verglich die soeben beendete *Pūjā* mit dem Feuer, das in einem Maschinenraum entzündet werde. Die Vereinigung des Feuers in Herrn Shah und des Wassers in Frau Shah bringe den Dampf hervor, der es dem Zug, den die Sai-Organisation darstelle, ermögliche, noch schneller und besser als bisher voranzukommen. Er sagte, dass diese Feier einer der Gründe für seine Anwesenheit in Bombay sei. So war also die Zeremonie, der wir gerade beigewohnt hatten, mehr als eine persönliche *Pūjā* für die Shahs anlässlich Babas bevorstehendem sechzigsten Geburtstag. Baba schien damit anzudeuten, dass dieses Ereignis für die gesamte Organisation wichtig war. Dann skizzierte er die Stadien, die wir alle zwischen dem Tag unserer Geburt und unserem sechzigsten Lebensjahr durchlaufen. An unserem sechzigsten Geburtstag sollten wir unser Leben neu weihen, und zwar dem intensiveren Dienst an Gott. Im Alter von siebzig Jahren sollten wir all unsere schlechten Eigenschaften abgelegt haben und uns auf den Genuss des Göttlichen freuen, indem wir den Blick anstatt auf das Äußere nun auf die innere Entwicklung richteten. Auf diese Weise sollten wir im Alter von achtzig Jahren anderen ein Beispiel sein und damit fortfahren bis zum hundertsten Lebensjahr.

Anders ausgedrückt: Die ersten sechzig Jahre verbringen wir hauptsächlich mit weltlichen Angelegenheiten. Danach sollten wir uns schrittweise davon lösen und uns zunehmend mehr der Arbeit an der Gemeinschaft widmen, gleichzeitig aber all unsere Verantwortung und Pflichten unseren Kindern gegenüber je nach Bedarf erfüllen. Er wies erneut auf die Shahs hin, um diesen Punkt zu verdeutlichen. Er sagte, dass Herr Shah und seine Frau trotz ihrer vielen Verpflichtungen und der Tatsache, dass Herrn Shahs Gesundheit nicht allzu gut sei, sich von weltlichen Vorhaben abgewandt hätten und ihre ganze Zeit und Energie dem Dienst an der Gemeinschaft und der Sai-Organisation widmeten. Aufgrund dieses *Seva* könne man sie wahre *Karmayogis* nennen.

Dann wies Baba darauf hin, dass alle Sai-Organisationen in der Stadt Bombay ihren Ausgang genommen hätten. Er erinnerte seine Zuhörer daran, dass Lord *Krishna* in der *Bhagavadgita* sage, dass er zu allen Zeiten immer wieder als *Avatar* erscheine, um *Dharma*, die ewige Ordnung unter den Menschen wiederherzustellen, wenn die Rechtschaffenheit aufgrund der Unwahrheit und Ungerechtigkeit, die sich über die Welt ausbreiteten, schwach geworden sei. Er fügte hinzu, dass es aber nicht nötig sei, alle 700 Verse der *Gita* zu lesen. Im ersten Vers sei *„Dharma"* das erste Wort, und das letzte Wort im letzten Vers sei „mama", was „mein" heiße. Beide zusammen – „mama *Dharma*" – bedeuteten „meine Pflicht" oder „ich will meine Pflicht erfüllen". Die dazwischenliegenden Verse enthielten die Anweisungen, wie die Menschen ihr *Dharma* erfüllen sollten.

Baba lobte das Ehepaar Shah, nicht nur, weil beide ihr *Dharma* erfüllten, sondern auch, weil sie diese Shastiyabda-*Pūjā* gar nicht gewollt hätten. Es seien die anderen *Devotees* gewesen, die darauf bestanden hätten. Er sagte, dass das nicht nur korrekt, sondern deren Pflicht gewesen sei. Indem sie das selbstlose *Seva* der Shahs würdigten, hätten sie ihre Liebe und Hingabe zeigen können.

Baba drängte alle Anwesenden, die Feueropfer während der Zeremonie als Mahnung zu verstehen, ihr eigenes Bemühen um größeren Enthusiasmus im Dienst an der Gemeinschaft zu verdoppeln. Er spornte alle *Devotees* an, den Dienst an der Gemeinschaft für wichtiger als den Dienst an sich selbst anzusehen, und sagte: „Dienen ist Gott, und Arbeit ist Gottesdienst, was dasselbe ist wie zu sagen: Pflicht ist Gott." Er erinnerte jeden Einzelnen daran, dass Herr Shah wiederholt gemahnt habe, nicht faul zu sein und sich aktiv am *Seva* zu beteiligen.

Er beendete seine Ansprache mit den eindringlichen Worten: „Steht auf! Wacht auf! Geht an die Arbeit!"

Dieses Ereignis prägte sich mir besonders stark ein und gewann im Verlauf der Monate und Jahre eine immer größere Bedeutung. Nach und nach begann ich zu verstehen, was Baba mit diesen Worten gemeint hatte und wie sie in meinem Leben angewendet werden konnten.

Wie in Madras hatten wir auch hier das Privileg, Baba in einer neuen Umgebung beobachten zu können. Wir waren zu all den vielen Veranstaltungen eingeladen, die uns Einblick in die Aktivitäten der

Devotees in ganz Indien gestatteten. Sidney arbeitete mit Herrn Shah und anderen Mitgliedern in Belangen der US-Sai-Organisation. Manchmal kam Baba dazu, hörte sich die Gespräche an und gab Ratschläge. Wir konnten auch sehen, wie sehr sich das Dharmakshetra seit unserem Kurzbesuch vor acht Jahren vergrößert hatte.

Baba gab uns Interviews, in denen er über meine Beratungsarbeit und das Buch sprach, das ich über ihn schrieb. Ich übergab ihm einen Stapel getippter Seiten, die den ersten Teil des Buches darstellten. Er behielt ihn auf seinem Schoß, und ich fragte ihn, ob er Anmerkungen oder Instruktionen für mich habe. Er erwiderte, ich brauche keine, da er mir zeigen werde, wie ich weitermachen solle. Dann fragte er nach dem Titel, den ich dem Buch geben wolle. Ich antwortete, dass ich als Arbeitstitel „Surrender, Trust and Accept" (Lass los, vertrau und nimm's an) gewählt hätte. Baba runzelte die Stirn und sagte, das sei zu lang, und er werde mir einen geben, der besser geeignet sei. Ich dankte ihm und wartete darauf, dass er mir nun den Titel mitteilen würde, aber er ging zu etwas anderem über.

Sidney zeigte ihm den verlorenen und wiedergefundenen Ring und sagte, dass er immer schon zu eng und unbequem am Finger gewesen sei. Baba sagte, er solle ihm den Ring geben, und als er ihn in die Hand nahm, fragte er Sidney, ob er einen Ring mit Shirdi Baba oder ihm selbst haben wolle. Sidney antwortete augenblicklich: „Mit Sathya Sai Baba, bitte", in der geheimen Hoffnung, dass er seinen alten Ring so wiederbekäme, wie er war, nur eben weiter im Durchmesser. Aber Baba entschied sich anders, denn nachdem er ihn mit seiner Hand umschlossen und dreimal daraufgeblasen hatte, zeigte er uns einen völlig neuen Ring. Er war in Gold gefasst und enthielt ein farbiges Porzellanbild von Baba.

Dann sprach er zu uns mehr über Dinge, die unser Privatleben betrafen, über unsere Familie, und verströmte währenddessen seine

Liebe an uns. Ich fragte, wann er wolle, dass wir wiederkämen. Baba antwortete: „In einem Jahr", und fügte mit einem Lächeln hinzu: „Und bring das Buch mit." Sidney erwähnte noch, dass wir am kommenden Tag unseren Hochzeitstag feiern würden, worauf er antwortete: „Ja, ich weiß", und hinzufügte: „Der Ring ist ein Ehering. Sei glücklich."

Dann stand er auf, um anzudeuten, dass das Interview beendet war. Er wandte sich mir zu und sagte, ich solle mit den anderen Besuchern noch warten; er werde mir etwas *Vibhuti* bringen. Wir gingen die lange Rampe hinunter, um uns zu einer Gruppe zu gesellen, die auf ihr Interview wartete. Wenige Minuten später sahen wir Baba aus den Räumen im oberen Stock kommen, in der Hand einen großen Umschlag, in den er eifrig *Vibhuti*-Päckchen stopfte. Die Päckchen schienen aus dem übervollen Umschlag herauszufallen, als er sich näherte. Den ganzen Weg zu uns herunter stopfte er sie zurück. Mit einem warmen Lächeln kam er auf mich zu und sagte: „Für meine *Devotees* und deine Patienten." Ich dachte in dem Augenblick nur daran, dass er jedes Päckchen einzeln angefasst haben musste und dass ich nicht vergessen durfte, dem jeweiligen Empfänger zu erzählen, dass jedes Päckchen mit seiner Liebe und seiner Energie durchtränkt sei. So endete ein weiterer Besuch bei Baba. Er unterschied sich auf manche Weise sehr von den früheren.

Während dieser Reise, die wir mit Baba machen durften, bekam ich seine Wirkung auf die Menschen aus einer neuen Perspektive zu sehen. Ich hatte ihn mit vielen einflussreichen Männern zusammengesehen, mit Menschen, die zu ihm hingezogen worden waren und sich, in welcher Stadt er sich auch aufhielt, in einer kompakten Gruppe um ihn scharten. Ich begann das Fundament zu erkennen, das er für die Aufgabe gelegt hatte, die er sich gestellt hatte – nämlich zunächst einmal den eigenen „Hinterhof zu säubern", wie er das nennt, bevor er auf die dringenden Bitten seiner *Devotees* aus Übersee hin auch in andere Teile der Welt reisen wird.

Wenn er tatsächlich eine hingebungsvolle Zusammenarbeit der reichen und einflussreichen Männer in Indien sichern kann, wird die von ihm beabsichtigte Transformation dieses Landes schnell vorankommen. Baba nimmt die Menschen, wie er sie vorfindet, gut oder weniger gut, denn er weiß, dass sie selbst aus dem *Seva*, das die Teilnahme an seinem Vorhaben – die Verbesserung des Lebensstandards der Massen – den größten Nutzen ziehen. Je intensiver sie sich damit beschäftigen, desto mehr wird es sie langsam aber sicher zu mehr Mitgefühl und entsprechend weniger Selbstsucht erziehen. Dies möchte ich den exoterischen oder äußeren, organisatorischen Aspekt seiner Mission nennen.

Der esoterische Teil dagegen bezieht erheblich weniger Menschen mit ein. Er umfasst Personen aus allen Schichten und Kreisen, die über die materielle Welt hinaus nach dem tieferen Sinn des Lebens suchen. Einige von ihnen haben Schweres durchgemacht und körperlich wie seelisch sehr gelitten, bevor sie zu Baba kamen, aber gerade diese Probleme haben sie dazu angespornt weiterzusuchen, anstatt in Selbstmitleid und Verzweiflung zu verfallen. Mit diesen Menschen geht Baba ganz anders um. Er entfernt alles Äußerliche und Oberflächliche, um die intakte Wirklichkeit ihres inneren, göttlichen Selbst zu enthüllen. Dieser verborgene und subtile Vorgang beginnt in dem Augenblick, da die Person aus freier Willensentscheidung Babas Hilfe zur Selbstfindung erbittet. In solchen Fällen kann er ein unbarmherziger Meister sein, aber, wie gesagt, nur wenn er darum gebeten wurde, denn er respektiert unseren freien Willen. Außerdem verlangt er von niemandem mehr, als er auf einmal zu tragen vermag. Allerdings sieht es manchmal so aus, als würde man bis an den Rand des Erträglichen getrieben. Diese Erfahrung scheint für die meisten

Menschen eine notwendige Bedingung zu sein, damit sie willens werden, die Forderungen des Ego zu opfern und darum zu bitten, dass ihnen der Weg zur Einswerdung mit dem inneren Gott gezeigt werde. Es ist eine Frage von „Nicht mein, sondern dein Wille geschehe!“, der an den allen Lebewesen innewohnenden göttlichen Funken gerichtet ist.

Fünfundzwanzigstes Kapitel

Wieder zu Hause angelangt, hörten wir von den Plänen zur Vorbereitung der Feierlichkeiten anlässlich Babas sechzigstem Geburtstag im November 1985. Baba betonte ausdrücklich, dass er keine Geschenke wolle. Stattdessen schlug er vor, dass die *Devotees* in den drei Jahren bis dahin ein kombiniertes Programm des „Selbstlosen Dienens" und zur „Begrenzung der Wünsche" befolgen sollten. Auf diese Weise leitete er einen anscheinend völlig neuen Aktionsplan im Zuge der Vorbereitungen zu diesem besonders bedeutungsvollen Geburtstag ein, die – wie er wusste – auf der ganzen Welt bald starten würden. Ich sage absichtlich „anscheinend neu", denn in Wahrheit geht es um dieselbe Sache, die er bereits am Anfang seiner Mission enthusiastisch gefördert hat – nämlich das Anheben des Lebensniveaus – zunächst in Indien durch die Wiedereinführung der uralten vedischen Lehren, die das reichste Erbe dieses Landes sind. Er weiß aber nur zu gut, dass dauerhafte Veränderungen nicht plötzlich zustandegebracht oder Menschen aufgezwungen werden können. Veränderungen können notwendigerweise, wie alles natürliche Wachstum, nur in einem langsamen und graduellen Prozess stattfinden, wenn sie von Dauer sein sollen.

Wenn ich auf die relativ kurze Zeitspanne seit unserer ersten Reise nach Indien – als wir hinfuhren, um Sai Baba persönlich zu sehen – zurückblicke, sehe ich viele subtile Veränderungen, die inzwischen als direktes Resultat seiner geduldigen und konzentrierten Bemühungen, seine *Devotees* zu positivem Handeln bei der Ausführung seiner Pläne anzuleiten, dabei herausgekommen sind. Er übt keinen Zwang aus, sondern scheint ständig wie ein Strom zu fließen. Er umgeht die Wackersteine und großen Blöcke und räumt die kleineren Hindernisse, die ihm Widerstand leisten, sanft, aber unerbittlich aus dem Weg. Er missachtet niemals Tradition oder Brauchtum, bringt aber kraft seiner Lehre, dass die Liebe die einzig wirksame Macht ist, die Widerstände zunichtemachen kann, dennoch unmerklich Veränderungen zuwege. Er lässt auch nicht die kleinste Gelegenheit aus, seine Botschaft mit nicht endender Geduld zu wiederholen, weil er sich absolut sicher ist, dass sie letztendlich Früchte tragen wird.

Der scheinbar neue Vorstoß, den er unternahm, stand also ganz im Einklang mit seinen Lehren. Er packte lediglich diese Gelegenheit beim Schopf und benutzte das Verlangen seiner *Devotees*, die ihn anlässlich des traditionell wichtigen sechzigsten Geburtstags ehren möchten, um die Durchführung seiner Pläne zu beschleunigen. Bis jetzt war Baba für alle, die in wachsender Anzahl zu ihm hinströmten, leicht erreichbar. Leute aus allen Schichten und fast allen Ländern der Erde kommen zu ihm. Sie gehören allen bekannten Glaubensbekenntnissen an, aber auch eine ganze Reihe von selbsternannten Atheisten und Agnostikern ist dabei. Sie alle bringen ihre zahllosen Bittgesuche vor. Durch viele Jahre hindurch hat er ihnen ihre Wünsche auf eine Weise erfüllt, wie es kluge, liebevolle Eltern bei ihren Kindern tun. Hier und dort hat er bei seinen unzähligen Aktivitäten und Ansprachen die wesentlichen Züge seiner Lehren eingeflochten und sie häufig mit reizenden kleinen Geschichten illustriert. Jetzt zeichnet sich allmählich eine feine Änderung in seiner Haltung dadurch ab, dass er seine *Devotees* zunehmend mehr dazu drängt, ihre *Seva*-Bemühungen zu verdoppeln.

Er hat immer wieder betont, dass er seinen *Devotees* geben werde, was sie sich wünschen, in der Hoffnung, dass sie eines Tages das wünschten, was zu geben er gekommen sei. Nun erwartet er von uns, dass wir aufhören, ihn um irgendwelche Güter und Begünstigungen zu bitten, und dass wir willens sind, ihn zu fragen, was er möchte, das wir in der Welt tun. Er betont, dass *Seva* – oder Dienen – wichtiger sei als irgendeine andere spirituelle Übung. Er sagt: „*Seva* bringt mehr Früchte ein als die Wiederholung meines Namens, Meditation, Opfer oder *Yoga*, was spirituellen Suchern sonst meist empfohlen wird. Denn *Seva* dient zweierlei Zwecken: Der Vernichtung des Ego und dem Erlangen der höchsten Seligkeit."

Dieses beschleunigte Programm wird den Höhepunkt des graduellen Wachstums der *Seva*-Organisationen darstellen, die sich im Lauf vieler Jahre in ganz Indien gebildet haben. Diese Einheiten werden jetzt aufgefordert, ihre Energien zu verstärken und sowohl auf individueller als auch auf Gruppenbasis mitzuhelfen, den Lebensstandard ihrer weniger bevorzugten Brüder und Schwestern in den Dörfern und Städten zu verbessern, wo buchstäblich Millionen Menschen unter dem Existenzniveau leben – bettelnd und unter freiem Himmel in den Straßen übernachtend.

Sai Baba nötigt die Reichen, ihr Geld auf diese Weise zu nutzen, wenn sie seine Gunst erringen wollen. Er ist oft dafür kritisiert worden, dass er so viele reiche Leute um sich schart. Aber darin liegt Methode. Diese Menschen sind in der Lage, seinen weitgespannten Plan optimal zu unterstützen. Zuerst gewinnt er ihre Hingabe, dann überzeugt er sie durch wiederholte, beharrliche Ermutigung, dass der direkte Weg zu seinem Herzen der ist, ihre Mittel und ihren Einfluss zur

Unterstützung derer zu benutzen, die in Not sind. Unermüdlich legt er seine Gründe dafür dar, weil er wohl weiß, dass nur durch ständiges, unermüdliches Einhämmern die „dicke Haut", die sich durch jahrzehntelange Gewohnheiten gebildet hat, durchbrochen und das Herz und das Gewissen der Reichen und Mächtigen in jedem Lande allmählich erweicht werden kann. Wie ein Fischer hat er sein Netz mit Ködern ausgeworfen und wartet nun darauf, seinen Fang an Land zu ziehen, damit dieser ihm hilft, sein gigantisches Vorhaben in die Tat umzusetzen. Jeder, der in Indien war, ist sich im Klaren über die Größe der Aufgabe, die in Angriff genommen werden muss, damit die gegenwärtigen Lebensbedingungen in diesem riesigen Land geändert werden können. Der ländliche Teil ist überwiegend dünn besiedelt, und im starken Gegensatz dazu gibt es wenige, aber riesige, überbevölkerte Städte. Baba ruft eine solche Hingabe bei seinen Anhängern hervor, dass, sobald er seine Wünsche geäußert hat, Tausende von *Sevadal*-Mitgliedern in allen Teilen des Landes in die Dörfer gehen, um den Menschen dort zu helfen, ihre Existenzbedingungen zu verbessern. Wenn jemand wirklich von Baba angerührt wird, vollzieht sich unweigerlich ein drastischer Wandel in seinem Lebensstil, und einige wenige widmen sich ganz und gar der Hingabe und dem Dienen in der einen oder anderen Form.

So war der Tenor für die Zeit bis zu Babas sechzigstem Geburtstag festgelegt. Die Reaktion jedes einzelnen *Devotees* sollte die sein, dass er seine Wünsche einschränkt und jede Form der Verschwendung weitgehend unterbindet und das dadurch Eingesparte dazu benutzt, das Leben der Tausenden unter dem Existenz-Minimum lebenden Menschen erträglicher zu machen. In jeder Rede, die Baba hielt, hämmerte er den Zuhörern aufs Neue die Wahrheit ein, dass jeder beweisen müsse, dass er oder sie ihm nicht nur dem Namen nach ergeben sei, sondern – was weit wichtiger sei – in der Tat. Er drängte seine

Devotees, ihre Hingabe viel mehr durch Dienst am Nächsten unter Beweis zu stellen und nicht nur seinen Segen für persönliche, egozentrische Zwecke zu erbitten.

So enthüllt sich allmählich seine Mission, und er beginnt, ihr Ausmaß zu skizzieren. Hätte er es früher getan, so wäre er auf taube Ohren gestoßen oder hätte seine Zuhörer mit der ungeheuren Reichweite seines Vorhabens nur geschockt. Stattdessen hatte er die Herausforderung nach und nach allen, die auch nur einigermaßen aufnahmebereit waren, stetig und geduldig eingetrichtert. Sie wird mit Sicherheit wie ein Schneeball, der immer größer wird, während er ins Rollen kommt, und all diejenigen mit sich reißen, die sich während dieses Beschleunigungsprozesses für seine Mission einsetzen.

Die Tempoveränderung zeigte sich zum ersten Mal deutlich in der Ansprache, die Baba anlässlich Indulal Shahs sechzigstem Geburtstag hielt. Er schloss mit den Worten: „Steht auf! Wacht auf! Geht an die Arbeit!“ Die tiefere, universelle Bedeutung dieser Ansprache war mir, während ich eingekeilt zwischen den vielen Frauen auf dem Boden saß, noch nicht bewusst. Jetzt, im Rückblick, sehe ich, wie er Herrn Shahs Geburtstag als Anlass benutzte, jenes Programm einzuführen, mit dem er dreieinhalb Jahre später seinen eigenen Geburtstag begehen wollte.

Auf unserer letzten Reise, als wir von Madras kommend in Bombay eintrafen, fanden wir dort Elsie Cowan, die auf Baba wartete. Sie hatte mich in der Vergangenheit oft gebeten, bei ihren monatlichen Treffen eine Rede zu halten, aber ich hatte immer abgelehnt. Nach Lornas Totenfeier stand für sie aber fest, dass sie keinen weiteren Rückzieher meinerseits mehr annehmen würde. Während unseres gemeinsamen Aufenthalts mit Baba in Bombay sagte sie, halb im Scherz, dass ich nun keine Wahl mehr hätte und mir lediglich den Zeitpunkt noch aussuchen könne, wann ich sprechen wolle. Tatsächlich rief sie mich eines Tages, als wir alle wieder zu Hause waren, an, um mich zu bitten, bei ihrer Veranstaltung im Mai eine Rede zu halten. Ich begriff, dass Baba mir auf diesem Weg eine weitere Chance gab, meine Furcht und meinen Widerstand gegenüber dieser Herausforderung zu überwinden, und so stimmte ich zu.

Als die Zeit für das Treffen nahte, dachte ich, es sei wohl besser, wenn ich mir ein paar Notizen zu dem, was ich sagen wollte, machen und während des Vortrags immer wieder einen Blick darauf werfen würde. Aber an das Problem, das durch das ständige Wechseln der Brillen entstand, hatte ich nicht gedacht. Da ich eine Brille für Weitsicht und eine andere zum Lesen benutze, musste ich ständig wechseln, um einmal die Zuhörer anzusehen und dann wieder meine Notizen entziffern zu können, was mich bald ärgerlich machte und mir lächerlich vorkam. Am Ende verzichtete ich ganz auf die Notizen und damit auf jede vorgefasste Idee über das, was ich sagen wollte. Fast wie ein Automat fuhr ich fort zu sprechen, ähnlich wie wenn ich zu meinen Klienten spreche – so entspannt wie möglich; nach innen um Anleitung bittend und das aussprechend, was mir in den Sinn kommt. Oft bin ich selbst überrascht von dem, was dabei herauskommt, ich habe aber gelernt, dieser „Methode" grundsätzlich zu vertrauen, denn die Resultate waren immer sehr positiv. Allerdings hatte ich es noch nie in einer Gruppe versucht und keine Ahnung, was geschehen würde. Zu meiner Verwunderung fand ich die Feuerprobe weniger schlimm als befürchtet.

Am Ende der Veranstaltung sagten mir einige Anwesende, dass ich sie in ihrem Innersten angesprochen hätte, und ich hätte genau das gesagt, wonach sie zu diesem Zeitpunkt ein dringendes Bedürfnis hatten. Da mir keiner der Zuhörer vorher bekannt war, konnte ich unmöglich ihre Bedürfnisse und Probleme gekannt haben. Baba aber waren sie bekannt. Er musste durch mich gesprochen haben – und das war genau das, worum ich ihn zuvor gebeten hatte. Wenn ich wirklich zu glauben lernte, dass dem so war, so würde ich die tief verwurzelte Furcht verlieren, etwas von mir zu geben, das nicht Wahrheit war, sondern etwas von meinem Ego Verdrehtes und das eine negative Wirkung auf die Zuhörer haben konnte. Baba hatte mir geholfen einzusehen, dass es auch ein Zeichen von Unausgeglichenheit ist, sich nach rückwärts zu orientieren und ständig Zurückhaltung zu üben, da dies das Ergreifen von Initiativen und das Verantwortungsbewusstsein verhindert. Nur wenn ich mich auf den Baba in meinem Herzen einstimmte, konnte ich so weit frei werden, dass ich ihn durch mich sprechen lassen und mein Ego auf diese Weise umgehen konnte. Wie sanft hatte Baba mich dazu gedrängt, mich aber niemals gezwungen oder unter Druck gesetzt. Er hatte auf mich gewartet, bis ich bereit und willens war, den nächsten Schritt zu tun.

Während des Sommers 1982 verbrachten wir sechs Wochen in England, um an einem der Institute der Universität Oxford Archäologie zu studieren. An einem freien Wochenende besuchten wir ein Seminar über holistische Heilverfahren unter der Schirmherrschaft des Wrekin Trust, einer von Sir George Trevelyan ins Leben gerufenen Organisation. Es war eine außerordentlich interessante Erfahrung, die eine angenehme Überraschung einschloss, denn unter den am Büchertisch ausliegenden Veröffentlichungen waren auch die ersten Exemplare meines Buches. Es war im Mai erschienen, genau wie Baba vorausgesagt hatte!

Wir trafen auch Jean und Lucas Ralli, die beide aktiv in der englischen Sai-Organisation mitarbeiten. Sie luden uns zu einem Wochenende zu sich nach London ein und fragten, ob ich mich bereiterklären würde, zu einer Gruppe von *Devotees*, die sie für uns einladen wollten, über Baba zu sprechen. Die altbekannte Furcht stieg wieder in mir auf, aber ich dachte schnell an die jüngsten Erfahrungen bei

Elsie Cowans Treffen und wusste, dass ich zusagen musste, weil ich offenbar einen weiteren Vertrauenstest zu bestehen hatte. Ich erklärte, dass das Sprechen vor mehreren Menschen seit eh und je ein Problem für mich darstelle und dass ich es erst kürzlich mit Babas Hilfe zum ersten Mal geschafft hätte. Die Rallis versicherten mir aber, dass die kleine Gruppe geladener *Devotees* alles, was ich ihnen über meine Erfahrungen mit Baba mitteilen könne, außerordentlich zu schätzen wisse. Also versuchte ich aufs Neue, entspannt zu sein und darauf zu warten, was mir in den Sinn kommen würde, und nicht das zu sagen, was die Gäste vielleicht hören wollten. Wie bei jenem ersten Mal formten sich die Worte wie von selbst und flossen frei, solange ich locker blieb, und blieben mir im Hals stecken, wenn ich ängstlich wurde. Allmählich gewann ich mehr Mut. Und genau wie bei Elsie sagten mir einige der anwesenden *Devotees* später, dass ich genau das gesagt hätte, was sie zu diesem Zeitpunkt ihres Lebens nötig gehabt hätten. Ich hatte keinen von ihnen vorher jemals gesehen, so dass ich nicht wissen konnte, was sie brauchten.

Während unseres Aufenthaltes in Oxford fand ich Gelegenheit, zusätzlich zu unserem vollen Tagespensum regelmäßig an dem vorliegenden Buch weiterzuschreiben. Ich war überrascht zu sehen, was für ein ansehnlicher Stapel von Seiten, alle vollgeschrieben mit meiner nahezu unleserlichen Handschrift, am Ende zusammengekommen war. Ich erwähne dies als Vorspiel zu Babas Reaktion in einem Interview des darauffolgenden Jahres.

Während der verbleibenden Monate des Jahres erfuhren wir weitere Einzelheiten über die Vorbereitungen zu Babas sechzigstem Geburtstag. Die indische Sai-Organisation regte an, kleine Notizbücher für *Devotees* herauszubringen, in denen man festhalten konnte, wie man seine Wünsche und Bedürfnisse erfolgreich eingeschränkt hatte. Es wurde auch vorgeschlagen, all diese Notizbücher anschließend gesammelt als einheitliche Geburtstagsgabe Baba zu überreichen.

Jack Hislop kannte einige der Methoden, mit denen ich bei meinen Sitzungen arbeite, und fragte schriftlich an, ob ich bereit sei, einen Artikel über das Programm zur „Begrenzung der Wünsche" für den US-Newsletter zu schreiben. Obwohl ich damals nur eine vage Vorstellung von dem hatte, was Baba damit meinte, sagte ich zu. Bald darauf reisten die Hislops nach Indien. Als ich den Artikel fertiggestellt hatte, sandte ich eine Kopie an Jacks mexikanische Adresse und beschloss, eine mit nach Indien zu nehmen, da wir auch in Kürze abreisen und die Hislops möglicherweise dort treffen würden.

Kurz vor unserer Abreise erfuhren wir, dass Baba wieder nach Madras und Bombay reisen würde. Wir beschlossen, wie geplant abzureisen und uns in Bombay mit Indulal Shah zu besprechen, um Babas Pläne herauszufinden und dann entsprechende weitere Schritte zu unternehmen. Herr Shah teilte uns in Bombay mit, dass Baba zur Zeit in Madras sei, aber jeden Tag in Bombay eintreffen könne, und er riet uns, hier auf ihn zu warten. Auf dem Weg nach Indien, via Singapur, hatte ich mir eine schwere Erkältung geholt, und so war ich sehr dankbar, dass ich mich ausruhen konnte, bis Baba kam.

Baba hieß uns auf seine wunderbar warme und liebevolle Weise willkommen und fragte uns, wie lange wir zu bleiben gedächten. Wir sagten es ihm, und er lud uns daraufhin ein, ihn auf seiner Rückreise nach Whitefield zu begleiten. Er sagte, er würde unseren Flug arrangieren und uns wissen lassen, wann er abreisen werde.

Während der einen Woche, die wir in Bombay verbrachten, hörten wir Baba in mehreren Diskursen über das erweiterte Programm zur „Begrenzung der Wünsche" sprechen. Diese Diskurse halfen mir zu erkennen, dass mein auf Jack Hislops Bitte verfasster Artikel viel zu lang und kompliziert ausgefallen war. Baba vereinfachte – wie immer – in seinen Reden alles so, dass es von allen verstanden werden konnte.

Die Hislops waren direkt von Madras, wohin sie Baba begleitet hatten, zurück in die Staaten geflogen. Also schrieb ich in aller Eile einen Brief an Jack, in dem ich ihn bat, den Artikel bis zu meiner Rückkehr zurückzuhalten, da ich ihn umschreiben müsse.

Als Baba abreiste, sandte er Nachricht, dass unsere Tickets am Flughafen für uns bereitlägen. Diesmal hatten wir Plätze drei Reihen hinter ihm. So konnten wir wieder die lange Schlange von Passagieren beobachten, die sich Zentimeter um Zentimeter vorarbeitete, um an ihm vorbeizudefilieren, alle eifrig darauf bedacht, die unerwartete Chance seines *Darshans* nicht zu verpassen. Frau Ratan Lal, die jenseits des Mittelgangs auf gleicher Höhe mit Baba saß, kam zu mir und fragte mich, ob ich für eine Weile mit ihr den Platz tauschen wolle. Als ich auf den frei gewordenen Sitzplatz rutschte, lehnte sich Baba auf seinem Sitz vornüber und fragte lächelnd zu mir herüber, wo mein Buch sei. Ironie des „Schicksals" – diesmal hatte ich es, zum ersten Mal seit langem, nicht bei mir. Es befand sich gut verstaut im Gepäck, da ich nicht damit gerechnet hatte, es ihm auf diesem Flug überreichen zu können. Aber Baba macht es offenbar Spaß, die Menschen zu überrumpeln, denn er lachte über seinen Scherz. Dann fragte er mit einer übertrieben quängeligen Stimme: „Und wo ist das Buch über mich?" Nun war es an mir, über seine Verspieltheit zu lachen. Er erkundigte sich sodann nach Sheila. Ich dankte ihm für ihre Heilung, und als ich ihm erklärte, dass alle Tests inzwischen bewiesen, dass sie keinen Krebs mehr habe, lächelte er und nickte zustimmend. Als nächstes kam die Frage: „Und wie geht es den Enkelkindern, den Kindern der Tochter, die gestorben ist? Sind sie bei ihrem Vater?" Er fragte nach Einzelheiten aus ihrem Leben wie ein alter Freund der Familie. Ich war tief berührt von seiner Liebe und Fürsorge, aber ich wusste auch ohne jeden Zweifel, dass er sich in gleicher Weise um jeden einzelnen Menschen in der Welt kümmert.

Am Tag nach unserer Ankunft in Bangalore wurden wir zum Interview gerufen. Indulal Shahs Tochter und Schwiegersohn waren mit dabei. Baba sprach lange in einer Sprache zu ihnen, die wir nicht verstanden. Dann wandte er seine Aufmerksamkeit uns zu und fragte sofort nach einem Exemplar des Buches, das ich diesmal vorsorglich mitgebracht hatte. Ich gab es ihm mit den Worten: „Ich gebe es dir mit all meiner Liebe zurück." Als er es in die Hand nahm, sagte er lächelnd: „Und ich nehme es mit meiner Liebe an." Dann fragte er nach dem Buch über ihn, und ich reichte ihm einen Stapel loser Blätter, auf die ich von Hand im vergangenen Sommer die ersten Kapitel geschrieben hatte. Er hielt den Stapel auf dem Schoß, sah die Seiten flüchtig durch und sagte mit einer komischen Grimasse: „Was für eine schreckliche Schrift. Sie sieht aus wie die Spuren von Krähenfüßen." Wir mussten alle lachen, und als er mitlachte, fielen die Blätter von seinem Schoß. Baba beugte sich herunter und schichtete sie ordentlich auf einen Stapel. Dabei berührte er jedes einzelne Blatt, so dass ich wusste, sie wurden in diesem Augenblick alle einzeln mit seiner Energie durchtränkt, genau wie die *Vibhuti*-Päckchen bei unserem letzten Besuch einzeln mit seiner Kraft aufgeladen worden waren.

Erst beim Niederschreiben der Geschehnisse aus diesem Interview teilte sich mir ein sehr viel tieferer Sinn seiner Worte mit. Plötzlich wurde mir bewusst, dass die handschriftlichen Aufzeichnungen des Manuskripts die Berichte der traumatischen Ereignisse jener schwierigen zweijährigen Phase enthielten, in denen die Unglücksfälle sich gehäuft hatten. Nun erst brachte ich seine Bemerkung über die „Spuren von Krähenfüßen" mit einer Reverie-Sitzung in Verbindung, die ich einige Jahre vorher mit meiner Tochter Sheila gehabt hatte; sie stellt die tiefere Bedeutung seiner Worte plastisch dar.

In jener Reverie hatte ich die Empfindung, auf einem gespannten Seil zu gehen. Ich hielt meine Arme zu beiden Seiten des Körpers ausgestreckt, um nicht das Gleichgewicht zu verlieren. Als ich vorsichtig einen Fuß vor den anderen setzte, tauchte auf der linken Seite ein riesiger schwarzer Vogel auf, vielleicht eine Krähe, der meine Aufmerksamkeit vom Seil ablenkte. Er sah so bedrohlich aus, dass ich befürchten musste, dass er mich gleich angreifen würde, und so machte ich eine abwehrende Bewegung nach links hin, um ihn zu verscheuchen. Dabei verlor ich das Gleichgewicht und fiel zu Boden. Als ich wieder auf dem Seil stand, sah ich diesmal einen schönen weißen Vogel zu meiner Rechten. Ich fand ihn so anziehend, dass ich mich impulsiv zu ihm hinüber beugte, um ihn einzufangen. Dabei fiel ich wieder vom Seil.

Als ich mich ans Analysieren der Reverie machte, wurde mir klar, dass der schwarze Vogel all die Dinge symbolisierte, die ich nicht mochte oder von denen ich befürchtete, dass sie geschehen könnten. Der weiße Vogel dagegen stand für all das, was mir gefiel oder was ich mir erhoffte. Mein Gleichgewicht verlor ich, als ich auf den einen oder den anderen reagierte. Ich begriff, dass ich nur dann ausgeglichen bleiben konnte, wenn ich der Versuchung widerstand, gegenüber dem einen wie dem anderen Vogel Autorität ausüben zu wollen. Ich begab mich also wieder mit ausgestreckten Armen und den Handflächen nach oben auf das Seil und gestattete beiden Vögeln, sich auf meinen Händen niederzulassen, wie und wann sie es wünschten, und versuchte, sie beide gleichermaßen zu akzeptieren.

Der handgeschriebene Teil des Buches, der in Oxford entstanden war, umfasst den Raubüberfall, Lornas Tod, Sheilas Krebs, den Rolltreppen-Zwischenfall in Singapur und einige andere Ereignisse. All diese Geschehnisse hätte ich gern, wie den schwarzen Vogel, einfach verdrängt, wenn es möglich gewesen wäre. Aber die Krähenfüße hatten auf dem Papier, das ich beschrieben hatte, ihre Spuren hinterlassen. Ich sehe es als weiteres Beispiel für die Art, wie Baba uns oft in einem einfachen Satz eine vielschichtige Botschaft übermittelt, ähnlich einem Zen-Kōan, den wir selbst entschlüsseln müssen. Es ist ein Prozess, der, wie in diesem Fall, Monate und Jahre in Anspruch nehmen kann.

Ich erinnere mich an ein anderes Mal, als Baba eine seiner „kleinen Geschichten" erzählte, die ebenfalls die Botschaft von den schwarzen und den weißen Vögeln enthielt. Er begann mit den Worten: „Ihr lauft alle auf so holperigen Straßen. Wie könnt ihr da Frieden haben? Wenn ihr bekommt, was ihr euch wünscht, seid ihr so glücklich, dass ihr so hochspringt." Das illustrierte er mit seiner über den Kopf erhobenen Hand. „Aber bald kommt etwas, was ihr nicht mögt, und ihr fallt sehr tief." Dabei nahm er seine Hand wieder herunter und berührte seinen Fuß damit. „Seht, auf was für einer unebenen Straße ihr euch befindet. Seid gleichmütig, was auch immer geschieht – be happy, whatever happens –, und ihr werdet auf einem ebenen Weg gehen und Frieden finden."

Eines der Wunder, die Baba in meinem Leben gewirkt hat, ist, dass ich mich dazu bereitfand, zu versuchen, den schwarzen Vogel anzunehmen und nach dem weißen nicht zu greifen. Ich beeile mich hinzuzufügen, dass es viel leichter ist, darüber zu schreiben, als es in die Praxis umzusetzen.

Wenn man es aber erst einmal ungefähr begriffen hat, wird es ein bisschen leichter, daran zu denken, dass man nicht mit starken negativen Emotionen reagieren darf, wenn uns das Leben Erfahrungen vermitteln will, die wir nicht mögen; oder dass wir uns nicht aufregen oder stolz werden dürfen, wenn sich unsere heißest ersehnten Träume erfüllen. Beide Extreme werfen uns aus dem Gleichgewicht und zerstören unsere innere Ruhe.

Im gleichen Interview materialisierte Baba etwas *Vibhuti*, vermutlich meiner schweren Erkältung wegen. Dann fragte er auf seine gewohnte, unvermittelte Art: „Wie ist der Ring?“ Ich antwortete: „Dieser hier sitzt gut“, und meinte den, den er in unserem allerersten Interview für mich gemacht hatte. „Aber dieser ist immer noch zu groß.“ Dabei deutete ich auf den blaugrünen Ring, den er mir sechs Jahre zuvor anlässlich meiner zweiten „Hochzeit“ geschenkt hatte. Ich zeigte ihm das goldene Zwischenstück, das ich vom Juwelier hatte einfügen lassen, damit er nicht vom Finger rutschte. Baba hielt die Hand auf und forderte mich auf, ihm den Ring zu geben. Ich zog ihn ab und legte ihn in seine Hand. Baba untersuchte den Ring genau und reichte ihn dann an das andere Ehepaar weiter, damit sie ihn ebenfalls genau betrachten konnten. Als sie ihn ihm zurückgaben, umschloss er ihn in seiner rechten Hand und blies dreimal darauf. Ich wusste, dass Baba die Größe der materialisierten Ringe manchmal ändert, und so nahm ich an, er würde ihn verkleinern, damit er ohne das Zwischenstück passen würde. Aber als er seine Hand öffnete, lag ein völlig anderer Ring darin. Die Fassung war aus Gold, aber verschieden von der vorigen» und enthielt einen großen, funkelnden Stein, der wie ein facettenreicher Diamant aussah. Baba lachte über meine sichtliche Überraschung und sagte: „Diesmal ein weißer Stein.“ Er zeigte ihn zuerst dem anderen Ehepaar und steckte ihn dann an den Mittelfinger meiner rechten Hand, an dem ich den alten Ring getragen hatte. Ich dankte ihm. Er sah mich fragend an. Also sagte ich: „Dieser passt.“ Er antwortete: „Er sitzt perfekt“, und fügte hinzu: „Ich bin immer bei dir.“ Damals war ich zu bewegt, um die ganze Bedeutung dieser letzten Bemerkung zu verstehen. Nach einigen Tagen offenbarte sich der tiefere Sinn. Anschließend nahm Baba das andere Ehepaar zu einem Privatinterview mit in den Nebenraum. Als sie wieder erschienen, winkte er uns ebenfalls zu einem Privatinterview in den Raum und sprach über Einzelheiten, die unser Privatleben betrafen, über unseren spirituellen Fortschritt und meine Arbeit.

Nach diesem Besuch bei Baba sollten wir nach England fliegen, wo ich einige Vorträge halten sollte, um die ich gebeten worden war, und um ein Wochenendseminar über meine Arbeit zu geben. Es würde das erste Mal sein, dass ich zu Gruppen über meine Arbeit sprach. Zu sagen, dass ich nervös war, wäre untertrieben gewesen. Ich nutzte also die Gelegenheit, und bat Baba mir zu helfen. Er zog die Augenbrauen hoch und sagte: „Aber ich habe dir gesagt, dass ich ständig bei dir bin." Ich antwortete: „Ja, Baba, ich weiß. Aber ich muss ein ganzes Wochenende lang reden." Baba entgegnete: „Du redest den ganzen Tag – jeden Tag." Ich stimmte zu und sagte: „Aber bloß mit einer Person auf einmal." Er lachte und sagte: „Aber Eins plus Eins plus Eins ist Eins. Alle sind Eins." Dann versprach er mit strahlendem Lächeln: „Ja, ich werde dir helfen", wie nachsichtige Eltern es tun würden.

Gegen Ende des Interviews erwähnte er noch das Programm zur „Begrenzung der Wünsche" und fragte, ob ich meinen Artikel dabei hätte. Ich antwortete, er sei in meinem Zimmer, und er entgegnete, dass er dieses Programm in einem weiteren Interview mit uns besprechen werde und ich den Artikel morgen mitbringen solle.

Am nächsten Tag rief uns Baba wieder. Herrn Narasimhan forderte er auf, zu dolmetschen. Zu Beginn des Interviews waren auch noch eine Inderin und zwei Asiatinnen dabei. Baba sprach zuerst zu der Inderin in ihrer Sprache und überraschte sie mit einer wunderschönen *Japamālā* aus großen, schimmernden Perlen, die er materialisierte. Als sie die Kette zitternd aus seiner Hand nahm, begann sie vor Freude zu weinen. Baba sprach dann zu den anderen und beantwortete ihre Bittgesuche mit liebevoller Anteilnahme. Als er die drei entlassen hatte, drehte er sich um und winkte uns näher zu seinem Stuhl, bis wir direkt zu seinen Füßen saßen.

Dann sprach er ausführlich über das Programm zur „Begrenzung der Wünsche", das er in seinen verschiedenen Ansprachen in Bombay skizziert hatte. Es schien, als gelte jetzt seine ganze Aufmerksamkeit mir. Ich fragte mich, warum, denn ich wusste, dass diese Aufmerksamkeit nicht nur zu meinem persönlichen Nutzen sein konnte. Baba erklärte, dass es das Hauptanliegen des Programms sei, die *Devotees* dazu zu ermutigen, dass sie das Verschwenden von Geld, Lebensmitteln, Zeit und Energie – den vier Grundfaktoren des täglichen Lebens – einzuschränken lernten. Er versprach, dass diejenigen, die dieser Aufforderung folgten, nicht nur sich selbst nutzten, da das Begrenzen der Besitzwünsche ein reduziertes Anhaften an die materiellen Dinge mit sich bringe. Vor allem könnten die dabei entstehenden Einsparungen zur Unterstützung der weniger vom Glück Begünstigten genutzt werden. So könnten beide Programme – die Begrenzung der Wünsche und das selbstlose Dienen – gleichzeitig zum Nutzen aller verwirklicht werden.

Baba veranschaulichte diesen Punkt auf seine übliche, einfache, aber wirksame Weise. Zuerst betonte er mit Nachdruck, dass in der Welt viel zu viel verschwendet würde – was besonders auf die Vereinigten Staaten von Amerika zuträfe – während in anderen Ländern der Erde die Menschen hungerten. Er sagte, dass die Armen den Reichen in gewisser Weise etwas voraus hätten: Sie benutzten ihre Zeit und ihre Energie dazu, am Leben zu bleiben. Daher bliebe ihnen die Versuchung, Dinge zu verschwenden, zu nachsichtig mit sich selbst umzugehen oder zu sehr an weltlichen Besitztümern zu hängen, weitgehend erspart.

Baba sagte, dass viele Inderinnen Koffer und Schränke voll unbenutzter oder kaum getragener Saris besäßen. Da man im Verlauf einer Woche nur eine begrenzte Anzahl von Saris tragen könne, seien die restlichen nutzlos. In gleicher Weise sollten die Männer ihre kostspieligen Gewohnheiten einschränken, wie Karten- und Glücksspiel, Alkohol und Vergnügungssucht, die allesamt Zeit-, Geld- und

Energieverschwendung bedeuteten. Eine weitere unnötige Extravaganz, so fuhr er fort, sei die Gewohnheit, elaborierte und teure Essen zu geben, und zwar für Menschen, die sich sehr wohl selbst versorgen könnten. Er riet, das Geld, das dabei eingespart werden könne, zur Speisung der Armen zu nutzen, die von niemandem betreut würden.

Als nächstes kamen die kostspieligen Reisegewohnheiten dran, die er ebenfalls als Verschwendung bezeichnete. Man solle öfters den Zug anstelle des Flugzeugs benutzen. Auch die Hotels müssten nicht die teuersten sein, da man sie meist nur zum Schlafen brauche. Trotzdem empfehle er nicht – und zwinkerte mit den Augen –, in einem Raum zu wohnen, in dem die Küchenschaben über den Boden flitzten. Er schien anzudeuten, dass man alle Faktoren wohl bedenken solle, bevor man seine Wahl trifft, und Extreme vermeiden.

Seine nächste Aussage war eine echte Überraschung für mich. Er sagte, dass Zeit eine Ware sei, an der jeder in der Welt genau den gleichen Anteil habe. Jeder von uns hätte genau vierundzwanzig Stunden am Tag zur Verfügung. So hatte ich die Dinge noch nie betrachtet. Baba fügte hinzu, dass verschwendete Zeit niemals ersetzt werden könne; sie sei für immer dahin. Er bemerkte, dass die meisten Menschen jeden Tag viel Zeit mit nichtigen, bedeutungslosen Aktivitäten verschwendeten, was sie unter anderem davon abhalte, dem Weg der Befreiung aus dem Kreislauf von Geburt und Tod zu folgen. Er führte das Anschauen schlechter Filme an, das Lesen minderwertiger Romane und Zeitschriften, das Trinken und das Glücksspiel, und betonte insbesondere, dass unnötiges Reden und Klatsch nicht bloß Verschwendung von Zeit bedeute, sondern auch der Hauptgrund für das Verschwenden von Energie sei. Er verglich es mit einem Sieb, in das Wasser geschüttet wird. Das wertvolle Wasser geht verloren, da es in alle Richtungen abfließt, anstatt kanalisiert zu werden, so dass es einem bestimmten Zweck zugeführt werden kann.

Zum Schluss wies Baba noch darauf hin, dass es einen riesigen Energieverlust bedeute, wenn man negativen Gefühlsregungen wie Zorn, Gier, Neid und Eifersucht nachgebe. Diese Energien könnten wir auf weit nutzbringendere Weise anwenden. Er sagte, es sei eine weit verbreitete Gewohnheit, immer gleich zahllose Entschuldigungen zur Hand zu haben, wenn es darum gehe, Zeit und Energie für regelmäßige Meditation und – noch wichtiger – für *Seva* zu investieren. Mit Hilfe des vorgeschlagenen Programms und seinen klar definierten Richtlinien solle es möglich sein, die Verschwendung auf allen vier Gebieten zu verringern und Geld, Lebensmittel, Zeit und Energie, die dabei eingespart würden, zur Linderung der Not von Bedürftigen in der Welt einzusetzen. Dann bat Baba um den auf Jack Hislops Bitte verfassten Artikel. Er blätterte ihn durch und gab ihn dann an Herrn Narasimhan weiter, der ihn lesen und ihm darüber berichten sollte. Jetzt, da Baba persönlich das Programm in vier deutlich unterschiedene Teile gegliedert hatte, war ich noch mehr von der Notwendigkeit überzeugt, dass der Artikel vereinfacht werden musste. Ich hoffte nur, dass Jack meinen Eilbrief bekommen hatte, bevor er den Artikel an den Newsletter weitergab.

Bevor wir gingen, fragte Baba noch, wie lange wir zu bleiben vorhatten. Auf unsere Auskunft hin meinte er, dass wir in diesem Fall Zeit genug hätten, um mit ihm nach Puttaparthi zu fahren, und dass er uns von seinem Abreisedatum verständigen werde, damit wir ihm sofort folgen könnten.

Als ich alles, was er im Interview gesagt hatte, so überdachte, damit ich es auch richtig im Gedächtnis behielt, fiel mir ein sehr lebendiger Traum ein, den ich vor etwas mehr als einem Jahr gehabt hatte und der mir jetzt eine noch tiefere Bedeutung zu bekommen schien. Ich träumte, Baba und ich würden heiraten. Ich sah, wie er einen Ehering – einen einfachen goldenen Ring, der mit Korallen besetzt war – materialisierte. Als er ihn mir überreichte, sah er mich sehr bezeichnend an und sagte, er sei sehr teuer, denn er enthalte kostbare Steine. Im Traum verwirrte mich diese Bemerkung, da ich wusste, dass Korallen nicht als Edelsteine gelten und auch nicht besonders teuer sind. Baba schien meine Gedanken zu lesen und wiederholte seine Aussage sehr bestimmt. Er sagte, ich könne ihn behalten, warnte mich aber davor, ihn jetzt schon zu tragen.

Als ich aufwachte, wusste ich, was er gemeint hatte, weil ich mich im selben Augenblick an eine viele Jahre zurückliegende Reverie erinnerte. Während jener inneren Schau schien ich damals zwischen zwei sehr hohen Bergen vor- und zurückzuspringen. Als ich auf dem einen landete, sah ich, dass er aus harten, scharfen Felsstücken und Klippen bestand, an denen ich mich schneiden und verletzen konnte, wenn ich zu lange auf ihm stehen bleiben würde. So sprang ich schnell auf den anderen zurück. Aber dieser Berg war von tiefem Schnee bedeckt, in dem ich zu versinken und zu ersticken drohte, wenn ich mich hier länger aufhalten würde. Ich sprang also wieder auf den Berg mit den scharfen Steinen und von diesem wieder zurück auf den anderen. So ging es ständig hin und her. Ich wurde bald müde und begann, nach der Bedeutung dieser Szene zu fragen. Ich bekam gezeigt, dass der felsige Berg den Intellekt symbolsierte und der schneebedeckte Berg die Emotionen. Mein ganzes Leben hatte ich abwechselnd in Abhängigkeit des einen oder des anderen Standortes gelebt. Daran anschließend bekam ich die Anweisung, zwischen den beiden Bergen hinunterzuschauen. Dort erblickte ich einen dritten Berg, den ich an der Stelle gar nicht vermutet hatte. Er war nicht so hoch wie die beiden anderen, und als ich fragte, was er zu bedeuten habe, erhielt ich die Antwort, dass er sich aus den Skeletten meiner aufgegebenen Wünsche – sei es der nach Dingen und Ereignissen, die ich herbeigesehnt, als auch nach solchen, die ich abgewehrt hatte, zusammensetzte. Ich sah mir den Berg an und wurde an ein Korallenriff erinnert, das aus den Skeletten winziger Meeresbewohner bestand, die Korallenpolypen genannt werden. Es bezeichnete ein Bewusstseinsstadium, das weder nur Fühlen, noch bloßes Denken, sondern eine Mischung aus beidem, ist. Dieser Berg war wunderbar grün und mit Tausenden von lieblichen kleinen Gebirgsblumen übersät. Als ich schließlich bereit war, auf ihm zu landen und nicht mehr vor- und zurückzuspringen, begann der Berg höher und höher zu werden und der Sonne und dem Himmel entgegenzuwachsen. Ich erkannte, dass ich, wenn ich meine Wünsche losließ, am Ende die Sonne, dieses Symbol der göttlichen Kraft, erreichen könnte. Ich würde mich mit ihr vereinigen und mich vom Druck der Gegensätze, die uns ans Rad der Wiedergeburt fesseln, befreien können.

Der Traum, in dem Baba mir den mit Korallen besetzten Ehering als Zeichen meiner Vermählung mit ihm gab, bedeutet wohl, dass ich ihn dann heiraten oder mich im Herzen mit ihm vereinigen würde, wenn ich von allen Wünschen losgelassen haben würde. Ja, der Ring war gewiss sehr kostbar, da jedes Korallenstück einen Wunsch symbolisierte, den ich aufgeben musste. Das „Loslassen" der Wünsche klingt sehr viel einfacher, als es in der Tat ist. Wir alle klammern uns so fest an das, wovon wir glauben, dass wir es brauchen, und widersetzen uns stark den Dingen, von denen wir befürchten, dass sie uns einholen.

Im Augenblick kann ich nur sagen, dass ich weit davon entfernt bin, den Ring tragen zu können und mich mit Baba zu verheiraten, der in meinem Herzen wohnt. Ich habe auch nicht die geringste Ahnung, wie lange es dauern wird, bis jener Zustand der Wunschlosigkeit erreicht sein wird, in dem die innere Hochzeit stattfinden kann. Aber sein Versprechen genügt mir und spornt mich an, weiter daran zu arbeiten. Wenn dies für mich gilt, so gilt es auch für jeden anderen, der die Verbindung mit dem Inneren den Bindungen an äußere Sicherheitssymbole vorzieht.

Als wir in Whitefield angekommen waren, stellten wir fest, dass mehrere Gäste unter Darmbeschwerden mit Bauchschmerzen und Durchfall litten. Ein oder zwei Tage nachdem Baba für meine Erkältung *Vibhuti* materialisiert und meinen Ring verändert hatte, schwand die Erkältung über Nacht. Stattdessen bekam ich nun Krämpfe und Durchfall. Ich versuchte es mit Lomotil, Knoblauchpillen und anderen Heilmitteln, die ich immer bei mir habe, aber nichts half. Die Beschwerden blieben. Nicht im Traum hätte ich mir vorstellen können, dass dies ein Jahr und einen Monat so weitergehen würde!

Baba fuhr eines Morgens sehr früh nach Puttaparthi ab und hinterließ eine Nachricht, dass wir ihm folgen sollten. Während der Fahrt betrachtete ich einmal zufällig meine Hände und sah mit Erstaunen, dass in der Tiefe des leuchtend weißen Steins auf meinem neuen Ring Babas Bild deutlich zu sehen war. Ich schaute genauer hin, um sicher zu sein, dass ich mir nicht alles nur einbildete, aber da war tatsächlich das buschige schwarze Haar, sein Profil und die goldfarbene Robe. Alles war klar und deutlich zu erkennen. Ich starrte fasziniert darauf. Ich hatte gehört, dass es öfters vorkommt, dass ein *Devotee* sein Bild in einem von ihm materialisierten Ring sieht. Ich selbst hatte das bis dahin noch nicht erleben dürfen. Und nun kam ganz unerwartet dies! Als Baba mir den Ring gab, sagte er: „Ich bin immer bei dir“, wie er es uns so oft versichert. Dabei musste er wohl auch gemeint haben, dass er im Herzen des Steins als ständige Erinnerung bei mir ist. Ich war tief bewegt von diesem weiteren Beispiel seines Wissens um unsere Nöte. Wir alle haben es nötig, ständig daran erinnert zu werden, dass er in unserem Herzen immer und immer gegenwärtig ist. Der Schmerz und die Not, die mir meine körperliche Verfassung bereitete, waren vergessen – übertönt von dieser neuen Manifestation von Babas Mysterium.

Während der Weltkonferenz von 1980 wurden wir „Donors" – Spender für einen Raum, der uns als Wohnung dient, wenn wir in Puttaparthi sind. Während unserer Abwesenheit steht er anderen *Devotees* zur Verfügung. Als wir ankamen, fanden wir ihn von anderen Gästen belegt. Man bat sie, in einen anderen Raum umzuziehen, und als wir anschließend einziehen konnten, entdeckte ich zu meinem Kummer, dass der Spülkasten des Klosetts – wir besaßen eine Toilette westlichen Stils – zerbrochen war und die Spülung nicht betätigt werden konnte. In der unseligen Verfassung, in der ich mich befand, wirkte diese Entdeckung wie ein Schock. Es machte die Sache auch nicht besser, dass man uns sagte, dass der zerbrochene Teil nicht ersetzt werden könne. Er sei bereits vor Wochen bestellt worden, bis jetzt aber noch nicht eingetroffen. Mein Herz sank. Ich würde also Plastikeimer mit Wasser aus den Hähnen an der Wand füllen und von Hand spülen müssen. Ich bekam von allen Seiten Arzneien angeboten, die den Durchfall stoppen sollten, aber da ich seit jeher auf viele Arzneien und Chemikalien allergisch reagiere, zögerte ich, das Risiko einzugehen und auch davon noch krank zu werden. Und bis zu meinem Seminar in London war es nur noch eine Woche.

Am Abreisetag wurden wir zum Abschied noch einmal zum Interview gerufen. Wir waren die einzigen Westler in einer Gruppe von zwanzig oder mehr Indern. Nachdem uns Baba in den Raum geholt hatte und wir alle auf dem Boden saßen, verkündete er der Gruppe: „Mrs. Krystal hat einen verdorbenen Magen, nicht wahr, Mrs. Krystal?" Aller Augen richteten sich auf mich, was selbstverständlich seine Absicht gewesen war. Er wollte mich von meinem lebenslangen Grauen, im Zentrum des allgemeinen Interesses zu stehen, befreien. Eine solche „Zurückhaltung" ist ja auch eine Form von Ego. Das Widerstreben wie auch die leichter erkennbare Agressivität stammen beide vom Verlangen oder Begehren her. Anerkennung zu suchen oder – das Gegenteil – sie zu vermeiden, sind beides Merkmale des Ego. Baba ist wahrlich ein harter Lehrmeister für jene, die ihn bitten, sie vom Ego und dem Festhalten an Wünschen zu befreien.

Als die Reihe für ein Privatgespräch an uns kam, fiel mir ein, Baba zu erzählen, dass neben dem Wochenendseminar auch noch einen Vortrag vor Therapeuten einer englischen Holistischen Krebs-Gesellschaft, um die ich gebeten worden war, auf mich zukam. Ich fragte ihn, ob er eine Botschaft habe, die ich der Versammlung übermitteln solle. Er nickte und sagte sehr langsam und ernst: „Krebs kann nur durch die Gnade Gottes und durch Liebe geheilt werden." Dann sprach er über das Buch, das ich über ihn in Arbeit hatte, und sagte, es solle wie das erste in England und Kalifornien getrennt publiziert werden. Zu dem Zeitpunkt hatten wir nicht vorgehabt, es auch in Kalifornien herauszubringen.

Als wir Baba wie üblich danach fragten, wann wir wiederkommen sollten, überraschte er uns diesmal mit den Worten: „Kommt erst zum sechzigsten Geburtstag. Zu teuer, früher zu kommen. Geh nach Hause, beende das Buch, publizier es und bring es mit für die Widmungszeremonie."

Dann führte er alle meine körperlichen Leiden auf: „Magen, Rücken, Füße, Augen, Kopf" und so fort, und versprach bei allen zu helfen. Ich fragte, ob die Magenschmerzen karmisch seien, und falls ja, ob er sie bitte dazu benutzen wolle, das negative *Karma* abzuräumen. Baba lachte laut, da er wusste, dass ich mir nicht ganz darüber im Klaren war, worum ich soeben gebeten hatte. Dann sagt er: „Vergiss jetzt alle vergangenen Leben. Ich werde dir helfen."

Mit diesem Versprechen verließen wir seine physische Gegenwart, um erst zweieinhalb Jahre später wiederzukommen. Ich spürte einen scharfen Stachel des Bedauerns darüber, dass wir diesmal nicht – wie es in den vergangenen zehn Jahren der Fall gewesen war – nach einem

Jahr wiederkehren durften. Ich habe es oft erlebt, dass Baba seine *Devotees* nicht dazu ermutigt, immer derselben Routine zu folgen. Er sagt: „Lernt, euch in meiner Ungewissheit sicher zu fühlen" (englisch: Learn to find your security in my insecurity). Wir müssen lernen „zu fließen" und willig und ohne vorgewarnt zu werden unsere Richtung zu ändern, so wie er es jetzt von uns wünschte.

Auf der Fahrt zurück nach Bangalore dachte ich an alles, was er gesagt hatte. Es fiel mir ein, dass er das Reisen nach Indien teuer nannte, wobei er vermutlich mehr den physischen als den finanziellen Kostenpunkt meinte. Es stimmte, dass ich jedes Mal krank und erschöpft heimgekommen war. Und je älter wir werden, desto anstrengender wird das Reisen und der längere Aufenthalt unter primitiven Verhältnissen. Ich vermutete auch, dass Baba Arbeit für mich bereithielt, und entdeckte bald, wie sehr das zutraf.

Die Durchfälle dauerten an. Seminare und Vorträge lagen vor mir, und trotz Babas Versprechen, mir zu helfen, hatte ich zwischendurch plötzlich Beklemmungen. Ich wusste von meiner Rede vor Elsies Gruppe her, dass es nutzlos war, mich vorzubereiten, selbst wenn es sich nur um Notizen handelte. Ich musste mich einfach entspannen und den inneren Baba bitten, mir zu zeigen, was gesagt werden sollte, und sprechen, wie mir die Worte in den Sinn kamen. Aber vor allem musste ich mir ständig vorsagen, dass eine Gruppe sich, wie er sagt, „aus Eins plus Eins plus Eins zusammensetzt; was Eins ergibt, da alle Eins sind". Und genau das tat ich während des Seminars am Freitagabend, den ganzen Samstag und am Sonntag. Zu meiner Erleichterung funktionierte es tatsächlich. Die Themen schienen sich von selbst anzubieten, und die richtige Reihenfolge wurde durch die verschiedenen Fragen der Teilnehmer angegeben. Mit Babas Hilfe war eine weitere große Hürde erfolgreich genommen.

Diverse Einzelvorträge – einer für die Krebs-Therapeuten und andere für Sai Baba-Gruppen – folgten nach demselben Muster. Wenn ich Nervosität aufsteigen fühlte, bat ich Baba wortlos um Eingebung darüber, was als nächstes zu sagen war, und die Worte begannen wieder zu fließen. Immer wieder dankte ich ihm für seine Hilfe und dafür, dass er mich dazu anstachelte, die nötigen Schritte zu unternehmen, um meine uralte Furcht zu überwinden.

Erst als ich im Rahmen dieses Buches über die Seminare zu schreiben begann, fiel mir ein Jahre zurückliegender Traum ein: Darin saß Baba auf der Bühne des Auditoriums in Prashanti Nilayam. Vor ihm saßen Tausende von *Devotees*, die die Halle zum Überquellen füllten. Ich lag auf einer der Bodenplatten zu seinen Füßen, und Baba war damit beschäftigt, sorgfältig alles aus mir herauszunehmen, bis ich als leere Hülle zurückblieb. Als er dies beendet hatte, half er mir auf und hieß mich sprechen. Ich konnte nicht glauben, dass das sein Ernst sein konnte, und erhob Einspruch. Ich sagte, ich hätte keinen Motor und könne mich daher nicht bewegen. Ich müsse erst wie ein Spielzeug wieder aufgezogen werden. Baba beugte sich vor, gab mir einen Stoß, und zu meiner Überraschung konnte ich gehen und sprechen. Heute weiß ich, dass das, was ich in diesem Traum gesehen hatte, tatsächlich geschehen ist. Ich bin heute dazu imstande, mich innerlich „zurückzulehnen" und Baba zu bitten, durch mich hindurch in Seminaren und Vorträgen zu sprechen. Sein Gegenpart in uns ist der Puppenspieler, der geduldig wartet, bis wir bereit und willens sind, ihm die Fäden unseres Marionetten-Selbst in die Hand zu geben und ihm, der die überlegene Kenntnis unserer Bedürfnisse besitzt, zu gestatten, dass er uns in Bewegung setzt.

Gegen Ende unseres England-Aufenthaltes kamen vier Studenten von Babas Whitefield-College mit Herrn Srinivasan aus Madras in London an. Baba hatte sie auf eine kurze Tour nach London, Paris und Genf geschickt. Endstation würde Rom sein, wo die fünf von

Herrn Craxi, einem italienischen *Devotee*, erwartet wurden. Es fand sich sehr schnell eine Halle, wo sich *Devotees* aus ganz England versammelten, um Babas Boten willkommen zu heißen. Die offenkundige Hingabe der Jungen an Babas Mission und Botschaft an die Welt, ihre Ansprachen und ihr Singen begeisterten alle Anwesenden. Es war ein wundervoller Abschluss unseres England-Aufenthalts.

Sechsundzwanzigstes Kapitel

Nach der Rückkehr stellte ich erleichtert fest, dass der Artikel über das Programm zur „Begrenzung der Wünsche“ zwar angekommen, im Newsletter aber noch nicht publiziert worden war. Ich konnte ihn noch zurücknehmen und unter neuen Gesichtspunkten – in Übereinstimmung mit Babas jüngsten Instruktionen – umschreiben.

Während des letzten Interviews hatte ich mich gefragt, warum Baba so sehr ins Detail ging. Als ich eines Tages gebeten wurde, ein Seminar über dieses Programm auf der jährlichen Sai-Zusammenkunft unseres Bezirks zu halten, kehrte ich im Geiste zu jenem ersten Besuch zurück, bei dem Baba den Mondsteinring materialisiert hatte. Er hatte mir damals aufgetragen, ihn auf der Stelle meines dritten Auges zu reiben, um die Ursache der aus meinem tibetischen Leben stammenden Kopfschmerzen zu beseitigen. Natürlich! Jetzt begriff ich erst. In jenem Leben hatte sich der Mönch in eine Zelle zurückgezogen, um sich auf eine Methode zur Befreiung von seinen Wünschen zu konzentrieren. Die Aufgabe in jener Inkarnation musste es gewesen sein, sich von den Wünschen zu befreien, aber sie war durch vorzeitigen Tod unterbrochen worden. Nun wurde mir erlaubt, die so abrupt abgebrochene Arbeit fortzusetzen und außerdem einige meiner Einblicke mit anderen *Devotees* zu teilen. Auch hier lag wieder eine viel tiefere Bedeutung in Babas Worten und Handlungen, als ich damals bei der Materialisation des Rings wahrgenommen hatte. Sobald ich diese klare Perspektive gewonnen hatte, war es mir möglich, an die Vorträge und Artikel wie an eine heilige Pflicht heranzugehen, die mir zusätzlich dazu verhalf, altes *Karma* abzuarbeiten und meinen spirituellen Fortschritt zu verbessern.

Inzwischen hielten die Durchfälle weiter an. Ich konsultierte viele Ärzte und ließ zahllose Tests auf alle möglichen Parasiten durchführen, aber es wurde nichts gefunden. Mein Zustand blieb ein Rätsel, das durch die Tatsache, dass ich kein Gewicht verlor, noch verwirrender wurde.

Wir erfuhren, dass Baba Herrn Craxi beauftragt hatte, vom 30. bis 31. Oktober 1983 in Rom eine Weltkonferenz abzuhalten. Das Thema sollte lauten: „Einheit ist Göttlichkeit, Reinheit ist Erleuchtung". Der Konferenz waren in den beiden Jahren zuvor große Satsangs – Versammlungen von *Devotees* – auf Craxis weitläufigem Landgut in der Nähe von Mailand vorausgegangen. Sie waren ein solcher Erfolg gewesen, dass Baba beschloss, die erste öffentliche Ankündigung seiner Weltmission außerhalb Indiens in Rom, einer der wichtigsten historischen Stätten der westlichen Welt, stattfinden zu lassen. Wir beschlossen, teilzunehmen.

Die Konferenz wurde nicht nur von Hunderten enthusiastischer, ergebener italienischer *Devotees* besucht, sondern auch von Vertretern der schnell wachsenden Sai-Familie aus vierunddreißig Ländern der Erde. Es war sehr beeindruckend, all ihre Fahnen nebeneinander auf der Bühne des riesigen Saales hängen zu sehen. Diese Fahnen waren wie ein Versprechen, dass es eine neue Vereinigung geben werde, die von allen bisherigen Vereinigungen von Nationen in dieser Welt sehr verschieden sein würde und die des Haders und des Aufruhrs müde sein würde.

Der Urheber solcher Zusammenkünfte ist Baba. Aber Baba braucht Menschen als Werkzeuge, damit sie zustandekommen können. Antonio und Sylvie Craxi arbeiteten mit ihrer Gruppe von hingebungsvollen Helfern unermüdlich, harmonisch und selbstlos, um Babas Plan zu verwirklichen, dieses erste internationale Symposium außerhalb Indiens zu einem Erfolg zu machen.

In der ergreifenden Botschaft, die von Herrn Craxi vorgelesen wurde, betonte Baba die Tatsache, dass die die Gesellschaft durchziehende Göttlichkeit nur durch Individuen, welche sich nicht mit ihrem Körper identifizieren, offenbart werden kann – durch Menschen, die wissen, dass sie in Wahrheit der allen Herzen innewohnende Gott sind. Wie wahr das Motto dieser Veranstaltung war, konnten wir mit eigenen Augen sehen, denn alles lief dank der Einigkeit der Beteiligten wie am Schnürchen. Alle Anwesenden, Besucher und Mitarbeiter, konzentrierten sich auf Baba, der dadurch in der Lage war, die gesamte Versammlung zu beeinflussen und zu leiten, indem er durch seinen Gegenpart in jedem Einzelnen wirkte.

In seiner Botschaft zitierte Baba das alte Sprichwort „Alle Wege führen nach Rom“ und warnte uns davor, unseren Aufenthalt in dieser historischen Stadt als „römische Ferien“ zu genießen oder um neue Bekanntschaften zu machen. Stattdessen sollten wir neue Anregungen aus diesen Idealen für das Abenteuer ziehen, das es bedeutet, ein Mensch zu sein.

Alle alten Städte haben im Lauf ihrer Geschichte einiges an Gewalttätigkeit und Negativität erlebt, und Rom ist keine Ausnahme. Es schien daher bedeutsam, dass das Symposium zum Allerseelentag abgehalten wurde, an dem Gebete für die Seelen all derer gesprochen werden, die die Erde verlassen haben.

Zwei Träume, die ich mehrere Monate vor der Konferenz gehabt hatte, schienen direkt mit diesem Ereignis in Verbindung zu stehen. Im ersten Traum schien ich im Weltall zu schweben und auf die Erde hinabzuschauen. Ich war betroffen und traurig darüber, dass so weite Gebiete auf dieser Welt von Hader und Krieg überzogen waren und dunkle Wolken von Hass und Furcht schufen, die die lieblichen Landschaften verhüllten. Als ich mich umsah, entdeckte ich einen regenbogenfarbigen Strom, der in der Ferne leise zu hören war und sich als vielfarbiges Band in alle Richtungen zerteilte. Als ich seine Ausbreitung näher beobachtete, wusste ich plötzlich, dass er von Prasanthi Nilayam ausging und jede Farbe in ihm – im Gegensatz zu den dunklen Wolken des Zorns, der Furcht und des Hasses – eine positive Gefühlsregung wie Freude, Liebe, Hoffnung und Mitgefühl bezeichnete.

Der andere Traum kam einige Wochen später. Darin sah ich Baba immer auf derselben Stelle tanzen, abwechselnd als *Shiva* Nataraj, den Herrn des kosmischen Tanzes, und als *Krishna*. Seine Arme, Beine und sein Kopf bewegten sich zu einem unerklärlichen inneren Rhythmus. Es war ein außerordentliches Schauspiel, und ehrfürchtig beobachtete ich, wie Welle um Welle regenbogenfarbiges Licht aus seinem Körper strömte und in langen Bändern über ganz Indien und den Rest der Welt hinausfloss. Ich konnte auch sehen, wie diese Ströme die dunklen Flecken, die ich im vorhergehenden Traum gesehen hatte, einkreisten, allmählich aufsogen und durch das Regenbogenlicht ersetzten. Das Tempo des Tanzes beschleunigte sich, bis ein Regenbogen die ganze Welt umfasste.

Dann kam mir die Geschichte in den Sinn, wie der verstorbene Joel Riordan nach der Ankunft bei seinem ersten Besuch skeptisch verkündet hatte, er könne Baba nur dann als Gott ansehen, wenn er einen Regenbogen materialisieren würde, da nur Gott imstande sei, einen Regenbogen zu erschaffen. Einige Tage danach sah Joel einen perfekten Regenbogen am wolkenlosen indischen Himmel. Baba fragte ihn anschließend, ob er ihm gefallen habe.

Der Regenbogen symbolisierte schon immer die Hoffnung auf Frieden nach dem Sturm. In Rom konnten wir alle die Erfahrung eines anderen Regenbogens machen. Er hatte in Indien seinen Ausgangspunkt und spiegelte sich hier in den Herzen all dieser Menschen wider. Das erinnert uns an sein Versprechen, dass er nicht nur in Indien die Bewusstseinsebene anheben wird, sondern auf der ganzen Welt. Er schenkt uns Hoffnung und erlaubt all denen, die es vorziehen, seinem Willen anstatt der Diktatur ihres Ego zu folgen, an dieser weltweiten Revolution teilzunehmen. Die Transformation vollzieht sich sowohl auf der gesellschaftlichen wie auf der individuellen Ebene. Babas römische Botschaft war für mich, dass wir Baba erlauben sollen, im Herzen eines jeden von uns zu tanzen. Dadurch kann er uns mit Liebe, Freude und Hoffnung anfüllen und die negativen Gefühlsregungen wie Zorn, Hass und Furcht erst in uns und dann in der Welt beseitigen. So kann jeder von uns wie ein Lichtstrahl sein und dazu beitragen, die Atmosphäre des Planeten Erde anzuheben und zu erleuchten.

Ungefähr zur selben Zeit, als die römische Konferenz angekündigt wurde, gab Baba den amerikanischen Sai-Zentren Anweisungen, nun mit dem Abhalten öffentlicher Versammlungen zu beginnen, um ihn und seine Lehren immer mehr Menschen zugänglich zu machen. Es war klar erkennbar, dass Baba sich anschickte, seine Botschaft der ganzen Welt zu offenbaren. Er hat gesagt, dass er an seinem sechzigsten Geburtstag das Hauptanliegen seiner Mission ankündigen werde, nämlich das sich in aller Welt ausbreitende Chaos in ein Gleichgewicht zurückzuführen.

Eines Tages wurde mir in einer Reverie eine sehr bewegende und tiefe Einsicht in den Ernst der Weltsituation gegeben. Ich hatte den deutlichen Eindruck, dass Baba auf meiner inneren Bildfläche erschien und mir winkte, ihm zu folgen. Er führte mich zu einem höher gelegenen Aussichtspunkt, von dem aus ich klar die unter mir ausgebreitete Welt sehen konnte. Ich hörte Babas Stimme in meinem Kopf sagen: „Nun werde ich dir die wahre Herz-Umgehung zeigen.“ Ich fragte mich, was das bedeuten könne.

Dann zeigte Baba auf die Erde hinunter, und ich sah über ihr die Umrisse einer riesigen menschlichen Gestalt. Es erinnerte mich an die Diagramme in *Yoga*-Büchern, welche die Stellen der sieben *Chakras* im menschlichen Körper anzeigen – jedes symbolisch durch einen Lichtkreis dargestellt. Baba zeigte mir, dass in diesem weltumspannenden, großen Körper kaum Verbindung zwischen dem Herz-*Chakra* und den anderen *Chakras* bestand. Als er die Verbindungswege mit seinem Finger nachzog, konnte ich sehr deutlich sehen, dass sie entweder teilweise oder gänzlich blockiert waren. Ich begann zu verstehen, was er gemeint hatte, denn hier wurde das Herz „auf weltweiter Ebene“ im wahren Sinn des Wortes „umgangen“ und verhindert, dass die Liebe aus ihrer natürlichen Quelle, dem Herzen, fließen konnte. Deshalb musste die Liebe sich durch das Kopf- und Hals-*Chakra*, beziehungsweise den Solar-Plexus – das Machtzentrum – oder durch die tiefer gelegenen Zentren – insbesondere das sexuelle – ausdrücken. Ich erkannte, wie sehr dies auf der individuellen, persönlichen Ebene zutrifft. Die Menschen denken, dass sie lieben, und phantasieren und reden darüber. Sie behaupten zu lieben, aber sie tun es oft ohne wirkliches Gefühl. Manche benutzen ihre sogenannte Liebe, um andere zu beherrschen, oder sie übertragen ihre Liebe auf materielle Güter oder verwechseln sie mit ihrem sexuellen Verlangen.

Baba zeigte mir auch, dass die Männer in der Vergangenheit immer wieder ihr Herz verschlossen und sich mit Kriegen und anderen Gewalttaten abgegeben hatten und dass es in solchen Zeiten die

Frauen gewesen waren, die als liebende und ernährende Glieder der Gesellschaft zumindest teilweise das Gleichgewicht aufrechterhielten. Diese wahre Rolle der Frauen wurde aber vergiftet, weil sie in eine Position gedrängt wurden, die niedriger ist als die der Männer, die sie hauptsächlich dazu benutzten, ihre physischen Bedürfnisse zu befriedigen. In den vergangenen Jahren haben die Frauen rebelliert, aber leider haben sie dabei häufig den Fehler gemacht, die Männer in ihrer Bemühung, es ihnen gleichzutun, nachzuahmen, und haben ihre eigenen, wahren Gefühle vergewaltigt. Das Ergebnis ist der bedauernswerte Zustand, in dem sich diese der Liebe entleerte Welt befindet – voll von Gewalttätigkeit, Verbrechen, Inzest und Kindesmissbrauch, Sucht und Promiskuität und all den anderen Nöten, mit denen wir heute konfrontiert sind. Sie sind die Merkmale dieses *Kaliyuga*.

Ich fragte Baba: „Was können wir tun?“ Und fast gleichzeitig fiel mir die Antwort dazu ein, nämlich, dass Baba uns versichert hat, dass immer, wenn in der Vergangenheit die Welt ernstlich aus den Fugen zu geraten schien, ein *Avatar* kam, um die Lage zu retten. Wie oft hat er erklärt, dass er gekommen sei, um der gesamten Welt Harmonie zu bringen! Trotzdem beharrte ich auf meiner Frage: „Aber wir, was können wir tun?“ Es kam die Antwort, dass die Frauen der Welt bereit sein müssten, die Führung zu übernehmen, indem sie sich wieder mit ihrem angestammten Erbe aussöhnten. Sie müssten die Kanäle sein, durch welche die göttliche Liebe in die Welt fließen könne, so dass wieder ein Ausgleich zustande komme.

Ich musste an unser Entführungserlebnis denken, an Babas Anweisung, den zwei hasserfüllten Männern Liebe zu senden, und an die Bestätigung, die er uns Jahre danach gegeben hatte, dass das Flugzeug gerettet worden war, indem es mit seiner Liebe angefüllt wurde.

Wir müssen zulassen, dass Baba uns alle dazu benutzt, die gesamte Welt mit seiner Liebe anzufüllen – so wie er ein Flugzeug rettete, indem er eine Person benutzte.

Im Zusammenhang mit seinen verschiedenen Plänen, nach denen er das Gleichgewicht und die Harmonie in der Welt herbeiführen wird, hat Baba auch ein weltweites Erziehungsprogramm für „menschliche Werte" gestartet. Damit erhält die künftige Generation das Rüstzeug, um das begonnene Werk fortzusetzen. Das Programm hat sich aus den *Balvikas*-Kursen für die Kinder der *Devotees* entwickelt, in denen die Unterweisung in rechtschaffener Lebensführung im Sinne des uralten indischen Kulturerbes schon seit Jahren praktiziert wird. Das Programm wurde für die Schulen ausgearbeitet und angeglichen und wird nun in den indischen Volksschulen unterrichtet. *Devotees* aus anderen Ländern haben inzwischen damit begonnen, das Lehrmaterial auch in ihren Schulen einzuführen und kommen so dem Bedürfnis nach einer Erziehung im Sinne der Ethik nach, die als Ergänzung zum normalen Lehrplan notwendig ist.

Siebenundzwanzigstes Kapitel

Als ich das erste Mal zu Baba gefahren bin, bewegte mich die Frage, ob er wohl mein nächster Lehrer sein würde. Seitdem hat sich gezeigt, dass Baba mir mehr beigebracht hat, als ich mir je hätte erhoffen oder vorstellen können. Er hat auch die Lehren, die ich aus der inneren Weisheitsquelle erhielt, voll bestätigt, fortgesetzt und erweitert. Seine bloße Gegenwart in der Welt macht, dass wir den Kontakt zu unserem göttlichen Selbst leichter spüren und herstellen können. Ich muss dabei an den Unterschied denken, der zwischen dem Einschalten eines Radios oder Fernsehgerätes aufs Geratewohl besteht und dem richtigen Einstellen eines Senders, wenn man genau weiß, wo er zu finden ist.

Ich bin mir vollkommen bewusst, dass dieser sehr subjektiv gefärbte Bericht meiner Erfahrungen mit Baba nur einen winzigen Bruchteil seiner grenzenlosen Macht und Liebe wiedergeben kann. Ebenso wenig ist es möglich, seine gesamte Realität so zu komprimieren, dass sie in der kleinen körperlichen Gestalt, die dort in Indien lebt, Platz finden könnte.

Baba sagt: „Der *Avatar* ist als Mensch unter Menschen gekommen; er bewegt sich unter ihnen als ihr Freund und Gönner, Verwandter,

Führer, Lehrer, Heiler und als Teilnehmender." Aber alle Erfahrungen der Abertausenden, die auf die eine oder andere Weise von ihm angerührt wurden, würden zusammengenommen immer noch kein vollständiges oder genaues Bild von ihm ergeben.

Er sagt, dass wir ihn unmöglich verstehen können, und dass wir es auch nicht versuchen sollten. Alles, was jeder von uns tun kann, ist, bereit und willens zu sein, dass er uns so viel von sich enthüllt, wie wir imstande sind, zu gegebener Zeit aufzunehmen und zu verarbeiten. In dem vorliegenden Buch habe ich versucht, diesen Schritt für Schritt vor sich gehenden Prozess in meinem Leben aufzuzeigen. Ich hoffe aber, dass ich auch deutlich machen konnte, dass ich, obwohl ich mich bemüht habe, so offen wie möglich für seine Lehren zu sein, doch oft sehr lange gebraucht habe, bis ich sie verstehen, annehmen und schließlich im Alltag anzuwenden lernte.

Ich bin noch immer voller Staunen über die Geduld, Nachsicht, Toleranz, Beharrlichkeit und Warmherzigkeit, die Baba zu allen Zeiten gezeigt hat. Ich bin mir sicher, dass meine Erfahrungen nicht etwa einzigartig sind, sondern von Tausenden von *Devotees* ähnlich gemacht wurden. Niemals scheint Baba ratlos zu sein oder ungeduldig zu werden, wie es den meisten Eltern bei der Erziehung ihrer Kinder ergeht.

Es besteht aber immer die Gefahr, dass eine solch liebevolle Aufmerksamkeit zu einer tiefen Fallgrube wird, wenn sich dadurch das Ego des Betroffenen aufbläht. Was könnte einem Menschen ein größeres Gefühl der Überlegenheit vermitteln, als die Tatsache, dass der *Avatar* zu ihm spricht, ihn anlächelt und Geschenke für ihn materialisiert? Baba jedoch wird niemals müde zu betonen, dass unsere einzige Realität die uns innewohnende Gotteskraft ist, und dass wir deshalb alle gleich und eins mit ihm sind. Nur unsere äußeren Körper und Persönlichkeiten unterscheiden sich. Dies ist das Wesentliche seiner Botschaft. Alles was Baba tut oder zu Menschen sagt, hat den

Zweck, ihnen diese Wahrheit bewusst zu machen. Da er genau weiß, was jeder Einzelne von uns braucht, um zum Bewusstsein seiner Göttlichkeit vorzudringen, genügt es, ihm zu vertrauen, dass er die Mittel zur Verfügung stellen wird, durch die wir uns unserer vielen dicken Schichten von Wünschen entledigen können, die das innere Licht verdunkeln.

Seine Ermahnung am Ende jenes letzten Interviews bei unserem ersten Besuch hallt noch in mir nach: Ich muss mir immer vor Augen halten, dass es nicht notwendig ist, nach Indien zu reisen, um Baba in seiner kleinen Gestalt zu sehen. Ich muss ihn in meinem Herzen finden.

Aber wie sollen wir das in die Praxis umsetzen? Dazu bekam ich eine einfache Methode gezeigt, die uns hilft, das Bewusstsein von Gott in uns und in den anderen zu entwickeln:

Baba erschien mir in einer Meditation und deutete auf das Herz einer Person. Es schien durchsichtig zu werden, während ich hinsah. In dem Herzen konnte ich deutlich ein Goldklümpchen erkennen. Dann hörte ich, wie Baba sagte, dass jeder Mensch dieses Potenzial besitze und dass das Goldklümpchen lebendig werde, sobald der Betreffende in Swamis Einflussbereich komme oder sich auf den spirituellen Pfad begebe. Es beginne aufzuleuchten wie ein Funke, den man aus der Glut entfache. Wir könnten unsere eingebauten Blasebälge – unsere Lungen – dazu benutzen, dass er immer heller zu lodern beginne, indem wir im Geiste bei jeden Ausatmen unseren Atem zu unserem Herzen hinführten. Das erhöhe unsere Fähigkeit, mehr Licht auszustrahlen, und helfe uns, das Licht zu sehen, das in jedem Einzelnen, ohne Ausnahme, zu finden sei.

Einige Verse flossen mir eines Tages in schneller Aufeinanderfolge zu. Sie scheinen mir eine treffende Zusammenfassung von Babas Botschaft zu sein:

Ich liebe euch alle, jeden von euch,
Denn tief in eurem Inneren sehe ich
Unter den Ego-Schichten
Eure ureigene Göttlichkeit.

Keiner von euch ist etwas Besonderes
Oder liebenswerter für mich,
Denn jeder von euch besitzt
Seine ihm eigene Göttlichkeit.

So macht einander keine Konkurrenz,
Um auch ganz sicher zu gehen;
Meine Liebe ist euch schon gesichert
Durch eure eigene Göttlichkeit.

Meine Liebe leitet anderen zu,
Die blind sind und die dies nicht sehen können:
Die Liebe, die sie so verzweifelt suchen,
Ist ihre eigene Göttlichkeit.

Sucht in jedem Menschen
Das Gegenstück zu mir;
Nur dann beginnt sich euer Herz zu öffnen
Für eure eigene Göttlichkeit.

OM SAI RAM

Glossar

(Weiterführende Informationen über mehr als 3.000 Sanskritwörter finden Sie in: „M. Mittwede, Spirituelles Wörterbuch Sanskrit-Deutsch“, Sathya Sai Vereinigung e.V., D-Dietzenbach, ISBN-10: 3-932957-02-4, ISBN-13: 978-3-932957-02-4. Es gibt zugleich Zugang zur indischen Mythologie, Ethik und Kultur und bietet sich als Hilfe zu spiritueller Erkenntnis an.)

abhisheka	Das Salben, Weihen oder Einweihen durch Besprühen mit Wasser oder einer anderen heiligen Substanz.
ānanda	Glückseligkeit, Freude, Genuss. Auch „reine Freude“, eines der drei Attribute von Brahman oder dem *Atman*.
Arjuna	wörtlich: hell, klar, weiß. Name eines der fünf heldenhaften Pandava-Brüder im Epos Mahabharata.
Ashram	(Sanskrit: āshrama) Aufenthaltsort eines spirituellen Meisters, religiöses Zentrum.
accha	gut. Bedeutet so viel wie „in Ordnung“, „einverstanden“.
Atman	(Sanskrit: ātman) das Selbst, individuelles Selbst; das abstrakte individuelle Wesen; die göttliche Essenz aller Dinge; Prinzip des Lebens, höchstes Lebensprinzip.
Avatar	(Sanskrit: avatāra) das Erscheinen Gottes auf Erden, was dazu dient, den Menschen den rechten Weg zu weisen.
Balvikas	(Hindi: bālvikās) das Erblühen, Entfalten der Kinder;
Bhagavadgita	wörtlich: „Gesang des Erhabenen“. Ausschnitts aus dem Epos Mahabharata; philosophisches Lehrgedicht, in dem *Krishna* Arjuna über die Kunst des richtigen Lebens und Handelns und den spirituellen Weg zu Gott unterweist.
Bhajan	(Sanskrit: bhajana) das Singen von Lobliedern zu Ehren des Herrn.
bhakti	Hingabe, Anhängerschaft, Liebe zu Gott; auch Vertrauen, Glaube, Dienen, Verehrung.
bhoga	Vergnügen, den Sinnen ergeben sein.

Brahma Schöpferaspekt der dreieinigen Hindu-Gottheit *Brahma-Shiva-Vishnu.*

Chakra (Sanskrit: cakra) Kreis. Energiezentren im menschlichen Körper.

choli Hindi; kurze Bluse, die Frauen unter dem Sari tragen.

Darshan (Sanskrit: darshana) das Sehen, Schauen, einer heiligen Persönlichkeit; Gottesschau.

Devotee englisch; Anhänger, Verehrer.

dharma Gesetz. Statut, Ordnung; Brauch, Sitte, vorgeschriebenes Verhalten; Pflicht. Recht, Rechtschaffenheit, Redlichkeit, Ethik, Religion; göttliche Ordnung.

Gita Gesang. Abkürzung für *Bhagavadgita*.

guna Eigenschaft, Beschaffenheit, Qualität; insbesondere die drei Attribute, die bei allen Wesen und Dingen auftreten, nämlich sattva (Ausgewogenheit, Reinheit), rajas (Leidenschaft) und tamas (Trägheit).

Guru geistiger Lehrer, Meister.

japamālā rosenkranzartige Gebetskette aus Perlen einer Substanz, die man für besonders segensreich hält.

jhoola Hindi; Hängeschaukel (gesprochen Dschula).

kaliyuga das eiserne Zeitalter, es ist das Zeitalter, in dem wir heute leben. Darin erreicht das soziale und geistige Leben den Tiefpunkt.

Karma (Sanskrit: karman) Handlung, Tat; die Folge einer Handlung, die sich gesetzmäßig entfaltet; Bezeichnung für das Gesetz der Ursache-Wirkungskette.

karmayoga einer der vier *Yoga*-Wege: das Erlangen (beziehungsweise die Vorbedingung zur Erlangung) der Göttlichkeit durch Arbeit und Aktivität.

karmayogi Einer, der dem Weg des *Karmayoga* folgt. Im weiteren Sinn einer, dessen Handeln und Arbeit selbstlos und geeignet sind, die geistige oder materielle Lage von Mitmenschen zu verbessern.

Krishna Name des achten *Avatars* von *Vishnu*. Berühmt sind seine Unterweisungen an *Arjuna* in der *Bhagavadgita*.

kundalinī	die an der Basis der Wirbelsäule „schlafende" Energie, die entsprechend der geistigen Entwicklung geweckt werden kann; sie ist ein Aspekt der Shakti, der kosmischen Energie.
līlā	Spiel, Vergnügen, Liebreiz, Charme. Hier: göttliches Spiel.
Lingam	(Sanskrit: linga) Zeichen, Emblem, Symbol, Abzeichen, typisches Merkmal, Hinweis; insbesondere: eiförmiges Symbol der Schöpfung, seit jeher im Zusammenhang mit der Verehrung *Shivas* benutzt.
mahāshivarātri	wörtlich: große Nacht *Shivas*. Im Winter stattfindendes Fest der Hindus, welches jeweils auf die sogenannte „dunkelste Neumondnacht des Jahres" fällt. Die Nacht, in der das menschliche Gemüt den geringsten Schwankungen unterworfen sein soll und die bewusste Ausrichtung auf die unveränderliche, ewige Wahrheit als besonders erfolgversprechend angesehen wird.
mandala	Kreis; tantrisches, für gewöhnlich rundes Diagramm, das spirituelle Energien symbolisiert.
mangalasūtra	wörtlich: Glücksband. Das perlenbesetzte Band, das die Braut vom Bräutigam als Symbol der glücklichen Verbindung geschenkt bekommt. Die Frau trägt es bis zum Tod des Ehemannes (Hindu-Brauch).
Mantra	wörtlich: Werkzeug des Verstandes. Anbetungsformel zu Ehren einer personifizierten Gottheit oder des unpersönlichen Einen Geistes.
maya	(Sanskrit: māyā) Illusion, Unwirklichkeit; Täuschung.
OM	der mystische Urlaut; steht für das Göttliche und wird als Klang des Universums wie auch der Schöpfung und des Göttlichen bezeichnet.
pancaloha	wörtlich: Fünf Metalle. Legierung aus fünf Metallen – Kupfer, Messing, Zinn, Blei und Eisen oder Gold, Silber, Kupfer, Zinn und Blei – denen eine glückbringende Wirkung zugesprochen wird.
prānāyāma	*Yoga*-Übung der Atemregulierung; sie dient spirituellen Zwecken und wird auf Anweisung des *Gurus* hin geübt.

pūjā Ehre, Verehrung, Respekt; Ehrerbietung gegenüber Vorgesetzten oder Anbetung der Götter. Es wird damit auch die Gesamtheit der Opfergegenstände sowie die Zeremonie oder der Anbetungsritus selbst bezeichnet.

Prasad (Sanskrit: prasāda) Bezeichnung für die Gott geopferten Nahrungsmittel beziehungsweise die von einem spirituellen Meister gewährten Opfer- oder Nahrungsreste.

Rama wörtlich: Der, welcher Entzücken hervorruft, angenehm ist. Name des siebten *Avatars* von *Vishnu*.

sādhu wörtlich: gerade, richtig; erfolgreich, wirksam. Als Subjektiv benutzt, um jemanden zu kennzeichnen, der über den Dingen steht, das heißt ein Heiliger, Weiser, Seher, Einsiedler.

Sai Ram ein Name für Sai Baba mit der Bedeutung, dass dieser Sai-*Avatar* wesensmäßig nicht vom *Rama-Avatar* verschieden ist.

Seva (Sanskrit: sevā) Das Dienen, der Dienst.

Sevadal (Sanskrit: sevādal) eine Gruppe, die sich den Dienst am Nächsten zum Ziel gesetzt hat und diesen als Gottesdienst praktiziert.

Shiva verheißungsvoll, wohlgesinnt, gütig; Name des vernichtenden und wiederaufbauenden Gottesaspektes der Hindu-Dreieinigkeit *Brahma-Vishnu-Shiva*.

siddhi Bezeichnung einer übernatürlichen Fähigkeit, die durch *Yoga*, spirituelle Praxis oder Meditation errungen wurde.

shivarātri wörtlich: die Nacht *Shivas*, gemeint ist die Neumondnacht.

shrī Ehrentitel, Bezeichnung, die einer Person Heiligkeit und höhere Erkenntnis zuschreibt; bei Heiligen und göttlichen Inkarnationen.

stūpa rundes Bauwerk; heilig gehaltenes Denkmal, das über oder um eine buddhistische Gedenkstätte herum errichtet wird; ein kuppelförmiges Bauwerk oder eine Säule im Zusammenhang mit einem oder mehreren Göttern.

tapas das Praktizieren von Entbehrungen zu spirituellen Zwecken.

Telugu Muttersprache Sathya Sai Babas.

Vibhuti (Sanskrit: vibhūti) Bezeichnung für heilige Asche, die ein Ausdruck göttlicher Gnade ist; ein Symbol für die letztendliche Realität, die übrig bleibt, wenn die Begrenzung des Ichs durch das Feuer der Erleuchtung weggebrannt ist.

Vishnu Alldurchdringer, Vishnu ist die beschützende und erhaltende Gottheit der Hindu-Dreieinigkeit *Brahma-Shiva- Vishnu.* Als solche ist es *Vishnu*, der auf Erden geboren wird, wenn das ethische Gleichgewicht der Welt durch das Negative zerstört zu werden droht.

Yoga Vereinigung, Verbindung; unter dem Begriff werden Traditionen zusammengefasst, die durch Übungen, Praktiken und Disziplinen den Kontakt zum Selbst *(atman)* oder zu Gott herstellen wollen.

Yogi Jemand, der das Verbundensein mit Gott erreicht hat, der Yoga praktiziert.

Auswahl deutschsprachiger Literatur von Sathya Sai Baba

Besinnung auf Gott (Dhyāna Vāhinī): Über den Prozess der wirklichen Meditation. 128 Seiten, kartoniert, ISBN 978-3-932957-50 5
Strom des Friedens (Prashānti Vāhinī): Sathya Sai Baba lehrt uns das Geheimnis des Friedens. 116 Seiten, kartoniert, ISBN 3 924739-33 1
Lebe die Liebe (Prema Vāhinī): Über die höchste Form der Liebe: die gesamte Schöpfung als Einheit zu sehen und sie zu bejahen. 128 Seiten, kartoniert, ISBN 978-3-932957-52-9
Quellen der Weisheit (Sūtra Vāhinī): „Sūtra" bedeutet: „Das, was mit wenigen Worten tiefe Bedeutung enthüllt". Erläuterungen zu den Brahma Sūtras. 68 Seiten, kartoniert, ISBN 978-3-932957-35 2
Erziehung zur Selbsterkenntnis (Vidyā Vāhinī): Sathya Sai Baba erklärt die Grundprinzipien des Wissens und weist auf die Verbindung von Erziehung und Geisteswissenschaft hin. 104 Seiten, kartoniert, ISBN 3 924739–55 2
Mensch und göttliche Ordnung (Gītā Vāhinī): Erklärende Ausführungen Sathya Sai Babas zur Bedeutung der Bhagavadgita. 216 Seiten, kartoniert, ISBN 3 924739–60 9
Ewige Wahrheiten (Bhāratīya Paramārtha Vāhinī und Sathya Sai Vāhinī): Sathya Sai Baba vermittelt die Weisheit der Veden und ihre Bedeutung für den Erkenntnis- und Lebensweg. 192 Seiten, kartoniert, ISBN 3 924739–59 5
Dharma – Göttliche Ordnung (Dharma Vāhinī): Das Bild einer Gesellschaftsordnung, in der jeder an seinem Platz zum Glück des Ganzen beiträgt. 104 Seiten, kartoniert, ISBN 3 924739–97 8
Erfüllung in Gott (Bhāgavata Vāhinī): Sai Babas Version des berühmtesten der 18 Purānas, das Bhagavatam. 244 Seiten, kartoniert, ISBN 978-3-932957-46 8
Antworten (Līlā Kaivalya Vāhinī, Prashnottara Vāhinī und Sandeha Nivarinī): Anworten Sai Babas, die zeitlos, unveränderlich und universal gültig sind. 188 Seiten, kartoniert, ISBN 3 924739–87 0
Upanishaden – Das Wissen vom Sein (Upanishad Vāhinī): Erläuterung der tiefgründigen Wahrheiten der Upanishaden, die zur Selbstverwirklichung führen. 112 Seiten, kartoniert, ISBN 3 932957–05 9
Strom der Erkenntnis (Jnāna Vāhinī): In diesem Buch zeigt Sathya Sai Baba den Weg zur höchsten Erkenntnis, dass alles, was existiert, seinem Wesen nach göttlich und eins mit Gott ist. 73 Seiten, kartoniert, ISBN 3 924739–96 X
Die Geschichte von Rama – Strom göttlicher Liebe (Rāma Kathā Rasa Vāhinī): Sai Babas Version des Ramayana. Band 1: 472 Seiten, kartoniert, 978-3-932957-62-8; Band 2: 240 Seiten, kartoniert, ISBN 3–924739–79 X
Sathya Sai Baba spricht: Bände 1–11, 20, 30. Reden Sathya Sai Babas zu verschiedenen Anlässen. Kartoniert; Band 1 (Reden 1953–60): 160 Seiten, ISBN

3 932957-06 7; Band 2 (Reden 1960–62): 176 Seiten, ISBN 3 924739-48 X; Band 3 (Reden 1963–64): 184 Seiten, ISBN 3 924739-49 8; Band 4 (Reden 1963–65): 272 Seiten, ISBN 3 924739-43 9; Band 5 (Reden 1964–67): 248 Seiten, ISBN 3 924739-50 1; Band 6 (Reden 1967–68): 248 Seiten, ISBN 3 924739-29 3; Band 7 (Reden 1966–71): 354 Seiten, ISBN 3 924739-51 X; Band 8 (Reden 1970–73): 256 Seiten, ISBN 3 924739-52 8; Band 9 (Reden 1974–75): 208 Seiten, ISBN 3 924739-07 2; Band 10 (Reden 1975–80): 248 Seiten, ISBN 3 924739–0 7; Band 11 (Reden 1979–82): 232 Seiten, ISBN 3 924739–53 6; Band 20 (Reden 1987): 212 Seiten, ISBN 3 932957-11 3; Band 30 (Reden 1997): 240 Seiten, ISBN 3 932957-22 9

Durch Unterscheidungsvermögen zur Selbstverwirklichung: Ansprachen aus dem Jahr 2007. 142 Seiten, kartoniert, ISBN 978 3 932957-54 3

Der wahre Reichtum des Menschen: Ansprachen aus dem Jahr 2008. 156 Seiten, broschiert, ISBN 978-3-932957-57-4

Erkennt euer Selbst: Ansprachen aus dem Jahr 2009. 132 Seiten, broschiert, ISBN 978-3-932957-61-1

Sommersegen in Brindavan (Summershowers): Vorträge vor Schülern und Studenten in Brindāvan, die in die Wahrheit und Weisheit der indischen Kultur einführen und in denen Sathya Sai Baba seine Botschaft der Liebe erläutert. Broschiert; Band 1 (1972): 176 Seiten, ISBN 3 924739-19 6; Band 2 (1973): 228 Seiten, ISBN 3 932957-47 4; Band 3 (1974): 180 Seiten, ISBN 3 924739-41 2; Band 4 (1977): 176 Seiten, ISBN 3 924739-62 5; Band 7 (1990): 128 Seiten, ISBN 3 924739-80 3; 1993: 144 Seiten, ISBN 3 932957-10 5; 1995: 176 Seiten, ISBN 3 932957-31 8; 1996: 136 Seiten, ISBN 3 932957-28 8; 1998: 110 Seiten, ISBN 3 932957-10 4

Sommersegen in den Blauen Bergen 1976: In diesen Ansprachen erläutert Sathya Sai Baba anhand des Mahabharata und Bhagavatam, was es bedeutet, ein wahrer Mensch zu sein und wie man ein solcher werden kann. 144 Seiten, broschiert, ISBN 3-932957-17-2

Kostbarkeiten aus Kodaikanal 1998: In den Ansprachen vom Sommerkurs in Kodaikanal gibt Sathya Sai Baba Anleitung für ein spirituelles Leben. 112 Seiten, broschiert, ISBN 3-932957-16-4

Vorträge über die Bhagavadgita: Zusammengestellt und bearbeitet von A. Drucker. 304 Seiten, broschiert, ISBN 3 932957-48 2

Der Weg nach innen – Sādhana: Zusammenstellung von Auszügen aus Reden Sathya Sai Babas. 256 Seiten, broschiert, ISBN 3 924739–15 3

Entdecke die Quelle der Glückseligkeit: Aussagen von Sathya Sai Baba zur

Einführung in seine Lehre und deren Vertiefung. Zusammengestellt von T. Rupflin. 506 Seiten, Loseblatt-Werk im Ordner, ISBN 3 924739-89 7

Meditation: Aussagen Sathya Sai Babas zur Praxis der Meditation. 160 Seiten, broschiert, ISBN 978-3-932957-53-6

Der Königliche Weg: Ansprachen von 1966–1990 zum Thema Seva – Selbstloses Dienen. 319 Seiten, kartoniert, ISBN 3 900790-03 5

Sai Baba erzählt, Band 1+2: Kleine Geschichten und Gleichnisse (Chinna Katha). Band 1: 320 Seiten, broschiert, ISBN 3 924739-28 5; Band 2: 208 Seiten, broschiert, ISBN 3 932957-09 1

Seine Geschichte - von ihm selbst erzählt: Zusammenstellung aus Diskursen, in denen Sathya Sai Baba über seine Kindheit und Jugend spricht. 164 Seiten, kartoniert; ISBN 978-3-932957-60-4

Auswahl deutschsprachiger Literatur über Sathya Sai Baba

Kasturi, N.: Die Girlande aus 108 Edelsteinen (Garland of 108 Precious Gems). Die Bedeutungen von 108 Namen Sathya Sai Babas werden erläutert. 125 Seiten, kartoniert, ISBN 978-3-932957-45 1

Kasturi, N.: Sathya Sai Baba. Sein Leben. Band 1–4 (Satyam, Shivam, Sundaram). Biographie Sathya Sai Babas. Kartoniert; Band 1: 240 Seiten, ISBN 3 924739-74 9; Band 2: 246 Seiten, ISBN 3 924739-22 6; Band 3: 280 Seiten, ISBN 3 932957-00 8; Band 4: 212 Seiten, ISBN 3-932957-14-8

Kasturi, N.: Der lebendige Gott. In seinen Ansprachen an westliche Devotees erzählt N. Kasturi von seinem Leben mit Sai Baba und gibt allgemeine spirituelle Unterweisungen. 240 Seiten, broschiert, ISBN 3 932957-32 6

Kasturi, N.: Easwaramma. Über den Weg der „Mutter“ Sai Babas von der religiösen Dorfbewohnerin zur befreiten Seele. 192 Seiten, broschiert, ISBN 3 924739-74 9

Kasturi, N.: In Gottes Liebe (Loving God). Der Autor beschreibt seinen Weg vom vaterlos aufgewachsenenen Jungen zum engagierten Lehrer, der schließlich in Sathya Sai Baba seinen göttlichen Lehrer und Vater findet. 448 Seiten, broschiert, ISBN 3 932957-18 0

Krystal, Phyllis: Begrenzung der Wünsche. Vorschläge zur Arbeit mit diesem Programm; aus der Reihe „Erziehung in Menschlichen Werten“. 44 Seiten, broschiert, ISBN 3 924739-12 9.

Krystal, Phyllis: Monkey Mind – Die Zähmung unseres Verstandes. Das Buch zeigt, wie eine Verbindung zur inneren Weisheit wiederhergestellt und der

„Affenverstand“, der „Monkey Mind“, beherrscht und in unseren Dienst gestellt werden kann. 294 Seiten, broschiert, ISBN 978-3-932957-01-7

Murthy, B. N. Narasimha: Sathya Sai Baba. Sein Leben. Band 5 und 6 (Satyam, Shivam, Sundaram). Biographie Sathya Sai Babas. Kartoniert; Band 5: 272 Seiten, ISBN 978 3 932957-56 7; Band 6: 336 Seiten, ISBN 978-3-932957-59-8

Chibber, M. L.: Sai Babas Mahavakya über Führung – Ein Buch für die Jugend, Eltern und Lehrer zur „Erziehung in Menschlichen Werten“. 220 Seiten, broschiert, ISBN 3 924739-90 0

Dhall, P. u. T.: Bewusst Eltern sein. Auf der Grundlage der fünf menschlichen Werte zeigen die Autoren, was es in der heutigen Zeit bedeutet, bewusst Eltern zu sein. 160 Seiten, broschiert, ISBN 3 932957-19 9

ESSE Institut: Die Ebenen des menschlichen Bewusstseins in den Lehren Sathya Sai Babas. Im Zentrum des Buches steht das von Sai Baba gelehrte Persönlichkeitsmodell mit den Hüllen des Menschen. 184 Seiten, broschiert, ISBN 978-3-932957-25 3

ESSE Institut: Educare. In seinen Ansprachen zum Thema Erziehung macht Sai Baba deutlich, dass die menschlichen Werte im Inneren eines jeden Menschen vorhanden sind und hervorgeholt werden müssen. 80 Seiten, broschiert, ISBN 3 932957-30 X

Svensson, Camille: Bhagavadgita – Der göttliche Gesang. Neuübersetzung mit Kommentaren aus den Schriften von Sathya Sai Baba. 296 Seiten, kartoniert, ISBN 978-3 932957-08 6

Svensson, Camille: Atmabodha – Die Lehre von der Erkenntnis des Selbst von Adi Shankaracarya. Eine Einführung in die Advaita-Lehre mit Kommentaren aus den Schriften von Sathya Sai Baba. 46 Seiten, kartoniert, ISBN 978–3–932957-58–1

Svensson, Camille: Die Yoga-Sutras des Patanjali. Neuübersetzung mit Kommentaren aus den Schriften von Sathya Sai Baba. 80 Seiten, kartoniert, ISBN 3–932957-39–3

Svensson, Camille: Fünf Upanishaden. Neuübersetzung mit Kommentaren aus Schriften von Sai Baba. 126 Seiten, kartoniert, ISBN 3 932957-27 X

Diese Literatur und weitere Bücher von und über Sathya Sai Baba sind im Buchhandel und im Buchzentrum der Sathya Sai Vereinigung e.V. erhältlich: **www.sathyasai-buchzentrum.de**